사피엔스혁명

사피엔스혁명

인류라고 정의하는 거의 모든 것의 시작

2025년 3월 13일 초판 1쇄 인쇄
2025년 4월 7일 초판 1쇄 발행

지은이 성춘택
편집 김천희·이근영
디자인 김진운
본문조판 민들레
마케팅 유명원

펴낸이 윤철호
펴낸곳 ㈜사회평론아카데미
등록번호 2013-000247(2013년 8월 23일)
전화 02-326-1545
팩스 02-326-1626
주소 03993 서울특별시 마포구 월드컵북로6길 56
이메일 academy@sapyoung.com
홈페이지 www.sapyoung.com

ISBN 979-11-6707-182-8 93900

* 이 저서는 2021년 대한민국 교육부와 한국연구재단 저술출판지원사업의 지원을 받아 수행된 연구임(NRF-2021S1A6A4047304, 원과제명 사피엔스혁명: 후기 구석기시대 수렵채집민의 고고학)

사피엔스혁명

인류라고 정의하는 거의 모든 것의 시작

성춘택 지음

사회평론아카데미

머리말

유엔 통계에 따르면 2022년 11월 15일 세계 인구는 80억 명을 넘었다. 이번 세기 안에 100억을 넘은 다음 정체에 이를 것이라고 한다. 이 책은 지구에 사는 이 많은 사람의 공통 토대를 찾아 먼 선사시대로 떠난다. 농경과 도시문명이 이룬 성취를 뒤로 하고 빙하시대 수렵채집민이야말로 오늘날 인류 모두가 공유하는 토대를 놓았음을 강조한다.

세상이 이러저러한 모습을 띠게 된 데는 그렇게 단순한 이유만 있지 않을 것이다. 톨스토이는 『안나 카레니나』 서두에서 "행복한 집안은 다 엇비슷하고, 불행한 집안은 저마다 나름의 이유가 있다."는 화두를 던졌다. 다양한 환경에서 수많은 사회가 서로 다른 이유로 명멸했지만, 인류 역사에서 성공적으로 오랫동안 존속한 사회는 엇비슷한 연유가 있었다. 환경이 비옥하든, 그렇지 않든 부족하지 않을 정도의 식량을 얻고 적절히 나누면서 내부 긴장을 누그러뜨리는 시스템을 갖추고, 주변 사회와 긴밀히 교류했다는 비슷한 이유가 있는 것 같다. 그러나 그런 사회가 위기를 맞아 무너지는 방식은 다르다. 갑자기 몰락하기도, 천천히 쇠락의 길을 걷기도 한다. 그것이 가뭄 같은 환경 재앙 탓이거나, 아니면 전염병 또는 역사적 불운과 우연이 되풀이 누적되어서일 수도, 외부의 침략 때문일 수도 있다. 중요한 것은 그 어느 사회나 오래 이어지기 위해선 생물학적이고 사회문화적으로 건강함을 유지해야 한다는 점이다.

여기서 야만과 기술문명의 차이는 별달리 중요한 것 같진 않다. 이 책은 오히려 문명과 야만을 나누는 이분법을 피한다. 자연과 인간을 나누고, 자연을 통제하고 정복하는 기술문명을 강조하는 틀에서 벗어나고자 한다. 호모 사피엔스가 슬기롭다는 말, 대단한 능력을 지녔기에 만물의 영장이 되었다는 서사는 이미 충분하고, 오히려 지나치다. 그렇기에 자연과 싸워 이긴, 위대한 진화의 여정과 같은 이야기를 되풀이하지 않고 싶다. 그리고 긴 진화의 역사에서 호모 에렉투스나 네안데르탈인 같은 인류는 다 멸종하고 사피엔스만 살아남았다는 서사도 부각하고 싶지 않다. 틀린 말도 아니지만, 지금은 사라진, 혹은 절멸한 먼 인류도 우리의 마음과 몸에 흔적을 남긴 것이 사실이기 때문이다.

빙하시대 끝자락 사피엔스는 전 세계로 빠르게 확산했고, 그 과정은 매우 성공적이었다. 그것은 우연과 필연이 얽힌 과정이었다. 이 길고도 복잡한 과정을 단순명료하게 풀어 쓰는 일은 쉽지 않다. 『사피엔스』의 저자 유발 하라리와 『총, 균, 쇠』의 재러드 다이아몬드는 그런 면에서 능력을 지녔다. 서사가 흥미롭고 이해하기 쉽다. 하라리는 7만 년 전에서 3만 년 전까지 새로운 사고와 의사소통 방식이 등장함으로써 전에 없던 방식으로 생각하고, 완전히 새로운 형태의 언어 능력을 갖췄다고 하면서 이를 "인지혁명"이라 부른다. "우연히 일어난 유전자 돌연변이가 사피엔스 뇌의 배선을 바꿨다."(하라리 2015:

44)는 것이다. 신석기혁명, 곧 농업혁명은 고된 노동과 영양 불균형, 굶주림, 질병의 만연을 가져온 "역사상 최대의 사기"(120쪽)라고 시종 냉소적으로 평가한다. 사실 글쓴이는 이 정도의 단언을 할 수 없지만, 한편으로 부러운 서사이긴 하다.

한 고고학자는 74,000년 전 화산 폭발로 현생인류가 전 세계로 확산하기 시작했다고 주장한다(6장 참조). 사피엔스 역사상 가장 큰 자연재앙이었을 테지만, 살아남은 소수에겐 새로운 기회가 열렸다는 것이다. 토바 화산폭발에 이은 인구병목 현상으로 사피엔스의 전 세계 확산을 설명하는 가설은 흥미롭기는 하나 검증하기 어렵다. 비슷한 시기 뇌신경상 돌연변이가 일어나 인지와 언어능력에 큰 진전이 있었으리라는 생각도 있지만, 이것도 어디까지나 가설일 뿐이다. 확인된 바 없고, 검증하기 매우 까다로운 논리이다. 그런데도 매우 복잡하고 긴 과정을 단순한 실마리로 풀어내는 논리가 와닿는다.

다이아몬드의 논리 역시 정연하다. 오늘날 불균형한 세계의 기원을 지리환경에 주목해 풀어낸다. 인종에 따른 생물학적 능력이 아니라 우연한 지리적 배경의 차이가 오랜 시간 누적되어 현 세계의 불균형이라는 극적인 효과를 냈다는 것이다. 이것 역시 간결한 논리이지만, 검증하기 매우 어려운 가설이다.

세상은 그리 간단하지 않았다고 항변할 역사가가 많을 것이다. 그렇다고 무작정 복잡했다고 치부하는 것은 연구자로서 직무를 다하지 않은 것이다. 삶의 방식에는 환경만큼 다양한 방식이 있지만 한편으로 공통성과 일반적 흐름도 무시할 수 없다. 그러니 생물학적으로 우리 인간이 공유하는 정체성을 찾고, 이와 더불어 환경이라는 시공간을 무대로 삶을 살고 상호작용하는 인간을 들여다볼 때다.

주제를 제시하고 풀어나가기 위해서 세부적이며, 논쟁적으로 들어가되 흥미만을 위한, 학문적 근거가 없는, 솔깃한 이야기만을 하지 않고자 했다. 책에 풀어 쓴 내용이 모두 지은이의 것일 수는 없다. 지난 200년 동안 선학과 동료 연구자가 쌓았기에 책 한 권을 정리할 수 있을 뿐이다. 그러면서 다른 연구자의 논지를 이해하고 풀어 쓰기 위해, 또 이를 바탕으로 나름의 논지를 펼치려 했다. 논제와 관련한 연구사와 최신 연구까지 섭렵하고, 이 과정에서 인용 문헌과 연구자를 밝혔다. 다만, 지나치게 어려운 학술용어와 자료를 나열하지는 않았다. 학문적 수준을 유지하면서도 일반인이 읽고 이해할 수 있는 글을 쓰고자 했다.

또 모르는 것은 솔직하게 모른다고 밝히고 싶다. 현생인류의 등장과 확산, 동굴벽화의 의미, 매머드 같은 대형동물의 멸종 원인 같은 주제를 논하고 관련 연구를 비평했지만, 시원한 해답은 얻을 수 없음을 고백하고, 후세 연구자의 몫으로 남긴다. 선사시대 수렵채집민의 폭력성이라는 화두도 진지하고 중요한 주제이지만, 이것이 생물학적으로 내재한 정도에 머무는 것인지, 국가 같은 거대한 구조가 들어서면서 폭력이 줄어든 것인지, 앞으로 고고학자가 하나하나 증거를 들여다보고 검증할 일이다.

고고학은 물질 증거를 자료로 삼기에 그것을 수집하고 분류, 분석해 해석과 설명에 이르기까지 매우 힘들고 오랜 시간이 걸린다. 이에 비하면 한정된 변수를 중심으로 모델과 가설을 만들고 검증하는 자연과학의 접근방법이 더 간결한 것 같기도 하다. 지금도 그렇지만, 앞으로도 온갖 과학 분석이 고고학을 둘러쌀 것이다. 이제 고고학이 고집해왔던 영역을 지키기만 할 것이 아니라 한계를 넘어 주변 학문과 협력을 이끌어야 한다. 그렇게 어려운 문제를 풀 실마리를 찾고 지식이 쌓이길 기대한다.

또 과거를 연구하는 학문을 하면서 미래를 말하고 싶지만, 그것은 애초 불가능한 일이다. 어느 학문도 미래를 예측할 순 없기 때문이다. 다만, 역사와 지나온 과정을 되짚는 것은, 현재를 이해하는 길이면서, 미래 역시 과거로부터 현재까지 밟아온 궤적 위에 서는 것이기 때문이다. 이렇게 보면 미래는 분명 다른 모습일 수 있지만, 전혀 새로운 것은 아닐 것이다.

글쓴이는 2010년 "후기 구석기 혁명: 현생인류 진화의 행위·문화적 배경"이란 논문(『한국고고학보』 77집)을 쓴 뒤 여러 곳에서 강연을 하면서 더 이해하기 쉬운 표현을 찾아 "사피엔스혁명"이라는 말을 쓰기 시작했다. 『사피엔스』 책이 나오기 전이다. 다른 분야 연구자와 일반인에게 더 와닿는 표현이라 생각했기 때문이고, 이제 다시 이 책의 제목으로 삼는다.

이 책은 한국연구재단의 지원을 받아 출판에 이르렀다. 본래 『사피엔스혁명: 후기 구석기시대 수렵채집민의 고고학』이라는 제목을 단 연구과제(2021S1A6A4047304)였으나 출판사의 제안으로 '인류라고 정의하는 거의 모든 것의 시작'이라 부제를 수정했다. 헤아려 보니 번역서를 포함해 사회평론과 일곱 권째다. 그동안 윤철호 사장을 비롯해 김천희 소장으로부터 많은 도움을 받았다. 이근영 기획위원은 원문을 꼼꼼히 읽고 수정과 함께 귀중한 제안도 해주었다. 나아가 정동희, 성연빈, 이선빈, 김남헌, 조한서 등 여러 학생이 초고를 읽고 교정을 도와주었다. 이 주제를 공부하도록 이끌어준 이선복 선생님과 관련 강의를 들은 여러 학생에게 감사한다. 또 늘 큰 힘과 편안함을 준 가족에게도 고마움을 전한다.

2025년 3월 관악산 자락에서

성춘택

차례

3부 적응과 순응

1부

기원과 확산

쇼베 동굴벽화

01 80억 인류 역사의 어린 시절

한 무리 사냥꾼이 순록 떼가 지나가는 골짜기 바위에 숨어 있다. 머리를 땋고, 얼굴에 칠을 하고, 목걸이와 발찌도 했고 가죽을 말려 촘촘히 바느질한 옷을 입고 갖신도 신었다. 맨 앞 사냥꾼이 신호를 보내자 일제히 작고 날카로운 찌르개를 매단 창을 던진다. 골짜기를 흐르는 물이 창에 맞아 쓰러진 짐승의 피로 물든다. 사냥꾼은 능숙한 솜씨로 짐승을 해체한 뒤, 고기를 매달고 가죽을 짊어지고 본거지에 돌아온다. 들소 뿔 나팔과 새 뼈에 구멍을 뚫어 만든 피리를 불고 춤을 추며 함께 노래를 부르며 축제를 벌인다.

며칠 뒤 열매를 따고 뿌리를 캐던 여성 몇이 모여 얘기를 나누더니 무리는 이곳을 떠나기로 한다. 바구니와 망태기에 최소한 먹거리와 도구만을 챙겨 갓난아이를 안고 어린아이 손을 잡고 강을 거슬러 올라간다. 새로운 본거지 주변엔 먹을 것이 훨씬 많다. 게다가 오랜만에 다른 무리도 만나 반가움에 수다를 떨고, 식량과 물자도 나눈다. 그런데 한 아이가 시름시름 앓다 그만 숨을 쉬지 않는다. 모두가 슬픔에 겨워 아이에게 매머드 상아를 갈아 만든 장신구 수백 개를 걸쳐 주고 붉은 돌가루를 뿌려 장례를 치른다.

그런 다음 무리는 산기슭에 올라 성스러운 곳으로 들어간다. 동굴 안에 이르자 등불을 밝히고 아이들 손을 잡고 깊이 들어간다. 피리와 나팔을 불자 고요하고 엄숙한 분위기가 흐른다. 이윽고 넓은 방에 이르러 동굴 벽에 등불을 밝히자 여러 들소와 말이 뛰어다니는 듯하다. 조용한 노래를 함께 부른다. 벽에 손을 대고 속이 빈 뼈에 물감을 불어 손도장도 남긴다.

20,000년 전 즈음 고위도지방 어딘가에서 벌어졌을 법한 장면이다. 이 사람들의 생김새도, 하는 일도 오늘날 우리와 다르지 않다. 빙하시대 끝자락 이 사람들의 삶은 지금 우리에게 어떤 메시지를 주는가?

인류사의 전환점

이 책은 흔히 빙하시대라 불리는 혹독한 기후조건 아래 살았던 수렵채집민의 이야기를 담고 있다. 몇 만 년 전 먼 과거, 수렵과 채집으로 이동하며 살았던 사람들에 대해, 주로 고고학의 시각에서 연구 성과를 정리하고 오늘에 되새길 의미가 있는지 살핀다. 까마득히 먼 옛날 아마도 헐벗었을 사람들의 삶을 구태여 알아서 어쩌자는 것인가? 그저 현재의 우리와는 전혀 관련이 없어 보이는, 한낱 박물관 전시창 안에 박제된 물건들이 우리에게 호기심을 넘어 어떤 의미를 지닐까?

한 중학교 역사교과서는 "해가 뜨자마자 그날의 먹을거리를 찾아 주변 지역을 돌아다녔다."(대교 2012, 17쪽)고 쓴다. 이렇게 우리에겐 빙하시대 수렵채집민이 헐벗고 굶주렸다는 인식이 있다. 근거는 없다. 그저 한 시간, 한쪽 분량의 정확하지 않은 서술이 그런 인상을 줄 뿐이다. 그렇게 보면 우리에게 구석기시대, 그리고 선사시대는 이후 역사시대, 그리고 현재 우리의 삶과는 무관한 그저 흥밋거리에 지나지 않은 것 같다.

굳이 파헤치자면 이런 인식에는 단선진화론의 사고가 깔려 있다. 인류문화는 구석기시대 야만의 상태에 있다가, 신석기시대와 더불어 농업혁명이 일어나 정주마을을 이루어 미개사회에 접어들었고, 금속문명을 토대로 국가가 등장해 오늘날 역사로 발전했다는 인식이다. 그러니 19세기 야만에서 미개를 거쳐 문명사회로 진화했다는 존 러복(John Lubbock)과 루이스 모건(Lewis H. Morgan)의 단선진화의 뿌리는 아직 깊고도 넓게 뻗어 있는 것 같다.

이런 맥락을 따를 때 농업혁명, 곧 신석기혁명은 굳이 설명이 필요하지 않은 인류사의 전환이다. 왜냐하면 빙하시대, 곧 구석기시대 수렵채집민은 헐벗고 굶주려 종일 먹을거리를 찾아 헤매는 생활을 했기에 식량자원을 생산하는 농경민이 더 윤택한 삶의 방식을 전파하고 주변으로 확산하는 것은 당연한 일이다. 우월한 생산경제가 열등한 수렵채집 생활을 대체한 것은 굳이 이유를 설명할 필요도 없는 발전의 결과, 다시 말해 단일한 선을 따라 발전해 온 문화진화의 산물이다. 그리고 도시문명과 잉여 산물을 보장하는 농업 생산 경제체제 위에 눈부신 기념건축을 짓고 여유로운 생활을 영위한다고 생각한다.

이제 고고학이 할 일은 구석기시대 수렵채집민이 얼마나 야만적인지, 얼마나 자연의 통제에 무기력했는지를 밝히는 일이 된다. 구석기시대 문화는 우리에게 다시는 돌아가고 싶지 않은, 지금의 우리 삶과는 단절된, 먼 과거일 뿐이다. 구석기시대 사람들이라 하면 그저 "우가우가"하는 원시인을 떠올리기 마련이다. 실제 그런 캐릭터를 동원해서 어린이에게 접근하기도 한다. 그러니 빙하시대 사람들이 남긴 삶의 흔적을 공부하는 것은 흥밋거리를 넘어서기 힘들다.

질문을 바꿔보자. 인류의 역사를 바꾼 가장 중요한 때는 언제였을까?

오늘날 세계사의 전개는 20세기의 유산일지도 모른다. 지난 세기 두 차례 세계대전과 냉전, 그리고 기술문명의 발달이 우리 삶의 방식을 결정짓는 시간이었을 수 있다. 어떤 이는 시간을 거슬러 근대세계의 형성이야말로 가장 중요한 전환이었다고 강조할 수 있다. 산업혁명이나 과학기술의 발달과 생산 효율성의 증대, 그리고 세계적 규모로 경제 교류가 성장한 시기라 꼽을지도 모른다. 그러면서 그 시점으로 17세기 이후 유럽 사람들이 배를 타고 전 세계를 항해했던, "대항해시대"를 떠올리고, 이 시기 오늘날 세계의 구도가 형성되었다고 쓸 수 있다(주경철 2008). 본래 "발견의 시대"라 불리던 것을 유럽이 역사의 주체임을 너무 강조한 개념이라 해서 중립화한 개념이라고 한다. 이렇게 오늘날 세상이 형성된 배경과 과정을 찾아 들어가는 역사의 여정은 멋진 일이다.

중세에서 세계사의 탄생을 얘기하기도 한다. 몽골제국이야말로 아시아와 유럽을 연결해 거대한 공간에서 교류의 단위를 만들었다고 평가한다. 그러니 진정한 뜻에서 세계사의 시작이라 평가할 만하다(김호동 2010). 이런 맥락에서 고대 실크로드를 강조하는 연구도 넘치고, 해양실크로드라는 말도 널리 쓰인다. 매혹적인 연구 주제임을 떠나 분명 이런 광범위한 교류의 증거는 우리가 알고 싶어 하는 세계사의 전개에 중요한 논점일 것이다. 더 깊이 들어가 "축의 시대"라는 말도 있다. 기원전 1000년기 인류의 철학과 종교의 기본 틀, 곧 축이 형성되었다는 개념이다. 인류 역사에서 참으로 경이로운 시기였음이 사실이다(암스트롱 2010).

고대문명은 어떤가? 기원전 4000년에서 2000년, 인더스강과 나일강, 티그리스강과 유프라테스강, 황허 유역에서는 도시를 이루고,

피라미드 같은 높은 신전을 짓고 성을 쌓았고, 왕과 세습 엘리트가 주도하는 복합사회가 등장했다. 신대륙에서도 기원전 1000년이면 거대한 조각상을 만든 문명이 탄생한다. 문명은 주변으로 확산했고, 이로써 세계 여러 지역에서 역사시대가 전개되었다. 그런데 고대문명은 밀이나 조, 벼 재배, 그리고 양과 염소, 소, 돼지 사육, 그러니까 농경을 배경으로 성장했다.

더 거슬러 가보자. 농경은 도시문명의 토대다. 모든 문명은 밀이든, 쌀이든, 옥수수든 주 작물을 가지고 있었다. 대규모로 땅을 일구고, 물을 대고, 수확하여, 잉여물을 저장하고, 또 농토와 창고를 지킨다. 그 토대 위에 엘리트가 출현하고, 그로 인해 만들어진 불평등한 사회구조는 세대를 이어 전수된다. 엘리트는 하늘 높이 솟은 건축물을 지어 권력을 과시하고, 나아가 주변 집단 정복에 나선다. 이렇게 생겨난 정복과 피정복, 지배와 피지배 관계는 역사시대의 큰 특징이 되었다. 농경의 시작이야말로 사람이 엮어온 수천 년 역사에서 가장 중요한 전환점이라 말하는 것도 틀리지 않다.

농업혁명과 "인지혁명"

고든 차일드(V. Gordon Childe, 1892-1957) 이래 사람들은 "농업혁명"을 강조했다. 차일드는 마르크스주의자로서 인간이 창의적인 의지와 노력으로 자연의 제약에서 벗어나 신석기혁명과 도시혁명을 성취했음을 강조했다. 차일드는 18세기 산업혁명이 인류사에 얼마나 큰 변화를 몰고 왔는지 주목하면서 신석기시대에 작물재배와 가축사육, 정주마을, 토기와 간석기의 등장이라는 혁명적 변화가 한꺼번에 찾아왔다고 보았다. 이렇게 산업혁명과 농업혁명(신석기혁명)은 인류 역사의 쌍둥이가 되었다.

농경의 시작은 지역에 따라 다르지만, 플라이스토세, 곧 빙하시대 끝자락까지 올라간다. 차일드는 플라이스토세가 끝나고 빙상이 녹으며 서아시아가 더욱 건조해져 몇 개 생산성이 높은 오아시스 주변에 동식물과 사람이 모여들면서 서식 환경을 알게 되고, 식물을 재배하고 동물을 기르게 되었다며, 이른바 오아시스가설을 제안한다(Childe 1936). 사람들이 식물재배와 동물사육을 알게 되면서 정주마을에 살고 토기와 간석기를 만들어 씀으로써 인구는 크게 늘어 인류사에 커다란 전환을 가져왔다는 것이다. 차일드는 유럽의 구석기시대 야만인과 신석기시대 미개인을 대조하면서 후기 구석기시대 문화는 빙하가 녹고 순록이 줄어들면서 시들어 사라지고, 굶주림의 시대, 곧 중석기시대가 찾아왔다고 썼다(Childe 1942, 차일드 2011; Barker 2009: 13). 그런 상황에서 농사의 발명이란 혁명과도 같은 것이라 평가했다.

혁명이라는 말은 프랑스혁명이나 러시아혁명처럼 본래 민중이 주도해 권력체제를 바꾼 사회정치적 격변을 가리키는 말이었다. 그러던 것이 인류사의 전환을 평가하면서 산업혁명, 그리고 농업혁명에까지 널리 쓰인다. 이는 그저 역사의 전환을 비유적으로 표현한 용어이다. 변화가 그렇게 갑자기, 그리고 한꺼번에 일어났을 리 없다. 그럼에도 그 자체로 강한 메시지를 주는 용어였기에 유행했다.

농사는 이집트와 메소포타미아, 인더스, 중국 그리고 아메리카 대륙을 막론하고 고대문명과 역사시대의 전개에 전제조건이었을 만큼 더할 나위 없이 중요한 진전이었다(Barker 1997: 1-2). 『총, 균, 쇠』에서 재러드 다이아몬드는 지리환경의 차이와 농경의 시작에서 현재 세계 질서와 구조의 해답을 찾는다. 그렇게 오늘날 세계사의 전개를 이해하기 위해 신석기시대까지 거슬러 올라간다.

이처럼 인류 역사에서 가장 중요했던 시기를 생각하는 것은 시각에 따라 다를 수 있다. 그렇다고 여간해선 만 년이라는 세월을 넘어선 까마득한 과거까지 올라가지는 않는다. 사실 간석기, 토기, 정주 같은 신석기혁명의 요소는 이미 빙하시대 끝자락에 등장했다. 글쓴이는 사피엔스가 전 세계로 확산한 것이야말로 오늘날 인류의 경력과 역사를 가장 크게 바꿨던 전환이었다고 생각한다.

과연 식량자원의 확대는 언제부터 이뤄졌을까? 차일드가 이야기했듯이, 후빙기 새로운 환경의 도래로 인간과 동식물 사이에 새롭고도 밀접한 관계가 만들어진 결과일까? 14장에서 더 자세히 논하겠지만, 신석기혁명의 거의 모든 요소는 후기 구석기시대 수렵채집사회에서 시작했다. 토기도, 간석기도, 정주도, 식물재배도 빙하시대 끝자락 수렵채집민이 만들었다. 그렇게 변화를 개척했다. 작은 동물과 수생자원, 그리고 각종 씨앗과 열매, 구근류를 포함해 광범위한 식량자원 이용은 후기 구석기시대 내내 진전했다.

빙하시대 말 이미 우리와 해부학적으로 똑같은 인류가 나타나 아프리카를 벗어나 구대륙 전역으로, 그리고 신대륙까지 확산해 들어갔다. 그리고 고위도와 고산지대, 건조한 곳, 열대우림까지 놀랍도록 다른 환경에도 성공적으로 적응했다. 우리와 똑같이 머리를 땋고, 얼굴에 칠을 하고, 목걸이와 팔찌를 차고, 겨울 찬바람이 새들어오지 않도록 촘촘한 바느질로 가죽옷을 만들어 입고 갖신도 신었다. 그리고 깊은 동굴에 들어가 등잔불을 밝히며 화려하고도 놀랍도록 생생한 그림을 남기기도 했고, 새 뼈에 구멍을 뚫어 피리를 만들어 불고, 매머드 상아를 깎고 갈아 훌륭한 조각품을 남겼다. 오늘날 우리와 똑같은 모습에 똑같은 행동을 했다.

연구자들은 인류혁명(Human revolution)이라는 말도 한다. 현생인류가 출현해 전 세계로 확산했고, 그렇게 오늘날 지구상 인류의 정체성이 만들어졌다(갬블 2013). 이것 역시 인류사에 근본적 변화를 몰고 온 것이기에 "혁명"이라 부를 수 있는 것이다. 비슷한 맥락에서

『사피엔스』라는 널리 읽히는 저술에서 유발 하라리(Yuval N. Harari)는 약 7만 년 전에서 3만 년 전 새로운 형태의 사고 및 의사소통 방식을 "인지혁명"이라 부른다(하라리 2015: 44). 리처드 클라인(Richard Klein 2009: 648-649)[1] 같은 고고학자, 그리고 하라리는 이 시기 호모 사피엔스는 우연히 일어난 신경학적 유전자 돌연변이로 복합적 인지능력과 함께 창의력, 감수성까지 갖추게 되었다고 평가한다. 검증하기 매우 힘든 가설이지만, 아프리카에서 기원한 호모 사피엔스는 65,000년 전이면 동남아시아를 거쳐 오스트레일리아까지 들어갔고, 50,000년 전 서아시아에서 북으로 길을 잡아 유럽까지 확산했다. 다시 고위도지방으로, 그리고 동아시아를 거쳐 동쪽과 북쪽으로 넓혀 빙하시대가 끝나기 전 아메리카대륙까지 들어갔다. 이로써 구대륙과 신대륙 전역에 단일한 생물 종으로서 사피엔스가 성공적으로 확산했다. 사피엔스의 세계 확산은 산업혁명과 과학기술의 발달에서 비롯한 것이 아니라, 빙하시대 수렵채집민의 성취인 것이다.

빙하시대 끝자락 전 세계 곳곳에 퍼져나간 현생인류는 각 지역에서 나름의 문화를 진전시켰다. 환경조건에 따라 수렵채집 생활을 이어가기도 했고, 어떤 곳에선 씨를 뿌리고 동물을 길들이면서 더 큰 마을을 이뤄 살기도 했다. 이렇듯 새로운 변이가 드나드는 긴 과정을 거쳐 돌이킬 수 없는 변화를 만들었다. 이렇게 보면 이후 역사는 후기 구석기시대 수렵채집민이 놓은 토대 위에서 수레바퀴가 구르듯 필연과 우연의 연쇄로 이어졌다고 해도 과언이 아니다.

우리 곁에 있는 먼 선사시대

우리는 누구이고, 어디서 왔을까? 매우 인문학적이고 흔한 질문이다. 먼저 "우리"가 뭘 뜻하는지 정의해야 하고, 또 인간이라는 범주의 기원을 살펴야 할 일이다. 그렇다면 인간을 또 어떻게 정의한단 말인가? 대답을 찾아 수많은 철학자가 논변했지만, 이 책은 고고학이란 창을 통해 대답을 찾아 먼 선사시대로 떠난다. 현재 지구상에 사는 인류 모두의 토대를 찾아서 떠나는 여정은 그리 간단치 않다.

이 책은 이렇게 자문하고 몇 가지 대답을 찾아가는 과정이다. 한 가지 답은 우리 모두, 지구 위에 사는 80억 인류 공통의 토대는 후기 구석기시대 수렵채집민이 놓았다는 것이다. 다시 말하면 아프리카에서 아시아, 유럽, 아메리카에 이르기까지 전 세계 모든 인류가 공유하는 여러 특성은 빙하시대 수렵채집민의 유산이다. 이때야말로 진정한 의미에서 글로벌 역사의 시작이라 해도 지나치지 않다.

조상을 찾아 거슬러 올라가면 몇백 년 전 기록된 과거도 불확실한 것이 많다. 이 땅에 사는 사람들이 몇천 년 동안, 심지어 몇만 년 동안 이 자리에 살던 사람들의 후손이어야 한다는 법은 없다. 과거 우리나라는 한 민족이라는 이데올로기를 강조했지만, 이제 세상이 바뀌었다. 이런 인식은 역사 사실과도 다르다. 어떤 현상의 기원을 찾는 일은 매우 어렵고도 가끔은 무모하기까지 한 일이다. 인간의 기원 역시 마찬가지다. 다만, 현재 지구에 사는 인류가 모두 호모 사피엔스인 것은 우리의 뿌리를 찾는 여정의 출발선이다. 어떤 나라의 국민이나 민족의 시원을 찾는 일보다 인류의 내력을 탐구하는 것이 논란도 덜하고, 또 과학적일 수 있다. 예를 들어 어떤 표본으로 한국인의 기원을 연구한다면 우선 한국인을 어떻게 정의하는지부터 문제가 되지만, 우리가 모두 현생인류라는 사실은 이미 학문적으로 타당하기에 여러 대륙에 있는 사람들과 문화를 연구 대상으로 삼을 수 있는 것이다.

21세기 인류는 기술문명의 발달과 세계화라는 거부할 수 없는 변화에 직면해 있다. 전 세계의 정치와 군사, 경제가 갈수록 서로 묶여 한 덩어리처럼 움직이고 있다. 여행과 교류의 빈도와 규모가 커진 탓에 질병 같은 국지적 문제가 전 지구적 이슈가 되기도 한다. 한곳의 문제는 더 이상 그곳에 머물지 않고 모두가 해결해야 할 문제가 된다. 수천 년 동안 멀리 떨어져 서로 다른 관습과 전통을 이어와 생긴 낯섦으로 치부해서는 해결할 수 없는 문제가 우리 주변에 도사리고 있다. 그렇기에 더욱 사람들은 지구촌 곳곳에서 다양한 문화와 역사에 주목한다. 문제도, 해결책도 인간의 공통성과 문화의 다양성에 있다. 이렇게 글로컬리즘이라는 화두가 대두된다. 현재의 문제에 인류의 먼 과거는 어떤 교훈을 줄 수 있을까?

인류 공통의 토대에 관심을 가지는 일은 자연스럽고도 시의적절하다. 인류는 수백만 년 동안 같은 경험으로 살아왔다. 이제 긴 공통의 경험과 역사를 되돌아볼 때다. 우리는 모두 사피엔스 현생인류이고, 지금 우리 인류를 정의하는 거의 모든 특징은 후기 구석기시대 수렵채집민으로부터 내려온 유산이다. 국제교류의 물결이 확산하는 오늘날, 지역 다양성을 이해하기 위해선, 지구온난화를 맞아 인간과 자연의 공존을 모색하기 위해선 과거를 거슬러 빙하시대 수렵채집민의 삶을 들여다볼 필요가 있다.

구석기시대를 흔히 빙하시대라 부른다. 학문적으로 정확한 표현은 아니지만, 이 책이 다루는 10만 년 전 이후, 특히 후기 구석기시대(약 45,000-12,000년 전)는 지금보다 추운 조건이었다. 나아가 최후빙하극성기(Last Glacial Maximum, 마지막빙기최성기, 27,000-20,000년 전, Box 1.1 참조) 동안 고위도지방은 혹독한 환경이었다. 우리에게 익숙한 빙하시대 수렵채집민은 바로 그 시기를 살았던 사람들이다. 놀랍도록 발달한 뗀석기 기술과 예술품에서 드러나듯이 후기 구석기시대 문화를 꽃피웠다. 삶을 연명하기만 한 것이 아니라 아름다운 동굴벽화와 조각품을 만들었고, 주변 환경에 대한 해박한 지식을 가져 수많은 식물자원을 식량과 약용으로 썼고, 매머드와 들소, 순록 같은 큰 동물을 사냥했으며, 혹독한 고위도지방 그리고 신대륙에까지 들어갔다. 무리를 이뤄 이동하면서도 먼 곳에 있는 무리와도 정보와 물자를 나누고 인적 교류를 했다.

현생인류의 말과 행동에는 상징이 들어 있고, 예술 행위는 폭발했다. 수다를 떨고 농담을 주고받고 용감하고 지혜로운 조상 이야기를 나눴다(Dunbar 1998). 이야기는 세대를 이어 전수되면서 전설과 신화가 되었다. 동식물상과 주변 환경과 지형에 대해 해박한 지식과 경험을 쌓아 공유하고 전수했다. 역사시대처럼 문자나 문해력이 아닌 시각 이미지가 중요했던 시대였고, 어른들은 어린아이 손을 잡고 깊은 동굴에 들어가 등불을 밝히고 놀랍도록 정확하게 표현된 동물의 이미지를 가리키며 서로 이야기하고, 노래를 함께 부르고 열정에 겨워 춤을 추며 공동체 의식을 기렀을 것이다.

이것은 실상 지금 우리 모두의 모습이기도 하다. 농사가 없고, 도시도 없고, 문자도 없지만, 그 시대 우리는 다 똑같았다. 그래서 혹독한 빙하시대 매서운 눈바람을 맞으며 전 세계로 떠났던 현생인류를 찾아 떠나는 여행에서 우리는 하나임을 깨달을 것이다. 어두컴컴한 동굴에 등잔불을 밝히고, 이동하는 순록 무리를 숨죽이며 지켜보고, 피리를 불고 춤을 추며 함께 노래했던 수렵채집민에게서 우리의 모습을 본다. 몇만 년 전 현생인류, 우리와 똑같은 모습으로 똑같이 행동했던 사람들이다.

그렇다면 현존하는 수렵채집사회는?

후기 구석기시대 현생인류는 구대륙의 고위도지방과 고산지대는 물론 통나무나 뗏목을 타고 오세아니아에 이르기도 했고, 높이 솟은 얼음 산 사이의 통로를 걷거나 해안을 타고 아메리카대륙에까지 들어갔다. 그런 뒤 후빙기 지구온난화라는 환경변화를 맞아 곡물을 재배하고 가축을 기르기도 했으며, 수렵채집의 방식을 그대로 이어가기도 했다. 물론 크고 작은 이동이 있었고, 전쟁도 있었고, 수많은 문명과 크고 작은 사회가 등장하고 사라졌다. 그럼에도 이는 결국 이미 빙하시대 끝자락에 자리 잡은 땅에서 다양한 문화를 진전시킨 것이다. 그렇게 지구상 모든 인간은 수렵채집 생활에 뿌리로 두고 있다.

현존하는 수렵채집사회는 우리를 이해하는 데 얼마나 유용할까? 좀 더 정확히 말하면 19세기 말에서 20세기 중반까지 민족지에 기록된 수렵채집민의 모습과 생각하는 방식, 전통, 행동은 과거와 얼마나 비슷할까? 현존 수렵채집민은 나름의 역사 기록을 가지고 있지 않기에 전하는 것이란 선교사든, 인류학자든 모두 외부 세계 사람의 눈과 귀를 바탕으로 한 기록이다. 그 기록된 수렵채집사회조차도 인류학자가 기록하기 훨씬 전부터 주변 농경사회와 접촉한 사례가 허다하다. 그런 접촉으로 삶의 방식도 상당히 변했다. 그렇다면 "현존" 수렵채집사회는 결코 후기 구석기시대 사람들의 모습과 생각, 행동을 그대로 보여주지 않을 것이다.

민족지 자료에서 그리는 수렵채집민의 모습이 마치 독재자처럼 고고학자의 시각과 상상력을 억눌러, 발굴한 자료에 근거해 설명하고 해석하지 못하게 한다고 경고하는 이도 있다(Wobst 1979). 지나치게 민족지 자료에만 의존한다면 다양한 고고 자료를 제대로 해석하지 못할 수 있다. 남아프리카 칼라하리사막의 주호안시(부시먼)족이나 탄자니아의 핫자족이 후기 구석기시대의 삶을 그대로 보여준다고 생각해선 안 된다(Marlowe 2005).

그렇다고 민족지 자료는 후기 구석기시대 수렵채집민을 이해하는 데 아무런 의미도 없을까? 나아가 우리 인간을 이해하는 데 유용하긴 할까? 글쓴이는 매우 중요하다고 믿는다. 수렵채집민의 삶은 자연환경 조건과 함께 오랜 역사와 전통의 산물임이 분명하기 때문이다. 선사시대 수렵채집민의 삶 역시 환경, 그리고 우연과 필연이 얽힌 역사의 산물이다. 주어진 환경조건 아래 과거 수렵민은 식량자원을 확보할 때나 이동을 결정할 때나 현재의 수렵민과 마찬가지 토대 위에서 의사결정을 했을 것이다(켈리 2014: 530; Hill et al. 2011; Marlowe 2005). 그리고 그 의사결정의 경험과 지식은 세대를 이어 전수됨으로써 관습으로 굳어진다. 어떤 행동 패턴이 오랜 시간의 흐름 속에서 이어진다는 것은 그만큼 주어진 환경 속에서 이유 있는 생계수단이었을 뿐 아니라, 생물학적으로도 장기 존속을 돕는 메커니즘(자연선택)이 있었기 때문이다. 이것을 진화이론과 인간행동생태학의 시각에서 풀어낼 수도 있다.

한 가지 새겨야 할 것은 현존 수렵채집민의 행위에는 상당한 정도의 일반성이 있다는 사실이다. 남아프리카의 건조한 사막에 사는 집단이나 알래스카의 카리부(순록) 사냥꾼, 오스트레일리아 원주민, 아마존 원시림의 수렵채집민 모두 눈에 띄는 공통점이 있다. 물론 구체적인 양상에서 변이도 있다. 그러나 수렵채집 집단의 크기와 이동성을 비롯해 영역성과 공유, 평등사회와 같은 여러 양상에서 저위도든, 고위도든 전 세계 다양한 환경에 있는 수렵채집민의 인구구성과 관념, 행동 패턴과 사회구조에서 공통성이 두드러진다. 놀랍지 않을 수 없다. 왜냐하면 전 세계, 아프리카의 수렵민과 신대륙 알래스카의 수렵민이 역사적으로 연관, 곧 전파와 같은 끈으로 연결되어 있을 리 만무하기 때문이다.

그러니 현존 수렵채집민이 공유하는 일반성은 후기 구석기시대 수렵채집민의 유산이라 해도 과언이 아니다. 학계에서 널리 읽히는 『수렵채집사회: 고고학과 인류학』이라는 책에서 로버트 켈리(Robert Kelly)는 선사시대로 투영할 수 있는 수렵채집민의 일반성으로, 15명에서 30명 정도가 함께 식량자원을 얻고 나누며 이동했을 것임과 주로 남자는 사냥을, 여자는 채집을 담당했을 것임을 논한다(켈리 2014:

531). 집단 크기와 성에 따른 분업은 그만큼 전 세계 다양한 환경의 수렵채집사회에서 일반적으로 보이는 특성이다.

오늘날 수렵채집사회에서 발견되는 공통성은 최소한 구석기시대 현생인류, 호모 사피엔스까지 거슬러 올라갈 특성이다. 그리고 현재라 해봐야 기껏 수만 년, 어떤 곳에선 만 년 정도의 시간이 흘렀을 뿐이다. 거꾸로 말하면 후기 구석기시대는 우리 인류의 공통 토대를 놓은 시기였고, 이 점에서 진정한 글로벌 역사의 출발점이라고 말해도 지나치지 않다. 물론 하나하나 특성이 모두 공통이라는 것은 아니다. 예컨대 조상에 대한 믿음과 신뢰, 숭배는 모든 사회에 배태되어 있었을 것이지만, 실제 조상의 몸을 대하는 태도, 어디에 시신을 모시는지는 문화마다 다양하다. 그러니 그 공통 토대란 구체적인 양태가 아니라 인간의 마음과 행동, 그리고 사회의 토대를 말하는 것이다.

오늘날 80억 인류가 공유하는 마음과 행동의 토대를 찾아 몇만 년 전으로 들어가 보자. 소설가 이청준은 시골에서 태어나 10년 남짓을 지내다 도시에서 살았지만, 평생 어린 시절 경험과 기억을 떠난 적이 없다고 고백한다. 그러니 그 소설가와 소설을 이해하기 위해선 '근원'이라 부르는 어린 시절로 돌아가지 않을 수 없다. 어린 시절 어떤 환경에서 살았는지는 한 사람의 인성을 좌우한다고 한다. 인류를 한 인간으로 본다면, 구석기시대는 우리의 어린 시절이라 할 수도 있다. 지금 우리 머릿속에 까마득하게 잊힌 어린 시절 말이다. 머릿속에서 그것을 잊었더라도, 우리의 마음과 행동은 늘 오랜 과거를 기억하고 있다. 아니 우리의 마음과 행동의 토대는 인류의 어린 시절에 있다.

Box 1.1

최후빙하극성기(마지막빙기최성기)

The Last Glacial Maximum

만년설(萬年雪)이란 늘 눈에 덮여 있다는 뜻으로 쌓인 눈이 다 녹지 못하고 그 위에 새로운 눈이 쌓여 수백, 수천, 수만 년 동안 내내 남은 눈을 가리킨다. 이것이 상당한 규모로 대륙을 덮고 있고, 넓게 확장한 빙원을 빙상(氷床, ice sheet)이라 부르는데, 오늘날 남극과 그린란드에서만 볼 수 있다. 빙하시대에는 북아메리카와 유럽의 고위도지방에도 거대한 빙상이 자리 잡고 있었다. 대륙처럼 광대한 지역을 덮고 있고 천천히 흘러내리기에 대륙빙하(continental glaciers)라 부르기도 한다. 빙하(氷河, glacier)라는 말은 그 자체로 흘러내리는 얼음을 가리킨다. 오래 쌓인 눈이 다져져 얼음이 되고 두껍게 쌓이면 그 자체 무게로 흘러내린다. 그렇게 높은 산 위에 발달한 빙하는 아주 조금씩이나마 아래로 미끄러진다.

빙하와 빙하가 녹아 생긴 호수야말로 지구상에서 가장 많은 민물이 모여 있는 저수지이기도 하다. 세계의 수많은 지역에서 겨울에 고산지대에 눈이 쌓이고, 여름에 녹으면서 물이 흘러내기를 수만 년 반복했다. 그런데 약 27,000-20,000(19,000)년 전, 최후빙하극성기(Last Glacial Maximum, LGM) 동안 현재 바다는 지금보다 130m 아래에 있을 정도로 빙하기가 절정에 이르렀다(그림 1.1). 현재 세계 육지의 10.7%가 빙하, 곧 만년설로 덮여 있지만, 최후빙하극성기 동안에는 지각의 무려 25%가 연중 녹지 않는 얼음으로 덮여 있었을 정도다.

빙하가 정점에 이르렀던 때는 곳에 따라 약간 차이가 있지만, 후기 구석기 시대는 빙하시대(Ice Age)라 해도 과언이 아니다. 지질학적으로 플라이스토세(Pleistocene)라 불리는 시기를 대중적으로 부르는 말이기도 하다. 플라이스토세는 홍적세, 또는 갱신세라고도 불리는데, 약 260만 년 전부터 11,700년 전(기원전 9700년) 급격한 지구온난화가 시작될 때까지를 말한다. 고고학과 인류학에서 호모속(genus *Homo*)도 같은 때 등장해 진화했기에 지질학적이든, 고고학적이든 중요한 시기였다.

긴 플라이스토세 동안 늘 지금보다 훨씬 추웠던 시기만 있었던 것은 아니다. 지금보다 따뜻했던 시기도 있었다. 몇만 년 동안 추운 기후조건이 지속된 빙

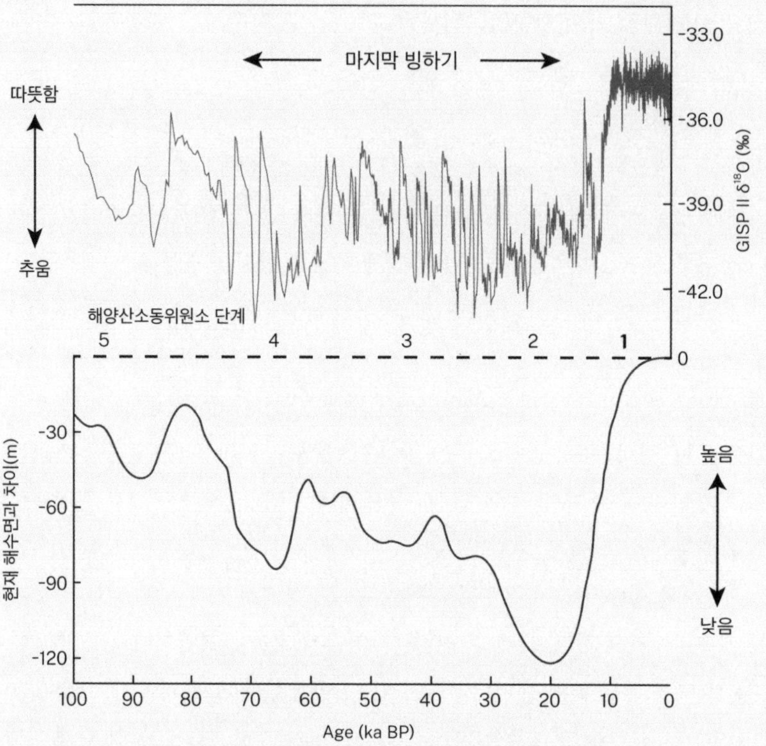

그림 1.1 지난 8만 년 동안 기후변동을 도해한 그림. 위는 그린란드 얼음코어를 바탕으로 산소동위원소의 변화를 나타낸 것(GISP II, Stuiver and Grootes 2000)이고, 아래는 해수면 변동을 그린 것이다. 기후는 흔히 산소동위원소 ^{16}O과 비교해 ^{18}O의 비율로 추정할 수 있는데, 음수로 나타난 ^{18}O이 낮으면 추운 기후이다. 이를 바탕으로 기후변화의 단계(해양산소동위원소 층서)를 설정해 MIS 5, 4, 3, 2로 표시한다. 이처럼 지난 빙하기 동안 기후는 등락을 되풀이했는데, 특히 27,000년 전에서 20,000년 전을 최후빙하극성기(LGM)이라 말한다. 23,000-21,000년 전 즈음 해수면은 지금보다 120-130m 낮았으며, 이후 급격한 지구온난화로 빙하가 물러나면서 해수면이 급상승해 오늘에 이르렀다. (출처: Schmidt and Hertzberg 2011을 참고해 다시 그림[정동희])

하기와 그렇지 않은 간빙기가 오고 갔다. 연구자들은 해저진흙층이나 그린란드 빙상에서 채취한 얼음 코어를 자료로 수십만 년 동안의 기후변화를 재구성한다. 그리하여 해양산소동위원소 층서(Marine Isotope Stage, MIS 또는 Oxygen Isotope Stage)를 구성하는데, 짝수는 빙하기를, 홀수는 간빙기를 가리킨다. MIS 5기는 13만 년 전 즈음부터 71,000년 전까지로 지금보다 따뜻했거나 현재와 비슷한 간빙기였다. 그러던 것이 71,000년 전 갑자기 기온이 떨어져 57,000년 전까지 만 년 넘도록 빙하기가 이어졌다. MIS 3기는 홀수이니 간빙기라 하겠지만, 특히 이 시기 후반은 매우 추웠다. 그리고 약 29,000년 전 즈음부터 14,000년 전까지를 MIS 2기라 하며 전반부는 최후빙하극성기다. 네안데르탈인이 살았던 중기 구석기시대(약 300,000-45,000년 전) 역시 지금보다 대체로 추운 환경이었고, 이후 후기 구석기시대는 내내 지금보다 훨씬 혹독한 기후조건이었다.

후기 구석기시대, 그리고 최후빙하극성기 동안 현재 영국의 중북부와 덴마크 이북, 스칸디나비아지방은 모두 무거운 빙상 아래에 눌려 있었다. 알프스산맥과 러시아의 산지에도 일 년 내내 녹지 않은 얼음이 높이 솟았다. 또 캐나다 거의 전역을 높고 거대한 빙상이 덮고 있었다. 로키산맥 쪽에 솟은 것은 코딜러란(Codilleran), 동부에 넓게 자리 잡은 빙상은 로런타이드(Laurentide)라 불린다. 아시아에는 티베트고원에 빙상이 자리 잡았다. 해수면이 지금보다 훨씬 아래에 있었기에 동남아시아의 여러 섬, 보르네오섬까지 육지로 연결되어 있었다. 해심이 기껏 40-50m밖에 되지 않는 우리나라 서해 역시 푸른 바다가 아니라 육지로 노출되어 있었다. 거대한 분지와 저지대에는 커다란 강이 흐르고 곳곳에 호수도 있었다. 그러니 후기 구석기시대 사람들과 수많은 동물들이 이곳을 이동하며 삶의 터전으로 삼았을 것이다. 몇몇 대중서와 교과서의 서술과는 다르게 동해는 여전히 바다였다. 대한해협은 깊이가 200m에 이르기 때문이다. 다만, 지금보다 훨씬 좁은 해협에 물살도 빨랐을 것이다.

최후빙하극성기 동안 평균기온은 지역에 따라 차이가 크지만, 지금보다 대략 5.5-10℃ 정도 낮았다. 우리나라는 제주도의 하논분화구 퇴적물 연구를 참고하면 대략 8℃ 정도 낮았을 것으로 추정한다(Park et al. 2014). 연평균 기온 차이 자체가 잘 와닿지 않겠지만, 현재 남해안과 함경북도 내륙의 평균기온을 비교하면 어느 정도 실감할 수 있다. 현재 남해안 지방은 대략 연평균 14℃, 두만강 유역은 6℃ 정도다. 두 지역은 기온도 다르고, 식생도 다르다. 이 정도 차이가 지금과 최후빙하극성기에 있었다고 생각할 수 있다. 그러니 최후빙하극성기 동안 우리나라는 지형도, 기온과 동식물 환경도 지금과는 엄청나게 달랐고, 현재 우리가 사는 한반도 일대는 건조한 스텝초원이 지배했을 것이다. 매머드는 대략 40도 이상의 고위도에서 풀을 뜯었는데, 우리나라에도 함경도 몇 유적에서 매머드 뼈가 나온 바 있다. 그런데 부안 앞바다의 섬 상왕등도 인근 해저에서 그물에 걸려 매머드 어금니 두 점이 수습되긴 했다(김진경 외 2012). 다만, 이것이 이곳에서 서식하던 동물의 것인지, 아니면 북쪽에서부터 장거리 이동한 것인지 현재로선 알기 어렵다.

최후빙하극성기 동안 겨울에는 매서운 눈보라가 휘날렸고, 그 안에서 사람도, 동물도 혹독한 시련을 겪어야 했다. 그런데 인류가 고도로 발달한 석기 기술을 이용해 정교한 사냥도구를 만들고, 동굴벽화를 그리고, 매머드 상아를 조각해 비너스상을 만들고, 새 뼈에 구멍을 뚫어 피리를 만들었던 때가 바로 최후빙하극성기였다. 그 혹독한 시기 후기 구석기시대 수렵채집민은 고위도지방에 들어갔으며, 매머드와 순록 같은 큰 동물을 사냥했다. 그리고 최후빙하극성기가 끝나고 빙상이 녹기 시작하자 아메리카대륙에까지 들어갔다. 드디어 전 세계에 사람이 살게 되었다. 이제 진정한 의미의 세계사의 토대가 갖춰졌다고 해도 과언이 아니다.

02 에렉투스가 사피엔스를 낳았다?

진화이론의 원칙과 오해

1858년 6월 런던 교외의 찰스 다윈(Charles R. Darwin, 1809-1882)에게 보르네오에서 현지조사하고 있던 앨프리드 월리스(Alfred R. Wallace, 1823-1913)로부터 편지가 도착한다. 편지에는 다윈이 비글호 항해에서 돌아와 20년 동안 조심스럽게 가다듬어 오던 "자연선택" 이론과 똑같은 생각이 담겨 있었다. 월리스는 자기 생각이 받아들일 만하면 당대 유명 지질학자 찰스 라이엘에게 전해주기를 다윈에게 요청했다. 편지를 다 읽고 난 다윈은 절망에 빠졌다.

그러나 다윈은 이미 여러 학자와 편지를 주고받으며 자신의 이론을 어느 정도 알린 터였다. 라이엘과 조지프 후커, 아사 그레이는 서둘러 다윈의 생각을 요약한 발췌문과 월리스의 글을 그해 7월 1일 린네학회에서 발표하기에 이른다. 월리스는 여전히 보르네오에 있었고, 다윈은 죽은 어린 아들 장례 탓에 학회에 참석하지 못해, 다른 이가 발표문을 대신 읽었다. 이렇게 학사에 길이 남을 자연선택 이론이 학계에 공식적으로 알려졌다. 다윈은 그동안 준비했던 글을 가다듬어 이듬해 11월 『종의 기원』을 출간했다. 그러니 19세기 중반 자연선택과 진화이론의 등장은 필연이라 해야겠다.

찰스 다윈 이후 진화는 우리에게 친숙한 개념이다. 생물학에서는 물론이거니와, 우주의 진화, 문화진화 등 다양한 분야에서 '진화'라는 말은 자연스럽게 쓰인다. 그럼에도 많은 문헌 그리고 매체에는 오해를 불러일으키는 설명과 이야기가 담겨 있다. 인류의 진화를 이해하는 데 필요한 몇 가지 개념과, 인류가 밟아온 진화의 궤적을 간략하게 살펴보자.

사람은 단일한 생물 종: 다원기원설의 허구

지구상 모든 인류가 같은 조상에서 기원했다는 것은 과학적 사실이지만, 다시 강조할 만큼 중요하다. 현재 세계인은 피부색과 문화도 다르고 말도 통하지 않지만, 이런 차이의 역사는 전체 인류사에서 보면 매우 짧은 시간이다. 인간이 그렇게 긴 시간, 같은 이력서의 내용을 가졌다는 사실은 인간을 이해하는 데 중요하다. 같은 조상을 가지고 같은 진화 과정과 경력을 겪었다는 사실은 지금의 차이, 나아가 차별을 이기는 데 도움이 된다. 지구에 사는 수많은 인간과 집단은 같은 뿌리에서 나왔으며, 그러한 뿌리 위에서 자라난 수백만 년 동안의 경험은 오늘날 우리 인간의 마음과 행동을 피워낸 토대이다. 이렇게 같은 점이 많은데, 오늘날 우리는 차이를 먼저 보는 데 익숙한 것 같다.

지금은 당연한 사실이 학계에 받아들여지는 데도 상당한 시일이 걸렸다. 인종주의의 뿌리가 매우 깊었기 때문이다. 인종주의자들은 과학적 정당성을 찾기 위해 애쓰기도 했는데, 오늘날 그 주장을 들으면 섬뜩하기까지 하다. 다원기원설(polygenesis, polygenism)은 현재 지구상의 사람들이 단일하지 않고 서로 다른 기원을 가졌다는 생각이다. 볼테르 같은 계몽주의 철학자도 아프리카 흑인과 아시아 사람이 백인과 같은 기원을 가졌다는 생각에 반대했다. 이처럼 지금으로선 허무맹랑하고 과학적으로 아무런 근거도 없지만, 다원기원설은 당대 상당한 지식인이 믿었다.

『고고학사』에서 브루스 트리거(Bruce G. Trigger)가 논했듯이, 아르튀르 드 고비노(Arthur de Gobineau, 1816-1882)는 19세기 중반 다원기원설을 제창한 인종주의자로서, 이른바 "위대한 아리안족(Aryan master race)" 학설을 대중화시킨 사람이다. 프랑스 귀족으로 『인종의 불평등에 관한 에세이 *Essai sur l'inégalité des races humaines*』(1853-1855)라는 책에서 귀족이 평민보다 우월하다고 주장해 많은 백인 상류층의 지지를 받았다. 귀족은 열등한 인종(Alpines, Mediterraneans)과 별로 섞이지 않아 아리안족의 유전 형질을 유지했기 때문이라고 했다. 이런 식의 주장이 독일에서는 고비니즘(Gobinism)이라 불렸으며, 작곡가 리하르트 바그너, 그리고 후일 나치의 지식인들에게도 큰 영향을 미쳤다.

인종주의에 대한 믿음은 과학자도 마찬가지였다. 생물분류 체계를 창안한 18세기 학자 칼 린네(Carl von Linné, Carl Linnaeus, 1707-1778)는 사람을 네 개 아종으로 나눴는데, 먼저 붉은 피부와 검은 머리를 가진 아메리카인(*Americanus*), 흰 피부와 노란 머리의 유럽인(*Europaeus*), 약간 누런 피부와 거무스름한 머리의 아시아인(*Asiaticus*) 그리고 검은 피부와 칠흑 같은 머리를 가진 아프리카인(*Afer*)이었다. 요한 블루멘바흐(Johann F. Blumenbach)는 피부색이 아니라 지리적 명칭을 사용해 인류를 코카서스인, 몽골리안, 에티오피안, 아메리칸, 말레이안 등으로 나눴다. 그러면서 각각 white, yellow-brown, black, copper-red, black-brown이라는 형용사를 붙였다. 이 표현은 이후 인종을 구분하는 데 영향을 미친다.

린네는 사실 기독교의 믿음과 아리스토텔레스가 세상을 나눈 틀, 곧 '존재의 대사슬(Great Chain of Being)'에 영향을 받았다. 그리스 철학에서 기인해 중세에 더욱 체계를 갖춘 존재의 대사슬이란 신이 인지하고 창조한 모든 생물체와 사물은 일정한 위계에 따른 구조를 가진다는 믿음이다. 신은 완전하기에 모든 존재의 가장 앞에 서며, 그 뒤를 천사가 잇고, 사람이 따르며, 그 밑에 동물과 식물, 광물이 놓이는 체계였다. 거기서 사람은 신의 가르침을 알 수 있기에 동물보다는 높은 위계에 있으며, 소와 말도 생각을 할 수 있다는 점에서 꽃과 나무보다는 앞선다(Wenke 1990). 세상의 모든 존재는 신이 부여한 질서에 순응하고, 그것을 거역할 수 없다. 이렇게 사람과 동물, 다른 생물체는 서로 다르게 창조되었다는 것이다.

조르주 퀴비에(Georges Cuvier, 1769-1832)는 비교해부학을 개척하며, 매머드 같은 동물과 오늘날 동물을 비교해 멸종이 실제로 일어난 사실임을 증명했던 연구자였다. 그렇기에 과학사에서 큰 업적을 남긴 인물이다. 다만, 퀴비에는 멸종을 진화가 아니라 카타스트로프(catastrophe), 곧 대재앙이나 격변의 시각에서 설명했다(Box 2.1 참조). 성서 기록의 대홍수 같은 카타스트로프를 믿었고, 이러한 재앙으로 기존 생물 종이 사라지고 새로운 종이 만들어졌다고 주장했다. 퀴비에는 아담과 이브가 코카서스인이었으며, 5,000년 전 지구에 카타스트로프가 닥쳤을 때 다른 두 인종이 멀리 피해 서로 고립된 상태로 존속했다고 했다. 그러면서 코카서스인은 두개골이 가장 아름답기에 가장 문명화한 족속이라고 주장했다.

19세기 후반 유행했던 우생학은 이런 다원기원설과 인종주의의 막다른 길이었다. 독일의 생물학자 에른스트 헤켈(Ernst Haeckel, 1834-1919)은 사람을 12개 위계와 36개 인종으로 나눴다. 인도게르만족을 가장 높은 위치에, 아프리카와 오세아니아 원주민을 가장 낮은 단계에 놓았다(Kenyon-Flatt 2021). 이런 인종주의 사상이 독일 나치즘에 영향을 줬음은 물론이다.

사실 다원기원설과 인종주의가 학계에서 철저히 배격된 것은 아이러니하게도 제2차 세계대전에서 나치독일이 패망한 덕분이다. 전후 독일과 다른 여러 나라에서는 인종주의를 무기로 다른 민족을 침략한 나치의 횡포를 발본색원함으로써 더는 과학의 영역에 발을 붙이지 못하게 했다. 그렇지만, 인종주의는 세계화가 진전될수록 근거 없는 편견과 함께 살아나곤 한다.

『종의 기원』(1859)이 출간되기 전 다원기원설은 창조론에 기반했다. 다윈은 1871년 간행한 『인간의 유래 *The Descent of Man*』에서 이런 다원기원설을 비판하고 단일기원설을 제창했다. 인류진화를 본격적으로 다루면서 인류는 하나의 생물 종이라는 전제에서 출발했다. 그럼에도 다원기원설은 오랫동안 사라지지 않았다. 다윈과 함께 자연선택 개념을 발전시킨 학자로 유명한 월리스 역시 다원기원설에서 완전히 벗어나지 못했다. 이 점에서 다윈은 선각자라 하지 않을 수 없다. 다윈은 사실 서양 지식인의 사고 틀을 바꿨다는 점에서 지식의 혁명을 몰고 온 사람이다.

서양 사유체계의 근본이 그리스 철학이나 신화에 있다고 할 때 생물체가 변한다는 생각은 할 수 없다. 신은 완전하기에 신이 창조한 그 어떤 것도 완전한 것이니, 불완전해 변화한다는 생각은 없다. 이것을 본질론(essentialism, 본질주의) 또는 유형론이라 부른다. 본질론에 따르면, 세상의 존재는 유한한 종류로 이뤄졌으며, 각 종류나 유형은 변할 수 없는 본질을 지니고 있다. 그 본질이야말로 종류를 규정하는 것이며, 이것이 없다면 종류도 없는 것이다. 종류란 신이 부여한 질서이기에 변할 수 없다. 본질론에 근거해 세상의 존재를 연구하는 것은 바로 종류, 나아가 유형의 본질을 탐구하는 일이다. 사람의 본질은 무엇인지, 백인과 흑인 차이의 본질은 무엇인지에 관심이 있는 것이다. 종류 안에서 보이는 변이는 본질을 가리는 노이즈, 곧 산란일 뿐이다. 그러니 변이보다는 본질에 천착하고, 시간의 흐름에 따른 변화를 무시하는 것은 이런 사유체계 속에서 당연한 일이었다.

로버트 더넬(Robert Dunnell, 1942-2010)이 고고학을 비롯한 인문사회과학에서 다윈진화이론의 배경을 논의하며 지적했듯이 본질론과 근본적으로 다른 시각으로 세상을 보는 인식론은 유물론, 곧 변이론이다(Dunnell 1982).[2] 변이론이란 세상의 변이는 무한하며, 유형과 종류란 것은 사람의 머릿속에나 있는 개념 도구일 뿐이라고 본다. 유물론(변이론)자에게는 정해진 유형이 아니라 실제 세상에 존재하는 무한대의 변이야말로 중요한 연구의 대상이다. 존재란 늘 변화하는 상태에 있는 것이고, 그런 존재, 곧 개체들이 모여 개체군이 되고, 충분히 생식적 격리가 일어나 종이 된다. 본질론, 곧 유형론에서는 사람 종이든, 해바라기 종이든, 신이 부여한 질서의 하나이기에 결코 변할 수 없지만, 본질이 아니라 변이에 초점을 두는 다위니즘과 유물론에서는 변이가 모여 종이 되는 것이다. 찰스 다윈의 생각은 이런 맥락에서 사유체계의 근본을 바꾼 것이다.

다시 말하지만, 지구상 80억 인류는 같은 뿌리에서 나왔으며 모두 생물학적으로 같은 토대 위에 있다. 그 공통의 토대 위에서 인간은 아프리카에서 유럽, 아시아, 아메리카 대륙 곳곳에 퍼졌다. 사람들은 지구상 여러 환경에 퍼졌고, 나름의 다양한 문화를 발전시켰다. 그렇게 달라지는 과정을 겪었는데, 그것은 매우 최근의 일일 뿐이다. 불과 몇만 년 전 우리 인류는 하나였다. 지금의 차이, 곧 피부색에 따른 인종이란 비교적 최근에 진화한 것이다. 이것을 제대로 아는 것은 현재의 차별 문제를 푸는 데 과학적인 논거가 될 수도 있다. 우리는 300만 년 이상을 같은 토대 위에서 같은 경험을 했지만, 기껏 1만 년을 다른 환경에서 살았을 뿐이다.

1948년 12월 10일 유엔총회에서는 전쟁의 참혹함을 알리고, 그런 끔찍한 일이 다시는 일어나지 말기를 염원하며 '세계인권선언'을 채택했다. 선언문은 "모든 인류 구성원의 천부의 존엄성과 동등하고 양도할 수 없는 권리를 인정하는 것이 세계의 자유, 정의 및 평화의 기초"라 적시하며 시작한다. 제1조는 "모든 인간은 태어날 때부터 자유로우며 그 존엄과 권리에서 동등하다. 인간은 천부적으로 이성과 양심을 부여받았으며 서로 형제애의 정신으로 행동해야 한다."이며, 제2조는 "모든 사람은 인종, 피부색, 성, 언어, 종교, 정치적 또는 기타의 견해, 민족적 또는 사회적 출신, 재산, 출생 또는 기타의 신분과 같은 어떠한 종류의 차별이 없이, 이 선언에 규정된 모든 권리와 자유를 향유할 자격이 있다."이다.

세계인권선언문에서 인간을, 곧 사람을 명시적으로 정의하지 않았지만, 모든 인간은 형제이며, 인종, 피부색과 무관하게 똑같은 권리를 타고났음을 선언한다. 이 점에서 보았을 때 사람이란 너무도 자명해 굳이 정의하지 않고 넘어갔다고 할 수 있겠다. 인권선언에서 사람은 현재 지구상에 사는 80억 명에 이르는 인구 모두를 말한다. 아니 사실 지구상에 살았던 적이 있는 모든 인간을 포괄하는 개념이기도 하다. 그렇다면 지구에 살았던 모든 인간은 또 어디까지 포괄해야 하는가? 오스트랄로피테쿠스나 에렉투스, 네안데르탈인은 여기에 들어갈까?

더 구체적으로 답을 찾아보자. 현재 지구상의 모든 인간은 피부색, 나이와 성별, 사는 곳, 외양을 막론하고 모두 호모 사피엔스다. 현생인류는 모두 호모 사피엔스다. 그렇기에 이 책은 인간, 곧 호모 사피엔스를 찾아 떠난다. 오스트랄로피테쿠스나 호모 하빌리스, 에렉투스, 네안데르탈인 같은 이전 인류도 중요하지만, 그냥 호모 사피엔스로 한정하자.

진화의 과학적 논증과 비유

진화라는 이론 또는 개념은 과학에서 독보적인 위치에 있다. 마치 경쟁 이론이 있는 듯 소개하는 글도 있지만, 생물학에서는 진화에 대립하는 그 어떤 이론도 인정되지 않는다. 찰스 다윈 이후 150여 년 동안 진화이론은 독보적 위치에 섰다. 이렇게 진화라는 개념은 다윈 이후 늘 우리 가까이 있었고, 인문사회과학에서도 진화라는 말은 낯설지 않다. 그만큼 우리에게 진화란 자연과학에서 접했든, 인문사회과학에서 마주했든, 친숙한 개념임은 분명하다. 또 언스트 마이어(Ernst Mayr, 1904-2005), 스티븐 제이 굴드(Stephen J. Gould, 1941-2002)나 리처드 도킨스(Richard Dawkins, 1941-) 같은 학자의 유명세 덕에 진화 이론을 담은 여러 책과 글이 이미 널리 읽히는 터다. 여기서 굳이 진화 이론의 역사와 원칙, 사례 등을 자세히 논할 이유도 없고, 글쓴이의 능력을 벗어난 것이기도 하다. 다만, 몇 가지만 짚고 넘어가자.

잘못된 이해에 빠지는 오류 가운데 하나는 '의도성'을 지나치게 강조하는 것이다. 생물 세계의 진화를 설명하는 데 학문적으로 엄격하지 않은 표현을 관행적으로 쓰기도 한다. 예컨대 민들레도 전략이 있다. 꽃대를 꼿꼿하게 높이 세워 벌과 나비를 유혹하고, 바람이 부는 날을 골라 씨를 날리는 전략이다. 단풍나무도 씨를 멀리 날리기 위해 날개를 달았다. 어미 나무에서 최대한 멀리 가고자 바람이 부는 날 빙글빙글 돌면서 바람을 탄다. 자연은 알면 알수록 놀랍다. 그러니 거기에 무슨 오묘한 계획과 조화가 있다고 생각할 법도 하다.

그러나 전략이라는 것은 마치 작전을 짜듯이 생물체가 살아남고 증식하기 위한 계획을 짜고 실행한다는 뜻이 아니다. 그저 꽃대를 높이 세우고 부는 바람에 멀리 씨앗을 날린 변이가 성공적으로 존속(자연선택)했을 뿐이다. 긴 목을 가진 기린이 건강히 살아남아 더 많은 자손을 남긴 것이지 목을 늘리려 애를 쓴 전략이 통했기 때문이 아니다.

전략이란 과학에서 동물의 행동 또는 식물의 번식 패턴을 가리키는 개념이다. 동물이나 식물이 어떤 의도를 가졌음을 뜻하는 것은 아니다. 예컨대 사람은 보통 아이를 한 명 출산해 될 수 있는 대로 많은 시간과 에너지를 투자해 기른다. 이것을 K-전략이라 부른다. 그 반대인 r-전략도 있다. 연어는 수천 개 알을 낳지만, 살아남아 다시 고향에 돌아오는 연어는 몇 마리일까? 장기적 관점에서 암수를 생각하면 평균 두 마리일 것이다. 세 마리라도 된다면 얼마 지나지 않아 온 바다와 냇물이 연어로 뒤덮일 것이다. 특정 환경에서 어떤 종이 매우 빠르게 번식해 우세종이 될 수는 있어도 거기까지다. 어떤 전략이란 것은 진화 과정으로 자연선택을 거친 패턴일 뿐이다. 물론 그런 행동과 번식 패턴이 감탄을 자아낼 만큼 대단한 것이긴 하다. 민들레나 단풍나무의 전략이란 그저 사람의 의도를 이입한 비유적 화법일 뿐이다.

높은 나무에 열린 잎을 먹기 위한 행동을 하다 보니 기린의 목이 길어졌다는 것은 라마르키즘, 곧 용불용설이다. 민들레가, 나무가 의도를 가졌을 리가 없다. 기린도, 말도 의도를 갖고 목을 늘리고, 다리를 튼튼하게 하진 않았다. 그저 그런 변이가 살아남았을 뿐이다. 라마르키즘은 다윈의 자연선택설이 학계에서 받아들여지면서 주변으로 밀려났지만, 지금도 없어지지 않았다. 그것이 그저 비유적 표현으로 사람들의 이해를 돕기 위함에 그친다면 문제가 아니다. 그런데 이런 식의 설명은 잘못된 이해를 부추길 수 있다. 라마르키즘은 인문사회과학에서 더 뿌리 깊다. 인문사회과학에서는 의도성을 두고 커다란 논쟁이 벌어졌다. 예컨대 농경의 기원을 설명할 때도 전통적으로 사람의 창의성을 강조했다. 주변 환경에 대한 해박한 지식을 바탕으로 생산성이 높은 작물을 골라 심고 가꿔 더 높은 생산성을 얻음으로써 농경사회를 이뤘다는 것이다. 이런 관점에서는 늘 사람이 주체이고 자연은 객체다.

1980년 데이비드 린도스라는 고고학자이자 생물학자가 농경이 사람과 동식물 사이 공진화의 과정이라고 주장하자(Rindos 1980; 1984) 기존 인류학자들은 비난했다. 어떻게 의도성을 가진 사람을 밀과 보리, 돼지나 소와 같은 선상에 놓고 설명할 수 있느냐는 것이었다. 린도스는 인간의 의도란 과학에서 설명할 수 없는 것이라고 반박했지만, 학계 주류는 받아들이지 않았다. 그러나 최근 학계에는 인간의 의도성을 지나치게 강조했던 경향에 대한 반성이 있음을 유념할 필요가 있다. 침팬지도 약용으로 식물을 고르고 섭취한다는데(Hardy 2019), 여기에 무슨 커다란 계산과 의도성을 찾을 수 있을까? 그저 오랜 세월 시행착오가 반복되면서 특정 행동 패턴이 주어진 조건에서 유리함을 인지했을 뿐이다. 이처럼 동물과 식물, 또 인간과 식물의 관계는 매우 오래고, 깊은 것이다.

'의도성'은 진화에서 아직도 올바른 이해, 과학적 논증을 가로막는다. 자연 세계에서 오묘한 조화는 수도 없이 많다. 그렇다고 해서 생명체의 모습과 행동이 특정 환경에 대한 적응을 의도한 결과는 아니다. 그저 오랜 세월이 흐르며 수없는 변이들이 나타나고 솎아지며 도태된 결과일 뿐이다.

비유적 표현이 진화의 과정을 제대로 이해하는 데 크게 방해가 된다. 하버드대학 진화생물학자 리처드 르원틴(Richard Lewontin, 1929-2021)은 그런 경고를 했던 사람이다. 공개 강연에서 DNA가 스스로 복제한다는 진술은 비유일 뿐 전혀 사실이 아님을 강변한다. DNA는 복사기에 놓인 종이처럼 '시작' 버튼을 누르지 않고선 결코 스스로 복제할 수 없다. 유전자도 유기체를 결정지을 수 없다. 그런 진술은 그럴듯한 이야기(just-so-story)를 만들 수는 있겠지만, 이미 정해진 유전자의 계획과 지도대로 유기체가 행동하지는 않는다. 유전자라는 내재된 특성은 주변 환경과 유기체 사이에서 상호작용해야 하는데, 그 상호작용의 조건은 시간과 공간에 따라 다르다.

유전자지도를 완전하게 만들었다고 해서 그것으로 컴퓨터 조작처럼 유기체가 행동하지는 않는다. 생물진화란 개체의 생식 행동이 있어야 하고, 행동은 환경 그리고 다른 유기체와의 상호작용 과정에서 나타난다.

Box 2.1

메갈로케로스와 매머드

1812년 조르주 퀴비에는 아일랜드의 습지에서 흔하게 나오는 거대한 사슴뼈를 관찰하고, 이를 화석으로만 알 수 있는 절멸동물의 뼈라고 판단했다. 그리고 15년 뒤 이 절멸동물은 메갈로케로스(Megaloceros)라는 학명으로 불리기 시작했다. 이름이 뜻하듯이 이 동물은 알려진 사슴 가운데 가장 큰 뿔을 가지고 있었다. 네발 동물은 어깨높이를 키로 재는데 메갈로케로스는 키가 2.1m, 뿔의 양쪽 끝 간의 길이가 3.65m에 이를 정도로 큰 덩치를 자랑했다. 몸무게가 500kg 정도였고, 큰 것은 700kg에 이른다. 수컷은 40kg에 이르는 매우 무겁고 큰 뿔을 자랑했다. 그런데 매머드 같은 거대한 동물이 자취를 감출 때 메갈로케로스 역시 사라졌다. 가장 오래 생존한 사례로는 러시아 서부에서 발견된 약 7,700년 전의 화석이 있다.

진화는 간단히 풀기 어려운 사실로 가득 차 있다. 메갈로케로스는 흔히 아이리시엘크(Irish Elk)라 불리지만, 아일랜드뿐 아니라 바이칼호 근처까지 유라시아 전역의 고위도지방에 서식했다. 하지만 현재까지 자료로는 매머드가 활보하던 아한대 스텝삼림 환경에 살았던 것으로 보인다. 가문비나무나 소나무가 드문드문 있으며 낮게 관목과 목초지가 우거진 환경에 서식했다. 그러나 환경변화로 개활지가 밀도 높은 삼림으로 바뀌면서 덩치 크고 거추장스러운 뿔을 이고 다니는 메갈로케로스로선 큰 선택압(도태압)에 직면한다. 물론 이런 환경변화가 멸종의 모든 것을 설명해 주진 않을지라도 그저 커다란 몸집과 상대를 위압하고 암컷의 눈길을 사로잡는 뿔은 이제 거꾸로 새로운 환경에의 적응을 방해했던 것으로 보인다. 그러다가 고위도에 들어온 사냥꾼까지 피해야 했으니 악재가 겹친 것이다.

이처럼 진화란 단일한 방향으로 일어나는 것은 아니다. 유전자의 전달과, 그렇게 물려받은 유전자를 지닌 개체가 주어진 환경과 상호작용하는 것, 그리고 다시 유전자를 후세에 물려주는 일련의 과정이 바로 진화이다. 그 과정은 매우 오랫동안 되풀이되면서 한쪽으로 지나치게 경도되기도 하고, 변화하는 환경이라는 진화의 무대 속에서 적응하지 못해 수많은 변이와 종이 나타나고 사라지기도 했다. 그러니 현재 존속하고 있는 종은 매우 성공적인 진화의 과정을 겪은 것이 분명하다. 또 과거 사라진 종이라 할지라도 분명 장구한 생명의 역사에서 변모하는 환경에 성공적으로 적응했던 변이였을 것이다.

자연선택(도태)과 부동

1979년 하버드대학의 고생물학자이자 진화생물학자인 굴드와 르원틴은 다윈 이후로 생물체에서 보이는 형질을 모두 지나치게 '적응'의 관점에서 설명했음을 비판한다(Gould and Lewontin 1979). "적응주의자(adaptationist)"들은 관찰되는 모든 현상에 의미를 부여하고, 선택적 이점을 들어 "진화"적 설명을 꾀한다는 것이다. 굴드와 르원틴은 건축용어인 삼각소간(三角小間, spandrel)을 사례로 드는데, 이는 웅장함을 느끼게 하기 위해 천장을 높이는 디자인의 부산물로 만들어지는 삼각형의 공간을 가리킨다. 그렇게 생긴 공간에 성화를 그린 것이지 애초 성화를 그리기 위해 만든 공간은 아니라는 것이다. 본래 '적응'과 무관한 형질과 특성도 시간이 지나면서 나름의 용도를 가지고, 적응과 무관한 형질이 히치하이킹(무임승차)해 확산할 수 있다. 실제 수많은 형질이 애초 지금의 쓰임대로 기원하지 않았다.

형질의 기원 자체도 변이의 생성 과정이다. 변이의 생성은 거의 무작위적으로 일어난다. 부리가 긴 새가 곤충을 잡아먹는 데 유리하다고 해서, 그런 의지가 있다고 해서 자손의 부리가 길어지지는 않는다. 자손은 부모로부터 물려받은 형질을 가지고 태어날 것인데, 거기에서 변이가 나타난다. 인지하지 못할 정도로 미세한 변이가 나타날 수 있고, 그것이 오랜 시간, 여러 세대 동안 누적되어 부리가 긴 변종의 진화로 이어질 수 있다. 부리가 긴 변종이 특정 환경, 곧 서식지에 살아남고, 더 많은 자손을 퍼뜨리고, 더 성공적으로 생존하면서 서식지의 텃새가 된다. 어떤 의지나 의도는 없다. 그저 무작위적 변이의 생성, 그리고 시간이 흐름에 따라, 환경과 서식 조건의 변화에 따라 도태(자연선택)의 과정만이 있다. 새로운 종의 출현, 곧 종의 기원에 숭고한 목적이란 없다.

목이 긴 기린이라고 해서 피부도 좋고, 잘생기고, 아름다운 무늬를 가졌으리란 법은 없다. 환경변화에도 건강하게 살아남은 개체만이 유전자를 후세에 물려줄 수 있다. 그런데, 그 개체가 가진 유전적 특성 모두가 다른 개체보다 우월한 것은 아니다. 자연선택의 단위는 개체이기 때문에 그 개체가 지닌 유전자는 개별적으로 취사선택할 수 있는 것이 아니다. 다만 적응적 이점이 큰 형질에 끼어(무임승차해) 자손에 전수되는 유전자도 있다. 그러니 개체의 특성 모두가 적응과 선택의 결과라 할 수 없다.

자연의 아름다움을 찬미하는 것은 좋지만, 지나치게 빠져들어 보이는 모든 속성이 다 의미 있는 것이라 말하는 것은 진화와 거리가 멀다. 사람도 마찬가지다. 인간은 모두 사피엔스로 진화의 결과이지만, 두발걷기에서 커진 뇌용량에 이르기까지 다른 동물에서 볼 수 없는 형질 특성이 수백만 년이라는 비교적 짧은 시간에 진화한 것은 놀라운 일이다. 그러나 두 발로 걸어서, 그리고 뇌용량이 커져서 오는 부작용도 만만치 않다. 자연 세계에서, 특히 포유동물에겐 예외적 특성이니, 그만큼 이점도 크고 단점도 두드러진다.

자연선택이란 개념은 사실 오해의 소지가 있기도 하다. 우리는 흔히 선택이란 말을 자신의 선호에 따라 어느 것은 버리기도, 취하기도 한다는 뜻에서 쓴다. 의도에 따른 취사선택이라는 어감을 준다. 하지만 진화에서 선택이란 주어진 환경에 가장 잘 적응한 변이가 살아남는 것, 곧 시간의 흐름에 따라 가장 많은 자손을 낳아 (번식력을 갖출 때까지) 기른 변이가 증식하는 것을 말한다. 도태(淘汰)란 불필요한 것은 걸러내고 그렇지 않은 것만 선별하는 것을 말하는데, 이 말이 진화에서 선택(selection)이 뜻하는 바와 더 가까운 것 같다. 사실 진화의 과정에서 수도 없이 많은 변이가 나오는데, 대부분은 사라진다. 다시 말해 도태된다. 이렇게 보면 진화란 부적합한 유전자와 개체가 제거되는 과정인 셈이다.

많은 변이 가운데 실제로 기존의 변이보다 더 적응력이 높고, 시간의 흐름에 따라 더 증식하는 것은 일부이다. 다윈은 가축의 품종개량을 인위도태(인위선택, artificial selection)라 부르고, 이 개념을 자연계로 확장해, 환경적응에 유리한 변이만 살아남고 그렇지 않은 변이는 시간이 흘러 사라지는 과정을 가리켜 자연선택이라 했다(Darwin 1958[1859], 다윈 2019). 그런데 다윈은 동시대 그레고어 요한 멘델(Gregor J. Mendel, 1822-1884)의 연구가 진화에 어떤 함의가 있는지 잘 알지 못했다. 두 학자가 세상을 떠나고도 한참이 지난 20세기 초 유전학과 자연선택 이론이 통합(Modern Synthesis)되기에 이르는데, 이는 필연이라 해야겠다. 그렇게 유전자에 주목해 진화의 메커니즘을 정교하게 재정의하면서 진화이론은 더 강력해졌다.

전례 없는 세계적 유행병을 겪은 우리에게 바이러스 변이의 생성과 선택의 과정은 상당히 친숙해졌다. 흔히 돌연변이라 부르는 과정은 유전정보가 기록된 DNA가 복제 과정에서 생긴 오류를 가리킨다. 다만, 유전자에 많은 복제 오류, 곧 돌연변이가 있더라도 대부분 그것을 인지할 만큼의 표현형 변화로 나타나지 않는 것이다. 그리고 돌연변이가 있더라도 대다수는 생존에 유리하지도, 생식에 별다른 영향을 끼치지도 않고, 스스로 도태된다. 그 가운데서도 자손에게 발현한 형질, 그중 생존과 번식에 유리한 형질들이 증식할 것이다. 그런 개체의 적응도(fitness)가 높기에 시간이 흐르며 더욱 많아질 것이다.

부동(drift)이란 생식 과정에서 유전자에서 무작위 표집이 나타나, 서로 대립 관계에 있는 형질 사이에 빈도 변화가 생기는 과정을 일컫는다. 자손은 부모로부터 무작위적으로 형질을 물려받는데, 이 과정에서 대립형질의 발현 빈도는 세대를 거치며 달라질 수 있다. 자연선택이 주어진 환경에 유리한 변이가 살아남는 과정을 가리킴에 반해 부동은 환경과 적응에 영향을 받지 않으며, 오로지 무작위, 곧 우연 과정으로 빈도가 달라지는 것을 말한다. 예컨대 주머니 안에 빨간 구슬 100개와 파란 구슬 100개를 집어넣고 하나씩 꺼낸 뒤 다시 같은 색 구슬을 다른 주머니에 넣기를 200번을 반복하고, 이 과정을 세대라 하자. 이렇게 100세대를 되풀이한다면 새로운 주머니에는 빨간 구슬과 파란 구슬이 100개씩이 아니라 매우 다른 비율로 들어 있을 것이고, 한쪽으로 쏠림 현상도 있을 것이다.

이렇게 시간의 흐름에 따라 선택(적응)과는 무관한 우연 과정으로 일어난 변화가 부동이다. 이 부동의 과정은 표본이 충분히 클 때는 그렇게 큰 영향을 미치지 못할 것이다. 위 사례로 든 구슬의 수가 10만 개라고 한다면 눈에 띄는 변화가 일어날 가능성은 그만큼 작을 것이다. 하지만 예컨대 특정한 수렵채집민의 인구가 작다면 문제는 커질 수 있다. 정교한 찌르개를 만들 줄 아는 몇 사람이 사냥을 나갔다가 모두 사고로 죽음을 맞았다면, 그 사회에서 찌르개 제작기술이 이어지기는 쉽지 않을 것이다. 몇몇이 먼발치에서 봤던 기억을 되살린다 해도 쉽지 않은 일이다. 그렇게 기술은 사라질 수도, 새로운 방향으로 변모할 수도 있다. 집단의 크기가 작다면 이처럼 변화는 예측할 수 없는 방향으로 흐를 것이다.

진화는 연쇄 우연의 과학

그 어느 학문도 미래를 예측하지 않는다. 미래학이란 게 있긴 하지만, 실상 과거와 현재의 경향에 대한 해석이거나 모델링이다. 진화에서도 마찬가지다. 수백만 년이 흘러 인간이 어떤 생김새로 변할지는 알 수 없다. 다만 지금까지 과정에서 최소한 가까운 미래에 일어날 변수를 예상할 수 있다. 그리고 인간과 자연 사이 상호작용의 과정과 궤적을 근거로 얼토당토않은 두려움과 무모함을 물리칠 수 있다.

종의 시작은 돌연변이와 시간의 흐름에 따른 선택(도태)과 부동의 결과다. 변화는 변이가 만들어짐으로써 시작하는데, 이 과정은 대체로 무작위적이다. 유전자 안에 늘 변이는 있지만, 대부분이 발현되지 않는다. 그렇게 대다수는 그냥 사라진다. 설사 발현했다 해도 대부분은 드러나지 않으며, 혹 그중 일부가 눈에 띈다 해도 환경적응, 곧 선택, 그리고 시간의 흐름에 따른 표집, 곧 부동의 과정으로 개체군의 대세가 되어야만 새로운 종이 되었다고 말할 수 있다.

진화는 세대를 이어 변이가 전수되고, 조그만 변이가 누적되어 새로운 종으로 변모하는 과정을 설명하는 이론이다. 모든 진화는 선대와 후대 사이의 관계를 토대로 한다. 다시 말해 검은 머리와 노란 머리 부부의 아이는 결코 보라색이나 파란색 머리를 가질 수 없다. 무작위 생성이라고 하는 것도 오해하면 안 된다. 변이는 기존 장(field)에서 나타나는 것이지 아무런 근거도 없는 '변이'가 돌연 나타나진 않는다. 그러니 수백만 년이 흐른다 해도 사람의 팔이 날개로 진화하지는 않을 것이다. 그러니 어느 정도 가까운 미래의 대안 변이의 범위를 추론할 수는 있다. 곧, 과거와 현재의 경험자료에 대한 철저한 분석을 통해 가까운 미래에 나타날 수 있는 변이의 토대와 성격을 제시할 수는 있다는 말이다. 주어진 환경과 사회 조건 속의 수많은 변수를 밝힘으로써 가능한 변이의 폭을 추론한다. 곧 가까운 미래에 일어날 가능한 변화의 대안을 제시할 뿐이다.

그런데 어떠한 변이가 나타날지, 그리고 그것이 선택과 부동이라는 진화의 과정을 거쳐 살아남을지를 정확히 예측할 수 없다. 왜냐하면 어떤 변이가 생길지와 함께, 그렇게 만들어진 변이가 환경변화를 맞아 적응과 자연선택의 과정을 거쳐 존속하는 우연하고 예측 불가능한 변수까지 고려해야 하기 때문이다. 어떻게 생각하면 진화란 우연 과정을 설명하는 과학이다. 변이의 생성도, 선택이란 이름으로 솎아지는 과정도 예측 불가하다.

다만, 다음 세대의 변이는 부모 세대가 지닌 형질에 바탕을 두고 일어난다. 그렇게 변이의 가능 범위에 제한이 생긴다. 앞선 예시처럼 갑자기 보라색이나 파란색 머리를 가진 후손이 나올 순 없다. 변이의 생성이 무작위 과정이란 말은 완전히 파란색이 빨간색으로, 보라색으로 변할 수 있다는 뜻은 아니다. 이 맥락에서 비교적 머지않은 미래의 변이는 어느 정도 짐작할 수는 있다. 변이의 장에서 변화의 일단을 추정할 수 있는 것이다.

변이의 생성이 우연한 과정이라는 점은 다윈도 언급한 바 있다. 『종의 기원』을 출간하기 전 메모에서 변이는 '우연한 것'이라고 썼다고 한다(쾀멘 2008: 236). 그것은 변이의 원인을 우리가 모른다는 뜻에서 한 표현이다. 하지만, 우연성과 무작위성을 강조하면, 변이의 생성 자체가 유물론적이고 물질적 토대 위에 있음을 부정하는 듯한 인상을 주기 때문에 스스로 그리 마음에 들지 않은 표현이었던 모양이다. 새로운 변이는 이전 세대의 물질적 토대 위에서 나타날 뿐이며, 무작위성이란 그저 개체의 의도와는 무관하고 예측할 수 없음을 강조하는 표현이다. 그러니 이 책 역시 지구상 모든 인간이 함께 한 수만 년이라는 경험과 역사를 되짚음으로써 현재의 토대를 밝히고자 할 뿐이다. 그 토대 위에서 현재의 여러 문제를 해결하고 지속 가능한 대안을 찾는 것은 우리의 몫이다.

진화에 대해선 좋은 저술이 많이 있고, 학계만큼이나 일반인도 매우 높은 수준의 지식을 가지고 있다. 도킨스의 명저 『눈먼 시계공』에서 논한 바와 같이 자연계의 생물체를 들여다볼 때마다 느끼는, 놀랍도록 세밀하고 정교한 양상은 어떤 설계자가 있어서가 아니다. 비유하자면 눈먼 시계공이라 할까. 앞을 보지 못하는 시계공이 고장 난 시계를 고칠 수도 있다. 그것은 어디까지나 요행이고, 그런 요행이 되풀이되어 마치 정치한 질서가 있는 것처럼 보일 뿐이다. 그러니 진화란 땜질과도 같은 것이라 할 수 있다. 환경변화가 있다 해도 새로운 변이가 등장하고, 그 변이가 후대에 유전되어 충분한 자손을 낳고 성장하는 것은 요행이라 표현하지 않을 수 없다(르원틴 2001).

그러니 45억 년 전으로 돌아가 세상이 다시 시작한다면 동물과 식물, 생명체가 진화해 오늘날과 같은 모습을 띨 확률은 0에 가깝다. 지금 모습의 사람이 마치 지구를 지배하는 듯한 허세도 없을 것이 분명하다. 진화란 우연한 변이가 환경과 상호작용하면서 변모해 온 오랜 과정을 설명하는 이론이다.

에렉투스가 사피엔스를 낳을 수 없는 까닭

살아 있는 모든 것은 무엇인가 되는 과정에 있다. 머물러 있는 형태, 곧 전형(典型)이란 없다. 그런데도 우리는 늘 전형을 상정하고 세상을 인식하려 한다. 호모 에렉투스의 전형을 설정하고, 네안데르탈인의 생김새가 어떻게 사피엔스와 다른지 전형을 바탕으로 논한다. 이런 식의 유형론(본질론)에 입각한 진술 속에는 세상은 한정된 종류의 전형으로 이뤄져 있고, 그 전형은 변하지 않는다는 생각이 깔려 있다.

나아가 크로마뇽인이 사피엔스를 대표하고, 모든 인류의 진화는 금발을 가진 백인 남자로 귀결되는 것처럼 묘사한다. 실제 유럽과 미국의 연구를 그대로 한국과 아시아에 들여와 교과서에 싣고 박물관 전시패널에 그려놓는다. 구부정하게 걷는 검은 피부의 오스트랄로피테쿠스가 허리를 세우고 뛰다가 결국 노란 머리 백인 크로마뇽인이 되는 것이다. 그것도 다 남자다. 그림의 마지막 인간의 모습에 여자도 없고, 아시아인도, 흑인도 없다. 그렇게 우리에게 알게 모르게 진화에 대한 편견이 자란다.

그런데 사실 세상은 변이로 가득하다. 변이가 모여서 개체군과 종이 된다. 그 변이에서 어떤 전형을 설정하는 것은 연구자가 연구 목적을 이루기 위한 수단일 뿐, 자연 그대로가 아니다. 만약 전형만이 있다면 변화는 일어나지 않을 것이다. 부모에서 자손으로 완벽하게 똑같은 유전자만이 전수된다면 변화는 없을 것이다. 전수 과정에서 예기치 않은 유전자재조합이나 복제 실수와 같은 과정에서도 변화가 일어난다. 거의 모든 변이, 그리고 변화는 이처럼 알아차리지 못할 만큼 미미한 것에서 시작한다.

네안데르탈인과 사피엔스는 서로 다른 종이다. 그러니 둘이 아이를 낳는다면 그 아이는 생식력이 없어야 한다. 그것이 고전적 종개념, 곧 종의 정의다. 사람들은 여기에 관심을 보이곤 한다. 과연 4만 년 전 유럽에 사피엔스가 들어왔을 때 그곳에 살던 네안데르탈인과 만났을 것이고, 그 만남에서 아이가 태어났을지, 그 아이가 생식력이 있었을지 궁금해한다. 네안데르탈인과 사피엔스는 서로 다른 종이라 하지만, 정확히 어느 정도의 시간 동안 생식적 격리가 있었는지 알 수는 없다. 분명 두 '종'은 만났을 것이고, 수천년 동안 유럽대륙에서 공존했다.

이를 늑대와 개의 사례를 통해 이해할 수도 있다. 늑대와 개는 서로 다른 종이지만, 실제 두 종이 만나 생식력 있는 새끼를 낳는다는 사실이 잘 알려져 있다. 그런데도 생물학자들은 둘을 서로 다른 종으로 구분한다. 그만큼 서로 생김새에서 차이가 있기 때문이다. 중요한 것은 일반의 자유방임 상태에서 늑대와 개의 만남은 거의 없다는 사실이다. 아마도 네안데르탈인과 사피엔스도 그런 관계였을지 모른다. 서로 다른 생김새로 서로를 의식하고 있었지만, 어지간해서는 서로 만날 기회도 없었고, 그것이 자손 번식으로 이어지는 일은 별로 없었을 것이라고 해야겠다. 다만, 수많은 개체(개인)가 있었고, 통제할 수 없는 변수도 많았고, 두 종이 대륙 안에서 공존한 시간도 길었기에 드물게나마 자손을 낳기도 했을 것이다. 그리고 그 자손은 생식력이 있었을 것이다.

종의 탄생 과정은 사실 종 분화(speciation)의 과정이다. 위 전형과 변형을 이야기하는 데서도 지적했듯이 개체가 모인 것이 개체군이고, 그 개체군이 주로 환경과 지역적인 요인 탓에 다른 개체군과 매우 오랜 시간 생식적으로 격리되어 서로 다른 종으로 분화하는 것이다. 완전히 서로 다른 종이 된 다음 두 종은 사실 다시 만날 일이 없다. 혹여 다시 만난다면 이질적인 특성만이 강조되어 서로 쳐다보기만 할 것이다.

불행히도 인류학이나 고고학에서는, 그리고 고생물학에서도, 화석을 교배시킬 수 없다. 그러니 고전적인 종개념을 그대로 적용할 수 없다. 종을 설정하는 것은 화석의 형태적 차이를 바탕으로 한다. 만약 전형만을 강조한다면, 어느 순간 에렉투스(더 정확히는 하이델베르겐시스) 부부는 사피엔스를 낳아야 한다. 아이를 낳고 보니 종이 다른 사피엔스였다니, 말이 되는 소린가.

그런 일은 일어나지 않았다. 다시 말해 아프리카에서 호모 하이델베르겐시스라 부르는 사피엔스의 조상이 어느 순간 사피엔스를 낳았을 리는 없다. 이론적으론 사피엔스는 어느 시점에 등장해야 옳다. 그 시점은 화석 자료에서 보이는 변이를 바탕으로 연구자가 설정하는 것이다. 무작위로 일어나는 조그만 변이는 알아차리지 못한다. 그것이 수백 세대, 수천 세대가 흘러 어떤 변화를 초래할지 더욱 알 수는 없는 노릇이다.

변화는 그렇게 느리게 일어난다. 그런데 수백만 년이라는 시간 척도를 놓고 평가해 보면 수만 년이라는 비교적 짧은 시간대에 인류의 형질에서 중요한 특성이 등장하고 확산한 것이다. 기껏 삼사십 년 살았을 우리 조상이 의식할 수 있는 시간도, 변화도 아니다. 그만큼 변화는 알아차리지 못하는 새 느리게 일어난다. 느리게 일어나는 과정을 나중에 연구자들이 평가해 종을 설정하는 것이다. 하지만 자료가 되는 화석은 늘 부족하다. 그러니 이렇게 부족한 자료로 종을 설정하고 여러 종의 계통진화를 도해하는 진화의 계통수(phylogenetic tree)를 그릴 때는 늘 아쉬운 부분, 물음표(잃어버린 고리, 미싱 링크)가 있기 마련이다. 그렇다 보니 연구자 사이에 이견이 없을 수 없다.

다윈이 그렸던 진화의 과정은 그렇게 점진적 변화였다. 그렇지만, 1960년대부터 고생물학자 나일스 엘드리지(Niles Eldredge, 1943-)와 굴드는 긴 진화의 궤적에서 단절이나 공백이 필연이라고 주장한다. 둘은 1972년 "단속평형(Puctuated equilibria: an alternative to phyletic gradualism)"이라는 논문을 써 점진설에 반대하고 나섰다. 화석에서 중간형이 발견되지 않아 수수께끼니 잃어버린 고리가 있다고들 하지만, 실상 진화는 오랜 기간 형태에 거의 변화가 없는 정체기와 이것을 끊는, 비교적 짧은 시간 일어나는 변화의 시기로 이뤄져 있고, 급작스러운 변화로 새로운 종이 등장하고, 다시 평형상태에 이른다는 것이다.

다윈 이후 여러 연구자는 점진설의 입장에서 조그만 변화가 오랜 시간이 흐르며 누적되어 오늘날의 다양한 생물 종으로 진화했다고 보았다. 이 시각에 따르면 화석에서 종과 종 사이의 진화를 설정하려면 그 중간형이 발견되어야만 했다. 그런데 진화이론이 널리 받아들여지고, 화석 자료가 쌓이면서도 그런 잃어버린 고리는 늘 있었다. 이제 단속평형설은 이런 단절이야말로 오히려 진화의 자연스러운 궤적이라고 해 연구자의 고충을 줄여줬다.

그러나 화석 자료가 쌓이면서 잃어버린 고리, 곧 중간형이 발견되는 사례도 허다하다. 그럼에도 그 중간형과 새로운 종 사이에 또 공백이 생기는 것은 어쩔 수 없는 일이다. 이렇게 생각하면 단속평형설과 점진설은 사실 배치되는 시각이 아닐지도 모른다. 점진적 변화라 해도 그것을 인식하는 우리의 개념과 분석 틀의 한계 탓에 마치 단속적인 듯이 보일 수밖에 없을 것이다.

세상은 무수한 변이로 가득 차 있고, 모든 것은 그 어떤 것이 되어 가는 과정에 있다. 변이론(유물론)의 관점에서 변이와 변이는 서로 나눌 수 없을 만큼 연속적이다. 그럼에도 비교를 위해서, 복잡한 것을 요약하기 위해서, 이해와 설명을 위해서 무수한 변이에 일정한 분류와 분석 단위를 도입할 수밖에 없음도 인정해야 한다. 지금 분류와 분석의 단위가 후일 새로운 이해를 가로막는 장애물이 될 수도 있다. 우리의 지식은 19세기부터 쌓인 것이고, 뉴턴의 비유처럼 우리는 선구자의 어깨 위에서 더 멀리 볼 수 있고, 그렇게 희미하게나마 먼 과거 우리의 모습도 그릴 수 있다.

03 첫 현생인류를 찾아서

사피엔스 화석과 DNA

호모 사피엔스를 구석기시대 화석에서 정의하는 일은 생각보다 쉽지 않다. 모든 화석에서 DNA를 추출해 분석할 수 있는 것도 아니다. 변이는 정말 다양하고, 그것을 사피엔스라는 어떤 클래스(종) 안에 넣는 일이 그리 만만치 않다. 경우에 따라서는 연구자 사이에 다른 견해와 분류가 있을 수 있다. 특히 옛(archaic)이라는 수식이 붙는 초기 화석이 그렇다. 이 화석은 호모 사피엔스의 기원과 진화를 이해하는 데 매우 중요하다.

주지하듯이 호모 사피엔스는 아프리카에서 기원했으며, 이후 구대륙 전역, 그리고 신대륙까지 전 세계로 퍼져나갔다. 여기에 이견이 있는 연구자는 없다. 행위적으로, 곧 문화적으로 현생인류의 확산은 후기 구석기시대의 정교한 석기기술과 동굴벽화 및 예술품 같은 상징 행위와 연관돼 있다. 먼저 호모 사피엔스의 기원 및 진화와 관련한 몇몇 화석, 그리고 최근 고DNA 연구로 분명해진 사실과 논란을 들여다보자.

제벨이루드 옛 호모 사피엔스 화석

1960년 북아프리카 모로코 사피(Safi)에서 동남쪽으로 50km 떨어진 제벨이루드(Jebel Irhoud)의 한 광산에서 바라이트(중정석)라는 광물 채굴 과정에 동굴이 드러났다. 그리고 동굴에선 사람과 비슷하게 생긴 머리뼈가 나왔다. 이듬해 모로코-프랑스합동조사단이 유적을 찾아 발굴을 시작했고, 다시 사람 머리뼈를 찾았다. 조사단은 이 화석을 네안데르탈인으로 보았다. 머리뼈와 함께 수많은 석기가 나왔는데, 석기는 모두 격지를 떼어내 손질한 고졸한 형태를 가진 중기 구석기시대 문화의 양상을 띠고 있었다. 중기 구석기시대란 유럽과 서아시아에서 네안데르탈 화석과 함께 나오는 석기를 토대로 대체로 30-25만 년 전에서 5-4만 년 전까지를 가리킨다. 조사단은 같이 나온 동물 뼈를 연구한 결과 해당 화석과 유물을 대체로 16만 년 전으로 생각했다.

시간이 흘러 2004년 진화인류학자 장 자크 우블렝(Jean-Jacques Hublin)이 이끄는 조사단이 동굴을 발굴했고, 다시 인류화석과 함께 수많은 동물 뼈를 수습했다. 동물상을 통해 당시는 말과 가젤, 들소, 코뿔소가 사는 개활 초원 같은 환경이었음이 드러났다. 조사단은 머리뼈 조각과 아래턱뼈, 이빨 같은 인류화석 5개체분도 찾았다. 화석의 얼굴뼈는 사피엔스와 비슷했지만, 머리뼈 형태와 아래턱뼈는 네안데르탈 화석과 더 닮았다. 그리하여 연구자들은 이른 형태의 호모 사피엔스라고 결론을 지었다. 그렇다면 문제가 생긴다. 당시까지 사피엔스는 동아프리카에서 20만 년 전 즈음에 시작했다는 것이 정설이었기 때문이다.

화석은 전형적인 현생인류의 머리뼈와는 꽤 다르다. 가장 큰 차이는 현생인류의 머리뼈는 높고 둥근 형태이지만, 제벨이루드에서 나온 화석은 옆으로 긴 편이다. 눈두덩이 또한 현생인류와 비교해 두껍고 앞으로 튀어나왔다. 게다가 현생인류는 아래턱 끝이 뾰족하게 튀어나와 있지만, 제벨이루드 화석은 이빨 밑에서 턱까지 밋밋하고 비스듬한 모습이다. 이렇게 보면 얼굴 자체가 편평하다는 것을 빼고 해부학적 특징은 현생인류보다는 네안데르탈 화석과 더 닮았다. 현생인류 이전 인류화석에서 보이는 특징이 더 많은 것이다.

머리뼈 하나의 정수리는 낮고 길며, 주위가 둥그런 모습에, 용량은 1300cm^3 정도이고, 넓은 코 아래로 앞니가 돌출한 형태이다. 다른 하나는 이보다 더 크고 특히 후두부가 각진 형태로 용량은 1400cm^3에 이른다. 정수리와 앞이마는 현생인류와 더 닮은 모습이다. 두 화석 모두 눈두덩이뼈 돌출이 두드러진다. 전체적으로 현생인류와 닮은 점이 많지만, 특히 두개골의 덮은 모습은 전체적으로 네안데르탈 화석과도 상통한다(Stringer 2016). 분명 해부학적으로 현생인류와 똑같다고 할 순 없지만, 대부분 연구자는 제벨이루드 화석을 호모 사피엔스, 또는 사피엔스 가운데 예전 모습이라는 뜻으로 옛(archaic) 호모 사피엔스로 판정한다.

함께 나온 석기 가운데는 불에 탄 것도 있었다. 의도적으로 돌을 불에 구우면 내리칠 때 더 잘 깨지기에 그런 방식으로 석기를 더 수월하게 떼어낸 것으로 보인다. 불을 맞은 돌이나 흙은 그 안의 석영 입자를 과학적으로 분석해 연대측정을 할 수 있다. 2017년 독일의 막스플랑크진화인류학연구소에서 발열광연대측정(thermoluminescence dating)이라는 방법으로 유물을 새로이 연대측정해 결과를 발표했다. 놀랍게도 석기는 무려 315,000년 전에 불에 구워 깨뜨린 것이라는 결과가 나왔다.

이 연대를 받아들이면 옛 호모 사피엔스 화석 역시 30만 년 전이 된다. 그동안 연구자들은 아프리카가 사피엔스가 기원하고 진화한 곳임을 인정하면서 대체로 동아프리카를 지목했다. 이제 사하라사막 너머 북아프리카도 유력한 기원지의 하나로 떠오른 것이다. 그리고 화석의 튀어나온 눈두덩이뼈가 이전에 절멸해 사라진 화석인류와 상통하는 점을 볼 때 현생인류와 똑같지 않음도 새삼 알려졌다.

2023년 글쓴이는 학술회의에서 모로코 연구자와 논의할 기회가 있어 이 문제를 얘기했더니 같은 답변이었다. 화석인류 전문가들이 호모 사피엔스로 판정한 것은 사실이지만, 분명 네안데르탈인 같은 옛 인류의 형태가 있다는 것이다. 형태적으로 옛 인류의 특징을 지니고 있음과 30만 년 전이라는 연대, 그리고 중기 구석기시대의 석기군을 생각하면 호모 사피엔스의 기원과 진화의 과정은 길었던 것 같다. 사피엔스는 어떤 특정한 시공간에서 불쑥 나타난 것이 아니라 아프리카 여러 곳에서 그리고 매우 오랜 시간에 걸쳐 진화한 것일까?

오모키비시, 헤르토, 카프제와 스쿨 화석

2017년 제벨이루드 화석의 연대가 새로이 밝혀지기 전까지, 호모 사피엔스의 원초 형태로 주목받은 화석이 있었다. 에티오피아의 오모(Omo)분지에서 나온 화석이다. 학자들이 지목한 동아프리카였고, 또 연대도 DNA 연구로 추정한 20만 년 전과 들어맞았다.

화석은 1967년부터 1974년까지 케냐국립박물관의 리처드 리키(Richard Leakey)를 비롯한 조사단이 오모강 인근 키비시포메이션(Kibish Formation)이라는 지질층에서 찾았다. 머리뼈 두 개는 현생인류의 특성과 함께 원시적 속성도 지니고 있었다. 조각난 뼈를 조심스럽게 복원한 바에 따르면 정수리가 상당히 높고 둥근 모습으로 사피엔스의 특성이었다. 물론 눈두덩이뼈가 튀어나와 있고 이마가 넓은 고졸한 특성도 있었다. 그럼에도 학자들은 특히 오모 I 화석을 호모 사피엔스로 분류한다(Stringer 2016). 2008년 머리뼈 화석이 발견된 정확한 층을 확인하면서 연대측정이 이뤄졌다. 오모 I 화석은 아르곤 연대측정법에 따라 196,000±5000년 전임이 드러났고, 주변에서 나온 석기도 중기 구석기시대의 양상임이 알려졌다.

오모키비시 화석의 연대가 알려지기 전 현생인류 등장에서 가장 중요한 화석도 역시 에티오피아의 헤르토(Herto)에서 나왔다. 이 헤르토인은 넓게 보아 해부학적 현생인류에 들어가며, 팀 화이트(Tim White)는 현생인류의 직접 조상이라 추정하기도 한다.

화석은 1997년 에티오피아의 미들아와시(Middle Awash) 지역에서 발견되었으며, 화석 발견 층을 연대측정한 결과 16만 년 전이라는 결과를 얻었다. 화이트 등은 2003년 학계에 머리뼈 화석을 호모 사피엔스 이달투(*H. sapiens idaltu*)라는 학명을 붙여 보고했다(White et al. 2003). 지역어로 조상을 뜻하는 이달투라는 아종 이름을 붙였다고 하는데, 이후 몇 연구에 따르면 아종을 설정할 만큼 특이하지 않다고 한다(Stringer 2016). 헤르토 화석의 머리뼈 용량은 1450cm^3에 이르며, 둥그런 형태를 볼 때 분명 사피엔스 화석이지만, 눈두덩이뼈 등이 튀어나와 있어 여전히 옛 인류의 특징도 지니고 있다.

저명한 아프리카 고고학자 데즈먼드 클라크(J. Desmond Clark, 1916-2002)가 사후 여러 연구자와 출간한 논문에 따르면, 유적에서 나온 가로날도끼(cleaver) 등 석기는 아슐리안(Acheulean)에서 중기 구석기시대(무스테리안)로 넘어가는 양상을 보여주는 자료이다(Clark et al. 2003). 돌날도 몇 점 수습되었지만, 후기 구석기시대 석기와는 거리가 있다. 석기는 대부분 비교적 정질의 현무암으로 만들었지만, 전체의 1%도 안 되는 작은 찌르개나 돌날은 흑요석을 쓰기도 했다. 놀랍게도 유적에서 나온 머리뼈에는 석기로 날카롭게 자른 자국이 있다. 연구자들은 폭력으로 인한 죽음이 아니라 죽은 이의 살을 떼어낸 흔적으로 일종의 장례와 관련된 행위가 있었을 것으로 추정한다(Clark et al. 2003). 이처럼 석기로 보면 문화나 행위의 측면에서가 아니라 해부학적으로만 현생인류라 할 수 있는 것이다.

이보다 늦은 시기의 해부학적 현생인류 화석은 아프리카를 넘어 서아시아에서도 나왔다. 이스라엘의 카프제(Qafzeh)와 스쿨(Skhul) 동굴은 이미 1930년대부터 발굴이 이뤄졌다. 스쿨에서 나온 머리뼈를 전자기공명법 등을 이용해 연대측정을 해보니, 대략 10-9만 년 전 호모 사피엔스로 밝혀졌다. 카프제에서도 15개체가 넘는 고인류 뼈가 나왔으며, 연대측정을 해보니 92,000년 전 즈음이었다.

특히 1969년 발견된 카프제9 머리뼈가 유명하다. 머리뼈의 모습은 둥글고 높아 현생인류와 비슷하다. 네안데르탈인과 마찬가지로 아래턱 부위와 이가 튀어나왔으나 현생인류에서 보이는 턱끝(chin)은 튀어나와 있지 않았다. 이들이 남긴 석기군은 중기 구석기시대의 특징을 잘 보여주고 있었다. 이스라엘에서는 이 시기 타분(Tabun), 그리고 이보다 늦은 시기 케바라(Kebara) 동굴 등에서 네안데르탈인의 뼈가 알려져 있다(Bar-Yosef et al. 1999).

이렇게 해부학적 현생인류는 분명 10만 년 전 아프리카를 넘어 서아시아까지 퍼져 있었다. 이때는 비교적 온난했던 간빙기였다. 그런데 이 화석들과 함께 나온 석기는 고고학자들이 무스테리안(Mousterian)이라 부르는 중기 구석기시대 기술이었고, 서아시아를 넘어 더 확산하지는 못한다. 서아시아에서도 네안데르탈인(타분, 카프제)과 공존했으며, 아마도 7만 년 전 즈음 빙하기의 도래와 함께 이곳에서 현생인류는 사라지고 다시 네안데르탈인이 더 많아진 것 같다. 그 이후 다시 아프리카를 벗어난 해부학적 현생인류가 아마도 서아시아 남쪽을 거쳐 동남아시아, 오스트레일리아까지 들어갔을 것이다. 그리고 약 5만 년 전이 되어 다시 아프리카에서 현생인류가 유라시아 전역에 확산하기 시작한 것이다. 이렇게 확산의 과정은 복잡했고, 실패도 거듭하면서 현생인류는 마침내 전 세계의 놀랍도록 다양한 환경에 성공적으로 적응한 것이다.

해부학적 현생인류와 완전한 현생인류

그렇다면 완전한 현생인류란 어떤 것인가? 화석에서 어떤 특징을 가지고 있어야 지금 우리와 똑같은 사람이라 말할 수 있을까? 현생인류(modern human)라는 말을 쓰면 그만이지 굳이 '해부학적(anatomically)'이나 '완전한(fully)'이라는 수식어를 쓰는 이유는 무엇일까? 이는 제벨이루드, 오모키비시, 헤르토 화석처럼 30-10만 년 전 초기 호모 사피엔스 화석에서 현생인류의 형질만큼이나 '옛(archaic) 인류'의 특징도 두드러지기 때문이다.

클라이브 갬블(Clive Gamble)이 정리한 완전한 현생인류의 특징은 다음과 같다(갬블 2013).

1. 길고 가늘고 얇고 부드러운(gracile) 뼈
2. 둥글고 높은 머리
3. 튀어나오지 않은 눈두덩이
4. 튀어나오지 않은 이빨과 아래턱
5. 아래턱에 두드러진 턱끝(chin)

적어도 위와 같은 특징을 가지고 있어야 현재 우리와 똑같은 '완전한' 현생인류라 말할 수 있다. 뒤집어 말하면 초기 호모 사피엔스 화석에는 위 특징 전체나 일부가 빠져 있다. 이 맥락에서 제벨이루드, 오모키비시, 헤르토, 그리고 스쿨과 카프제 등 여러 화석은 '해부학적 호모 사피엔스'라 부르지만, 완전한 현생인류라 할 수 없다. 나아가 함께 나온 석기군도 문화적으로 중기 구석기시대의 특징(무스테리안)을 지니고 있다.

제벨이루드, 오모키비시, 스쿨 등의 화석을 보면 옛 인류와 현생인류의 특징을 복합적으로 지니고 있다(Tattersall and Schwartz 2008).

심지어 잠비아의 카브웨(Kabwe), 탄자니아의 에야시(Eyasi), 남아프리카의 살단하(Saldanha) 같은 데서 나온 화석은 4만 년 전 즈음임에도 옛 인류의 특징이 있다. 이렇게 해부학적으로 완전한 현생인류는 어느 한 시점에 등장해 전 아프리카로 퍼지고, 그런 다음 아프리카를 넘어 구대륙, 신대륙까지 물밀듯이 들어간 것은 아니었다. 아마도 이런 양상은 단순한 종 분화의 산물이기보다는, 아프리카 안에서도 현생인류로 가는 새로운 변이가 나타나고 기존 집단과 지속적으로 교류한 연속 진화의 과정이었을 가능성이 큰 것 같다(Pearson 2008).

최근 호모 사피엔스 머리뼈 20점을 연구한 바에 따르면 이미 약 30만 년 전이면 현 인류의 크기에 도달했다. 그러나 생김새는 크기와 다르게 진화해서 10만 년 전에서 35,000년 전 사이에서야 지금의 인류와 같은 단계에 이르렀다. 이런 진화의 과정은 고고학에서 드러나고 있는 행위적 현생성(4장 참조)의 등장 및 진화와 일맥상통한다(Neubauer et al. 2018).

홀트와 포미콜라는 주로 유럽의 후기 구석기시대 인류화석을 대상으로 혹심한 환경에서 인류가 어떤 생물학적 특징을 지니게 되었는지를 연구한 바 있다(Holt and Formicola 2008). 이에 따르면 최후빙하극성기(Last Glacial Maximum, 27,000-20,000년 전)라는 냉혹한 기후조건은 후기 구석기시대 인류의 생물 및 문화진화에 토대가 되었다고 한다. 예컨대 최후빙하극성기 이전의 후기 구석기시대 초(Early Upper Paleolithic, EUP), 그리고 최후빙하극성기 이후 후기 구석기시대 말(Late UP, LUP)의 인류는 머리와 얼굴의 크기와 생김새(craniofacial dimensions), 자세(stature robusticity)와 몸의 비율(body proportions)에서 꽤 차이가 있다. 홀트와 포미콜라는 이에 대해 최후빙하극성기 이후 이동성의 감소에 따라 하지(lower limb)의 강인함이 부드러워진 것이라고 해석한다.

영양상태는 대체로 양호하지만, LUP로 갈수록 조금 쇠락하는 경향도 있었다. 네안데르탈인과 비교해 EUP 사람들은 더 긴 팔다리를 가졌고 몸도 더 가늘었다. 땅딸한 네안데르탈인이 추운 환경에서 진화했다고 해서, 후기 구석기시대 사람들 또한 빙하환경에서 진화했다고 볼 수 없다. 아프리카에서 진화해 유럽으로 확산한 후기 구석기시대 인류는 본격적 빙하환경이 도래한 최후빙하극성기에 상당한 변화를 겪는다. 유럽 EUP를 뜻하는 오리냐시안(Aurignacian) 사람들과 비교해 최후빙하극성기의 그라베티안(Gravettian) 사람들은 더 멀리까지 이동하면서 살았던 것 같다. 그러면서 최후빙하극성기가 닥쳤음에도 유럽 북부에 머무를 수 있었다. 그리곤 23,000-22,000년 전 즈음에 더 혹심한 환경이 닥치자 따뜻한 남쪽으로 이동한다. LUP의 인류는 EUP의 인류에 비해 사지뼈가 작아지고, 강인함도 약해진다. 지중해와 북아프리카의 LUP 사람들은 유럽 사람들보다 키가 컸지만, 동남아시아 인류는 더 작았다(Shakelford 2007). 특히 EUP 집단과 비교해 LUP 인류화석에서는 허벅지뼈(femur) 중간 부위의 단면이 더 둥근 경향이 있었는데, 이는 이동성이 낮아졌기 때문이라고 한다(Holt 2003).

호모 플로레시엔시스와 날레디의 문제

화석으로 인류의 진화를 구성할 때 큰 어려움은 자료의 희소함에서 온다. 초기 인류의 인구가 그만큼 적었을 것이기에 자료의 희소성은 이해할 만하다. 적은 자료로도 어떻게든 현재 우리가 어떤 과정을 거쳐 왔는지 진화의 궤적을 짜맞춰야 한다. 이렇게 희소한 자료를 바탕으로 진화의 계통수를 꾸리고, 그런 다음 새로운 자료가 나오면 그림을 수정하고, 또 수정하기를 반복한다. 그러다 정말 설명하기 어려운 자료를 만나기도 한다. 2003년 인도네시아의 플로레스(Flores)섬에서 나온 화석이 그런 예이다.

리앙부아(Liang Bua)동굴에서는 완전한 머리뼈와 아래턱뼈를 비롯해 9개체분 화석이 수습되었다. 그런데 당시까지 그려놓은 그 어떤 진화계통수에도 자리를 찾을 수 없는 특이한 화석이었다. 심지어 화석은 12,000년 전 구석기시대가 끝나갈 무렵 인류라는 보고도 나왔다. 최근엔 층위에 근거해 10만 년 전에서 5만 년 전 사이라고 추정한다.

플로레스 화석의 가장 큰 특징은 417cc 정도의 매우 작은 뇌용량과 110cm 정도의 작은 키이다. 논란이 있었고, 그저 호모 사피엔스의 기형아 정도로 생각해 소두증(microcephaly)가설을 내는 사람도 있었다. 그러나 여러 화석을 검토한 결과 기형과는 거리가 멀고 본래 작은 머리를 가진 인류였다. 그렇게 호모 플로레시엔시스(*Homo floresiensis*)라는 새로운 종이 등장했다. 뇌용량이 작을 뿐 머리뼈(두개골) 생김새는 현대인과 비슷했다. 고병리학자들도 화석에서 어떤 병리학적 특성도 찾을 수 없었다. 현생인류와 같은 튀어나온 턱끝도 없었다.

이렇게 작은 몸집과 뇌용량은 오스트랄로피테쿠스에게서나 볼 수 있는 특징이다. 아마도 작은 몸집은 섬에서 보이는 소형화 진화의 결과인지도 모른다(Sutikna et al. 2016). 처음 구석기시대의 끝자락이라고 했던 편년은 잘못으로 밝혀졌고, 호모 플로레시엔시스는 아마도 60,000년 전 이곳에 살았던 것 같다. 동굴에서는 46,000년 전 호모 사피엔스의 화석도 나왔다고 한다. 그렇다면 이곳에 살던 "호빗"은 아마도 사피엔스라는 더 크고 강한 이주민을 만났을지도 모른다. 그렇게 몸집이 작은 종은 사라지고 말았던 것 같다.

호모 속이면서도 이렇게 작은 뇌용량을 가진 화석이 또 있다. 2013년 초기 인류화석이 적지 않게 알려진 남아프리카의 라이징스타동굴(Rising Star Cave)에서는 적어도 15개체에 이르는 인류화석이 나왔다. 이렇게 한 동굴유적에서 인류화석이 무더기로 나온 것은 매우 이례적인 일이다. 조사단은 중기 플라이스토세층에서 나온 화석을 호모 날레디(*Homo naledi*)라 명명했는데, 날레디란 지역의 수투(Sotho)어로 별을 뜻한다고 한다(Hawks 2015).

조사단이 특히 주목한 것은 200만 년 전 호모 하빌리스에게서나 볼 수 있는 크기의 뇌용량이었다. 약 30만 년 전이면 다른 인류화석은 이미 1200cm^3에 이르지만, 날레디는 불과 450-600cm^3에 머물렀다. 몸집도 매우 작아서 키가 145cm도 안 됐고, 무게는 40kg 이하였을 것으로 추정되었다. 연구에 따르면 호모 하빌리스처럼 손가락뼈가 긴 것으로 보아 나무에 머무는 시간도 많았을 것이지만, 강한 발가락과 발바닥뼈를 가지고 있어 두 발로 걸었음이 분명하다. 턱과 이빨을 보면 거친 식물성 자원을 식량으로 이용했음을 알 수 있다. 뇌용량은 그렇게 작았지만, 머리뼈 생김새는 이전 인류화석보다 훨씬 진화한 상태였다. 다시 말해 정수리가 높은 편이고, 전체 형태도 둥글고, 뼈도 얇은 편이었다. 다만 눈두덩이는 앞으로 매우 튀어나와 있었다.

화석과 함께 석기가 나오지 않았기에 어떠한 문화를 가졌는지는 알 길이 없다. 어떻게 동굴 안에 그 많은 화석이 들어가게 되었는지도 설득력 있게 논증하지 못했다. 날레디 화석은 우리에게 진화가 그리 단순한 방향의 과정이 아니었음을 말해준다. 인류의 진화와 관련한 표준 서사는 "뇌용량이 커지면서 석기기술이 놀랍도록 발달했고, 그 덕분에 사람은 자연을 이겨내고 전 세계로 확산했다." 정도이다. 그러나 호모 사피엔스가 등장한 시점과 비슷한 때 아프리카 남단에서 이렇게 뇌용량이 작고, 몸집도 작은 인류가 살고 있었다는 점은 풀기 어려운 문제이다. 앞으로도 단순한 서사에서 벗어난 발견이 이어질 것이다. 기존 가설이나 학설의 내용과 달라 새로운 발견이 놀랍겠지만, 이런 발견으로 기존의 시각과 설명도 달라질 수밖에 없을 것이다.

머리뼈의 크기만으로 본다면 네안데르탈인 역시 현생인류와 같은 지적 능력을 지녔을 것이다. 그러나 네안데르탈인과 사피엔스의 머리뼈는 생김새에서 매우 다르다. 사피엔스의 두개골은 매우 둥글며 두정부, 곧 천정이 매우 높지만, 네안데르탈인의 두개골은 용량이 큰 대신, 호모 에렉투스를 비롯한 옛 인류의 특징을 가지고 있다. 머리뼈 형태의 차이는 뇌의 생김새가 달랐음을 말한다. 용량이 아니라 생김새가 매우 중요한 것이다.

DNA가 말하는 사실

1987년 리베카 칸(Rebecca Cann) 등이 발표한 논문은 당시엔 찻잔 속의 바람이었다(Cann et al. 1987). 그런데 곧 그 바람은 태풍이 되어 찻잔을 넘었다. 오늘날 DNA 분석을 바탕으로 한 인류 진화 연구의 출발이었다.

칸 등은 아프리카와 아시아 여러 지역, 유럽 사람들의 태반에서 모계로만 전수되는 미토콘드리아DNA(mtDNA)를 분석해 흥미로운 결과를 얻었다. 이에 따르면 현재 다양한 환경에 사는 인류 집단이 유전적으로 놀라울 정도로 동질적이었는데, 이는 비교적 늦은 시기에서야 공통 조상에서 나와 각지로 확산했다는 증거가 된다. 또 아프리카 사람들의 유전적 다양성과 변이의 폭이 다른 대륙에 비해 압도적으로 크다는 점은 아프리카가 현생인류의 기원지임을 뒷받침하는 것이었다(Cann et al. 1987; Ingman et al. 2000; Weaver and Roseman 2008). 그리고 뉴기니와 오스트레일리아, 아메리카대륙으로 확산한 시점과 DNA의 변이를 바탕으로 시간의 흐름을 역추적한 결과, 현존하는 모든 인류의 mtDNA는 약 290,000-140,000년 전 아프리카의 공통 조상에서 내려온 것이라는 결론을 내렸다.

주지하듯이 DNA는 유전정보가 보관된 핵산을 말한다. DNA는 1953년 크릭과 왓슨이 휘감아 도는 사다리 모양으로 염기쌍이 구성된 이중나선구조임을 밝혔다. 이것이 복제될 때는 한 가닥으로 분리되어 상보적인 염기쌍 사이의 수소결합으로 다시 이중나선구조를 이룬다. 그렇게 세포가 만들어질 때마다 복제를 거듭한다.

미토콘드리아DNA를 연구한 것은 15,000개가 채 안 되는 염기쌍이 있을 뿐이라는 현실적인 이유에서 출발했다. 핵DNA에는 무려 30억 쌍이 넘는 염기서열이 있기에 분석할 엄두를 내지 못했다. 핵DNA는 부모로부터 반씩 물려받기에 구성도 더 복잡하다. 그런데 mtDNA는 모계로만 유전되기에 훨씬 단순해 시간의 흐름에 따라 돌연변이율을 적용하기 쉬웠다. 난자가 정자를 받아들여 수정란으로 융합할 때 정자의 세포질은 수정란에 들어가지 못한다. 그래서 수정란의 세포질은 모두 난자의 것이기에 핵을 둘러싼 세포질에 있는 미토콘드리아 역시 100% 모계다. 다시 말해 미토콘드리아에는 아들에게 전해진 유전정보는 존재하지 않고, 오직 딸에서 딸로만 전해진 유전정보만 있다는 것이다.

칸 등은 전 세계의 여성 147명에게서 시료를 채취해 조사했다. 그 결과 지구상 현생인류의 유전자 구성의 다양성이 매우 낮아 현생인류가 비교적 최근에 기원한 것이라는 사실이 밝혀졌다. 또 다른 여러 대륙에 비해 아프리카 내의 변이가 압도적으로 크다는 사실도 드러났다. 여기에서 아프리카가 현생인류의 기원지일 것이라는 추론이 나온다. 논문에서는 모든 mtDNA가 약 20만 년 전 아프리카에 살던 한 여성에게서 내려온 것이라고 했다. 이후 현생인류의 조상이 된 운 좋은 여성을 미토콘드리아 이브(Mitochondrial Eve)라 부르기도 한다. 성서의 이브를 딴 이름이지만, 문헌 기록으로는 상상할 수도 없는 과거의 인류에 붙이기에 적절한 이름은 아니다.

칸 등의 연구는 대단한 반응을 일으켰다. 사람들은 인류의 고향이 아프리카일 것이라고 했던 1871년 『인간의 유래 *The Descent of*

Man and Selection in Relation to Sex』에서 다윈이 한 말이 사실로 드러났다고 여겼다. 실제 고고학과 인류학 연구에서도 호모 사피엔스의 출현을 아프리카에서 10만 년 이전으로 추정하고 있었기에 학계에서는 연구 결과를 빠르게 받아들였다. 그리고 여러 연구자가 뼈와 석기만이 아니라 유전자를 모델로 인류 진화를 연구하는 일에 나섰다.

이렇게 DNA 연구라는 새로운 분야로 현생인류가 아프리카에서 기원해 확산했음이 유력해졌다. 다시 말하면 20세기 후반 이른바 "아웃 오브 아프리카(Out of Africa)" 가설, 곧 단일기원설과 경쟁하던 "다지역가설(Multiregional hypothesis)"은 힘을 잃은 듯 보였다. 아프리카에서 기원한 현생인류가 동쪽으로 확산하면서 네안데르탈인과 에렉투스 등 기존에 살던 인구를 대체했다는 더 단순한 시각이 다시 유행했다(Mellars 2006).

다만, 문제도 있다. 예컨대 연구에서는 돌연변이가 출현할 확률을 시간의 흐름에 따라 계산해 이것을 "시계"로 삼아 거꾸로 현재의 다양성이 연원한 시간을 추정한다. 만약 돌연변이 발생의 시계가 정확하지 않다면 전제는 옳다고 할 수 없다. 그런데 이제 이 문제도 어느 정도 해소되었다. 연구자들은 이제 칸 등의 연구처럼 현재의 시료를 비교해 현생인류 진화의 시간을 역추적하지 않는다. 연대가 알려진 수십만 년 전 화석에서 직접 DNA를 추출해 연구하고 있다.

스반테 페보(Svante Pääbo)를 비롯한 연구자들이 1997년에 저명 학술지 『셀 *Cell*』에 발표한 논문은 고(古)유전자 연구의 전환점이라 할 수 있다.[3] 1856년 독일 네안더계곡에서 처음 확인된 네안데르탈 화석에서 직접 DNA를 추출하는 데 성공해 mtDNA 13,000개를 분석한 논문이었다. 분석 결과 네안데르탈 화석의 DNA 구성은 현생인류와 매우 다른 진화의 길을 걸었음을 드러냈다. 드디어 화석에서 직접

DNA를 추출해 분석하는 시대가 도래한 것이다.

이렇게 네안데르탈인은 현생인류와는 별개 종이 되었고, 진화상 사라진 과거 화석인류가 되었다. 사람들은 이제 네안데르탈인이 어떻게, 왜 사라졌는지 가설을 내기 시작했다. 논문에서는 네안데르탈과 현생인류의 분지 시점은 현생인류가 기원한 시점보다 4배 정도 깊은 시간을 가졌다고 추산하기도 했다. 다른 네안데르탈인 화석에서 고DNA를 추출해 현생인류와 비교한 결과 80만 년 전에서 30만 년 전 이미 현생인류와 갈라져 진화했다는 결과가 나오기도 했다(Currat and Excoffer 2004).

2000년 여러 지역에서 얻은 현대인 53명의 미토콘드리아DNA를 완전히 해독해 분석한 연구에서도 역시 현생인류가 늦은 시기 아프리카에서 기원했다는 결론은 반복되었다. 네안데르탈인과 현생인류는 매우 다른 진화 선상을 걸었음이 갈수록 분명해졌다. 페보를 비롯한 막스플랑크연구소 연구자들은 2006년에도 네안데르탈인은 현생인류의 DNA 구성에 전혀 기여한 바가 없다는 연구를 발표하기도 했다(Serre et al. 2006).

그러나 그 뒤 이뤄진 여러 DNA 연구 결과는 이와 다르다. 네안데르탈인의 형질이 완전히 사라지지 않았고, 현생인류가 조금이나마 가지고 있다는 결과가 나온 것이다. 2010년 과학저널 『사이언스 *Science*』는 독일 막스플랑크진화인류학연구소의 그린(Richard Green)과 페보를 비롯한 여러 연구자가 30억 쌍이 넘는 네안데르탈인 유전자의 염기서열을 판독했다는 소식을 실었다. 기존엔 모계로만 유전되는 미토콘드리아DNA만을 분석했지만, 이번 연구에서는 핵DNA를 분석했다. 그 결과 놀랍게도 네안데르탈인의 유전자가 미세하나마 현대의 여러 지역 인류에 남아 있음이 드러났다.

연구에 따르면 사하라 이남 아프리카 원주민에게는 없었지만, 유라시아의 사람들에게는 네안데르탈인의 유전자 빈도가 아프리카 사람들보다 더 높게 나왔다(3.8-5.3%). 이것은 네안데르탈인이 유라시아에 확산하는 현생인류와 유전자 흐름이 있었다는 증거다(Green et al. 2010). 2002년 페보를 비롯한 연구자들은 언어장애가 있는 사람들에게 FOXP2 유전자가 결핍되어 있음을 밝혔다. 그리고 네안데르탈 화석에도 현생인류와 같은 FOXP2 유전자가 있었다.

매우 작은 비율이지만, 유라시아 사람들에게 네안데르탈 유전자가 남아 있다는 사실은 충격이었다. 네안데르탈은 1856년 독일의 네안더계곡에서 발견되었을 때부터 투박한 해부학적 특징 때문에 짐승 같은 선사시대 사람의 대명사로 쓰였다. 흔히 영어권에서 동굴사람(cave man)이라 불리는 거칠고 야만적인 원시인의 상징이었다. 그런데 이제 네안데르탈인의 유전자가 현대인의 피에 흐르고 있다니 충격이 아닐 수 없었다.

하지만 네안데르탈인의 흔적이 완전히 사라지지 않고 작게나마 현생인류에 남았음이 밝혀졌다고 다지역진화설이 다시 주도적 위치에 선 것은 물론 아니다. DNA 연구로 기본적으로 단일한 아프리카 기원과 확산은 이미 확인되었다. 이제 과거 다지역진화설을 지지했던 사람들도 현생인류가 아프리카에서 기원해 세계 전역으로 확산했음을 인정한다. 그러니 다지역진화설이 부활한 것은 아니다. 다만, 아프리카에서 기원한 현생인류가 아프리카를 넘어 전 세계로 확산하면서 선주민(유럽에서는 네안데르탈인일 것이고, 아시아에서는 데니소바인, 아마도 에렉투스였을 것이다)과 최소한의 교류가 있었던 것 같다. 그렇게 교류한 결과 오늘날 매우 낮은 비율로 네안데르탈인과 데니소바인의 형질이 남아 있다는 것이다. 그렇지만 사하라 이남의 현생인류와 네안데르탈인이 교류한 것은 물론 아니다.

데니소바동굴의 손가락뼈

DNA 연구의 발달은 인류의 진화에 대해 해답뿐 아니라 더 어렵고도 새로운 문제를 안겨주기도 한다.

러시아와 카자흐스탄과 몽골리아 그리고 중국이 서로 국경을 맞대고 있는 알타이산맥에 있는 동굴이 고인류학의 주목을 받고 있다. 2008년 이곳 데니소바(Denisova)동굴에서 러시아과학아카데미 조사단은 콩알만한 작은 뼈 하나를 찾았다. 너무 작아서 어느 동물, 아니면 사람 뼈인지도 분간하기 어려웠다. 이곳은 동토지대나 다름없는 곳이기에 뼈는 잘 보존되어 있었다. 2010년 독일 막스플랑크연구소 연구자들은 이 뼈에서 DNA를 추출했는데, 놀랍게도 여자아이의 손가락뼈였다. 그런데 이 아이의 DNA는 현생인류와도, 네안데르탈인과도 달랐다. 다시 말하면 5-3만 년 전 이곳 고위도 알타이에 그동안 알려지지 않았던 새로운 인류 종이 살았다는 것이다(Krause et al. 2010). 연대는 후일 75,000-50,000년 전으로 조정되었다(Douka 2018). 이렇게 데니소바인이 우리 앞에 나타났다. 머리뼈 화석도, 허벅지뼈도 없이 오직 DNA만으로, 세계에 살고 있던 그 어떤 인류와도 다른 집단이 북아시아에 살고 있었음이 밝혀진 것이다.

이 데니소바동굴, 그리고 알타이지방은 인류의 진화 연구에서 매우 흥미로운 곳이다. 동굴에서는 발가락뼈도 나왔는데, DNA 연구 결과 네안데르탈인의 뼈였다. 멀지 않은 곳에서도 네안데르탈 화석이 나온 바 있다. 유럽과 서아시아가 중심지였던 네안데르탈인이 동쪽, 그리고 북쪽 멀리 이곳까지 들어왔음이 분명하다. 7-5만 년 전 데니소바인이 이곳에 살았고, 시간이 흘러 5-4만 년 전 네안데르탈인이 들어왔다. 그리고 이 사람들이 떠나거나 사라진 뒤 이곳엔 다시 현생인류가 찾아왔다.

DNA 연구의 중심 기관으로 떠오른 막스플랑크진화인류학연구소의 크라우스와 페보에 따르면 데니소바인과 현대인의 mtDNA 염기쌍(base pair)은 16,500개 가운데 385개(nucleotides)에서 차이가 있다고 한다(Krause et al. 2010). 그리고 네안데르탈인과는 202개, 그리고 침팬지와는 무려 1462개 염기쌍에서 차이가 있다. 연구자들은 네안데르탈인과 데니소바인, 현생인류의 공통 조상으로 아프리카의 호모 하이델베르겐시스(*H. heidelbergensis*)를 지목한다. 크라우스 등은 DNA 분석을 근거로 데니소바인이 약 130-78만 년 전 아프리카에서 벗어나 이 지역으로 온 호모 에렉투스의 후손이며, 대략 60-30만 년 전 현생인류와 분지한 네안데르탈인과는 다른 진화의 과정을 겪었다고 본다.

데니소바인이라 불리게 된 고인류는 호모 사피엔스의 형질도 가지고 있었다. 더 놀라운 사실은 4-6% 정도의 형질이 오늘날 멜라네시아인과 오스트레일리아 원주민과, 6% 정도는 파푸아인과 같다는 점이다(Krause et al. 2010; Reich et al. 2010). 데니소바인은 사라진 고인류지만, 이와 유사한 형질을 가진 집단이 후기 구석기시대 현생인류와 생물학적으로 교류하면서 현재의 뉴기니 사람들에까지 흔적을 남긴 것이다. 심지어 데니소바인은 네안데르탈인의 DNA도 보유하고 있었다.

데니소바인이란 사실 손가락 한 마디뼈를 바탕으로 설정된 존재일 뿐이다. 앞으로 DNA 연구의 진전을 기다려야겠지만, 당장 손가락뼈만으로는 얼굴이나 몸체를 추정하기도 어렵다(과학기술의 발달을 생각하면 앞으로 그런 날이 멀지 않은지도 모른다). 사피엔스는 물론이고 네안데르탈인이나 에렉투스 같은 고인류는 뼈 하나가 아니라 수없이 많은 화석으로 집단의 진화적 맥락과 시공간 분포가 알려져 있다. 그런데 데니소바동굴에서 나온 손가락뼈는 우리에게 인류 진화에 대해 해답보다는 문제를 더 안겨줬다. 앞으로 연구에 따라 지금까지 알려진 화석 가운데 데니소바인의 것임이 확인될 수도 있다.

데니소바인, 더 정확히 데니소바인과 공통의 형질을 지닌 고인류 집단은 어디에 살고 있었을까? 네안데르탈인과 확산하는 현생인류, 그리고 심지어 오늘날 멜라네시아 사람들에까지도 일부 형질이 남았다면 동아시아에 폭넓게 살고 있었을 수 있다. 그런데 의문스러운 것은 현재 동북아시아 사람들은 데니소바인의 유전자를 전혀 갖고 있지 않다는 사실이다. 데니소바인과 오늘날 동아시아의 중국인이나 몽골인과는 연관이 없다는 말이다(Reich et al. 2010: 1059). 지금으로 보면 데니소바인이 가까운 곳이 아니라 오히려 먼 동남아시아와 오세아니아에만 흔적을 남겼을 뿐이다. 현재로선 데니소바인과 관련된 인구집단이 오늘날 멜라네시아인의 조상과 어디에서든, 어떤 식으로든 교류했겠지만, 정확한 상황은 알지 못한다.

데니소바동굴에서 확인된 뼈는 사실 세 점이다. 위에 말한 데니소바인의 새끼손가락 뼈가 하나이고, 발가락뼈 한 점, 어금니 하나가 있다. 2014년 프뤼퍼 등이 이 발가락뼈에서 미토콘드리아DNA를 추출해 분석한 결과 네안데르탈인의 뼈임이 드러났다(Prüfer et al. 2014). 이미 알려진 여섯 개 네안데르탈 화석 DNA와 일치했고 특히 코카서스 지방의 표본과 같았다. 이 시기 네안데르탈인은 데니소바동굴이 있는 알타이산맥까지 확산해 살고 있었다. 어금니는 손가락뼈와는 다른 데니소바인 개체로, 네안데르탈인과 현생인류의 이빨과 형태적으로 차이가 있다고 한다.

연구자들은 린네식 분류 사용을 주저하고 있지만(Reich et al. 2010), 데니소바인은 네안데르탈인도 아니고, 현생인류도 아닌 독자 집단이다. 알타이지방에 데니소바인이 떠나거나 사라진 뒤 네안데르탈인이 동굴에 들어왔을 것이다. 그리고 이곳엔 현생인류가 남긴 카라봄(Kara-Bom) 같은 40,000년 전 유적이 있다. 이러한 연구에 따르면 알타이지방에서는 네안데르탈인과 데니소바인, 현생인류가 비슷한 시기에 살고 있었다고 해야겠다. 그리고 결국 현생인류만이 남았을 것이고, 데니소바인은 남쪽에서만 흔적을 남겼다. 데니소바인이 동남아시아 사람들과 관계가 있었다면, 인도네시아에 대략 17,000년 전 즈음까지 있었던 호모 플로레시엔시스(*Homo floresiensis*)와 어떤 관련이 있었는지 궁금하다.

네안데르탈인이 현생인류를 만났을 때

2020년 5월 『사이언스』는 지금까지 알려진 가장 오랜 유럽의 호모 사피엔스 화석 발견을 보도했다. 저널에 따르면 불가리아 발칸산맥 북사면의 바초키로(Bacho Kiro)라는 동굴에서 약 47,000년 전의 인류화석과 들소, 말, 동굴곰의 뼈, 그리고 상아를 갈아 만든 구슬과 곰이빨에 구멍을 뚫어 만든 장신구, 붉은 안료, 돌날 등 유물이 나왔다.

2015년 막스플랑크진화인류학연구소에서 동굴을 조사했고, 발견된 어금니는 호모 사피엔스 것으로 판단했다. 사실 수많은 뼛조각이 나왔지만, 동물 뼈인지 사람 뼈인지도 모를 만큼 작았다. 연구자들은 이 가운데 1,271개 조각에서 추출한 콜라겐에서 단백질을 분석한 결과 네 개가 사람, 그것도 호모 사피엔스의 것임을 확인했다고 한다(Gibbons, 2020). 그리고 콜라겐을 직접 방사성탄소연대 측정한 결과 46,000-42,500년 전의 것이라고 한다(Hajdinjak et al. 2021). 이를 그대로 받아들인다면, 이즈음 아프리카를 벗어나 서아시아를 거쳐 유럽의 남쪽 끝 발칸반도에 새로운 인류, 현생인류가 나타난 것이다. 후기 구석기시대의 시작이고, 이것은 중기 구석기시대 문화의 담당자였던 네안데르탈인의 쇠퇴를 의미한다.

스페인의 아타푸에르카동굴에서 나온 시마 데 로스우에소스(Sima de los Huesos) 화석 분석에 따르면 네안데르탈인은 적어도 43

만 년 전부터 현생인류의 진화와는 다른 선상에서 진화했다(Arsuaga et al. 2014). DNA 분석으론 네안데르탈인의 진화가 이보다 더 오래전부터 시작된 것 같다. 최근 알타이산맥에서 나온 네안데르탈인과 데니소바인의 유전자 분석에서는 네안데르탈인은 이미 76-55만 년 전에 분지했으며, 네안데르탈인과 데니소바인은 47-38만 년 전에 갈라섰다는 결과가 나왔다(Prüfer et al. 2014).

네안데르탈인과 사피엔스가 만났을 때 과연 생물학적 교류가 있었는지 궁금하지 않을 수 없다. 고전적인 생물 종(種) 정의에 따르면 두 종은 거의 교배하지 않으며, 교배하더라도 생식력 있는 자식을 출산하지 않는다. 하지만 종개념에 대해선 찰스 다윈 이후로 수많은 논쟁이 있었다. 중요한 것은 개체군이나 종, 그리고 진화란 고정된 상태가 아니라 지리환경(서식지)과 함께 시간의 흐름이 얽힌 역동적인 과정이다. 종의 기원, 곧 새로운 종의 출현이란 결국 종 분화(speciation)이고, 이는 과정이다. 다시 말하면 기존 종의 개체군 가운데 새로운 지역으로 들어가거나 환경의 변화에 따라 생물학적으로 고립되는 과정이 매우 오랜 시간 되풀이되면서 유전적으로 다른 개체군이 되는 것이 종 분화이다.

그런데 그런 지리적 격리에 따른 종 분화 과정에 있었으나 충분한 시간이 흐르지 않은 상태라면 어떨까? 어느 정도 머리카락이나 피부색 같은 외관, 곧 표현형 차이가 있다고 해도 생물학적 교류에 문제는 없을 것이다. 피부색에 따라 흑인이니, 백인이니 하는 인종 역시 기껏 수만 년 이내의 시간이 흐른 변이로 외관의 차이가 있을 뿐 같은 종으로 아무런 장벽도 없다. 위에 언급했듯이 네안데르탈인과 현생인류가 약 50만 년 전에 분지했다면 이것은 서로 다른 종으로 진화하기에 충분한 시간일까?

대답은 그렇지 않다가 맞을 것이다. 그렇다 하더라도 외관 차이와 더불어 뼈와 유전자로 드러나는 해부학적이고 생물학적 차이도 꽤 크다. 그러나 생물학적으로 격리된, 서로 완전히 동떨어진 종은 아니었을 것이다. 두 개체군은 수십만 년 동안 격리된 채 서로 다른 종으로 진화하는 과정에 있었는데, 이제 현생인류가 서아시아를 거쳐 유럽으로 확산하면서 네안데르탈인 집단과 마주친다. 그렇게 격리는 완전히 서로 다른 종으로 진화하기 전에 끝난다. 교류는 매우 제한적이었을 것이다. 그럼에도 둘이 만난다면 자식을 낳을 것이고, 자식도 생식력이 있을 것이다.

DNA 연구에 따르면 현생인류는 네안데르탈인과도 최소한의 유전적 교류가 있었던 것으로 보인다. 아마도 교류는 유럽의 후기 구석기시대가 시작되기 전 서아시아에서 이뤄졌을 가능성이 크다. 아프리카를 벗어난 현생인류가 처음으로 네안데르탈인을 마주친 곳은 유럽이 아니라 서아시아였기 때문이다. 이미 10-9만 년 전 이곳에는, 카프제의 화석에서 알 수 있듯, 호모 사피엔스가 들어갔고, 이곳에 살던 네안데르탈인과 오랫동안 공존했다. 문화적으론 중기 구석기시대의 석기기술을 그대로 이어받았다. 그러니 이 호모 사피엔스가 성공적으로 서아시아에서 자손을 이어갔을 것 같지 않다. 오히려 이후 아프리카에서 벗어나 남쪽으로 이어진 흐름이 결국 오스트레일리아까지 닿았다. 그런 다음 6-5만 년 전 즈음 현생인류는 다시 아프리카를 벗어나 서아시아에 들어왔을 것이다. 새로 들어온 현생인류는 다시 인구 증가든, 사회교류의 결과든, 북으로 확산하면서 유럽대륙으로 향했다. 이처럼 이주의 물결은 여러 번 있었을 것이다.

분명 네안데르탈인과 사피엔스는 해부학적으로 차이가 있다. 몸집도 네안데르탈인은 땅딸한 편인 데 반해 사피엔스는 호리호리했다. 뇌용량은 비슷했거나 오히려 네안데르탈인이 더 컸지만, 중요한 것은 생김새가 달랐다는 사실이다. 사피엔스의 머리뼈는 더 둥글고 매우 높았다. 얼굴도 달랐다. 네안데르탈인은 이전 에렉투스처럼 앞으로 튀어나온 모습이었지만, 사피엔스는 이마에서 턱까지 거의 수직에 가까웠다. 턱끝이 튀어나온 것도 사피엔스만의 특징이었다. 사실 이런 해부학적 형태보다 외관은 더 달랐을 것이다. 머리를 땋고 얼굴에 칠을 하고 촘촘한 땀으로 바느질한 옷을 입고 장식품을 매단 현생인류의 모습은 네안데르탈인과 크게 달랐을 것이다.

이렇게 생김새와 외관의 차이는 서로가 인지하고 있었을 것이다. 생물학적으로 생김새가 다른 개체군 사이에 교류는 별로 없다. 서로 격리 메커니즘이 작동해 특이한 사정이 아닌 이상 자연스러운 교류를 기대하긴 어렵다. 두 개체군이 생물학적으로 고전적인 종개념에 맞지 않아 두 개체군 사이에서 태어난 아이가 생식력이 있었을 것이라 해도, 그런 격리 메커니즘은 있었을 것이다. 아마도 유럽에 드문드문 살고 있던 네안데르탈인 집단이 새로이 들어온 사피엔스 무리를 마주했을 때 애써 외면하지 않았을까. 사실 서로 마주칠 일도 별로 없었을 것이다. 인구밀도가 매우 낮기도 했고, 서로 다른 곳에 살고 이동하면서 자연스럽게 회피했으리라 본다. 그럴지라도 시간이 흐르고, 사피엔스 무리가 점점 많아지면서 서로의 존재를 알 수밖에 없었을 것이다.

네안데르탈인과 현생인류가 교류했다는 주장은 끊이지 않는다. 최근엔 DNA 연구가 이에 가세해 상황이 매우 복잡해졌다. 2016년 쿨윔 등이 알타이산맥의 네안데르탈 화석과 데니소바인 화석, 그리고 스페인과 크로아티아의 네안데르탈 화석에서 나온 유전자를 분석한 결과 아프리카에서 분지한 현생인류가 알타이산맥의 네안데르탈인 조상에 유전자를 남겼다고 한다(Kuhlwilm et al. 2016). 아마 10만 년 전 즈음 서아시아에서 네안데르탈인과 현생인류 사이에 교배가 있었고, 이것이 알타이산맥 네안데르탈인의 유전자에 남았다는 것이

표 3.1 오늘날 지역별 인류의 유전자에 남은 고인류의 흔적

오스트레일리아, 뉴기니 원주민	2.5% 네안데르탈인, 5% 데니소바인
유라시아 사람	2.5% 네안데르탈인
사하라 이남 아프리카 원주민	2% 알려지지 않은 옛 아프리카 인류

다. 반대로 유럽의 네안데르탈인과 데니소바인에게는 그런 유전자 흐름의 증거가 없다고 한다.

아마도 가장 충격적인 결과는 현재 지구상에 사는 사람의 약 2.5% 정도는 네안데르탈인의 유전자를 지니고 있으며, 오세아니아와 뉴기니의 사람들에겐 데니소바인의 유전자가 5% 정도 남아 있다는 결과일 것이다(표 3.1 참조). 그리고 사하라 이남의 남아프리카 원주민은 알려지지 않은 옛 인류의 유전자를 2% 정도 보유하고 있다. 지역에 따라 차이가 있지만, 사하라 이남 아프리카 원주민을 제외하고 유라시아 사람들은 1-4% 정도 네안데르탈인 유전자를 가지고 있다고 한다(Green et al. 2010). 연구에 따라 조금의 차이가 있어 1.5-2.1%로 추정하기도 한다(Prüfer et al. 21014). 분명 매우 적은 비중이지만, 우리 몸에는 네안데르탈인의 흔적이 남아 있는 것이다(우은진, 정충원, 조혜란 2018).

오늘날 인류에게 옛 인류의 유전자가 남아 있다는 결과는 놀랍다. 이후 10년 동안 네안데르탈인의 유전자가 현생인류 진화에 어떤 역할을 했는지에 대한 수많은 연구가 쏟아졌다. 심지어 최근에는 네안데르탈인과의 교류가 현생인류의 성공에 도움을 줬다는 연구가 나온다. 물론 교류했다고 하더라도 수만 년 시간이 흐르면서 자연선택의 과정으로 네안데르탈인의 유전자 대부분이 사라졌음을 알 수 있지만, 그럴지라도 현생인류의 적응에 도움을 주는 유전자가 살아남기도 했다.

네안데르탈 게놈은 30-20만 년 전에도 현생인류에게 이미 있었고, 데니소바인에게도 어느 정도 존재했다. 오늘날 유라시아 인류에게도 20개의 네안데르탈 게놈이 살아남아 있다고 한다. 연구에 따르면 네안데르탈인의 유전자는 특히 면역체계의 형성에 영향을 미쳤다고 한다. 케라틴 필라멘트(keratin filaments)에 영향을 주는 유전자가 네안데르탈인과 관계가 있다는 연구가 있으며(Sankararaman et al. 2014), 네안데르탈인의 유전자가 현생인류가 유라시아에 확산해 적응하는 데 도움을 줬다는 연구도 있다. 네안데르탈인이 가진 바이러스 내성 유전자가 현생인류가 혹심한 환경에 적응하는 데 도움을 줬다는 또다른 연구도 있다(Enrad and Petrov 2018). 교배의 결과 네안데르탈인과 현생인류는 새로운 바이러스에 노출되면서 바이러스에 내성을 갖게 되었다는 것이다. 이 연구에서는 네안데르탈인이 가진 유전자의 영향으로 바이러스와 상호작용하는 단백질(VIPs, virus-interacting proteins)을 풍부하게 가질 수 있었음을 지적한다. 심지어 최근에는 현생인류가 네안데르탈인의 유전자를 받아 출산율을 높였다는 연구 결과도 나왔다(Barras 2020).

네안데르탈인과 현생인류의 교류 빈도는 어땠을까? 관련 연구도 있다. 쿠랏과 엑스코피어는 네안데르탈과 사피엔스라는 두 개체군 사이의 교류를 최대로 생각해도 인구의 0.1%를 넘지 않았으리라 추정한다(Currat and Excoffier 2004). 쿠랏과 엑스코피어는 2011년 발표한 글에서 이처럼 네안데르탈인의 유전자가 있다고 해도 매우 적은 비율로 존속한 것은 그만큼 낮은 정도의 생물학적 교류만이 있었음을 보여준다고 주장한다(Currat and Excoffier 2011). 나아가 교류를 피하는 격리 메커니즘이 작동했을 것이며, 그런 상황에서 생물학적으로 교류했다고 해도 자손이 생식력이 떨어졌을 개연성이 높다고 본다.

그러나 최근 연구에 따르면, 교류의 빈도가 생각보다 높았을 수도 있다. 현재까지 유럽에서 알려진 가장 오랜 현생인류 화석은 불가리아의 바초키로(Bacho Kiro)라는 동굴에서 나온 것이다. 보정한 방사성탄소연대로 46,000-42,500년 전 즈음의 화석인데, 같이 나온 유물은 초창기 후기 구석기문화의 것이다. 유전자 분석에 따르면 이렇게 가장 이른 현생인류에게도 네안데르탈인과의 친연성이 보인다고 한다. 놀라운 것은 바초키로 동굴화석 현생인류의 유전자는 서유럽 사람보다 현재와 고대의 동아시아와 아메리카대륙의 사람과 유사성이 더 크다는 점이다(Hajdinjak et al. 2021).

최근 DNA 연구의 흐름을 보면 네안데르탈인과 데니소바인, 그리고 또 다른 옛 인류 사이의 유전자 흐름이 있었던 것은 사실인 듯하다. 셋 사이에 분명 교배가 일어났던 것 같다. 심지어 데니소바 11이라 불리는 뼈를 분석한 연구에 따르면 이 뼈는 네안데르탈인 엄마와 데니소바인 아빠 사이에서 태어난 아이라는 믿기 힘든 결과도 있다(Slon et al. 2018). 앞으로 DNA 연구로 어디까지 알 수 있게 될지 궁금하지 않을 수 없다.

어쨌든 우리는 아직도 수만 년 전 지구상에 살던 사람들에 대해 모르는 사실이 많다. 무언가 알게 되면 다시 다른 의문이 생기길 반복한다. 최근 프뤼퍼 등의 분석은 데니소바인과 네안데르탈인, 현생인류, 그리고 아직 알려지지 않은 옛 인류 집단 사이에 이뤄진 유전자 흐름을 추정한다. 옛 인류와 분지한 흔적은 90만 년에서 400만 년 전이라면서, 조상으로 호모 에렉투스를 지목했다(Prüfer et al. 2014). 주지하듯이 이미 에렉투스는 180만 년 전 아프리카를 벗어나 구대륙으로 확산해 아시아까지 들어왔다. 데니소바인이 어떻게 등장하고 진화했는지, 다른 고인류와 어떤 관련을 맺었는지 잘 알려져 있지 않다. 다만, 매우 적은 수겠지만, 분명 생물학적 교류는 있었다. 이 분석에 따르면 데니소바인은 약 47-38만 년 전에 네안데르탈인과 분지했으며, 그 뒤 옛 호모 사피엔스와 혼혈해 현재의 오세아니아와 아시아 인류의 조상에게도 그 유전자 흐름을 남겼다(Kuhlwilm et al. 2016). 그리고 후기 플라이스토세, 그러니까 10만 년 전 즈음부터 동북아시아 그리고 동남아시아까지 매우 넓게 살고 있었으며, 알타이지방까지도 확산해 들어갔다. 그러면서 45,000년 전 서쪽에서 들어오는 네안데르탈인과도 교류했다. 그런 다음 아프리카에서 기원해 아시아로 향하며, 4만 년 전 알타이산맥까지 확산해 들어온 현생인류와도 만났다. 결국 이곳엔 현생인류만이 남고 데니소바인의 흔적은 동북아시아에서는 사라지고, 동남아시아나 멜라네시아에서만 남게 되었을 것이다.

04 생물진화와 문화진화의 만남

행위적 현생성

오스트랄로피테쿠스부터 호모 속, 그 안에서 에렉투스와 네안데르탈인, 사피엔스에 이르기까지 여러 생물학적 진화의 종은 서로 다른 문화를 가졌을까? 고고학은 인골을 다루기도 하지만, 주로 과거 인간 행위의 흔적을 찾고 분석해 문화를 구성하고 변화를 설명함으로써 인간을 탐구하는 학문이다. 구석기 문화를 가리키는 아슐리안이니 무스테리안이니 하는 용어는 19세기부터 고고학에서 쓰이기 시작했다. 다시 말해 인류의 진화의 흐름이 드러나기 전에 이미 문화진화의 틀을 잡았다고 해야겠다.

생물진화와 문화진화는 서로 맞는 듯하면서도 반드시 일치하지 않는 부분도 있다. 이전 장에서 보았듯이 제벨이루드를 비롯한 초기 호모 사피엔스 화석과 함께 나온 석기는 중기 구석기시대 무스테리안 석기기술로 만들어졌다. 그러니 화석 자료와 DNA를 바탕으로 현생인류를 설정한다 해도 행위적이고 문화적인 측면에서 완전한 현생성(modernity)은 후기 구석기시대의 일이다. 이때가 되어서 현생인류는 전 세계로 퍼진다. 도대체 어떤 문화적, 곧 행위적 토대가 있었기에 그토록 성공적 확산이 이뤄졌을까?

행위적 현생성과 상징

3장에서 살폈듯이 해부학적으로 현생인류를 정의하는 일은 간단치 않다. 그리고 아프리카와 서아시아에서 나온 30만 년 전에서 10만 년 전까지 화석을 보면 기존 서식지를 벗어나 더 확산하지도 못한 것 같다. 더군다나 화석과 함께 나온 것은 중기 구석기시대 무스테리안 기술의 석기뿐이었다. 이 시기 유럽과 서아시아에는 중기 구석기시대 문화의 담당자인 네안데르탈인이 살고 있었다. 고고학자들은 석기의 형태와 기술, 다양성 등을 토대로 패턴을 찾아 편년도 하고 행위를 복원해왔다. 화석은 사피엔스—"옛(archaic)"이라는 수식이 붙을지라도—인데, 문화적으론 다양한 격지를 떼어내 잔손질한 도구가 중심인 중기 구석기시대 양상을 띠었다. 그 뒤 아프리카에서 돌날과 상징물을 표지로 하는 후기 구석기 문화가 진전한 다음 현생인류는 다시 아시아와 유럽으로 확산했다. 이렇게 보면 현생인류의 성공적 확산을 연구할 때에는 생물학적 요인과 함께 후기 구석기시대라는 행위·문화적 토대도 고려해야 한다. 그렇기에 고고학자로서 글쓴이는 행위적 현생성(behavioral modernity)을 찾는 것이야말로 오늘날 인류의 공통 토대를 확인하는 일이라고 믿는다.

언어능력은 분명 이 시기 호모 사피엔스의 성공적 확산에 매우 중요했을 것이다. 전 세계 어느 곳에 사는 인류를 보더라도 현생인류는 분명 높은 언어능력을 지녔음이 분명하다. 그렇다면 사피엔스만큼 뇌용량이 컸던 네안데르탈인은 어땠을까? 최근 흉부중추에 주목하는 사람이 많다. 혀밑신경관(hypoglossal canal)과 비슷한 진화 과정을 거쳤고, 그곳을 지나는 신경의 진화는 말하는 능력과 결부되어 있기 때문이다. 호모 하이델베르겐시스 또는 네안데르탈 화석으로 알려진 스페인 아타푸에르카에서 나온 시마(Sima de los Huesos) 화석을 보면 현생인류와 비슷한 지각과 언어능력을 지녔음을 유추할 수 있다고 한다. 다만 스티븐 마이든(Steven Mithen)은 현생인류 이전 옛 인류의 언어는 문법을 갖춘 언어라기보다는 언어와 노래(음악)가 섞인 흐밍(Hmmmmm)의 형태였다고 추정한다(Mithen 2006). 마이든은 그 이유를 중기 구석기 네안데르탈 유적에 상징물이 없는 데서 찾는다.

말(언어)이 사냥할 때 협업을 위한 것이라며 매우 기능적인 논리를 펴기도 한다. 그러나 우리는 하루 내내 얼마나 많은 하잘것없는 말을 하는가? 농담이, 그저 하는 말이 없다면 인간관계를 맺고 유지할 수 있는가? 나아가 수다 또는 뒷담화야말로 사피엔스의 언어생활에서 가장 중요한 양상이다(Dunbar 1998). 수다는 협동을 위한 필요를 넘어 이를 통해 직접 보거나 만지거나 냄새를 맡은 적 없는 것을 말하고 믿을 수 있는 구조가 만들어졌다고도 한다. 던바(Dunbar 1998)를 인용한 하라리에 따르면, 언어란 허구를 그럴듯하게 포장해 말할 수 있는 능력이다(하라리 2015). 존재하지 않는 것에 대해 말하는 능력은 믿음과 협력, 질서를 이끄는 능력으로 이어진다. 신화와 전설, 종교 그리고 국가까지도 집단적 상상 속에서만 존재하는 것으로, 우리는 이것을 그럴듯한 언어를 통해 실제로 존재하는 듯 받아들인다(하라리 2015: 53). 그렇다면 그 시작은 바로 언어능력의 진화일 텐데, 그리 간단하지 않다.

화석의 형태를 비교하는 전통적 방법으로는 언어의 발달을 추론하기 쉽지 않다. 분명 현생인류의 머리뼈 형태는 그 어느 화석인류보다 높고 둥글다. 연구에 따르면 뇌의 좌반구 아래 전두엽 쪽에 있는 브로카영역(Broca's area)이 언어 표현 및 구사력과 직결된다고 한다. 이 부분에 손상을 입으면 성대에 이상이 없어도 실어증 같은 증세가 나타난다. 브로카영역보다 후두엽 쪽에 치우쳐 있는 베르니케영역(Wernicke's area)은 언어의 수용, 이해와 연관되어 있다. 이 부분이 손상되면 말은 잘 하는데 이해하는 능력이 상실된다. 둘 다 좌반구에 있고 둥근 머리뼈 형태와 관련이 있을 것이지만, 사실 이것은 간접 증거일 뿐이다. 그리고 연구에 따르면 감정과 지능, 지각, 언어 등의 정보는 뇌의 특정 영역만이 아니라 여러 영역에서 흐르고 서로 영향을 주고받는다고 한다. 한없이 발달하고 정교해지는 DNA 연구를 보면 앞으로 언어능력의 진화도 곧 밝혀질지 모른다.

과학계는 아직도 '언어유전자'에 대해 정확히 알지 못한다. 지금까지 언어능력과 관련된 것으로 알려진 유전자는 FOXP2이다. 리버맨에 따르면, 인간의 언어능력은 걷고 뛰면서부터 시작된 것이지만, 완전한 능력은 50,000년 전에 처음 나타났다고 한다(Lieberman 2007). 그러니 네안데르탈인과 옛 인류는 완전한 언어능력을 지니지 못했다는 것이다. 그런데, 최근 스페인 유적에서 나온 네안데르탈 뼈를 분석한 결과 FOXP2 유전자가 있음이 드러났다. 따라서 최소한 네안데르탈인이 말을 못했을 가능성은 없다고 해야겠다. 최근 연구 역시 네안데르탈인의 청각과 관련한 해부학 증거를 분석해 언어능력을 지니고 있음을 논한다(Conde-Valverde et al. 2021). 물론 앞으로 언어 관련한 유전자와 해부학 증거는 더욱 복잡하게 연구가 이뤄질 것이기에 성급한 결론은 바람직하지 않다.

Box 4.1

구석기시대 석기기술과 편년

아슐리안(Acheulean)이니, 무스테리안(Mousterian)이니 하는 용어는 긴 구석기시대의 석기기술과 문화의 시공간 분포를 학계에서 중요한 유적의 이름을 따서 부르는 말이다. 아슐리안은 프랑스 생타슐(St. Acheul) 유적에서 온 말로 주먹도끼와 가로날도끼(cleaver, 주먹자르개)가 특징인 전기 구석기시대 석기기술 전통을 가리킨다. 그보다 이른 시기 아프리카의 찍개나 다면구가 대종을 이루는 자갈돌석기 공작은 유명한 탄자니아 올두바이고지(Olduvai Gorge) 유적 이름을 따서 올도완(Oldowan)이라 부른다.

무스테리안은 주로 유럽과 서아시아, 북아프리카의 중기 구석기 문화와 유물군, 석기기술을 가리키는 개념이다. 여기서 가장 특징적인 것은 몸돌(core)을 정교하게 준비해 마지막에 정해진 형태와 크기의 격지(flake)를 떼어내는 르발루아(Levallois)기술로 만든 찌르개이다. 몸돌, 격지, 찌르개 유물을 무스테리안, 나아가 중기 구석기시대의 표지유물처럼 생각하는 연구자가 많다. 다만, 르발루아기술과 유물은 한국을 비롯한 주변 동아시아에서는 뚜렷하지 않다.

후기 구석기시대는 호모 사피엔스, 곧 현생인류의 시대였다. 지역에 따라 다르지만, 유럽에서는 대략 45,000년 전부터 구석기시대 끝까지 3만 년 넘게 이어졌다. 무스테리안에 비해 훨씬 짧은 시간이었지만, 석기기술은 빠르게 진화했다. 주로 19세기부터 연구의 역사가 깊은 프랑스 서남부의 여러 지표 유적을 기준으로 용어와 개념을 써 시기와 문화를 나눈다. 유럽, 특히 서유럽의 후기 구석기시대에 처음으로 나타나는 문화는 오리냐시안(Aurignacian)이며, 그 뒤를 그라베티안(Gravettian), 솔뤼트레안(Solutrean), 막달레니안(Magdalenian)이 잇는다.

오리냐시안문화는 전 유럽에 현생인류가 확산했음을 알 수 있는 고고학 문화다. 이 시기 현생인류, 곧 유럽의 크로마뇽인은 쇼베동굴에 사자와 말, 코뿔소를 그려놓았다. 독일의 홀레 펠스(Hohle Fels)동굴에서는 매머드 상아를 깎아 만든 비너스 조각품과 새 뼈에 구멍을 뚫어 만든 플루트가 발굴됐다. 진정한 후기 구석기시대 문화의 시작이었다. 지역에 따라 차이가 있지만, 약 33,000년 즈음 오리냐시안을 뒤이어 그라베티안문화가 유럽 전역으로 확산해 22,000년 전까지 지속했다. 이 시기 크로마뇽인은 최후빙하극성기(Last Glacial Maximum)라는 가장 혹독한 기후조건을 살았다. 그러면서 우리가 아는 대부분의 비너스 조각상을 만들고, 동굴벽화를 그렸다. 약 22,000년 전에서 17,000년 전까지 솔뤼트레안문화는 서유럽에 한정되어 있고, 비교적 짧은 지속시간을 갖는 문화다. 역시 춥고 건조했던 조건에 살면서 양면을 정교하게 잔손질한 길쭉한 찌르개로 잘 알려져 있다. 막달레니안문화는 약 18,000년 전에서 구석기시대가 끝나는 12,000년 전까지 주로 서유럽과 중부 유럽의 문화를 가리킨다. 최후빙하극성기가 끝나고 기온이 상승하면서 변화하는 환경에 적응한 다양한 골각기와 작살 같은 정교한 도구로 유명하다.

행위적 현생성에서 가장 중요한 것은 추상적 사고능력과 상징이다. 사람의 모든 행위와 물건이 먹거리를 얻는 효율성과 직결되어 있지는 않다. 오늘날 우리 주변의 사물 가운데 상징성을 지니지 않는 게 있는가? 옷이며 안경이며, 우리 머리와 옷 스타일이 그렇다. 말이나 몸짓 같은 것은 유물에 남아 있지 않지만, 상징행위의 물적 증거는 넘친다. 고고학의 성취에 따르면 중기 구석기시대 이전의 상징행위는, 전혀 없다고는 할 수 없으나, 매우 제한적이었다. 그러던 것이 후기 구석기시대 현생인류에 와서 "상징행위가 아닌 것이 있나?" 반문할 정도로 폭발한다. 그래서 상징물은 행위적 현생성의 가장 중요한 요소다. 상징행위야말로 기술의 발달과 뗄 수 없다. 아니 기술 발달을 이끌었던 것 같다. 현생인류는 사냥도구도 찌르고 베는 기능만 두지 않고 더 보기 좋고 아름답게 만들어 재주를 뽐냈다.

연구자들은 해부학적 현생인류가 아니라 완전한(fully) 현생인류에 와서 후기 구석기시대 문화가 정착하고 확산했다고 본다. 예컨대 이 분야의 권위자인 리처드 클라인(Richard Klein)은 현생인류가 해부학적으로는 20만 년 전 등장했다고 해도, 언어와 예술 등 행위·문화적 양상에서 완전한 현생인류는 50,000년 전 진화했다고 판단한다(Klein 2002; 2009). 그때가 돼서야 신경세포에서 우연한 돌연변이가 일어나 인지적 능력이라는 측면에서 완전한 현생인류에 이르렀다는 것이다. 이는 가설일 뿐이고, 당장 화석자료로 검증할 수 있는 것은 아니다.

클라인을 비롯한 여러 연구자가 완전한 현생인류, 또는 행위·문화적 후기 구석기시대의 특징으로 제시하는 것은 다음과 같다(갬블 2013, 2장; 성춘택 2020: 203-204).

1. 상징 예술의 등장과 확산: 개인 장식품, 그리고 반론의 여지가 없는 뿔이나 상아로 만든 분명한 상징물 확산, 동굴벽화 등장, 안료(산화철, ocher)의 사용.
2. 뗀석기기술의 발달: 얇고 긴 돌날이 중심인 석기기술이 유물군을 주도하며, 유물의 형식에서 표준화와 함께 지역적 다양화 진전, 복합도구의 발달.
3. 골각기 기술의 발달: 뼈나 뿔, 상아로 만든 찌르개나 뚜르개, 작살, 그리고 바늘 제작.
4. 고위도 점유와 광범위 확산: 높은 기술과 적응력을 바탕으로 고위도지방까지 점유. 건조한 지역과 고산지대까지 들어감. 이미 65,000년 전 오스트레일리아에 들어갔으며, 최후빙하극성기가 끝나면서 아메리카대륙까지 확산.
5. 생계자원의 다양화: 대형동물을 사냥하면서도 소형동물과 물고기, 조개류, 식물자원까지 여러 식량자원 이용.
6. 인구 성장, 사회네트워크 확립: 현존 수렵채집사회에서 보이는 인구 패턴과 사회네트워크 확립, 이를 바탕으로 전 세계로 확산.
7. 기타: 수생자원을 적극 이용하며, 화덕(노지)이 일반화하며, 후기 구석기시대에 들어와 무덤이 크게 늘어난다.

후기 구석기시대 문화로의 진전은 유럽에서 40,000년 전 즈음 시작되었다. 그러나 돌날과 세석기기술, 뼈도구, 해양 또는 수생자원의 이용, 상징 및 장식품과 같은 요소는 아프리카에서 이미 중기 구석기시대에 등장한다. 아프리카가 가장 빠른 것이다. 해부학적 현생인류와 대비해 이런 문화적 진전, 곧 후기 구석기시대 문화의 요소를 말하는 개념으로 흔히 쓰이는 것이 행위적 현생성이고, 이로써 "인류혁명"이 시작되었다. 오늘날 단일한 종으로서 호모 사피엔스의 생물학적이고 행위적 토대가 만들어졌으니 "사피엔스혁명"이라 할 만하다.

혁명, 아니면 점진 진화

고든 차일드는 고고학에서 처음으로 "혁명"이라는 개념을 사용해 인류사의 전환을 이야기했던 사람이다. 그는 오스트레일리아에서 태어나 영국에서 활동한 유명한 마르크스주의자로서, 18세기부터 19세기 초반까지 이뤄진 산업혁명이 인류의 삶을 크게 바꿔놓은 사실에 깊은 인상을 받았다. 선사시대에서 그런 전환을 찾았고, 마침내 신석기시대 들어 식량 채집에서 식량 생산경제가 등장하고 이후 도시와 문명이 성장한 것을 혁명이라 부르기에 이른다. 이렇게 농업혁명, 곧 신석기혁명이란 말은 우리에게 친숙한 용어가 되었다.

그러나 농업혁명이 모든 인류 사회에 해당한다고 말할 순 없다. 지금도 농사를 짓지 않고 사는 수렵채집민이나 유목민이 있다. 따라서 인류혁명, 곧 사피엔스혁명은 농업혁명과 달리 문화 차이 없이, 오늘날 모든 인류의 토대라는 점에서 더 근본적인 것이다. 차일드는 신석기시대의 시작과 더불어 정주마을에 살면서 간석기를 만들어 사용하며 농사를 짓는 생활이 한꺼번에 혁명적으로 찾아왔다고 했다. 당시로선 널리 받아들였을지 몰라도 이 주장은 오늘날 고고학의 성취와 어울리지 않는다. 정주와 간석기, 농경 등 여러 요소는 그 어느 곳에서도 한꺼번에 등장하지 않았고, 농경의 등장과 확산은 지역에 따라 다양한 양상으로 전개되었다. 혁명이라 표현한 것은 비유일 뿐이다. 그만큼 인류 역사에서 커다란 전환이었음을 평가하는 말일 뿐이다. 사피엔스혁명도 마찬가지다.

행위적 현생성이란 영장류는 물론이고, 진화의 궤적에서 사라진 이전의 어떤 인류와도 다른 호모 사피엔스만의 일련의 행위·문화적 특성을 가리킨다. 예컨대 추상적 사고를 바탕으로 한 상징행위와 상징물, 예술품, 장식품은 네안데르탈인 같은 이전 인류에게도 있었다는 주장이 끊이지 않는다. 하지만 있었다고 해도 매우 드물었고, 현생인류에 와서야 급증하는 것이 사실이다. 행위적 현생성의 모든 지표가 동시에, 한꺼번에, 패키지처럼 시작하는 것은 아니다. 사람들은 시작이나 출현, 기원을 중시하지만, 정작 중요한 것은 확산하고, 확립된 '과정'과 메커니즘을 이해하는 일이다.

후기 구석기시대 고고 자료의 특징이라 할 돌날기법 역시 행위적 현생성의 중요한 지표지만, 그 시작은 20만 년 전 이전으로 올라간다. 다만, 석기기술의 발달과 광범위한 확립 역시 현생인류의 확산과 맞물린다고 생각되는 것이다. 뼈를 깎아 만든 도구 역시 이전 인류에서는 보이지 않는 현생인류, 곧 행위적 현생성의 지표 가운데 하나다. 연구자들은 이런 지표를 설정함으로써 호모 사피엔스의 특성을 연구한다.

1989년 폴 멜러스(Paul Mellars)와 크리스 스트링어(Chris Stringer)는 학술대회 발표문을 모아 800쪽에 이르는『인류혁명』이라는 책을 발간한다. 책 제목에서부터 현생인류의 등장과 확산이야말로 인류 역사에서 혁명적 전환이었음을 강조한다. 현생인류의 등장과 확산, 뗀석기 기술의 발달, 상징과 예술행위의 폭발이 후기 구석기시대에 이뤄졌다는 것이다(Mellars and Stringer 1989; Mellars et al. 2007; 갬블 2013).

그러나 당시 책을 구성하는 30개가 넘는 장에서 여러 주제와 지역 연구자들의 의견은 나뉘어 있었다. 아니 크게 두 시각이 충돌했다. 하나는 아프리카 단일기원설이었으며, 다른 하나는 다지역기원설이었다. 단일기원설은 1987년 발표된 DNA 연구(Cann et al. 1987)에서처럼 아프리카에서 기원한 현생인류가 구대륙 전역에 확산하면서 네안데르탈인과 에렉투스 등 선주민을 대체하고 후기 구석기시대 문화의 꽃을 피웠고, 결국 신대륙까지 전 세계로 확산했다고 보는 주장이다. 멜러스나 스트링어, 클라인 같은 연구자가 이에 해당한다. 반면, 다지역기원(진화)설은 구대륙의 여러 지역에서 집단과 집단 사이에 교류를 통해 유전자 흐름이 일어났고, 이 과정에서 현생인류로 진화했다는 주장이다. 네안데르탈인 같은 선주민도 현대인의 조상이라는 것인데, 미시간대학의 밀포드 월포프(Milford Wolpoff)가 대표적인 학자이다(Wolpoff 1999). 이전 장에서 이야기했듯이 DNA 연구가 나오면서 다지역기원설은 위축되었고, 단일기원설이 힘을 얻었다. 이제 다지역기원설에서 말하듯이 구대륙 여러 지역에서 현생인류라는 방향으로 수렴진화가 일어나는 연속성을 주장하는 이는 거의 없다.

물론 지적했듯이 최근 고DNA 연구에서는 네안데르탈인이나 데니소바인 같은 고인류의 형질이 완전히 사라진 것이 아니라 매우 작은 정도나마 여러 지역의 현생인류에 남아 있음도 드러났다. 최소한의 교류는 있었다는 얘기로, 현생인류의 등장과 진화는 그리 단순한 일은 아니었다. 지금 학계의 주류는 단일기원설의 토대 위에서 네안데르탈인과 데니소바인 그리고 아마도 에렉투스 같은 선주민이 현생인류에 어느 정도 이입(introgression), 기여했음이 인정되는 수준이다(Marean 2015).

여러 연구자와 지식계에서는 생물학적 변화와 행위적 현생성이라는 문화변화가 한꺼번에 나타났다고 생각하는 경향이 있다. 유발

하라리는 신경 및 유전적 돌연변이로 획기적인 인지능력과 언어능력을 가졌다는 가설을 받아들여 "인지혁명"이라 부른다(하라리 2015). 그러나 이는 검증하기 매우 어려운 가설이다. 클라인 등은 5만 년 전 즈음 그런 돌연변이가 나타났다고 보지만, 이미 6만 년 전 현생인류가 남방루트를 타고 동남아시아와 오스트레일리아까지 들어가는 것으로 보아, 만약 그런 돌연변이가 일어났다면 그 이전일 것이다. 최근엔 동남아시아에 알려진 동굴벽화를 연대측정한 결과 45,000년 전, 심지어 5만 년 전이라는 결과가 나오는 것도 이를 뒷받침한다.

현생인류의 행위적 특징, 곧 행위적 현생성의 출현과 확산 과정에 대해서는 세 가지 시각이 있다. 첫째, 행위적 현생성은 인간 고유의 특성이며, 약 50,000년 전 즈음 아프리카에서 나타난 현생인류의 신경 및 유전적 돌연변이의 결과이다(Klein 2009; Mellars 2005; 2006). 둘째, 현생인류의 행위·문화적 특성은 아프리카에서 20만 년 전 이후 점진적으로 등장해 진화한 결과이다(McBrearty and Brooks 2000; Marean et al. 2007). 셋째, 현생인류의 특성은 아프리카와 유라시아에서 20만 년 전에서 4만 년 전 사이 등장했다 사라지기를 반복하다 장기간의 기후와 환경변화, 이와 더불어 인구역학의 변화로 널리 확산했다(d'Errico et al. 2003; Sceri and Will 2023).

위 세 설명가설 가운데 어떤 것을 취할지는 연구자의 몫이겠으나 글쓴이는 세 번째 가설이 가장 그럴듯하다고 생각한다. 변화가 한꺼번에 시작되었다기보다, 그리고 지속적이고도 점진적으로 누적되었다고 하기보다, 우연과 필연의 두 과정이 얽히고 결국 연쇄 반응을 냈을 수 있다. 새로운 변이가 나타났다 사라지기를 반복하며 현생인류의 인구역학과 사회네트워크에 힘입어 널리 확산했다고 생각한다.

해부학적 현생인류와 완전한 현생인류의 등장과 확산, 그리고 후기 구석기시대 문화의 특징인 돌날과 골각기, 상징 예술품의 등장과 확산을 보면 모든 요소가 일시적으로, 흔히 말하듯이 패키지로 등장한 것은 아니었음을 알 수 있다. 오히려 아프리카에서는 이미 8-7만 년 전 후기 구석기시대 요소가 등장했으나 그로부터 시간이 더 흘러 5만 년 전 즈음에서야 본격적으로 행위적 현생인류는 아프리카를 넘어 확산했다.

현생인류는 매우 창의적이었다. 진전된 인지능력을 판단할 수 있는 대용지표는 두뇌의 크기와 구조일 것이다. 네안데르탈인은 두뇌의 크기만으로는 분명 현생인류와 같은 인지능력을 가졌다고 볼 수 있다. 하지만, 네안데르탈인과 비교해 사피엔스의 머리뼈(두개골)는 둥글며 정수리(두정부)가 높은 특징을 가지고 있다. 네안데르탈인과 현생인류의 인지능력에는 차이가 있었을 것이다. 인지능력을 볼 수 있는 또 다른 대용지표는 바로 상징물이다. 남아프리카에서 바닷조개 같은 상징물의 등장은 대체로 11만 년 전까지 올라간다. 이 지역에서 돌을 갈아 안료(ocher)로 쓴 사례는 이보다 더 올라가 16만 년 전에 이른다(Marean 2015: 542). 특히 붉은 안료를 선호했으며, 블롬보스(Blombos)동굴에는 10만 년 전의 자료가 있다. 레반트지방에서도 붉은 돌(산화철)을 갈아 만든 안료의 사용은 92,000년 전까지 올라간다.

뗀석기기술 역시 중요한 지표이다. 세석기, 곧 잔석기 제작에는 매우 정질의 돌감과 정교한 기법이 필요하다. 뗀석기기술의 정수라 할 수 있다. 아프리카에서 이렇게 혁신적인 세석기(잔석기)기법은 무려 71,000년 전까지 거슬러 올라간다. 그러나 다른 지방에서는 현생인류 출현 이전으로 올라가는 증거는 없다. 세석기와 진전된 사냥도구 체계는 사회적 학습을 파악할 대용지표가 되기도 한다. 다른 영장류와 비교해 사람은 문화전수에서 매우 충실도가 높다. 네안데르탈인 역시 효율적인 사냥 무기를 가졌다고는 하지만(Shea 2006), 창던

지개(atlatl)나 활과 화살을 가지고 있진 않았다.

현생인류, 그리고 행위적 현생성의 출발지인 아프리카에서도 상황이 그리 간단치 않다. 피어슨에 따르면 아프리카에서도 25,000년 전 이전의 화석에서는 옛 인류의 특징이 남아 있다(Pearson 2008). 유라시아의 화석에서도 그런 점진적 변화가 보이며, 약 30,000년 전 그라베티안문화가 확산하면서 완전한 현생인류다운 형태가 정착한다고 한다(Trincaus 2005: 215-218). 이처럼 현생인류의 등장과 확산은 한 시점에 갑자기 일어난 사건은 아니었다. "혁명"이란 말은 인류사에 일어난 전환을 평가하는 개념이지만, 사실 비유적 표현일 뿐이다. 다시 말하면 현생인류의 등장과 확산은 지속적인 과정이었다.

고고학 증거

변화는 역시 아프리카에서 가장 먼저 일어난다. 1990년대 남아프리카의 바다가 보이는 블롬보스동굴에서 그런 흔적이 나왔다. 동굴은 해발 35m 높이에서 현재 바다와 100m 정도 떨어져 있다. 케임브리지대학에서 박사학위 논문을 준비하던 헨실우드(C. Henshilwood)가 1991년 발굴을 시작했고, 이후 10여 차례 더 조사가 이뤄졌다. 동굴의 8-7만 년 전 중기 구석기시대 층에서는 산화철을 많이 함유한 붉은 안료와 달팽이에 구멍을 뚫은 장식품과 정교하게 양면을 잔손질한 찌르개 같은 현생인류의 유물이 나왔다. 안료로 쓰는 붉은 돌에는 기하학적 무늬가 새겨 있었고, 뼈를 조각한 것도 있었다.

눈금이 새겨진 돌은 우리나라 구석기 유적에서도 나왔다. 단양 수양개 유적에서 서쪽으로 3km 정도 떨어진 하진리라는 곳에서 돌에 금이 새겨진 유물이 23,000년 전 즈음 2문화층에서 잔석기(세석기)와 함께 나왔다. 후기 구석기시대 사람들이 셈을 했다는 증거로 받아들여져 언론을 비롯한 많은 관심을 모았다. 이렇게 수를 셌다고 생각되는 새긴 유물의 증거는 구석기시대에 드물지 않다. 예컨대 유럽의 경우 프랑스 레프라델(Les Pradelles) 유적에서 무스테리안층, 그러니까 네안데르탈인이 남긴 유물이 나왔다. 약 72,000-60,000년 전의 하이에나의 허벅지뼈에 2cm 정도 길이로 나란하게 홈을 판 흔적이 확인되었다. 또 남아프리카의 블롬보스동굴에서는 붉은 안료로 마름모 모양의 금이 새겨진 약 7만 년 전 유물이 확인되었다.

남아프리카에서는 해양자원 이용에 대한 증거, 진정한 의미의 해안환경 적응이 11만 년 전까지 거슬러 올라간다(Marean 2015). 바다에서 체계적으로 자원을 이용하기 위해선 조수간만의 차를 이해하고, 밀물과 썰물 때를 파악해야 한다. 초보적이나마 달력의 사용이 필요한데, 그것을 표현한 유물이 아닌가 생각하는 것이다. 그렇다면 이것은 아마도 사회적 학습으로만 가능했을 것이다.

남아프리카 구석기고고학에서는 양면찌르개를 스틸베이(Still Bay) 석기공작이라 부른다. 특히 딥클루프(Diepkloof) 바위그늘유적에서 나온 층위 연쇄로 잘 알려져 있다. 블롬보스동굴 유물에서 보듯이 스틸베이 유물군은 양면을 정교하게 잔손질해 길쭉한 버들잎 모양으로 만든 찌르개가 특징이다. 이렇게 몇 유적에서 나타난 스틸베이 유물군은 광여기(OSL) 연대측정 결과 75,000-69,000년 전으로 알려졌다. 그리고 66,000-59,000년 전이면 돌날과 세석기, 등손질칼(backed knife)이 특징인 호위슨스푸트(Howieson's Poort)공작으로 변모한다(Henshilwood 2007; 2009; Henshilwood et al. 2002; Gamble 2007; Klein 2009). 호위슨스푸트공작에서는 뿔이나 뼈, 단단한 나무를 이용한 무른망치떼기(soft-hammer technique)로 정질의 돌감에서 매우 작은 돌날을 떼어낸 뒤 다시 잔손질한 도구가 중심이다. 세석기와도 흡사하고, 돌날의 한쪽에 잔손질한 등손질칼 역시 흔한 유물이다. 이처럼 석기기술은 후기 구석기시대와 유사하다. 스틸베이와 호위슨스푸트 석기 모두 나무 자루에 장착되어 창 같은 도구로 썼을 것이다. 뼈도구도 있고, 타조알 껍데기와 바닷조개를 갈아 만든 구슬도 보인다.

동아프리카의 콩고 카탄다(Katanda)에서는 뼈를 정교하게 가공해 만든 작살이 나왔는데, 연대측정 결과 90,000년 전으로 알려졌다. 그러나 너무 잘 만들어졌고, 이즈음의 비슷한 유물이 없기에 쉽게 받아들이지 않는 연구자가 많다(Klein 2008: 274). 그러나 블롬보스동굴의 층위와 연대는 신뢰할 수 있다. 특히 2만 년 전 즈음의 후기 구석기시대 층이 중기 구석기시대 층 위에 놓여 있는데, 두 층 중간에 풍성퇴적층이 들어가 있어 어렵지 않게 나뉜다(Klein 2009).

이렇게 아프리카에서는 다른 지역 같으면 후기 구석기시대에나 볼 수 있는 뼈도구와 양면가공찌르개, 붉은 안료 그리고 구멍 뚫린 조개 같은 유물이 80,000-65,000년 전 유적에서 나온다. 호위슨스푸트 공작에서는 정질 암석으로 만든 돌날도 많이 나온다. 행위·문화적 의미에서 현생인류는 아프리카에서 이미 8-7만 년 전 진화하고 있었다. 다만, 이런 골각기와 장식품 그리고 정교한 석기기술이 아프리카를 벗어난 다른 지역에서는 알려지지 않았다. 나아가 후기 구석기시대를 설정하기엔 문제도 있다. 남아프리카에서는 이런 유적의 뒤를 잇는 5만 년 전 즈음의 유적이 잘 보이지 않아 단절이 나타나는 것이다.

남아프리카의 증거는 매우 중요하지만, 현실적인 문제도 있다. 왜냐하면 현재로선 남아프리카는 현생인류의 기원지라기보다 확산지라고 볼 수밖에 없기 때문이다. 남아프리카의 60,000년 전에서 25,000년 전 사이의 고고학, 인류학 자료는 매우 빈약하다. 이것을 그대로 해석하면 이곳의 인구는 감소했다고 말할 수밖에 없다(Klein 2009). 여러 연구자가 현생인류의 기원지로 지목하는 동아프리카에서는 이 시기 인구가 성장했다고 한다. 약 50,000년 전 현생인류가 아프리카를 넘어 확산한 때 어른의 인구는 대략 10,000명에 조금 미치지 못하는 정도였으리란 추산도 있다(Harpending et al. 1998; Klein 2008).

동아프리카는 인류진화에서 가장 중요한 지역이다. 호모 하빌리스 같은 초기 호모 속이 등장해 진화한 곳이고, DNA 연구를 포함해 다수의 연구에서 현생인류가 진화한 곳으로 동아프리카를 지목한다. 이곳의 중기 구석기시대 유적에서는 안료를 사용한 흔적과 뼈도구와 장식물을 만들고 썼던 증거가 나온다. 최근 케냐 동부의 사이디(Panga ya Saidi)라는 유적에서는 중기에서 후기 구석기시대로의 문화 연쇄가 잘 드러났다. 발굴에서는 뼈를 깎아 만든 여러 도구와 함께 타조알 껍데기와 바닷조개를 갈아 만든 구슬과 안료로 사용한 붉은 돌 조각 같은 유물이 많이 나왔다. 이 가운데 구멍 뚫린 조개는 5만 년 전, 산화철 안료는 약 7만 년 전의 층에서 나왔다. 이를 근거로 데리코 등은 동아프리카에서 중요한 문화혁신이 이미 67,000년 전 즈음에는 일어났다고 평가한다(d'Errico et al. 2020).

높은 사회성을 판단하는 대용지표는 희귀한 물품의 이동과 혼인네트워크일 것이다. 혼인네트워크의 규모를 파악하는 일은 그리 간단치 않지만, 뼈를 화학 분석해 태어난 지점과 죽은 지점이 얼마나 다른지를 파악하는 방법도 쓸 수 있다. 높은 사회성의 출현과 관련해 아프리카에서는 20-10만 년 전에 교류네트워크가 갖춰지면서 아마도 언어와 문화에 따른 부족의 형성이 이뤄졌을 가능성이 크다.

수명연장과 할머니가설

이렇게 보면 우리가 현생인류의 특성이라고 부르는 행위, 문화적 지표는 아프리카에서 한꺼번에 갑자기 등장한 것이 아니다(d'Errico and Stringer 2011). 여러 곳에서, 여러 시점에 나타났으며, 지역에 따라 이어지기도 했지만, 사라지는 등 시간의 흐름에 따라 드나드는 양상을 보인다. 사람과 연관된 특징, 곧 행위와 문화의 진화는 단선적인 것이 아니라 세계의 여러 지역에서, 다른 시점에 환경조건과 인구, 사회적 요인에 따라 발달했음을 알 수 있다.

인류학에서는 인구 규모와 문화진화의 복합성이 연관되어 있다고 본다. 인구가 충분하면 집단이 상대적인 경쟁에 노출될 기회를 높여 문화변이, 그리고 그것이 문화적 혁신으로 이어질 개연성을 높인다는 것이다(Henrich 2004). 거꾸로 인구가 줄어든 사례에서는 문화적 혁신이 상실되어 기술이 더 단순해지고, 물질문화의 다양성도 감소한다고 한다. 다시 말해 인구밀도와 문화전수에 따른 기술의 복합도와 사회조직이 서로 포지티브 피드백(positive feedback)[4]을 일으켜 결국 다시 인구증가를 불러온다.

이런 시각에 바탕을 두고 인구 규모의 변화가 현생인류의 진화와 확산에 어떤 영향을 미쳤는지 연구가 나오고 있다. 파월 등은 인구가 문화적 복합성을 결정하는 중요한 변수였다는 가정에 바탕을 두고 플라이스토세 말 현생인류의 진화와 확산을 모델링한 바 있다(Powell et al. 2009). 인구의 크기, 집단의 수, 개인과 집단 사이 상호작용의 밀도야말로 문화혁신의 등장과 발전, 유지, 상실의 가장 중요한 변수라고 본다. 파월 등은 아프리카에서는 약 10만 년 전에 집단 간 긴밀한 상호작용을 일으킬 만한 충분한 크기의 인구에 이르렀다고 평가한다. 그리고 유전학적 근거를 통해 인구를 추정하면서 유럽의 후기 구석기시대 인구가 사하라 이남에서 현생인류 문화가 처음 등장했을 때와 비슷했다고 본다. 이들은 전 지구적 mtDNA 데이터베이스를 바탕으로 베이지안 모델을 적용해 플라이스토세 말 인구 규모를 추정했다. 이에 따르면 약 45,000년 전 후기 구석기 문화가 유럽에 확산할 때 스칸디나비아반도 같은 지역을 제외하고 유럽의 인구 규모는

2905명이라고 추산한다(95% 신뢰도 안에서 280명에서 16,000명까지). 이 정도 규모는 사하라 이남 아프리카에서 이미 10만 년 전에 이르렀던 수준이다. 이때는 아프리카에서 문화적, 행위적 현생인류의 특성이 등장하는 시기와 비슷하다. 더불어 서아시아와 북아시아에서 문화적 복합성의 등장을 40,000년 전으로 추정했는데, 이 역시 레반트와 북아프리카에서 행위적 현생성의 등장과 상통한다. 다만, 남아시아에서 추정한 52,000년 전은 현재의 증거(30,000년 전)보다 매우 빠르다.

이에 따르면, 아프리카가 현생인류 진화와 확산, 그리고 문화혁신에서 주도적 위치에 있었던 것은 현생인류의 인구가 충분히 컸기 때문이다. 지리 환경도 다양하고, 여기에 살던 인구 역시 규모가 다른 지역보다 더 컸기에 이를 바탕으로 행위적 변이가 등장하고, 그로부터 더 큰 변이로 발전할 가능성이 더 컸다는 말이다(d'Errico and Stringer 2011: 1067).

다만, 인구증가를 일으킨 메커니즘은 무엇이었는지 적절한 검토가 이뤄지진 않았다. 특히 MIS 4(약 71,000년 전에서 57,000년 전까지의 빙하기)의 도래로 인구가 급감하고 문화혁신도 상실했다는 것은 어디까지나 가정, 가설에 불과하며 검증하기 매우 어렵다.

현생인류가 이전 옛 인류에 비해 해부학적으로, 신경학적으로, 언어적으로 더 훌륭했다는 서사와 논지는 많다. 다만, 현생인류가 더 높은 지성과 인성을 가졌기 때문에 전 세계로 확산했다는 식의 논리는 위험하다. 네안데르탈인과 에렉투스 등은 더 못한 지성과 문화를 가졌기에 도태된 것이 당연하다는 결론으로 귀결될 수 있기 때문이다. 그렇게 간단한 문제는 아니었다. 10여 년 전까지 학계에서, 그리고 아직도 우리나라의 대부분 저술에서는 호모 사피엔스가 다른 인류에 비해 얼마나 신체적으로, 지적으로 뛰어난지, 왜 사피엔스만이 경쟁 속에서 살아남았는지를 두드러지게 쓰고 있다. 완전히 틀린 말은 아니겠지만, 아무리 특정한 종만이 살아남고 다른 종은 사라진 진화라 해도 그 과정에 역사적 우연이 크게 작용할 수밖에 없다. 진화란 그런 과정의 연속이기 때문이다.

아프리카에서 30-20만 년 전부터 호모 사피엔스가 등장하면서 변화가 시작되었지만, 문화적으론 중기 구석기시대에 머물렀다. 역시 8-7만 년 전 후기 구석기시대 문화의 요소가 등장하면서 행위적 현생성에 지속적 진전이 있었다. 뗀석기기술의 가장 높은 수준을 보여주는 돌날기법은 이미 20만 년 전부터 드문드문 보이다가 후기 구석기시대가 되어서야 급격히 확산하고, 석기기술을 주도한다. 그렇게 생물 종으로서 사피엔스의 출현과 후기 구석기 문화의 등장, 그리고 전 세계로의 확산이 동시에 맞물려 있던 것은 아니다. 아프리카에서 이렇게 진전된 양상이 유라시아로 확산하는 과정도 지역에 따라 매우 다르다. 유럽과 아시아에는 선주민이 있었기에 후기 구석기시대로의 변화라는 것은 연속적이라기보다는 급격한 것으로 볼 수밖에 없다.

자연세계에서 자손 번식을 할 수 없는 개체는 곧 죽음을 맞는다. 식물도 꽃을 피우지 못하면 죽고, 동물도 새끼를 낳지 못한다는 것은 죽음을 의미한다. 영장류는 대체로 다른 포유동물보다 오래 산다. 특히 사람은 더 오래 살고, 성장기도 길며, 엄마는 아이가 젖을 떼기도 전 새 아이를 갖는다. 심지어 중년 폐경이 많아 집단에서 아이를 낳지 않는 할머니의 비율이 상당히 높다. 2003년 유타대학 인류학과의 크리스틴 호크스(Kristen Hawkes)는 이 할머니의 존재야말로 인류가 진화적으로 성공한 배경이었다는 학설을 내놓는다. 호크스는 인류는 호모 속으로 진화하면서 더 오래 살게 되었고, 할머니는 아이를 낳지 않아도 손주를 돌보며 자손의 생존율을 높이는 데 중요한 역할을 한다는 것이다. 이런 변화는 호모 속으로 진화가 시작된 약 200만 년 전에 이뤄졌다고 보았다.

현생인류는 이전의 고인류보다 더 오래 살았을까? 그랬다면 그 메커니즘은 무엇이었을까? 카스파리와 이상희는 2006년 고인류 화석 768개체분의 치아를 분석해 과연 인류의 진화 과정에서 수명연장이 어떻게 진전되었는지를 분석했다(Caspari and Lee 2006). 그 결과 호모 에렉투스 때부터 노년기가 많았을 것이라는 생각은 자료와 일치하지 않았다. 후기 구석기시대 현생인류 때부터 수명 증가의 증거가 나타났다. 오스트랄로피테쿠스와 에렉투스, 네안데르탈인이 아니라 현생인류에 이르러서야 노년 인구가 청년 인구의 두 배를 넘어섰다. 그만큼 노년기 사람들이 많았다는 뜻이다. 이렇듯 현생인류에 들어서 인류의 수명은 크게 늘었다고 한다.

늙는다는 것은 신체적으론 노쇠해지는 일이겠지만, 현명해진다는 말이기도 하다. 늙은 나이에도 신체적으로 그리 허약하지 않으면서도 경험과 지식을 바탕으로 식량자원이 있는 곳을 훤히 꿰뚫고 있어 어디로 이동해야 하는지를 알고 아이까지 돌보는 할머니의 존재는 혹심한 후기 구석기시대 환경 속에서 큰 힘이었을 것임이 분명하다.

확산과 변화를 보는 시각

1987년 처음 인류 진화 연구를 위한 DNA 분석이 이뤄지고, 네안데르탈 화석에서 DNA를 추출해 연구하면서 고고학과 인류학에서 진행된 전통적 접근은 검증의 대상이 되었다. 이후 인류 진화 연구, 특히 현생인류의 기원과 진화 연구는 DNA 연구가 주도하고, 뼈의 형태를 분석하고 석기나 뼈도구, 상징 예술품을 연구하는 인류학과 고고학 연구가 그 뒤를 떠받치고 검증하는 양상을 띠었다. 네안데르탈인과 호모 사피엔스의 관계를 소수점까지 수치로 제시하고, 언제 분지해 진화했는지도 더 자세한 수치로 제시하기 때문에 일반인의 관심도 높다. 『사이언스 *Science*』와 『네이처 *Nature*』 같은 유명 과학저널의 단골 소재이며, 발표된 논문은 일간지에서도 다룬다. 화석이 잘 보존된 경향이 있는 러시아나 몽골 같은 고위도지방이나 동토지대에서 고인골이 나오면 DNA를 추출하는 연구는 당연시되고 있고, 여러 연구자가 팀을 이뤄 논문을 쓴다. 이렇게 해마다 다시 엄청난 연구비를 쏟아 또 다른 분석이 이뤄진다.

DNA 연구를 비롯한 과학 분석이 나오면, 그 결과에 아무런 이의도 없을 줄 아는 이들이 많다. 흔히들 기대하듯이 DNA 연구에서 늘 단일한 결론만이 나오지는 않는다. 한 해에도 수십 편이 홍수처럼 쏟아지기에 옥석을 가리기 힘들어진 측면도 있다.

지난 세기만 해도 현생인류는 호모 사피엔스 사피엔스(*Homo sapiens sapiens*)라 하고, 네안데르탈인은 보통 호모 사피엔스 네안데르탈렌시스(*Homo sapiens neandertalensis*)라 부르는 연구자가 많았다. 여러 연구자는 네안데르탈인이 우리와 같은 사피엔스 종이지만, 아종에서 차이가 있을 뿐이라고 생각했던 것이다. 그러던 것이 20세기 말 고인류 화석에서 직접 추출한 DNA를 분석하면서 네안데르탈인과 현생인류는 기존에 생각했던 것보다 더 차이가 있다는 결과가 나왔다. 그렇게 네안데르탈인은 호모 네안데르탈렌시스, 곧 호모 사피엔스와는 다른 독립 종으로 설정된다. 그리고 호모 사피엔스 사피엔스라는 말은 점점 자취를 감추고, 그냥 단순하게 호모 사피엔스라는 말이 현생인류의 학명으로 쓰이게 되었다. 네안데르탈인은 이제 3만 년 전 지구상에서 완전히 자취를 감춘 종이란 판정을 받은 것이다.

그러던 것이 데니소바인의 뼈에서 DNA를 추출해 분석이 이뤄지고, 또 더 많은 네안데르탈 뼈를 분석한 여러 연구가 쏟아지면서 현생인류의 유전자에도 네안데르탈인의 흔적이 조금이나마 남아 있다는 사실이 드러났다. 모습은 비록 세상에서 사라졌더라도 유전자는 지금도 어느 정도는 남아 있다는 것이다. 네안데르탈인과 데니소바인 그리고 옛 사피엔스 사이에 유전자 흐름이 있었다면 이 셋을 서로 다른 종이 아니라 같은 사피엔스 종으로 설정할 수도 있지 않을까? 그래서 호모 사피엔스 사피엔스와 호모 사피엔스 네안데르탈렌시스 같은 용어를 다시 쓰는 연구자도 있다.

네안데르탈인과 사피엔스는 지금까지 수많은 화석에 대한 형태 분석과 DNA 연구에서도 서로 다른 종이라 부를 만큼 차이가 있다. 물론 교배해 태어난 자식이 생식력이 없어야 한다는 엄격한 정의와 어울리지 않지만, 개와 늑대의 경우에서 보듯이 생물학에서도 정의를 엄밀히 적용하지 않고 타협하고 있음을 유념해야 한다. 데니소바인에 대해서는 아는 것이 너무 부족하다. 손가락뼈 말고, 실제 두개골이나 사지뼈가 어떤 차이가 있는지, 그리고 주변 비슷한 시점의 화석에 대한 정보가 별로 없다.

과학기술의 발달은 놀랍다. 최근 티베트 북부 고원 간쑤성의 동굴에서 1980년 불교 승려가 수습해 오랫동안 존재가 제대로 밝혀지지 않았던 샤허(夏河) 아래턱 화석이 데니소바인의 것이라는 분석 결과가 나왔다. DNA는 없지만, 이보다 더 오래 잔존하는 단백질을 이빨에서 추출해 분석한 결과 그동안 화석이 거의 없었던, 더 낮은 위도의 바이시야(Baishiya) 카르스트동굴(白石崖溶洞)에서 데니소바인이 확인된 것이다. 화석을 덮고 있는 탄산염을 연대측정해 약 16만 년 전이라는 결과도 얻었는데, 이 역시 데니소바동굴 화석보다 12만 년이나 앞서는 결과이다. 특히 해발고도 3,000m가 넘는 티베트고원에 그토록 빨리 옛 인류가 들어왔다는 사실이 놀라우며, 앞으로 얼마나 많은 화석이 데니소바인으로 확인될지, 다른 종류 화석이 나타날지 기대하지 않을 수 없다(Chen et al. 2019). 2018년에는 중국 헤이룽장

성에서 이미 1933년 발견되었지만, 전쟁과 같은 여러 이유로 숨겨온 온전한 두개골 화석이 알려지기도 했다. 이를 호모 롱기(*Homo longi*) 또는 하얼빈화석이라 부르기도 한다. 최소 146,000년 전의 것이라는데 데니소바인에 속할 수도, 아니면 별개 종일 수도 있다. 화석은 눈두덩이가 튀어나왔고, 머리뼈는 낮고 앞뒤로 긴 모습이다. 1970년대 산시성의 다리에서 확인된 비슷한 시기의 머리뼈 화석과 유사한 모습으로 보는 시각도 있다. DNA가 아니라 단백질 분석만을 할 수 있던 샤허 아래턱뼈 화석과 같은 종에 속할 가능성도 있다. 이렇게 보면 동아시아에 와서 현생인류 이전의 인류 진화의 그림이 매우 복잡해진다. 앞으로 화석을 찾고, 또 새로운 분석이 이뤄진다면 또 어떤 결과가 나올지 궁금할 뿐이다.

이런 상황에서 옛 사피엔스와 네안데르탈인, 데니소바인을 한데 묶는다면 사피엔스 종은 지나치게 복잡하고, 폭넓은 형태와 유전적 변이를 가지게 될 것이다(Stringer 2012). 그렇기에 너무 엄밀한 정의에 입각해 종을 설정하는 것은 바람직하지 않다. 종 분화의 과정을 생각할 때 종이란 형태상 차이를 바탕으로 설명하는 것으로, 분석의 단위이자 연구자 간 소통의 방법이라 생각하는 것이 옳겠다. 그러니 네안데르탈인을 그냥 그동안 관행대로 호모 네안데르탈렌시스라 불러도 좋을 것이다. 데니소바인도, 호모 에렉투스도 아무리 조그만 유전형질이 살아남아 있다 해도 사라진 고인류일 뿐이다.

이처럼 DNA 연구는 새로운 연구분야를 개척했을 뿐 아니라 연구를 주도하고 있는 것 같다. 최근 세계 여러 나라의 수없이 많은 생물학자, 유전학자가 고고학자와 인류학자의 도움을 받아 고유전자를 분석해 현생인류의 진화와 이동을 복원하고 있다. 수많은 연구 결과 가운데는 서로 배치되거나 고고학의 맥락과 어울리지 않는 것도 있기에, 자료 수집과 문제설정 단계에서부터 고고학자가 적극 공동연구에 나서고 결과를 해석하고 평가하는 일이 갈수록 중요해지고 있다.

글쓴이는 문화진화와 생물진화가 일치하는 것처럼 서술하는 데 경종을 울리고 싶다. DNA 같은 분석을 전문으로 하는 과학자가 몇 가지 근거만으로 네안데르탈인이 현생인류의 지성적 능력에 미치지 못해 사라졌다는 결론을 내리기도 하고, 정반대 논리를 펴기도 한다. 그러면서 구석기시대 수렵채집민의 사회와 기술, 인구구성 등의 맥락을 제대로 이해하지 못하고 지나치게 단순한 논리를 펼친다. 세계 여러 지역의 환경조건이 다르고, 그곳에서 구할 수 있는 식량자원뿐 아니라 석기를 만들 때 쓰는 돌감(석재)이 같을 수는 없다. 또 수렵채집민의 필요 역시 환경조건에 따라, 자원의 종류와 밀도에 따라, 계절에 따라 분명 달랐을 것이다. 이런 여러 이유 탓에 설사 생물학적으로 같은 종이라 하더라도 물질문화의 양상이 다를 수 있다.

현생인류, 그리고 행위적 현생성의 등장과 진화는 단일한 사건이라기보다 상당히 긴 과정이었다. 그렇다고 조그만 변화가 누적만 되는 과정도 아니었던 것 같다. 오히려 새로운 변이와 변화가 등장하다가 다시 사라지기를 반복한 다음 7만 년 전 즈음 현생인류는 남쪽 루트를 타고 동남아시아와 오스트레일리아까지 들어갔고, 5만 년 전 정도가 되면 후기 구석기 문화와 인구역학이 돌이킬 수 없는 흐름이 되어 광범위한 확산이 나타나는 것 같다. 이것을 혁명이라는 용어로 부르는 것은 인류사에서 큰 전환이었다는 해석이 포함된 비유적 표현일 뿐이다.

05 아프리카에서 유라시아로

확산 경로

아프리카에서 기원한 현생인류는 대륙을 넘었다. 서아시아로 들어가 남쪽으로 확산하기 시작해 6만 년 전이면 오스트레일리아에 들어갔다. 북쪽으론 유럽대륙에 들어서 여러 지역으로 향했다. 동아시아 남쪽에서 북으로 넓게 확산하고, 한편으론 드넓은 고위도지방을 가로질러 동북아시아에 이르렀다. 확산은 한두 번의 사건이 아니었다. 그 경로를 그리는 것은 어디까지나 가설이고, 통상 가장 이른 시점만을 내세우지만, 실제론 지속적인 과정이었다.

확산은 한 시점의 사건이 아니라 인구역학과 서식지 확장의 맥락에서 봐야 한다. 그리고 이동 무리가 다른 곳으로 떠났다고 해서 그 무리만으로 장기 존속할 수는 없다. 다른 집단과 문화적이고 생물학적으로 교류해야만 살아남을 수 있다.

또 현생인류가 확산하는 유라시아 곳곳에는 선주민이 자리 잡고 있었다. 아시아와 유럽에서는 이미 살고 있던 에렉투스와 데니소바인, 네안데르탈인도 만났다. 변화의 시기에 어떤 일이 벌어졌을까?

후기 구석기시대 연구 톺아보기

1859년 『종의 기원』이 나오기 3년 전 독일 뒤셀도르프에서 멀지 않은 네안더(Neander)계곡에서 석회암을 채석하던 일꾼이 두꺼운 머리뼈와 다리뼈를 찾았다. 머리뼈는 현대인보다 두꺼웠을 뿐 아니라 납작했고 눈두덩이는 튀어나와 있었다. 외과의사이자 해부학자였던 루돌프 피르호(Rudolf Virchow)는 기형인 뼈라고 단정했다. 다윈을 앞장서 옹호했던 학자 토머스 헉슬리(Thomas Huxley)는 침팬지 뼈와 비교해 이 머리뼈야말로 유인원과 비슷했던 사람의 조상과 연관되어 있다고 보았다. 당시 분명한 증거를 가지고 고인류의 진화를 말한 사람은 아무도 없었다. 시간이 흐르고 프랑스의 여러 동굴에서 더 많은 네안데르탈인 화석이 나왔다. 사람들은 투박한 뼈를 가진 네안데르탈인을 동굴에 사는 매우 거칠고 야만적인 원시인으로 그렸다.

19세기 후반에는 인류 진화를 구성할 만한 화석자료가 거의 없었다. 다윈은 유인원과 사람이 공통의 조상에서 진화했다고 주장했고, 아프리카야말로 인류의 요람이라고 말했지만, 살아생전 제대로 된 증거를 찾지 못했다. 당시 유럽에는 오늘날 인간과는 너무도 다른 네안데르탈인 화석과 크로마뇽인 화석이 있었을 뿐이다.

다윈의 비글호 항해가 그러했듯이 19세기엔 많은 연구자가 전 세계 곳곳에서 생물표본을 모으고 연구했다. 유적을 찾아 조사를 하는 사람도 있었다. 1891년 네덜란드 의사였던 외젠 뒤부아(Eugène Dubois, 1858-1940)는 인도네시아 자바섬 트리닐(Trinil)이라는 데서 고졸한 형태의 화석을 발견한다. 뒤부아는 머리뼈와 허벅지뼈를 근거로 이 화석을 원숭이 같이 두 발로 걸었던 고인류라는 뜻으로 피테칸트로푸스 에렉투스(*Pithecanthropus erectus*)라 불렀다. 그러나 당시 지식인 가운데 이 주장에 주목하는 사람은 없었다. 아니 비웃음뿐이었다고 해야겠다. 뒤부아는 죽을 때까지 학계 태도에 매우 비통해

했다고 한다. 뒤부아의 발견은 1920년대 말 중국 저우커우뎬(周口店)에서 비슷한 화석이 나오고서야 학계의 인정을 받았다. 오스트랄로피테쿠스 화석 역시 1924년 남아프리카에서 처음으로 확인되었지만, 한동안 제대로 인정받지 못했다. 심지어 1912년 찰스 도슨(Charles Dawson)이라는 화석수집가가 영국 필트다운(Piltdown)에서 찾았다는 거짓 화석에 속기까지 했다. 중세의 머리뼈와 침팬지의 화석을 결합한 위조사건이었지만, 베이징(북경)원인과 오스트랄로피테쿠스 등 초기 인류화석이 학계에 널리 인정된 1950년대가 되어서야 거짓임이 밝혀졌다.

에두아르 라르테(Édouard Lartet, 1801-1871)는 구석기고고학을 개척한 사람이다. 지질학과 고생물학 전문가였지만, 구석기시대 동굴을 조사하고 동물화석을 분석해 오늘날의 선사시대 편년의 토대를 놓았다. 1860년 라르테는 오리냑(Aurignac)이라는 동굴에서 동물 뼈가 나왔다는 소식을 듣고서 말을 타고 그곳에 갔다. 이미 8년 전 매머드 이빨로 장식된 인골이 열일곱 구나 나왔는데, 그저 무연고 시신이라 생각하고 지역 성직자가 공동묘지에 묻어주었다고 한다. 라르테가 동굴에 갔을 때 인골은 없었지만 잘 만들어진 뗀석기와 불을 땐 흔적을 찾았다. 그리고 이 발견에 매료되어 본격적으로 구석기시대 연구에 뛰어들었고, 헨리 크리스티(Henry Christy)라는 영국 은행업자의 후원을 받아 프랑스 서남부에서 여러 구석기시대 동굴을 조사했다(페이건 2019).

라르테는 오리냑동굴뿐 아니라 르 무스티에, 라 마들렌처럼 오늘날 고고학에서 특정 시기와 문화를 가리키는 용어로 쓰이는 표지 유적을 발굴했다. 그리고 동굴에서 나온 순록이나 들소 같은 동물의 뼈에 주목했다. 그럴 수밖에 없었다. 수많은 동물 뼈와 뗀석기, 그리고 매머드 상아와 뿔을 조각해 만든 예술품들이 나왔지만, 정작 이곳에 살던 사람들의 뼈가 나타나지는 않았다.

시간이 흐른 뒤 결국 후기 구석기시대 인류화석이 나왔다. 1856년 독일의 네안더계곡에서 거칠게 생긴 초기 인류화석이 나온 지 12년이 흐른 뒤 프랑스 서남부 레제지(Les-Eyzies) 마을에 있는 크로마뇽이라 불리는 동굴에서 이 시대를 살았던 여러 사람의 뼈가 나왔다. 네안데르탈인의 머리뼈보다 훨씬 부드럽고 정수리가 높고 둥근, 현대를 사는 사람과 똑같은 모습이었다. 같은 인골 주변에 장식품도 있었다. 이렇게 크로마뇽인이란 말은 후기 구석기시대 유럽에 살던 사람들을 일컫게 되었다. 크로마뇽인은 공식 분류체계상 정식 명칭이 아니나 유럽의 후기 구석기시대 사람을 가리키는 용어로 쓰인다.

라르테는 기본적으로 고생물학자였다. 수많은 동굴유적을 발굴하면서 유적에서 나온 동물 뼈에 주목해 지표화석(type fossil)을 설정하고, 그것을 시간순으로 배열했다. 그렇게 "하마시대", "들소시대", "순록시대"를 제시했다. 이 편년을 오늘날 유적의 이름을 토대로 무스테리안, 오리냐시안, 막달레니안이라는 고고학 용어로 바꾼 사람은 가브리엘 드 모르티예(Gabriel de Mortillet, 1821-1898)다. 모르티예 역시 지질학에서 출발했지만, 인간의 역사에 더 관심을 가졌고 결국 고고학자가 되었다. 라르테의 후계자를 자처했지만, 선사시대 시기 구분은 고생물학이 아니라 문화적 범주에 따라야 함을 주장했던 것이다(트리거 2019: 154). 이제 동굴에 살던 동물이 아니라 석기의 형태와 기술을 바탕으로 인간의 시대를 찾게 되었다. 이렇게 19세기 말 모르티예는 구석기고고학의 토대를 놓았다.

유럽 네안데르탈인의 종말

고고학은 현생인류의 기원과 확산처럼 중요한 주제를 물질 자료를 찾고 비교하고 분석하는 방법으로 접근한다. 마치 범죄수사처럼 물증과 정황증거를 찾아 벌어졌던 일을 재구성하는 것이다. 무수히 흩어져 있는 석기 조각을 행위 복원의 증거로 삼기 위해선 오랜 조사와 동정, 분류의 시간을 거쳐야 한다. 한 유적에서만 수천, 경우에 따라 수만 점에 이르는 석기를 하나하나 조심스럽게 발굴해서, 씻고, 붙이고, 번호를 매기고, 사진을 찍고, 분류하고, 그림(실측)을 그려야 겨우 보고서를 낸다. 그 보고서를 기준으로 다른 유물군과 비교해 특정한 시공간의 문화를 복원하는 일은 참으로 지난한 작업이다. 그러니 고고학은 수고로움과 끈기를 감내해야 하는 학문이다.

글쓴이는 고고학 지식의 축적을 믿는다. 새로운 자료와 연구결과가 나오면서 몰랐던 사실을 알게 되고, 잘못 알고 있던 것도 바로잡는다. 심난한 작업이지만, 고고학은 가장 전통적이면서도 앞으로도 쉽게 변하지 않을 대답을 준다. 현생인류의 피에 약 2% 정도 네안데르탈 유전자가 남아 있다는 놀라운 연구 결과도 실상 물질 자료로 어느 정도 예견된 바 있다. 오늘날을 예로 들어보자. 우리나라에 있는 미군부대엔 아마도 미국산 물질 자료가 많을 것이다. 그것을 바탕으로 미국인이 거주한 곳임을 추론할 수 있을 것이다. 다만, 한국 땅 안에 있기에 식료품 찌꺼기 같은 것은 한국산일 가능성이 매우 크기에 한국 내에 있는 미국인의 공간임을 짐작할 수 있다. 임진왜란 때 일본으로 건너간 도공 집안이 있다. 그 사람들은 조선사람의 후예임을 감추지 않는다. 그렇게 조선 물질문화의 흔적이 일본에 남는다. 그러나 지금 그 후손들이 사는 집과 쓰고 있는 물건들에 조선의 흔적은 얼마나 있을까? 그 사람들 유전자도 마찬가지일 것이다. 수백 년 동안 일본인과의 유전자 흐름을 통해 조선사람의 흔적은 많이 사라졌을 것이다. 유전자가 말하는 시간의 흐름은 물질문화에도 고스란히 드러난다. 물질문화의 흔적을 찾고 분석하는 고고학은 여전히 쓸모가 있다.

현생인류가 구대륙 전역으로 확산하면서 결과적으로 선주민을 대체했다고 해도 그 과정에서 어느 정도의 생물학적 교류가 있었음은 부인할 수 없다(성춘택 2010: 202). 물론 선주민의 인구밀도는 높지 않았고, 확산하는 현생인류와 만남 역시 제한적이었기에 충돌도 일어나지 않았을 것이다. 생김새와 외관의 차이를 인식했고 문화가 달랐다면 자연스럽게 서로 대면하지 않는 행위적 패턴이 진화했을 것이기 때문이다.

어쨌든 유럽에 현생인류가 들어온 뒤 네안데르탈인은 절멸을 맞았다. 아니 이미 종말에 들어가고 있었는지도 모른다. 과거 고고학계에서는 현생인류의 확산과 네안데르탈인 종말의 시간, 다시 말하면 이 두 집단의 공존에 상당히 오랜 시간을 설정했다. 유럽의 남쪽 발칸반도에 대략 45,000년 전 현생인류가 찾아왔고, 프랑스에서도 40,000년 전이면 후기 구석기시대 문화가 시작되었으며, 다시 유럽 전역으로 확산했다. 현생인류와 네안데르탈인은 상당한 시간 동안 공존했지만, 결국 스페인과 이탈리아 같은 유럽 서남부가 자연스럽게 네안데르탈인의 피난처 역할을 하게 되었다. 이런 곳에서는 네안데르탈인이 28,000년 전까지 존속했다고 알려졌다. 그러나 최근 연구에 따르면 더 빨리 절멸에 들어간 것으로 보인다.

2014년 과학저널 『네이처』에 실린 논문에 따르면 하이엄 등은 스페인과 러시아의 40개 유적에서 방사성탄소연대를 측정해 약 40,000년 전이면 네안데르탈인이 종말을 맞았다는 결론에 이르렀다(Higham et al.). 연구에 따르면 네안데르탈인이 사라진 시점은 95% 확률로 41,000년에서 39,000년 전 사이로 추정하고, 현생인류와 공존한 시간도 과거 1만 년 이상이 아니라 2,600년에서 5,400년 정도로 이전 생각보다 더 짧았다고 한다. 물론 이베리아반도에서 이보다 더 오래 존속했다는 시각도 있으나, 이곳에서도 37,000년 전 즈음이면 네안데르탈인의 문화는 사라지는 것 같다.

네안데르탈인이 남긴 석기문화는 중기 구석기시대 무스테리안 문화라 일컫는다. 이 사람들은 르발루아기법이라는, 매우 진전된 방식으로 격지를 떼고 잔손질해 도구로 사용했다. 르발루아기법이란 특정한 형태의 격지를 떼어내기 위해 몸돌 주위를 돌아가며 일정한 크기와 생김새의 작은 격지를 떼어내 몸돌을 준비한 다음 마지막으로 한쪽 끝에 힘을 집중해 격지를 떼어내는 방식을 말한다. 이렇게 떨어져 나온 격지는 그 자체로 주변에 날카로운 날을 가지고 있어 유용하게 쓸 수 있다. 격지를 삼각형으로 뾰족하게 떼어내고 타면(타격면) 주변을 간단히 손질하면 나무로 만든 창끝에 매달아 찌르개로 쓸 수도 있다. 이런 도구로 네안데르탈인은 효과적으로 사냥도 하고, 격지를 잔손질해 긁개와 톱니날 같은 여러 도구로 사용했다. 상당히 높은 수준의 석기기술이지만, 넓은 유럽을 가로질러 지역적 변이는 별로 찾을 수 없다. 시간의 흐름에 따른 석기기술의 변화도 파악하기 힘들 정도로 별로 없다. 이로부터 유추하면 네안데르탈인은 넓은 유럽대륙에서 매우 작은 인구가 흩어져 살면서 그리 교류가 활발하지 않았던 것 같다.

오리냐시안기는 프랑스를 비롯한 중부 유럽을 핵심 지역으로 약 43,000년 전에서 33,000년 전까지 지속된 석기문화를 일컫는다. 후기 구석기시대 초 현생인류의 문화이다. 이미 아프리카의 행위적 현생성에서 보았듯이 오리냐시안문화의 가장 큰 특징은 돌날기술과 뼈도구, 장식품이다. 특히 이전 네안데르탈인이 남긴 중기 구석기 유적에서는 거의 보이지 않는 뼈와 뿔을 다듬어 만든 도구가 많다. 돌날 자체는 이미 르발루아기법으로도 만들 수 있었지만, 그 수는 매우 한정돼 있었다. 이제 오리냐시안 석기군은 돌날이 주도한다. 플린트라는 정교한 돌을 깨 타면을 조정하는 등 몸돌을 준비한 뒤 뿔로 직접 떼기도 하고, 더 정교하게 대고 때리거나 눌러서 떼는 방법으로 몸돌 주변에서 돌날을 떼어냈다.

돌날(blade)이란 얇고 길이가 너비보다 두 배 이상 길고 얇은 격지(flake, 박편)를 말한다. 일반의 부정형 격지보다 훨씬 규격화한 형태를 가졌는데, 그만큼 정해진 방식에 따라 제작한 석기였음을 알 수 있다. 정질의 암석으로 몸돌을 준비하고 잘 조정하면 타면을 돌아가면서 크기와 생김새가 일정한 돌날을 "대량생산"할 수 있다. 석기기술의 수준과 효율성에서 이전 시기 그 어떤 기술과 비교할 수 없을 만큼 발전한 것이다. 돌날의 좌우에는 마치 면도날처럼 날카로운 날이 있다. 면도날을 갈아 끼우는 것처럼 나무나 뿔에 홈을 파거나 손잡이를 장착해 매우 다양한 도구를 만들어 쓸 수 있다. 그리고 돌날의 긴 날을 잔손질하면 긁개나 등손질칼로, 끝을 잔손질하면 밀개나 새기개, 그리고 뚜르개를 만들 수 있다. 가죽을 무두질해 다듬고 잘라 구멍을 뚫는 등 정교한 작업에 안성맞춤이다. 이밖에도 오리냐시안 유적에서는 조개와 매머드 상아를 갈아 만든 장식품도 많이 나오며, 동굴벽화 역시 오리냐시안 수렵채집민이 그리기 시작했다.

그런데 프랑스의 몇 유적에서는 기본적으로 중기 구석기시대 격지 기술을 토대로 하면서도 골각기도 함께 나온다. 연구자들은 이를 네안데르탈인이 주변 현생인류와의 교류를 통해 문화적으로 습득한 기술이 구현된 것이라 보기도 한다. 전반적으로 석기기술은 무스테리안 중기 구석기시대 기법인데, 매머드 상아로 만든 유물이 있다. 이를 유적 이름을 따서 샤텔페로니안(Châtelperronian)이라 부른다. 과연 주변에 들어온 호모 사피엔스로부터 이런 기술을 배운 것일까?

고고학자는 발굴조사할 때 층위를 중시한다. 동굴의 한 층에서 나온 유물은 '고고학적 동시간대'를 뜻하기 때문에 섞이지 않게 조심한다. 한층 한층 발굴해 시간의 흐름에 따른 변화를 파악한다. 프랑스의 유명한 유적들은 이미 19세기부터 발굴조사가 이뤄졌다. 정교한 석기와 조각품이 나왔기에 여러 연구자가 발굴에 뛰어들었다. 그러나 발굴조사의 정밀함은 오늘날에 비하면 매우 떨어졌다고 해야겠다. 샤텔페로니안 유물이 나온 유적 역시 19세기에 발굴된 것으로 오늘날 비판적으로 검토해야 한다. 질항 등은 비판적 검토를 거쳐 지표 유적이라 할 그로트 데 페스(Grotte des Fées) 발굴 결과를 그대로 수용할 수 없다는 결론을 내린다(João Zilhão et al. 2006). 샤텔페로니안과 오리냐시안의 공존을 검토했지만, 수습된 뼈도 모두 사람이 남긴 것이 아니라 육식동물의 행위 흔적이 포함되어 있다고 한다. 특히 층위가 불안정하고 교란된 흔적이 있어 오리냐시안 유물이 끼어들었을 가능성이 있다고 본다. 이렇게 보면 샤텔페로니안은 네안데르탈인이 새로 들어온 호모 사피엔스와 교류해 만들어진 것이라 보기 힘든 것이다. 폴 멜러스 등도 이제 네안데르탈인이 상징물을 만들고 썼다는 증거를 부인한다(Mellars et al. 2007).

네안데르탈인은 결국 밀려오는 현생인류와 경쟁하지 못했을까? 해부학적으로 가장 큰 차이는 추운 지방에 적응한 네안데르탈인은 땅딸한 몸집에 두꺼운 뼈, 그리고 비교적 길쭉한 머리뼈를 지녔다는 것이다. 현생인류는 이보다 부드러운 뼈대에 더 호리호리하고 머리뼈는 둥글고 높았다. 단순히 뇌용량이 아니라 뇌의 형태에서 볼 때 창의성이나 개념화, 인지능력 등에서 둘 사이에 차이가 있었으리라 생각할 수 있다. 네안데르탈인이 추운 지방에 적응했다면 현생인류는 다양한 환경에 적응했다. 식량자원도 더 다양했다. 어떤 때는 순록 같은 특정한 자원에 집중하기도 했고, 그런 자원을 얻기 어려운 곳에서는 더 작은 동물과 물고기, 그리고 다양한 식물자원까지 생계전략의 폭을 넓히기도 했다. 이런 행위방식으로 환경변화와 자원의 등락에 더 효과적으로 대처할 수 있었다(켈리 2014).

최근 슈미트와 지머맨은 유럽 후기 구석기시대 핵심지(core area)

와 주변지(extended area)를 설정해 시간의 흐름에 따라 인구밀도가 어떻게 변모했는지 모델링을 한 바 있다(Schmidt and Zimmermann 2019). 민족지 자료에 근거해 핵심지의 인구를 추정하면서 집단이 계절에 따라 모이는 규모를 평균 42.5명으로 설정했다. 이에 따르면 유럽 서부와 중부의 핵심지에 오리냐시안 현생인류는 대략 1,500명 정도가 살았다고 추산한다(최대 3,300명, 최소 800명). 특히 가장 많은 인구가 살았던 프랑스 서남부에는 대략 440명 정도가 있었고, 스페인 북부에는 260명 정도가 살았으며, 동유럽의 다뉴브-모라비아에도 핵심지가 있었다. 글쓴이는 이 추산이 실제보다 적었을 가능성이 크다고 보지만, 어쨌든 오리냐시안기에는 지역적으로 인구가 달랐으며 주기적 이합집산으로 광범위한 사회네트워크를 이뤘다(성춘택 2023a). 인구는 이후 그라베티안기까지 점점 많아져 그라베티안 초기에 유럽 전역에 광범위한 네트워크가 확립되고 문화발달이 정점에 이르렀다고 본다. 이 시기 동굴벽화, 그리고 특히 매머드 상아 같은 것을 깎고 갈아 만든 조각품과 상징물이 많다.

수명연장과 할머니가설에 이어 현생인류가 가진 분업이라는 사회구조가 다양한 환경조건과 변화에 매우 효과적이었다는 가설도 제시된다(Kuhn and Stiner 2006). 민족지 기록에는 아프리카, 동남아시아, 알래스카, 오스트레일리아, 아마존 등 매우 다양한 환경의 수렵채집사회에서 성에 따른 노동의 분할이 광범위하게 보인다. 이 특성은 결국 후기 구석기시대 현생인류의 행동 특성으로 진화했을 것이다. 네안데르탈인은 분업이 일상화하지 않아 여성과 남성이 공동으로 들소와 순록, 말 같은 대형동물 사냥에 나섰다. 한편으로 네안데르탈인의 사냥은 매우 성공적이었지만, 지나치게 특정 자원에 집중함으로써 환경변화와 다양화에 취약한 구조를 지녔다는 것이다. 바로 이 점이야말로 현생인류가 비교우위를 점하는 행위적 특성이 되었다고 본다.

아시아, 동아시아로 확산

약 7-6만 년 전 현생인류 수렵채집 무리가 아프리카를 벗어났다. 물론 의도적으로, 또는 개척적으로 새로운 환경을 찾아 나선 것은 아니다. 인구가 늘면서 자연스럽게 기존 수렵채집민의 이동 반경에서 벗어났을 것이다. 이동하는 수렵채집민의 활동 반경에서 10km 정도는 별것 아니다. 늘 이동해 사냥하고 식물을 채집하며 살다가 본거지를 옮기기 때문이다. 100년이면 1,000km이고, 1,000년이면 대륙 끝까지 갈 수 있다. 우리는 이동과 확산을 생각할 때 장기적 계획이나 모험과 탐험, 의지와 실천을 떠올리지만, 이처럼 연례적인 이동생활에서 조금만 확장하고, 또 다음 세대 수렵채집민이 더 멀리까지 이동한다면, 결국 대륙을 가로질러 확산하는 일은 어렵지 않은 것이다.

이렇게 현생인류는 후기 구석기시대 시작 무렵 구대륙 전역으로 확산했다. 확산은 한 번의 사건이 아니었고, 몇 번에 걸쳐서 확산의 흐름은 이어졌다. 이 과정에서 현생인류는 여러 지역에서 옛 인류와도 교류했다. 그 결과는 오늘날 유전자에 기록되어 있듯이 매우 적지만 흔적을 남겼다. 이렇게 유라시아 사람들은 옛 인류(네안데르탈인, 옛 호모 사피엔스, 데니소바인, 또는 아직 알려지지 않은 인류)의 유전자를 매우 적으나마 가지고 있다. 전 세계 80억 인류는 유전자의 절대다수를 공유하며, 그것은 모두 약 7-6만 년 전 공통의 아프리카 현생인류 조상에서 비롯된 것이다(Stringer 2012).

오스트레일리아 원주민의 머리카락에서 추출한 DNA를 분석한 결과 무려 75,000-62,000년 전 오스트레일리아에 들어온 원주민의 후손이란 결론도 있다(Rasmussen et al. 2011). 이 현생인류의 확산은 이보다 훨씬 늦은 오늘날 아시아인 주류를 형성한 확산과는 달랐던 것 같다. 오스트레일리아까지 이른 현생인류는 동아프리카에서 홍해를 건너 인도를 거쳐 동남아시아로 들어간 무리였을 것이다. 동아프리카와 환경도 비슷하기에 이런 남쪽의 루트는 아마도 매우 이른 시점부터 열려 있었던 것 같다.

동남아시아의 인도네시아와 보르네오섬 주변에 있는 넓은 대륙붕은 후기 구석기시대 동안 육지로 노출되어 있었다. 이 노출된 땅과 주변 동남아시아를 순다(Sunda)라고 부른다. 그리고 뉴기니도 오늘날 오스트레일리아와 연결되어 있었고 사훌(Sahul)이라 일컫는다. 사람들은 약 65,000-50,000년 전이면 육지를 가로지르고, 다시 보트를 타고 오스트레일리아까지 들어간다. 고고학 증거를 보더라도 이미 60,000-50,000년 전 오스트레일리아에 유적이 등장하며, 65,000년 전 유물을 찾았다는 보고도 있다(Bowler et al. 2003; Clarkson et al. 2017).

어쨌든 오스트레일리아로의 이주는 아무리 거대한 땅이 노출되어 있었더라도 통나무든 뗏목이든 배를 이용하지 않고선 불가능한 일이다. 현재로선 직접 증거는 없지만, 정황으로 볼 때 어떤 형태든 배를 이용했으리라 본다.

그림 5.1은 지금까지 연구를 바탕으로 아프리카에서 기원한 현생인류가 전 세계로 확산한 시점과 경로를 표현한 것이다. 연구자들은 현생인류의 동아시아 확산 루트를 크게 두 가지로 든다. 첫 번째 남쪽 루트는 동아프리카에서 서아시아, 남아시아의 해안을 따라 동남아시아에 이르고, 결국 오스트레일리아까지 들어간 것을 말한다. 두 번째 북쪽 루트는 동아프리카에서 서아시아 레반트 지방에 이르고, 다시 중앙아시아를 가로질러 시베리아까지 이르는 경로를 가리킨다. 현재 한반도에는 남쪽에서 올라오기도, 북에서 내려오기도, 그리고 서쪽에서 동으로 바로 들어오기도 했을 것이다.

이런 그림과 루트에 익숙하지만, 여기에는 현생인류 확산의 정확한 정보와 메커니즘이 담겨 있지 않다. 먼저 확산이 어떤 루트를 따라

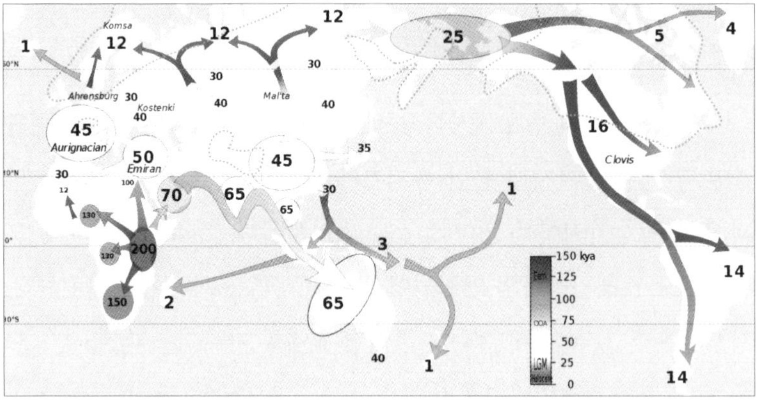

그림 5.1 현생인류의 확산을 그림으로 표현한 것. 동아프리카에서 기원한 현생인류가 서아시아를 거쳐 남쪽으로 오세아니아까지 65,000년 전이면 들어갔으며, 유럽의 후기 구석기시대 현생인류의 문화인 오리냐시안은 45,000년 전이면 시작한다. 현재 한반도는 북에서 남으로, 그리고 서쪽과 남쪽에서 수렵채집민이 들어오고 교류하며 혼합을 겪었고, 이 과정은 매우 오랫동안 이어졌을 것이다. 현생인류는 결국 구석기시대가 끝나기 전 아메리카대륙까지 들어간다. 명실상부하게 전 세계에 단일한 생물 종으로서 사피엔스가 자리를 잡은 것이다. 이는 모두 후기 구석기시대, 빙하시대의 일이다. (출처: wikimedia commons, Early human migrations)

단일한 방향으로 이뤄진 것은 아니다. 실패도 많았고, 새로운 곳에 들어갔다가 돌아오기를 되풀이했을 것이다. 그러니 확산이란 수렵채집민의 높은 이동성과 매우 넓은 네트워크로 볼 때 이동과 교류의 과정에서 서식지가 자연스럽게 넓어지는 과정으로 이해해야 한다. 그림에 표현된 숫자는 충분한 자료를 토대로 확산 시점을 1,000년을 단위로 표현한 것이며, 앞으로 고고학 조사에 따라 수정될 수도 있다. 이렇게 그림을 그리고 확산 루트를 제시하는 것은 이해를 돕기 위한 목적이 크다.

데니소바인은 참 어려운 문제다. 최근 연구에 따르면 분명 동남아시아와 오세아니아에 데니소바인 유전자가 남아 있다. 이렇게 보면 데니소바동굴이 있는 알타이산맥뿐 아니라 한국과 중국, 그리고 동남아시아까지 널리 확산해 살고 있었다고 해야겠다. 화석과 DNA 증거에 따르면 알타이산맥을 비롯한 북아시아에는 네안데르탈인과 현생인류가 동쪽과 북쪽으로 들어왔다. 이곳엔 데니소바인이 살고 있었는데, 정확히 언제, 어떤 인구가, 어떤 범위에 있었는지는 알 수 없다. 어쨌든 DNA 연구에 따르면 데니소바인은 이어서 들어온 네안데르탈인과 교류했던 것 같다. 그리고 이곳에 현생인류가 들어왔다. 그런데 DNA 연구에 따르면 데니소바인의 유전자는 북아시아가 아니라 동남아시아에 남아 있다.

최근 캘리포니아대학 데이비스의 즈윈스 등은 북아시아 확산 루트를 제시한 바 있다(Zwyns et al. 2019). 이들은 45,000년 전 즈음 기후 온난화 시점에 북아시아에 초창기 후기 구석기 문화가 갑자기 등장한다는 사실에 주목했다. 러시아 시베리아 남부 알타이에 있는 카라봄(Kara-Bom)에서는 매우 큰 돌날을 포함한 후기 구석기시대 초의 유물군이 확인되었다. 이 지역에서 가장 오래된 후기 구석기시대 유적으로서 연대가 47,000-45,000년 전 정도까지 올라가는 것으로 알려져 있다. 동쪽 바이칼로 흘러 들어가는 셀렝가(Selenga)강 유역에 있는 카멘카(Kamenka) 같은 유적에서 알려진, 가장 오랜 연대가 45,000년 전까지 올라가며, 늦은 연대는 최후빙하극성기(LGM)의 직전인 28,000년 전까지 내려온다. 같은 하계망에 있는 몽골리아의 톨보르(Tolbor-16) 유적 역시 초창기 후기 구석기 문화가 45,000년 전 즈음에 등장했음을 보여준다. 즈윈스는 45,000년 전 즈음 알타이와 바이칼호 사이에서 이렇게 후기 구석기시대 문화가 갑자기 등장하는 것은 호모 사피엔스의 등장과 확산 때문이라고 주장한다.

DNA 분석으로 드러난 데니소바인의 사례를 보더라도 아직도 동아시아에 현생인류가 어떻게 확산했는지를 분명하게 드러나지 않았다. 데니소바인은 동북아시아가 아니라 오늘날 동남아시아와 멜라네시아까지 흔적을 남겼다. 이렇게 보면 현생인류의 확산루트를 해안 같은 지역에 치중해 단순하게 그리기는 어렵다(Zwyns et al. 2019). 아마도 이 넓은 지역에서 복잡한 방식과 루트로 들어와 확산했을 것으로 보인다. 북아시아의 루트로도 들어왔고, 동남아시아로부터 남쪽과 동쪽으로 확산하기도 했을 것이다. 후기 구석기시대의 등장은 현생인류의 확산과 어울리며, 석기기술로만 본다면 북쪽 루트가 주도적이었을 가능성이 크다.

Box 5.1

동아시아에서의 호모 사피엔스 등장과 확산의 미스터리

화석과 고고학 연구결과를 기존 가설만으로 설명하기 어려운 사례도 많다. 우리나라에서 멀지 않은 요동반도 잉커우(營口)의 진뉴산(金牛山)이라 불리는 석회암동굴에서는 약 26만 년 전의 거의 완전한 개체의 화석 인골이 수습되었다. 거의 170cm에 이르는 키를 보면 이례적으로 큰 여성이었다. 뇌용량도 커서 1300cm^{3}에 이른다. 잘 알려진 베이징(북경)원인, 곧 호모 에렉투스 화석과 비교하면 사피엔스와 유사한 특성이 더 많다. 그리하여 연구자들은 진뉴산인을 옛 호모 사피엔스(archaic *Homo sapiens*)의 일종으로 본다.

그렇지만, 그 시기에 동아시아까지 사피엔스가 확산해 들어왔을 가능성은 매우 작다. 그렇다고 에렉투스가 자연스럽게 옛 호모 사피엔스로 진화했다고 할 수 있을까? 이것 역시 사피엔스가 아프리카에서 기원해 현생인류의 형태로 후기 구석기시대의 시작과 더불어 동아시아까지 확산했다는 학계 주류의 입장과 배치된다. 화석의 형태를 비교하는 방법으로는 논란을 완전히 해소할 수 없을 것이다. 이렇게 화석의 형태를 대상으로 삼는 전통적 방법은 이제 벽에 부딪혔는지도 모른다. 그래서인지 요즘은 DNA 분석 같은 연구가 더 주목받는다.

최근 베이징 저우커우뎬(周口店) 근처 톈위안동굴(田園洞)에서 발굴된 4만 년 전의 현생인류 화석에서 DNA를 추출해 분석한 결과가 나왔다(Fu et al. 2013). 분석 결과 이미 4만 년 전에는 한국을 비롯한 동아시아에 현생인류가 확산했음은 물론 톈위안 현생인류 화석에서 오늘날 아시아인, 그리고 아메리카 원주민 조상 유전자의 양상이 잘 드러났다. 이는 고고학 증거와도 어울린다. 또 톈위안 현생인류는 오늘날 아시아에 사는 사람들과 비슷한 유전자를 가졌고, 역시 네안데르탈인과 데니소바인의 유전자는 거의 가지고 있지 않았다고 한다. 시간을 역추적한 것에 따르면 아시아인과 유럽인의 분지는 이전에 이미 이뤄졌음을 알 수 있다. 이로써 네안데르탈인은 동아시아까지 확산하지 못했을 뿐 아니라, 그 유전자의 비율을 보아도 오늘날 아시아인이 유라시아의 여러 집단보다 네안데르탈인과 더 적게 교류한 것을 알 수 있다.

동아시아 후기 구석기 문화의 등장

불과 20년 전만 해도 자료를 엄격히 들여다보는 고고학자는 후기 구석기시대 문화의 가장 큰 특징인 돌날기법과 예술품 등은 약 25,000년 전 즈음에 절정에 이르렀다고 생각했다(Clark 1994; Straus 1995; 2005). 주로 유럽의 사례를 비판적으로 인식한 미국 고고학자들의 평가였다. 그러나 최근 많은 연대가 알려지고 오리냐시안기 유적에서도 매우 작은 돌날이 알려지면서 후기 구석기시대 초에 이미 분명한 변화가 있었음이 널리 인정받고 있다(Kuhn 2019). DNA 등의 연구와 더불어 아프리카로부터 현생인류의 확산이라는 더 단순한 가설이 힘을 얻은 연구의 흐름과도 어울린다. 물론 확산 과정에 선주민과 최소한의 혼혈이 있었음은 이미 살펴본 바와 같다.

이제는 초창기 후기 구석기(Initial Upper Paleolithic)라는 용어를 사용하는 연구자가 늘고 있다(Kuhn 2019). 이 용어는 본래 서아시아 레반트지방의 중기에서 후기 구석기 문화로의 전이를 논하면서 쓰인 개념이다(Marks and Ferring 1988). 초창기 후기 구석기 유물군 가운데 중기 구석기시대의 특징인 르발루아기법의 요소가 가미된 돌날기법이 있음에 주목한 것이다. 그러던 것을 스티븐 쿤 등이 지중해 동부와 서아시아의 초창기 후기 구석기시대를 일반화한 개념으로 넓혔다(Kuhn et al. 1999). 후기 구석기시대의 특징적인 유물이 대종이면서도, 거기에 르발루아의 요소(flat core faces, hard hammer, platform faceting)가 보임을 강조했다. 이렇게 정의된 개념은 이제 중부와 동부 유럽, 그리고 시베리아와 중국 서북부에까지 넓게 쓰이고 있다.

초창기 후기 구석기 문화의 가장 큰 특징은 돌날 제작인데, 주로 돌망치떼기로 타면을 정비한 몸돌(flat-face, semi-tourant)에서 돌날을 떼어낸다. 그렇지만 초창기 후기 구석기시대라는 개념을 일반화하기는 참 어려운 일이다. 모든 유물군에서 드러나는 것도 아니기 때문이다. 그리고 동아시아에서는 르발루아기법의 존재가 거의 확인되지 않기 때문에 문제가 된다(Seong and Bae 2016).

한국과 주변 동아시아에서는 그동안 노력에도 불구하고 유럽과 서아시아에서 보이는 르발루아기법의 존재를 찾지 못하고 있다. 그런데도 관행적으로 전기와 중기, 후기라는 삼분기를 사용하는 연구자가 많다. 중기 구석기시대란 르발루아기법 같은 준비된 몸돌조정을 통한 격지 중심의 문화를 일컫는다. 유럽과 아프리카에서 약 30만 년 전에서 5-4만 년 전까지 이런 문화가 주를 이뤘다. 그런데 우리나라에서는 과거의 관행에 따라 대략 10만 년 전에서 4만 년 전까지를 중기 구석기시대라 부르는 연구자가 많다. 유럽의 용례와도 맞지 않고, 그저 후기 구석기시대 층보다 이르다는 것 말고는 함의가 없다. 기술적으로도 이 시기를 특징지을 수 있는 문화가 없기에 고고학적으로 '중기'의 설정은 적절한 분석 단위도 아니고 오히려 혼란만을 일으킨다.

르발루아몸돌이나 격지를 찾았다는 보고가 없는 것은 아니다. 예컨대 몇 년 전 연천 삼거리에서 발견된 대체로 편평하게 생긴 유물이 르발루아몸돌과 비슷하다는 보도가 있었다. 어떤 특정한 유물을 연구의 역사가 긴 프랑스의 구석기 형식과 비교하는 관행이 있지만, 바람직하지는 않다. 돌을 떼어내 석기를 만드는 과정에서 통제하기 힘든 변수가 있기 때문이다. '기술'이란 것을 설정하기 위해선 유물 한두 점이 아니라 어떤 체계적 제작 과정이 확인되어야 한다. 나아가 그것이 특정한 시간대를 주도하는 기술이어야만 한다. 그동안 한반도에서 르발루아몸돌이나 격지, 찌르개와 유사한 유물이 없었던 것이 아니지만, 체계적 기법으로 알려진 것은 없다. 돌을 떼어 만든 석기이기에 유럽의 고정된 형식과 비교하는 방법은 그리 바람직하지 않다. 유럽 구석기시대의 전기, 중기, 후기라는 삼분기를 따라가는 것이 우리 구석기 문화의 발전된 양상을 보여주는 것이라 여길 이유는 없다. 이 시기 이미 매우 다양한 생태환경에서 문화가 진전했으며, 특히 주변에서 구할 수 있는 돌감을 이용해 상당히 체계적인 방식의 석기 제작기술이 자리 잡았기 때문이다.

한국과 주변 지역의 구석기시대 편년은 크게 규암과 맥석영(차돌)을 소재로 주로 큼직한 찍개와 다면구, 주먹도끼류 석기를 중심으로 하는 문화와 돌날과 슴베찌르개, 그리고 밀개와 같은 작은 잔손질 석기가 주도하는 후기 구석기시대 석기군으로 나눌 수 있다. 그래서 글쓴이는 전기와 중기를 합쳐 "이른 구석기시대"와 후기 구석기시대로 양분해 부르는 것이 현실적 대안이라 생각한다. 네안데르탈인도, 르발루아기법도 없으니 중기 설정은 혼란만 부추길 뿐이다.

시베리아와 몽골에서는 르발루아기법의 단서가 있긴 하다. 그런데 이곳에서도 그런 기법은 4만 년 전 즈음의 양상이다. 유럽처럼 20만 년 이상 오랜 시간대를 갖는 문화기가 아니다. 석기기술을 연구하는 데 그런 유물의 존재는 귀중한 자료가 되지만, 구석기시대 편년이면 몇만 년이란 시간대를 포괄해야 하는데, 이런 식의 전기, 중기, 후기의 삼분기를 받아들이긴 어렵다. 중국 서북부 내몽골자치구에 있는 수이둥거우(水洞溝) 유적은 이미 1923년 조사된 유명한 구석기 유적이다. 모두 12개 지점이 있는데, 이곳에서 르발루아와 비슷한 유물이 발견된 바 있다. 그럼에도 연대는 35,000년 전을 넘지 못한다. 그러니 그냥 르발루아기법의 유물이 있다는 의미 정도이지, 그것으로 구석기시대를 세 기로 나눌 근거가 되진 못한다.

시베리아와 몽골에서는 새기개몸돌(burin-core)을 이용해 더 작은 돌날을 만드는 기법이 일반적이었다. 대략 50,000년 전에서 35,000년 전까지 시간대를 가지는데, 지표유물을 설정하기 매우 어렵다. 다만 알타이 남부와 몽골, 바이칼 주변에서는 이른바 새기개몸돌이 특징이다. 구슬과 장식품이 있지만, 유적에 따라 잘 남아 있지 않은 사례가 많다. 데니소바동굴 동남쪽에 있는 카라봄(Kara-Bom) 유적에서는 무려 35cm에 이르는 매우 긴 돌날이 적지 않다. 그러나 수이둥거우에서는 돌날이 보이긴 하지만, 대부분 의도적으로 제작한 것이 아니라 돌감의 특성에 따라 자연적으로 깨진 것이라고 한다(Kuhn and Li 2018).

리빈의 연구는 시베리아 남부와 중앙아시아의 초창기 후기 구석기시대 문화를 개괄한다(Rybin 2014). 이에 따르면 약 45,000년 전 즈음 알타이산맥 근처로부터 몽골과 트랜스바이칼 서남부로 인구 이동이 있었다고 한다. 그렇게 43,000-40,000년 전이 되면 분명한 초창기 후기 구석기시대 문화가 등장하는데, 새로운 형태의 도구와 돌날 제작 기술과 함께 여러 장식물도 나타난다. 이런 진전은 매우 갑자기 이뤄지는데, 이는 새로운 인류의 확산, 곧 현생인류의 확산 때문일 것이다. 이 시기는 좀 더 따뜻하고 습윤한 환경이었다고 하는데, 그러한 스텝, 또는 스텝-툰드라 환경에서 현생인류의 확산은 빠르게 일어났다.

모건 등은 중국 서북부 고원지대에서 돌날기법의 등장 자체는 41,000-37,000년 전까지 올라감을 인정한다(Morgan et al. 2019). 그러나 실제 논란의 여지가 없는 행위적 현생성의 증거는 최후빙하극성기가 되어서야 확산함을 주목한다. 그런 다음 세석기(잔석기) 전통과 함께 인구감소도 겪으며, 이때 간석기도 나타난다.

이처럼 시베리아와 몽골 등 고위도지방에서 후기 구석기 문화는 이미 40,000년 전 이전부터 시작한다. 이곳에서 현생인류의 확산 역시 한 시점의 단일한 사건이라 생각하면 안 된다. 혹심한 환경에서 식량을 찾기 어려움에서 오는 높은 이동성도 고려해야 한다. 예컨대 특정한 계절에 이동하는 사슴 무리를 사냥하기 위해 들어왔을 수 있다. 물론 높은 적응력을 바탕으로 상대적으로 온화한 시기에는 고위도까지를 무대로 넓은 공간을 이동하며 살았을 수도 있다.

돌날과 슴베찌르개: 한국의 후기 구석기 문화

글쓴이는 1987년 석촌동과 몽촌토성, 주암댐 수몰지구에서 고고학 발굴 현장을 처음 접했다. 이듬해부터 몽촌토성 발굴에 함께했고, 가을 올림픽 기간 휴교 때 오이도에서 신석기시대 패총 발굴도 경험했다. 그리고 그해 겨울방학 동안 순천 주암댐 수몰지구 발굴에 참여했다. 금평이라는 곳에서 일꾼 두 분과 발굴할 때까지만 해도 도대체 뗀석기가 무엇인지 알지 못했다. 석기인 듯한 것을 집어 들면 이선복 교수[5]는 냉담하게 던져버리기 일쑤였다. 그러다 덕산리 죽산 발굴 현장으로 옮겼고, 며칠 만에 누가 보더라도 확실한 격지를 찾았다. "이렇게 생겼구나." 하는 느낌을 갖지 않을 수 없었다. 대학 2학년 시절 발굴의 처음부터 보고서 작성까지 하면서 뗀석기 공부길에 들어선 것 같다.

발굴은 겨우내 이어졌다. 그리고 어느 날 꽁다리가 달린 석기 하나가 나왔다. 누가 봐도 뾰족한 끝이 깨진 찌르개였다. 며칠 뒤 학계의 원로 삼불 김원용 선생이 자문차 현장을 찾았다. 이 석기를 보곤 "오!"하는 감탄사와 함께 안경을 벗고 유물을 들여다봤다. 슴베찌르개, 한자어로는 유경첨두기라 불렀고, 그렇게 보고서에 쓰기도 했다.

슴베란 석기에 붙은 꼬리를 가리키는 말이다. 슴베 부위를 나무 자루에 꽂으면 창이 된다. 주로 돌날이나 격지의 기부(proximal end)를 잔손질해 꼬리 부분을 만들고, 뾰족한 부분을 그대로, 또는 간단히 잔손질해 찌르개를 매달아 사냥용 창을 만들어 찌르거나 던지던, 주로 사냥을 위한 도구로 썼을 것이다. 물론 사냥한 뒤 동물을 해체하는 데 유용하게 쓰이기도 할 테지만, 어쨌든 슴베찌르개가 나오면 후기 구석기시대 사냥이 있었다고 할 수 있다. 다만, 깨진 석기를 재활용했을 수 있기에, 쓰임새를 일률적으로 판단할 수는 없다.

슴베찌르개는 우리나라 후기 구석기시대의 중요한 표지유물이다. 유럽이나 서아시아에서도 슴베를 만든 찌르개가 나오지만, 우리나라 유물처럼 생기진 않았다. 한국 슴베찌르개는 슴베 부위가 작으며, 찌르개 부위가 길고 별다른 손질이 없거나 한쪽에 간단하게 톱니날 같은 잔손질이 있는 것이 특징이다. 어쨌든 중국이나 시베리아, 몽골 등지에서는 같은 유물이 아직 발견된 바 없다. 일본에선 종종 나오는데, 아마도 우리나라에서 원초적 형태가 건너갔을 것이다.

우리나라에선 1980년대 단양 수양개 발굴에서 50점 넘게 나온 것을 비롯해 진안 진그늘에서도 100점 정도, 그리고 순천 월평, 단양 하진리, 포천 화대리, 충주 송암리, 대전 용호동과 용산동, 임실 하가, 장흥 신북, 밀양 고례리 등 여러 유적에서 많은 유물이 알려졌다(그림 5.2). 이미 공주 석장리 발굴에서도 부러진 슴베찌르개가 나왔지만, 발굴자는 슴베 부위를 작업날, 곧 뚜르개의 일종으로 파악했었다. 아직 북한에서 나왔다는 소식을 듣지 못했지만, 이것은 고고학 조사가 별로 없었기 때문이 아닐까 짐작한다.

이렇게 보면 우리나라가 이 유물의 중심지라 하겠다. 한국의 이른 구석기시대 유물은 대부분 규암이나 맥석영으로 만들어진 것들이

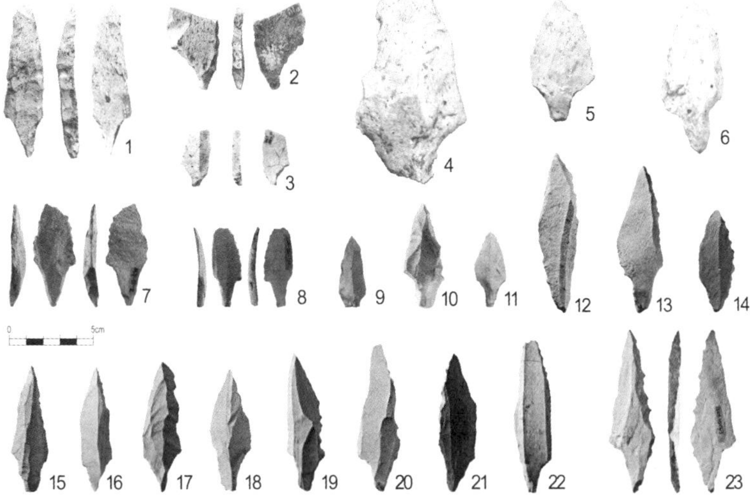

그림 5.2 여러 유적에서 수습한 슴베찌르개(1-3 용수재울, 4-6 화대리, 7-9 송암리, 10-11 용호동, 12-14 하진리 3문화층, 15-23 하진리 4문화층). 화대리를 제외한 거의 모두가 돌날을 소재로 기부를 잔손질해 슴베를 만든 것이다. 한쪽 또는 양쪽에 주로 톱니날 잔손질(7, 8, 14, 15, 19, 22, 23 등)이 있는데, 아마도 사냥감의 출혈을 유도하는 디자인이었을 것으로 보인다. (출처: Seong and Chong 2025a)

다. 이 슴베찌르개의 대다수는 규질셰일(혈암)이나 혼펠스, 규질응회암 같은 정질의 암석을 썼고, 흑요석을 이용해 만들진 않았다. 또 돌날을 소재로 잔손질해 만들었으니 슴베찌르개야말로 후기 구석기시대로의 전이를 잘 말해주는 유물이다. 후기 구석기시대가 되면 정질의 암석을 사용해 더 형식화한 유물을 만드는데, 슴베찌르개와 돌날이 그런 석기기술의 전이를 잘 나타낸다.

최근 단양 하진리와 포천 용수재울 및 화대리, 충주 송암리 등에서 나온 방사성탄소연대로 미뤄 보면 43,000-40,000년 전이면 슴베찌르개가 확산했음을 알 수 있다(11장 방사성탄소연대 도표 참조). 20년 전 대전 용호동에서는 슴베찌르개가 나온 두 층 가운데에서 38,500±1000 BP라는 연대가 나왔다(Box 5.2 참조). 연대값이 하나뿐이고, 기존 편년에 비해 너무 올라간 것이라 신뢰할 수 없다는 것이 학계의 생각이었고, 글쓴이 역시 유보적이었다. 그런데 이제 다른 유적에서도 비슷한 연대가 나온 만큼 용호동의 연대를 받아들일 수밖에 없다. 용호동 방사성탄소연대는 보정하면 기원전 42,256-39,527년 안에 들어갈 확률이 95.4%다. 다시 말해 44,000-42,000년 전 즈음의 유적이라 판단할 수 있다. 이는 단양 하진리의 가장 아래, 그리고 그 위 문화층에서 나온 여러 오랜 연대와 상통한다. 그리고 화대리와 송암리 등에서도 38,000-35,000년 전의 연대가 나왔다. 이제 한국에서 후기 구석기시대 문화의 등장은 4만 년 전, 아마도 그 이전까지 올라가게 되었다. 그러니 우리나라에서 후기 구석기 문화의 등장은 유럽에 비해서도 늦지 않다. 나아가 초창기 후기 구석기시대라는, 유라시아 서부와 북아시아까지 폭넓게 보이는 전환기 양상의 연대와도 큰 차이가 나지 않는다(Seong and Chong 2025a).

슴베찌르개의 소재는 거의 모두 돌날이다. 과거 화대리에서 나온 것처럼 격지를 소재로 한 슴베찌르개가 더 이르고, 이후 돌날을 소재로 한 슴베찌르개가 확산했다고 생각했었다. 그러나 하진리의 사례를 보건대 슴베찌르개가 확산할 무렵 이미 돌날기법도 자리를 잡은 것으로 보인다. 다시 말해 돌날기법과 슴베찌르개가 함께 후기 구석기시대의 등장을 알리는 것이다.

후기 구석기 문화의 등장이 뜻하는 바는 무엇일까? 현생인류가 확산해 들어왔음을 가리키는 것일까?

물론 고고학에서 단순한 도식은 사실을 호도할 가능성이 크다. 슴베찌르개와 돌날은 새로이 들어온 현생인류가 만든 것이고, 선주민이라 할 에렉투스(아니면 데니소바인이나 다른 인류)가 규암맥석영 유물군을 만들었다는 생각은 지나치게 단순할지 모른다. 어쨌든 이전의 이른 구석기시대 석기군은 주로 규암과 맥석영을 소재로 한 큼직한 몸돌이나 격지, 찍개, 그리고 주먹도끼류가 중심이다. 연천 전곡리와 파주 주월리, 포천 용정리, 춘천 갈둔, 오송 만수리, 화순 도산을 비롯해 전국적으로 큼직한 석기가 중심인 유물군이 널리 알려져 있다(성춘택 2006). 주먹도끼를 포함한 유물군은 후기 구석기시대가 되면서 사라진다. 전혀 없는 것은 아니지만, 돌날과 슴베찌르개라는 새로운 기술이 그 자리를 대신한다. 따라서 이른 구석기시대 주먹도끼를 만들었던 선주민과 새로이 들어온 현생인류를 생각하지 않을 수 없다.

물론 글쓴이는 석기군의 구성과 문화적 양상은 생물학적 진화와 직결된다고 생각하지 않는다. 그런 도식은 지나치게 단순한 것이라 장래의 비판적이고 창의적인 연구를 가로막는다. 물질문화에서 변이는 늘 있기 마련이다. 그렇다고 세상이 늘 복잡하게 얽히고설킨 것이라고만 얘기하는 것은 학문을 하는 의미와 목적을 벗어나는 일이다. 아무것도 알 수 없다는 말과 다를 바 없는 것이다. 분명 이른 구석기시대 석기군의 구성 양상은 후기 구석기시대가 되면서 밀려나고 규질응회암이나 혼펠스, 셰일 같은 돌감으로 돌날과 슴베찌르개를 만든 석기기술이 주도한다. 기술의 진전과 정교한 석기의 등장, 그리고 새로운 돌감의 사용은 일맥상통하는 것 같다. 그래서 후기 구석기시대 현생인류의 확산과 더불어 일어난 변화라 생각하는 것이다.

그런데 우리나라에서는 후기 구석기시대 늦게까지 맥석영과 규암을 이용한 석기제작이 완전히 사라지지 않는다. 몇 유적에서는 이런 '거친' 재질의 석기군이 중심이거나 심지어 전부이기도 하다. 사실 맥석영과 규암은 매우 거칠다는 인상을 지니고 있지만, 규질응회암이나 셰일, 그리고 혼펠스, 흑요석보다 훨씬 주변에 흔하고, 떼어내면 비교적 정질의 부분을 잘 이용할 수도 있다. 날 역시 흑요석보다 더 오래 견딜 수 있으니 잘만 이용하면 효과적인 돌감이다. 그 덕분에 구석기시대가 끝날 때까지 석기를 만드는 데 쓰였다. 그러니 정질의 돌감으로 만든 석기가 많은 유물군과 맥석영이 중심인 유물군을 만들었던 집단을 현생인류와 옛 인류라는 도식적 구별로 이해하는 것은 잘못이다.

그렇다면 과연 맥석영 중심의 석기군과 돌날-슴베찌르개가 주도하는 석기군은 서로 다른 집단의 문화일까? 국립중앙박물관장을 지내고 국내외 여러 유적을 조사한 배기동 교수는 『아시아의 인류진화와 구석기문화』(2021, 한양대출판부)라는 두꺼운 책에서 석기군의 다양성이 집단의 차이에서 비롯된 것이라 설명한다. 돌날기술을 가진 집단이 시베리아에서 몽골, 북중국을 거쳐 우리나라로 내려왔고, 남쪽에서는 노출된 서해(황해)분지를 거쳐 규암맥석영 석기기술을 가진 집단이 들어왔다는 것이다. 그러면서 석기군에서 보듯이 규암맥석영 집단의 수가 훨씬 많았다고 본다.

글쓴이는 이 책의 서평을 쓰기도 했다(성춘택 2021). 그런데 규암과 맥석영, 그리고 정질 돌감은 그 자체로 성질이 다르기에 필요와 기능, 그리고 수렵채집민의 행위와 관련해 다양한 양상을 띨 수 있다. 그러니 석기군의 구성 양상이 다르다고 해서 집단의 정체성이 달랐다고 보는 설을 받아들이기 어렵다. 프랑스 고고학자 프랑수아 보르드(François Bordes, 1919-1981)[6]는 프랑스의 중기 구석기시대 석기군의 구성, 곧 다양한 형태의 긁개와 톱니날, 찌르개 등의 구성 양상을 토대로 다섯 개 다른 패턴이 있다고 했다(Bordes 1961; 1972). 보르드는 이를 서로 다른 네안데르탈 부족이 남긴 것이라 해석했다. 그러나 미국의 고고학자 루이스 빈포드(Lewis Binford, 1931-2011)[7]는 석기의 형태와 구성 양상은 유적에서 벌어진 행위의 차이일 뿐이라는 해석을 내놓았다(Binford and Binford 1966). 유물군의 다양성은 계절에 따라, 수렵채집민의 행위 양상(예컨대 사냥 중심 유적이었는지, 아니면 식물체 가공을 위주로 했던 유적이었는지)과 결부되어 있다는 것이다(성춘택 2017).

유물군의 다양성을 논하기 위해선 돌감의 이용 여부, 수렵채집민이 머물렀던 기간과 집단의 규모, 얼마나 집중적으로 석기를 재가공, 재활용했는지 등 여러 변수를 더 고려해야 한다. 보르드와 빈포드 논쟁은 고고학사에서 매우 중요한 역할을 했다. 유럽과 미국 학자 사이의 논쟁이었을 뿐 아니라 고고 자료에서 나타나는 변이를 집단의 차이로 인식하는 전통적 시각과 접근에 문제를 제기하고 행위적 다양성의 맥락에서 해석하고자 했던 새로운 시각과 접근이 충돌한 것이다. 물론 논쟁은 그리 단순하지 않았다. 여기에 여러 연구자가 참여했고 매우 근본적인 문제 제기와 대안 제시로 이어졌다. 물질 자료의 다양성을 토대로 선사와 원사시대 집단의 정체성을 규명하는 시도는 지금도 계속되고 있다. 지난 세기 여러 연구자가 그런 접근이 부당함을 민족지를 비롯한 여러 사례를 통해 논증했다. 그리고 환경조건과 행위적 다양성, 점유 기간, 주변에 어떤 돌감을 이용할 수 있는지 등 다양한 변수를 고려했다.

그럼에도 현재 학계와 대중의 관심은 다시 집단의 추정으로 향하는 것 같다. 특히 DNA 분석이 놀라운 결과를 내면서 선사시대 종족이나 집단을 말하는 데 주저함이 없다. 한반도를 비롯한 동아시아는 매우 넓은 곳이다. 서해는 대륙붕이기에 후기 구석기시대 대부분 시기 동안 육지로 노출되어 있었다. 그러니 오늘날 한반도는 동쪽을 제외하고 북으로 남으로 서로 열린 지역, 다시 말해 북에서, 서에서, 남에서 언제든 새로운 집단이 들어올 수 있는 지역이었다. 그렇게 여러 곳에서 다양한 인류가 들어와 살다 다시 북으로, 서로, 남으로 향했을 것이다. 이 사람들은 평상시에도, 그리고 계절에 따라 이동하는 수렵채집민이었고, 작은 무리가 고립되어선 장기존속할 수 없기에 주변 집단과도 넓은 교류망을 지니고 있었다.

11장에서 살펴보겠지만, 동아시아에서 세석기(잔석기)의 확산 역시 그리 단순하지 않았던 것 같다. 과거 알타이지방 등 시베리아 남부에서 기원한 세석기 기술이 남쪽으로 확산해 북중국, 한반도, 일본열도까지, 동쪽으론 베린지아(Beringia, 베링기아)를 거쳐 알래스카까지 들어갔다고 생각했다. 그러나 여러 후기 구석기 유적에서 방사성탄소연대가 나오면서 이런 생각에 문제가 있음이 드러났다. 현재까지 가장 이른 잔석기 유적은 한반도에 있다. 연천 삼거리, 남양주 호평동, 인제 부평리, 장흥 신북에 이르기까지 여러 유적에서 25,000 BP 정도의 연대가 나왔고, 이것을 보정하면 대략 30,000-29,000년 전에 잔석기기술이 등장한 것으로 보인다. 그러니 이 연대를 그대로 받아들인다면 오히려 한반도에서 북으로 확산한 것이 된다.

그러니 지나치게 단일한 경로로 확산을 이해하면 안 된다. 행위맥락을 중시할 때 수렵채집민은 높은 이동성(멀리까지 식량자원을 조달하기 위한 활동에 나서고, 본거지도 옮긴다)과 광범위한 사회교류네트워크(정보와 자원 그리고 인적 교류를 위해 먼 집단과도 상시 교류한다)를 가지고 있음을 생각해야 한다. 한 방향의 일반적 이주를 내세우는 것은 지난 세기 고고학의 관행이었을 뿐이다. 다양한 환경적응과 교류네트워크를 고려하지 않고선 성공적 문화 확산을 설명할 수 없다(성춘택 2019; Seong and Kim 2022).

Box 5.2

방사성탄소연대와 보정

방사성탄소연대측정법은 선사시대 유적의 연대를 알 수 있는 가장 중요한 방법이다. 1940년대 말 미국의 윌러드 리비(Willard Libby)가 개발해 고고학을 비롯해 여러 학문에서 널리 쓰인다. 이 방법은 모든 유기물에 있는 방사성탄소(^{14}C)

의 반감기를 이용한 것이다. 질소(^{14}N)는 우주선을 받아 ^{14}C가 된다. 그리곤 모든 식물이 광합성하면서 성장할 때 이산화탄소의 형태로 식물체에 들어온다. 동물 역시 식물을 섭취하면서 ^{14}C도 함께 몸에 들어온다. 생물이 죽으면 더는 새로운 ^{14}C가 들어오지 않고, 그 시점부터 원래의 상태인 ^{14}N로 붕괴한다. 정해진 시간 동안 일정한 비율로 감소하는데, 이를 반감기라 부른다. ^{14}C의 반감기는 5,730±30년이다. 다시 말해 5,730년이 흐르면 유적에서 나온 숯이든, 그 어떤 유기물에 있는 ^{14}C는 원래 양보다 반 정도만 남아 있는 것이다. 만약 1/4이 남아 있다면 죽은 지 11,460년이 흐른 것이고(물론 오차가 있다), 이는 구석기시대 끝자락의 연대가 된다.

후기 구석기시대 유적 조사에서도 널리 쓰이는 연대측정방법이다. 질량가속기(Accelerator mass spectrometry, AMS)를 이용해 동굴벽화에서 눈에 보이지 않을 만큼 작은 시료를 떼어내 이용하면 매우 정확한 연대를 얻을 수 있다. 심지어 라스코나 알타미라 동굴벽화에서 미세한 유기물 안료를 이용해 연대를 측정할 수도 있다. 그렇게 구석기시대 사람들이 그린 그림임을 확인할 수 있는 것이다.

방사성탄소연대는 이처럼 선사시대 유적의 연대를 아는 데 매우 중요한 단서를 준다. 우리나라에서도 1967년 파주 옥석리 고인돌(지석묘) 유적에서 처음 방사성탄소연대측정이 이뤄져 2,590±105 BP란 연대를 얻었다. 보정하면 기원전 931년에서 408년 사이일 확률이 95.2%로, 현재의 한국 청동기시대 편년과 들어맞는다(김재원·윤무병 1967). 이에 앞서 1950년대에 우리나라 자료로 연대측정이 이뤄진 사례가 있다. 한국전쟁 때 가평 마장리에서 미군 매코드 소령(Howard MacCord, 1915-2008)이 참호를 파다가 움집터와 함께 토기, 철기를 수습했다. 같이 나온 통나무를 시료로 미시간대학에서 방사성탄소연대측정을 했고, 1,700±250 BP란 결과를 얻었다고 한다(MacCord 1958).

그런데 보고서에 기록된 원래 방사성탄소연대는 해석이 필요하다. 예컨대 10,000±100 BP라는 연대에서 BP는 before present를 가리키는데, 여기서 present는 연대측정법이 개발된 1950년이다. 이제 70년 넘는 세월이 흘렀기에 보정해야 하고, 또 이제 대기 중에 있던 ^{14}C의 비중도 완전히 똑같진 않았음이 드러났다. 그래서 많은 과학적 조사가 그러하듯이 원래 연대를 보정할 필요가 생겼다. 나무의 나이테를 이용한 연대측정법 같은 여러 다른 방법과 방사성탄소연대를 상호교차해 커브를 그려 보정하는 방법이 널리 쓰인다. 대기중 탄소의 양은 전 세계적으로 일정하기 때문에 보정곡선은 어디에서나 적용할 수 있다. 보정프로그램을 이용하면 매우 빠르고도 정확한 연대를 알 수 있다.

후기 구석기시대 연대를 보정하면 보고된 원 탄소연대는 실제보다 더 이르게 나오는 경향이 있음을 알 수 있다. 다시 말해 25,000 BP라는 원래의 연대를 보정하면 이보다 거의 5,000-4,000년을 더 보탠 시점, 곧 30,000-29,000년 전이 된다. 이제 대부분 학문적 토론과 논문에서 보정은 필수가 되었다. 갈수록 더 많은 시료를 전 세계에서 수집해 보정곡선을 정교하게 다듬고 있기에 신뢰할 만함은 두말할 나위가 없다.

06 기후환경결정론 비판

토바와 아이라 화산폭발

문화의 다양성과 변화를 설명하는 일은 지난 150년 동안 고고학의 주요 목적이었다. 고고학이 학문으로 성장하던 19세기 후반 전 세계에서 다양한 원주민의 삶과 문화가 알려지고 선사시대 편년의 근간이 마련됐다. 그러면서 지나치게 단순한 도식으로 인류의 문화진화를 설명하는 시각이 등장했다. 야만에서 미개로, 그리고 문명사회로 단일한 선상을 그린 다음, 유럽을 가장 진전된 사회로 여겼다. 이것을 단선진화(고전진화론)라 말한다.

유럽 문화의 성취를 높이 평가하는 흐름은 오랜 역사가 있는데, 이를 주로 기후와 환경의 탓으로 돌리기도 했다. 지난 세기 초에는 인종주의가 득세하면서 덥고 습하고 상대적으로 식물자원이 풍부한 환경에 사는 족속의 문화를 낮춰보는 시각이 유행했다. 그러다 20세기 중반 인종주의와 기후환경결정론은 엄청난 비판을 받고 학계에서 밀려났다.

최근 학제 융합연구가 보편화하고, 자연과학 분석이 고도로 발달하고 대중화하면서 단순한 논리가 다시 고개를 든다. 또 고기후와 환경 그리고 고유전자까지 세밀하게 복원하면서 다시 결정론적 시각에 의지하는 흐름도 있는 것 같다. 복잡한 인문사회 현상과 문화변화를 단순한 사건이나 논리로 접근하려는 시도는 매력적이다. 환경의 토대 위에서 문화의 다양성과 변화를 바라보는 것은 옳지만, 그렇다고 기후와 환경이 인문사회 현상을 결정하지는 않는다. 환경은 무대이고, 그 위에서 삶을 사는 것은 인간이기 때문이다.

역사상 최악의 토바 화산폭발

오늘날 세상이 돌아가는 것을 이해하기 위해서는 정치, 경제, 사회, 문화 등 온갖 변수를 고려해야 한다. 세상이 복잡해지면서 오히려 단순한 설명을 추구하는 경향도 있다. 특히 역사에서 일어난 커다란 변화를 한 가지 사건이 일으킨 결과로 보는 시각은 대중에게 큰 호소력을 지닌다. 단순하고, 간결하고, 이해가 쉽기 때문이다. 그러나 논리의 단순함을 떠나 사실을 과장하는 것은 문제다.

문헌에 기록된 가장 큰 화산폭발은 1815년 인도네시아 탐보라(Tambora) 화산폭발이다. 4월 5일 숨바와(Sumbawa)섬의 탐보라산이 엄청난 소리와 함께 불을 뿜기 시작했다. 폭발 소리는 멀리 1,200km 이상 떨어진 오늘날 자카르타에서도 들렸다. 다음날 아침부터 자바섬 주변에 화산재가 쏟아졌다. 2,600km 떨어진 수마트라섬에서도 타다닥 소리를 내며 돌조각이 떨어져 내렸다. 4월 10일 오후 7시 폭발은 절정에 이르렀다. 산 전체가 불길에 휩싸이면서 엄청난 화산재를 뿜어냈다. 어른 주먹만한 크기의 돌조각이 하늘 높이 솟구쳐 떨어졌다. 탐보라 마을은 화산쇄설물에 완전히 덮였다. 그리곤 3년 동안이나 작은 폭발이 이어졌다.

Box 6.1

백두산 화산폭발

백두산 화산이 폭발할 조짐이 있다는 뉴스가 자주 나온다. 이에 주목하는 언론과 저술가는 과장을 서슴지 않고, 영화로도 만들어졌다. 연구에 따르면 946년 백두산이 폭발했다. 이 폭발에 대해선 위키피디아만 찾아봐도 규모와 영향이 정리돼 있다. 최근 주변 화산쇄설물을 연구한 바에 따르면 역사시대 최대의 화산폭발 가운데 하나였다고 한다. 황이 45메가톤이나 분출했고, 화산재와 가스가 하늘 높이 솟았다. 이는 큰 재앙을 몰고 왔다고 한다. 한때 여기서 더 나아가 현재 만주와 연해주를 호령했던 발해가 멸망의 길로 들어선 직접 원인이 백두산 화산폭발이었다는 주장도 있었다.

『백두산 대폭발의 비밀』(2010, 사이언스북스)이라는 책을 써 이 재앙에 경종을 울렸던 소원주는 심지어 화산쇄설물이 100km 이상을 이동해 쌓였다고 했다. 하늘 높이 25km나 버섯구름이 솟았고, 일본 혼슈까지 화산재가 날아가 쌓여 오늘날 B-Tm이란 화산재로 알려져 있다. 서기 79년 폼페이를 휩쓸고, 오늘날까지도 놀랄 만한 기록으로 보존된 베수비오 화산폭발은 이에 비하면 20분의 1 정도였다고 기록한다.

그렇게 백두산폭발이 엄청났다면 문헌에 기록돼 있을 것이고, 지질 자료에서 남았을 것이다. 그러나 『고려사』에는 그저 천고(天鼓)가 울렸다고만 기록돼 있을 뿐, 엄청난 재앙을 쓰고 있지 않다. 화산재가 하늘 높이 솟구쳐 햇빛을 막고 기온을 떨어뜨렸다면 식생에도 폭발을 유추할 수 있는 자료가 남았을 테지만, 남한에서 화산재층 흔적이 조사된 바 없다.

화산폭발로 엄청난 기후변동이 생겨 굶주림으로 이어지고, 이로 인해 발해가 멸망했을 것이라 말하는 사람들이 있었다. 하지만 발해 멸망은 926년, 화산이 터지기 20년 전의 일이니 전혀 사실과 맞지 않는다. 물론 그렇게 간단한 일이 아닐 수도 있다. 멸망 이후 사람들의 이주 사건, 혹은 고려 원종 원년(946)의 명동(鳴動)사건과 연결짓기도 한다(소원주 2010). 최근엔 큰 폭발 전에 작은 폭발이 몇 번 있었고, 이로 인해 민심이 흉흉해져 거란의 공격에 발해가 허망하게 무너졌을 수 있다는 주장도 나온다. 어쨌든 커다란 분출이 있었고, 또 엄청난 자연재앙 앞에 역사가 뒤바뀌었다면 한국과 중국의 사서에 크게 기록되어 있어야 하겠지만, 그렇지 않다. 문헌기록의 증거를 찾는 역사가와 물질 증거에 의지하는 고고학자가 답할 테지만, 정황증거와 역사의 맥락이라도 있어야 한다.

화산폭발을 과소평가하자는 것은 아니다. 다만, 폭발의 규모가 인류, 그리고 사회문화에 미친 영향을 기계적으로 연결시키는 일은 지양해야 한다. 분명 자연재앙은 대비해야 한다. 15,000명 이상의 인명을 앗아간 2011년 3월 11일 동일본대지진이나 무려 30만 명이 넘는 사람이 죽고 실종된 2004년 인도네시아 지진은 우리 기억에도 뚜렷이 새겨져 있다. 두 사건은 단순히 지진만 일어난 것이 아니라 해일을 동반해 더 큰 피해를 주었다. 토층에도 흔적이 기록처럼 남았을 것이다. 그리고 이런 엄청난 재앙이 인류 역사에 어떤 전환을 불러일으켰는지는 역사가들의 평가를 두고 볼 일이다.

탐보라 화산폭발의 가장 큰 재앙은 쇄설물과 화산재였다. 무려 100억 톤에 이르는 화산쇄설물이 쏟아져나왔다. 폭발 전 탐보라산은 4,300m가 넘는 높은 산이었지만, 온갖 쇄설물을 뿜어내고 가라앉은 탓에 지금은 2851m의 '평범한' 산이 되고 말았다. 1816년은 여름이 없던 해로 기록되었고, 그 이후 몇 년 동안 반복되었다.

탐보라 폭발에선 약 28메가톤의 황이 분출되었고, 이것이 성층권까지 올라가 지구의 온도를 1도 정도까지 낮췄다고 한다. 그런데 백두산은 고위도에 있어 그 정도의 세계적 재앙을 일으키진 않았다고 말한다. 백두산 화산폭발이 얼마나 인간의 삶에 큰 영향을 끼쳤는지를 보여주는 고고학 흔적이 남아 있지 않다. 고고학에서 가장 흔하게 언급되는 자연재앙은 베수비오 화산폭발이다. 이것 말고도 또 인류 역사를 뒤바꿨다는 주장이 있는 화산폭발이 구석기시대에도 있었다.

아마도 인류가 경험한 가장 큰 화산폭발이었을지도 모른다.

토바호는 인도네시아 수마트라섬 북부에 있는 분화구다. 그리 높지 않아 해발 900m 정도지만, 길이는 무려 100km에 이르고, 깊이는 500m 정도의 거대한 호수다. 말하자면 세계에서 가장 큰 분화구 호수다. 지금으로부터 74,000년 전 토바에서 역사상 알려진 가장 큰 폭발이 일어났다.[8] 화산폭발로 분출한 화산재가 말레이시아에는 무려 9m가 쌓였고, 멀리 인도 중부의 퇴적층에서도 15cm 층으로 관찰될 정도다. 연구에 따르면 이산화황이 10,000메가톤이나 솟아 나와 지구의 대기를 덮었고, 몇 년 동안 겨울이 계속되었다. 기록된 가장 큰 화산폭발인 탐보라 화산폭발의 열 배 규모였다.

심지어 동아프리카의 말라위호(Lake Malawi)의 퇴적층 연구에서도 토바 화산폭발로 생긴 화산재층이 발견될 정도다. 레인 등이 동아프리카의 말라위호 퇴적층에 코어를 뚫어 퇴적층을 분석한 바에 따르면 사람 머리카락 두께보다 작은 매우 조그만 파편으로 이뤄진 화산재가 확인되었다고 한다(Lane et al. 2013). 수천 킬로미터 떨어진 지구 반대편에까지 기록을 남겼을 정도로 엄청난 위력을 가진 화산폭발이었음을 알 수 있다.

연구에 따르면, 토바 화산폭발로 고위도지방에서 기온이 무려 3-5℃ 정도가 떨어졌다고 한다. 다른 연구에서는 이보다 작은 1.5℃ 정도로 추산하기도 한다. 예컨대 그린란드빙상의 얼음코어를 연구한 오펜하이머는 화산폭발 후 6-7년 동안 지구의 기온이 0.9-1.3℃ 정도 떨어졌을 것이라고 본다(Oppenheimer 2002). 최근 팀렉 등도 분출 후 3년 동안 기온이 무려 3.5℃ 낮아졌다가 회복되었다고 추정한다(Timmreck et al. 2012; Yost et al. 2018: 77). 이밖에도 레인 등은 동아프리카 말라위호 퇴적층 코어 자료를 분석해 기온 하강이 1.5℃ 정도에 그쳤을 것이라 본다(Lane et al. 2013). 어떻든 엄청난 기온 변화를 일으킨 것만은 사실이다. 남중국해에서도 토바 화산폭발의 결과가 관찰되며, 역시 1℃ 이상의 기온 하강이 있었다는 연구도 있다(Hung et al. 2001). 지역에 따라, 연구에 따라 크고 작은 차이는 있지만, 토바 화산폭발로 지구의 기온은 갑자기 떨어지고, 몇 년 동안 제대로 된 여름이 찾아오지 않았을 것이다. 지구는 사실 13만 년 전부터 5만 년 넘도록 간빙기를 겪고 있었다. 그러다 토바 화산폭발로 천년 넘도록 기후가 변화해, 급기야 빙하기[9]가 찾아왔다고 생각하는 연구자도 있다(Ambrose 1998).

인구병목 현상

이런 생각을 가장 앞서 주장한 이는 고고학자 스탠리 앰브로스(Stanley Ambrose 1998; 2003)다. 그의 주장에 따르면, 화산폭발로 일어난 검은 먼지가 태양을 가려 6년 동안이나 지구의 기온이 떨어지고 여름이 없어졌다. 화산폭발로 길어진 겨울 탓에 식생, 그리고 인간에겐 치명적인 환경 재앙이 이어졌다. 그렇게 1,000년 동안 가장 춥고 건조했던 시기가 이어졌는데, 후기 플라이스토세 중에서 가장 추웠던 때였다고 한다. 식생의 생산성은 떨어지고, 굶주림이 이어져, 급기야 당시를 살았던 인구는 10,000명 이하로 줄었다고 한다. 이로써 인구병목(population bottleneck) 현상이 생겼다.

인구병목이란 굶주림이나 홍수, 가뭄, 질병과 자연재앙으로 인구(개체군)가 급감해 유전적 다양성이 현저히 줄어드는 현상을 가리킨다. 이로써 유전자상의 변이가 줄어들어 살아남은 매우 적은 인구를 토대로 다시 미래 세대가 진화하고 유지되는 것을 말한다.

앰브로스를 비롯한 연구자들은 토바 화산폭발이 그런 역할을 했다고 주장한다. 고고학자, 그리고 생태학자 가운데는 이 화산폭발로 당시 살고 있던 인류 대부분이 목숨을 잃었다고 보는 사람들도 있다.

화산폭발은 멀리 아프리카에서 살아남은 얼마 되지 않은 수의 호모 사피엔스에게는 새로운 기회가 되었다. 이렇게 인구병목 현상을 제안하는 학자들이 있다.

가설에 따르면, 만년 넘는 오랜 빙하기(MIS 4)를 견디다 MIS 3기(57,000-29,000년 전)가 찾아오면서 기온은 다시 어느 정도 따뜻해졌다. 아프리카 열대지방에서 살아남은 인구는 각지로 확산하기 시작했으며, 이로써 적어진 인구는 창시자효과(아주 적은 수 개체가 새로운 곳으로 이주해 큰 집단을 이룰 때 유전적 다양성이 매우 낮음을 일컫는 용어)를 일으켰고, 세계 각지로 성공적으로 확산할 수 있었다. 현대인의 유전적 다양성이 놀랍도록 단일한 이유는 비교적 짧은 역사 때문인데, 이를 병목현상으로 설명할 수 있다는 것이다. 토바 화산폭발이 병목현상을 일으켜, 현생인류의 수를 매우 적게 만들었고, 지금의 매우 단일한 현생인류, 곧 현대인의 유전적 구성은 그 결과로서 적은 수의 현생인류가 각지로 확산한 덕분이라는 것이다. 시간적으로도 아프리카에서 현생인류의 확산은 7만년 전 이후에 벌어진 일이기에 이 가설과 어울린다고 해야겠다.

인구병목가설은 현생인류는 아프리카 열대지방에 살던 매우 작은 집단의 직접 후손일 것이라는 유전학적 전제에 토대를 두고 있다. 화산폭발 같은 자연재앙으로 수많은 인구가 사라진 것을 떠올려 매우 작은 집단을 상정한 것이다. 앰브로스는 70,000년 전 아프리카에 현생인류의 인구가 매우 적었음을 가정한다. 그러나 이 현생인류는 매우 발달한 기술과 문화, 그리고 사회연결망을 가지고 있었다. 돌날을 만들고, 이것을 다시 잔손질해 밀개와 새기개 같은 매우 정교한 석기를 만들어 나무나 뿔, 뼈에 장착해 복합도구를 만들었다. 석기를 만드는 데 썼던 돌감은 정질의 암석이었는데, 대부분 먼 곳에서 교환을 통해 획득했다. 정보와 물품의 교환, 나아가 인적 교류도 빈번하게 이뤄졌을 것이다. 동아프리카와 남아프리카에서 일어난 이런 변화를 바탕으로 현생인류는 아프리카를 넘어 세계 각지로 뻗어갈 수 있었다. 그리고 혹독한 빙하시대를 견디며 현재 지구상 80억 인구의 토대를 놓았다. 이렇게 인구병목가설은 현대인의 유전적 차이가 지난 70,000년 간 진화의 산물임을 가정한다.

이 가설을 증명하기 위해선 먼저 토바 화산폭발 이전의 층과 그 이후 퇴적층에서 나온 석기 사이에 매우 큰 변화가 있어야 한다. 2007년 『사이언스』에는 페트라글리어 등의 흥미로운 연구가 실렸다(Petraglia et al. 2007). 인도 남부 즈왈라푸람(Jwalapuram)유적의 석기군을 바탕으로 74,000년 전 토바 화산폭발이라는 엄청난 재앙이 있었음에도 중기 구석기 석기기술이 별다른 변화를 겪지 않고 지속되었음을 보여줬다. 화산폭발로 하늘엔 뿌연 먼지가 가득했겠지만, 화산폭발 전후의 사람들이 남긴 각 층의 유물군은 매우 비슷했다.

다른 지역, 현생인류가 기원한 아프리카에서는 어떨까? 먼저 남아프리카를 보자. 이곳에서는 70,000년 전 즈음 문화적 공백이 보인다. 스틸베이(Still Bay, 76,000-71,000년 전)와 호위슨스푸트(Howiesons Poort, 66,000-59,000년 전) 사이에는 상당한 단절이 있다. 이때는 MIS 4라는 냉한건조기에 해당한다. 토바 화산폭발이 냉한기에 영향을 줬다고 주장하는 연구자들은 이를 환경변화에 따른 문화변화로 해석한다(d'Errico et al. 2017). 다시 말해 남아프리카에서는 10-8만년 전 즈음 행위적 현생성의 증거가 등장하지만, MIS 4라는 냉한기가 닥치면서 문화적 단절이 나타났다는 것이다. 호위슨스푸트 유물군은 60,000년 전이면 거의 사라진다. 이것은 인구의 급감, 그리고 인구가 소규모로 여러 지역으로 흩어졌던 상황을 가리키는지도 모른다. 이를 근거로 인구병목 현상을 떠올리는 연구자도 있다(Ambrose 2001; Jacobs et al. 2008).

그러나 동아프리카에서 토바 화산폭발로 인한 급격한 문화 단절이나 변화를 찾을 순 없었다. 최근 요스트 등은 레인 등과 마찬가지로 동아프리카 말라위호의 퇴적층에서 코어를 뚫어 분석해 토바 화산폭발의 강도와 영향력 등을 검증했다(Lane et al. 2013; Yost et al. 2018). 코어 퇴적층을 분석한 결과 저지대의 식생에는 별 변화가 없었다. 강수량이 감소하고 고지대 식생에 변화가 있었으나, 그렇다고 여름이 사라질 정도(volcanic winter condition)는 아니었다. 요스트 등은 74,000년 전 즈음 화산폭발로 인구가 멸종에 가까울 만큼 급감해 병목현상을 일으켰다는 가설에 부합하는 어떤 자료도 찾지 못했다.

스미스 등은 남아프리카 해안에서 가까운 두 유적에 살던 사람들에게 토바 화산폭발이라는 위기가 어떠했는지 검증한 바 있다(Smith et al. 2018). 인도네시아에서 9,000km나 떨어진 남아프리카에서도 약 74,000년 전 퇴적층에서 토바 화산재의 흔적이 발견되었다. 이처럼 폭발의 흔적이 뚜렷한데도, 이곳의 문화층에서는 토바 화산폭발, 그리고 뒤이은 냉한기의 도래에도 인류 점유에서 공백이나 단절이 보이지 않았다. 스미스 등은 이를 남아프리카 해안지방에 풍부한 식량자원이 있었으며 이미 현생인류의 행위문화적 특성이 잘 갖춰진 덕분으로 해석한다. 이곳에 살던 인류는 토바 화산폭발이라는 재앙을 견뎌냈을 뿐 아니라 화산폭발 이후에 오히려 유적 점유의 밀도가 더 강해졌으며, 기술혁신도 뒤따랐다고 한다.

이렇게 학계에서 관심도 높고 화산폭발의 흔적이 세계 여러 곳에서 확인되지만, 지금으로선 현생인류의 운명이 바뀌었다는 증거는 없거나 부족하다고 해야겠다. 물론 화산폭발은 엄청난 규모였고, 주변 현생인류에게는 재앙이었을 것이다. 화산폭발 같은 자연재앙이나 환경변화가 문화변화에 큰 변수임은 사실이지만, 그것만으로 모든 것을 설명하려는 시도는 늘 실패했다.

Box 6.2

적중-초계분지 운석 충돌과 라샹 이벤트

2020년 12월 14일 우리나라 여러 일간지는 합천의 적중-초계분지가 5만 년 전 거대한 운석 충돌로 형성되었다는 연구 결과를 보도했다. 이곳은 동서로 8km, 남북으로 5km에 이르는 커다란 분지로 주변엔 해발 200m에서 650m에 이르는 산이 둘러싸고 있다. 『*Gondwana Research*』라는 지질학 저널에 발표한 논문에 따르면 한국지질자원연구원 연구팀은 무려 142m 깊이의 시추를 뚫어 확보한 코어 표본을 분석해 운석이 충돌하면서 생긴 암석 조각과 광물변형의 증거를 확인했다고 한다(Lim et al. 2021). 코어의 퇴적물을 보면 가장 깊은 142m에서 72m까지는 깨진 암석 조각과 광물의 변형 자료가 누적되어 있으며, 그 위 6.2m까지는 호수퇴적층이 쌓여 있다. 이 호수퇴적층에서 수습한 숯 15개를 연대측정한 결과 이른 것은 57,000년 전에서 늦은 것은 43,000년 전까지 연대가 나왔다. 물론 퇴적층의 깊이에 따라 일률적 패턴을 보인 것은 아니며, 상당한 연대측정치 역전도 보인다.

연구팀은 대략 지름 200m 크기의 운석이 떨어졌으며, 이로 말미암아 히로시마 원자폭탄의 100배 규모인 1,400메가톤의 에너지가 나왔다고 밝혔다. 깊이 130m 정도의 셰일층에서는 충돌로 형성된 원뿔형암석구조(shatter cones)가 6cm 크기로 확인되었다고 한다. 표면에서 나타나는 선 모양이 한 곳으로 집중되면서 마치 콘 모양을 이루는 것이 충돌의 영향으로 변형된 모습이라는 것이다. 또한 석영과 운모 입자가 충돌을 받아 형성된 평면변형 패턴도 확인할 수 있다고 한다.

일간지는 "5만 년 전 당시 운석 충돌로 합천을 중심으로 서울~부산까지 초토화됐을 것이다. 당시는 빙하기로 원시인류들이 주로 동굴 속에서 살고 있었던 때라 한반도 내에 원시인류가 멸종하는 일은 면했을 것이다."라고 전한다(출처: 『중앙일보』, 합천 4km 분지의 비밀, 5만 년 전 떨어진 운석). 실제 논문에서는 다루지 않았던, 운석 충돌이 당시 구석기인들에게 미친 영향을 언급한 것이다.

거대한 운석 충돌이 확인된 것은 매우 반가운 일이다. 그러나 과연 그것이

서울에서 부산까지 초토화시킬 만큼, 곧 당시 식생이 모두 불에 타 검게 그을려 땅이 못쓰게 되었을 만큼 당시 사람들에게 엄청난 영향을 미쳤을까? "주로 동굴에 살고 있어서 멸종을 면했을 것"이라는 해석은 옳은 것인가? 당대 사람들이 동굴을 은신처로 이용한 것은 맞지만, 그리 동굴이 많지 않은 우리나라에서 구석기시대 유적 대다수는 야외에 있으니, 이는 잘못된 해석이다.

라샹 이벤트(Laschamps event, Adams event)란 약 42,000년 전 지구자기장이 현저히 약화한 사건을 가리킨다. 알려진 지 50년이 넘었지만(Hall and York 1978), 최근에서야 환경에 미친 영향을 논의하고 있다. 지구자기장 힘이 크게는 현재의 5% 정도로까지 떨어져 오존층이 약화했으며, 이 상태가 1,000년 정도 지속되었다고 한다. 이 때문에 지구의 보호막이 약해지면서 더 많은 우주선이 지표에 도달하고, 수많은 동식물이 여기에 노출되었다고 한다. 과학자들은 여기서 멈추지 않고, 이런 사건이 어떤 효과를 불렀는지 함의를 찾고자 한다. 그리하여 오스트레일리아에서 대형동물이 멸종했을 뿐 아니라 네안데르탈인도 절멸에 이르게 만들었다고까지 말한다. 그러나 이런 주장이 정식으로 학술논문으로 실리진 않은 것 같다(Voosen 2021). 가설이라 말할 수도 있겠지만, 알려진 인과관계의 증거가 없는 이상 비약이라는 비판을 피할 수 없다.

아이라 화산폭발과 전곡리 유적지

아이라(始良)칼데라는 일본 규슈 남쪽 바다에 있다. 이 분화구는 엄청나게 커서 지름만 20km에 이르고, 바다에 만을 이루고 있다. 그 안에 지금도 연기를 뿜는 사쿠라지마(櫻島)화산이 있다.

이곳에서 약 30,000년 전 즈음 큰 폭발이 있었다. 최근 비와(琵琶)호수와 수이게츠(水月)호수 바닥에 쌓인 퇴적층에서 화산재(AT 화산재)층을 연대측정한 바에 따르면 대략 30-29 ka 정도에 분출했다고 한다. 한국의 여러 문헌에서는 25,000년 전이라 소개하고 있으나 방사성탄소연대를 보정한 결과는 30,009±189 cal BP라고 한다(Smith et al. 2018).

화산폭발은 매우 큰 규모였다. 엄청난 화산재 부석이 뿜어져 나와 규슈 남부를 뒤덮었다. 지하에서는 마그마가 분출했고, "이토화쇄류"가 솟구치며 흘러내려 규슈 남부 전체를 휩쓸었다. 오늘날 "시라스"라고 불리는 하얀색 퇴적층이 바로 이 화산쇄설물이 쌓인 흔적이다. 규슈 남부를 넘어 화산재는 전 일본, 아니 한국의 하늘까지 뒤덮었다. AT 화산재는 높이 40km까지 솟구친 뒤 편서풍에 실려 1,000km 멀리 혼슈 북단까지 날아갔다.

화산폭발로 규슈는 아마 초토화되었을 것이다. 식생은 화산재에 덮이고, 야생동물뿐 아니라 이곳에 살던 사람들도 죽거나 재앙을 맞았을 것이다. 편서풍을 생각하면 화산재는 주로 동쪽으로 날렸을 것인데, 교토에도 40cm 두께의 화산회층이 있고 주변 비와호에도 25cm 정도 두께의 층이 있으며, 규슈 북부의 화산재층은 이보다 얇아 두께가 20cm 정도다. 그렇다고 해서 토바 화산처럼 인류를 멸종에 가까운 위기에 빠뜨렸다는 가설이 나올 만큼 큰 폭발은 아니었다. 하늘빛을 뿌옇게 가리던 화산재 연기도 가라앉았을 것이고, 다시 비가 내리고 물이 흐르고 바람도 불었다. 이렇게 흙이 쌓이면 식생도 살아나고, 동물도 다시 찾아왔을 것이다. 규슈, 그리고 간사이(関西) 지방까지도 식생은 파괴되고, 동물과 수렵채집민에겐 재앙이 있었을 것이 분명하다. 그러나 문화 진전의 궤적을 바꿀 만큼 엄청난 변화를 몰고 오진 않았다.

AT 화산재는 유문암질인데, 한국에서도 발견되고 있다(이선복 외 1998; 임현수 외 2006). 이렇게 넓은 범위에 걸쳐 확인되는 화산의 흔적을 광역화산재라고 부른다. 연천 전곡리는 우리나라에서 아마도 가장 유명한 구석기 유적일 것이다. 1978년 한 미군 병사가 한국인 여자친구와 한탄강변을 산책하다 그동안 동아시아에 없다고 알려진 아슐리안 주먹도끼를 발견해 역사의 한 장을 장식했다는 이야기는 유명하다. 이곳에는 몇백억 원을 들여 지은 박물관이 들어섰고 해마다 어린이날 즈음 수십만 명이 모이는 축제가 열린다. 2005년에는 발견자인 그레그 보언이 한국인 부인과 참석하기도 했다(성춘택 2020). 이 전곡리 유적 연대를 놓고선 주먹도끼의 존재에 주목해 30만 년 전이라는 의견과 퇴적층의 TL연대를 근거로 5-4만 년 전이라는 설이 대립했다.

그런데 1990년대 중반 전곡리를 비롯해 우리나라 구석기 퇴적층에서도 AT 화산재가 확인되었다. 처음엔 매우 미량이어서 회의론도 만만치 않았으나 여러 유적에서 확인되기에 이제는 사실로 받아들인다. 화산재가 수만 년을 하늘을 떠돌 수는 없기에 전곡리유적의 최상부 퇴적층은 적어도 30,000년 전 즈음의 후기 구석기 층이라는 얘기다.

아이라 화산폭발은 한국에서 재앙을 일으키진 않았다. 맨눈으로 볼 수는 없고 실험실에서 이 화산재의 특성을 잘 아는 전문가가 정교한 분석을 해야만 확인할 수 있을 만큼 미량 포함되어 있을 뿐이다. 어쨌든 화산재가 날아왔다는 사실이 중요하고, 이로부터 후기 구석기 퇴적층을 편년하는 데 도움을 얻었으니, 고고학에서는 반가운 일이다. 베수비오 화산폭발 같은 자연재앙은 무서운 일이지만, 한편으로 그로 인해 믿기 힘들 만큼 잘 보존된 유적을 조사할 수 있어 오늘날 고고학으로선 행운이기도 하다. 선사시대나 역사시대 주거지가 불에 탔을 때는 숯이 된 나무가 그대로 보존되기도 한다. 그로부터 집의 구조뿐 아니라 연대측정까지 할 수 있으니, 고고학의 입장에선 반가운 일이다.

환경결정론 비판

1815년 인도네시아 탐보라 화산폭발이 이른바 소빙하기(Little Ice Age)의 마지막을 장식한 사건이라고 보는 연구자도 있다. 강력한 폭발로 다음 해는 여름이 없는 해가 되었다는 것이다. 고고학자이자 유명 저술가인 브라이언 페이건(Brian Fagan)은 『기후는 역사를 어떻게 만들었는가: 소빙하기 1300~1850 *The Little Ice Age How Climate Made History*』와 『기후, 문명의 지도를 바꾸다 *The Long Summer: How Climate Changed the Civilization*』라는 책을 쓰기도 했다.[10] 대략 1300년 즈음 산업화가 시작되기 전까지 알프스산을 덮고 있던 빙상이 이때 더 성장했다.

이렇게 역사의 운명을 기후변동에서 찾으려는 노력이 있다. 소빙하기 혹심한 환경 도래가 흑사병의 확산 배경이고, 이로 인해 유럽은 인구의 1/3인 2,500만 명에서 6,000만 명을 잃었다고 한다. 특히 노동계급이 큰 타격을 받아 임금이 상승하고, 이를 바탕으로 신흥 상인이 성장해 르네상스의 토대가 되었다고 설명하기도 한다. 이렇게 보면 오늘날 세계사의 전개에 기후변동은 매우 중요한 역할을 했을 수 있다(박홍식 2021; 페이건 2022). 분명 흑사병이 끼친 영향은 엄청났을 것이다.

어떤 이는 여기서 더 나아가 아시아에서 생긴 흑사병이 몽골 원정으로 유럽에 퍼졌고, 다시 중세 유럽의 토대에 심대한 타격을 주었다고 한다. 이로써 새로운 변화의 전주곡이 울리고, 그렇게 르네상스가 시작하고, 세계사가 변모했다고 풀어낸다. 역사를 이야기해 주는 방식이라고는 하지만, 이는 지나친 단순화와 비약이며 역사적 사건과 영향을 올바로 해석하는 것이라 보기 힘들다. 흑사병의 원인과 전파 과정도 그리 단순하지 않았던 것 같다(박홍식 2021). 흑해 연안에서 몽골군과 제노바 상인들 사이에 벌어졌다는 공성전 기록도 신뢰할 수 있는지 사료 검증이 필요하다(남종국 2021). 흑사병의 창궐이 르네상스의 확산에 큰 영향을 미친 것은 사실이지만, 르네상스는 이미 시작하고 있었다고 한다. 그러니 전염병이 일으킨 인구구조의 변화와 함께 당대의 사회문화적 배경과 역사적 맥락을 알아야 르네상스 전개 과정을 이해할 수 있다.

복잡하게 전개된 세계사 흐름의 원인을 단순한 사건이나 조건에서 찾고 싶은 욕심은 늘 있는 것 같다. 특히 자연과학을 배경으로 하는 연구자는 연역적 사고에 익숙하여 복잡한 현상을 단순화시켜 설명하고자 하는 경향이 강한 것 같다. 한두 가지 변수로 그럴듯한 설명 모델이나 가설을 제시하고, 여러 연구자가 이를 검증하는 방식이 보편화되어 있다. 그런데 역사가라면 흑사병 창궐 전후 정사는 물론 온갖 수기나 치료기록, 나아가 일기까지 관련 자료를 모두 수집해 역사의 맥락에서 풀어내려 할 것이다. 그렇기에 단일한 원인에 주목해 역사의 흐름을 설명하는 시도는 일반적이지 않은 것 같다. 온갖 물질 자료를 수집하고 분류, 분석하는 고고학도 마찬가지다. 또 자료가 어떻게 형성되었는지 비판적으로 검토해야 함은 물론이다.

6,600만 년 전 소행성이나 혜성이 지구에 떨어진, 아니 지구와 충돌한 사건이야말로 지질시대로서 중생대를 마감시켰는지 모른다. 유카탄반도에는 거대한 충돌 자국이 있다. 우리가 그토록 알고 싶어 하는 공룡을 비롯한 수많은 생물이 대멸종에 이른 원인은 이렇게 단순할 수도 있는 일이다. 그러나 토바 화산폭발이, 아이라 화산폭발이, 그리고 백두산 화산폭발이 정말 그토록 인류 역사에 커다란 영향을 끼쳤다면 고고학은 어떻게 해야 할까. 고고학은 물적 증거를 토대로 과거 문화변화를 추적한다. 만약 그러하다면 분명 물적 기록이 남았을 것이다. 그래야 한다. 과학적 가설이라면 검증할 수 있어야 한다. 검증할 수 없다면 그저 그런 이야기일 뿐이다.

백두산이든, 토바 화산폭발이든 자연재앙을 거론하며 역사의 변화를 설명하고자 하지만, 변화의 원인을 찾고 과정을 풀어내기란 그렇게 간단하지 않다. 자연환경의 변화와 인간과 사회문화의 변화를 연결시킬 고리가 필요하다. 자연재앙은 인류문화에 큰 변화를 몰고 왔을지 모른다. 다만, 그 관계를 단순화시키면 안 된다.

과거에도 기후변동, 또는 자연환경을 들어 인류문화와 역사를 설명하려는 흐름은 있었다. 심지어 오늘날 세계사의 흐름, 곧 유럽과 미국이 세상을 주도하게 된 원인을 자연환경 탓으로 돌리는 연구도 많다. 19세기 지식인 가운데는 저위도 열대림 안에서는 언제든 풍부한 과실을 얻을 수 있기에 게으른 성품이 자리 잡았고, 그에 반해 고위도 지방은 그렇지 않아 부지런한 품성이 자랐다고 여기는 사람들이 많았다. 그렇게 오늘날 세계의 질서를 역사적으로 당연한 듯 설명하고 받아들이게 했다. 이는 학문적으로 19세기 단선진화론과 연결되어 있으며, 제국주의의 침탈과도 무관하지 않다. 사회문화의 발전에 단순한 선을 그리고, 그것을 환경의 탓으로 환원해 설명하는 것은 위험하다.

기후환경결정론은 지구의 역사와 인류의 역사를 지나치게 단순하게 설명하려 한다. 유럽중심주의에 빠진 설명은 학문적으로 근거 없음에도 정치적으로 악용되기까지 했다. 기후변동은 그저 환경변화의 토대일 뿐 그것 자체로 필요충분조건이 되는 것은 아니다. 인종주의와 제국주의는 나치즘과 제2차 세계대전의 참화를 거치며 학문 세계에선 설 자리를 잃었다. 고고학, 인류학, 지리학, 사회학 등 관련 학문에서 환경(생태)결정론은 20세기 중반 크게 비판을 받고 학문의 뒤안길로 밀려났다. 환경결정론이 배척된 이유는 기후나 환경변화의 영향에 대한 과학적 근거가 부족했고, 또 나치의 몰락과 함께 인종주의가 철저히 배격되었기 때문이다.

고고학은 환경변화, 기후복원의 중요성을 간과한 적이 없다. 환경결정론을 배격하면서도 고환경자료는 늘 중시했다. 환경결정론이 문제지, 환경조건은 분명 과거 문화를 이해하는 데 중요한 배경이다.

그런데 최근 다시 기후와 환경변화가 인류문화와 역사에 미친 영향에 여러 연구자가 관심을 가지기 시작했다. 이제 자연과학과 기술이 발달하면서 세계 곳곳에서 세밀한 기후와 환경변화의 자료가 확인되고 있다. 이를 근거로 다시 역사와 문화변화를 설명하려는 흐름이 나타나고 있다. 세부적 척도에서 기후변동의 자료라는 한쪽 톱니바퀴를 얻었으니, 이것을 또 다른 톱니바퀴, 곧 선사고고학 편년과 문화변화와 짜맞추려는 시도가 나오기 마련이다. 그런데 지난 세기 학계에서 이미 논의하고 검증했듯이 문화변화를 자연환경의 변화 탓으로 돌리는 것은 지나치게 단순하다. 과거 기후환경결정론의 잘못을 되풀이할 순 없다.

소빙하기나 화산폭발 같은 자연재해의 영향은 대중도 공감하는 매력적 가설이면서 중요한 실마리가 될 순 있지만, 평생을 매달려 관련 자료를 찾고 분석해도 검증하기 어려운 일이다. 나아가 더 세부적 편년을 세우면서 그 잘못이 드러나기도 한다. 예컨대 영거드라이어스(YD)기라는 12,900년 전에서 11,700년 전(기원전 10,900-9700년)까지 이어진 냉한기는 천 년의 가뭄(마이든 2019)이라 부를 만큼 큰 기후환경변화였고, 주지하듯 서아시아에서 수렵채집민이 식물재배에 나서는 데 큰 영향을 미쳤다. 냉한기의 증거는 전 세계 여러 지역에서 확인되고 있다. 당대를 살았던 수렵채집민에겐 큰 도전이었을 것이다. 하지만, 모든 곳에서 급격한 문화변화가 동반한 것은 아니다. 북아메리카에서는 냉한기가 닥치고 상당한 수의 대형동물이 멸종하지만 수렵채집민의 인구가 급감한 증거는 없고, 오히려 클로비스문화와 폴섬문화를 이어갔다.

기온이 상승하고 온난한 환경이 도래했기에 사람이 살기 좋아졌고, 반대로 기온이 떨어져 혹심해졌기에 삶의 조건이 나빠졌다는 식의 서사는 사실이 아님이 드러나기도 한다. 오늘날 추운 환경에서도,

더운 환경에서도 인간집단은 얼마든지 잘 적응하고 산다. 그리고 심지어, 주관적인 감정이긴 하지만, 원주민은 타자가 보기엔 어려운 환경도 매우 살기 좋은 곳이라고 말하며 자부심이 넘치는 것 같다.

선사시대 문화변화를 단일한 선으로 그리는 일은 위험하다. 방사성탄소연대와 유적의 수 등을 보면 우리나라에서는 최후빙하극성기라는 혹심한 조건에서 오히려 더 많은 사람이 모여 살았다. 그러나 기온상승과 더불어 인구는 급감하는 양상이 드러난다(성춘택 2019). 아마도 시베리아와 북중국, 아무르강 유역에서 환경의 생산성이 높아지면서 수렵채집민을 끌어들였던 때문으로 보인다. 그렇다고 현재 우리나라에 살던 사람들이 이런 고위도지방까지 직접 이동하진 않았을 텐데 왜 인구는 급감했을까? 그 이유는 아마도 수렵채집민의 광역교류네트워크 때문일 것이다. 한반도를 포함한 거대한 광역교류네트워크가 움직인 것으로 보인다. 북쪽의 사람들이 더 북쪽으로 들어가고, 한반도 남쪽에 있던 수렵민도 더 북으로 옮아가는 연쇄이동이 일어난 것이다(11장 참조). 기온상승과 환경변화는 간접적인 생활의 무대일 뿐이고 직접적으로 문화변화, 곧 인구변동에 영향을 준 것은 주변 이동하는 무리와 교류를 유지하는 일이었다(Seong and Kim 2022).

화산폭발과 기후변동, 지구온난화, 대멸종 등을 실증적으로 연구해 인류문화와 역사 연구의 토대가 되는 것은 얼마든지 환영할 일이다. 그러나 자연과학의 발달로 과거 기후의 변화, 환경의 변화에 대해 더 세밀한 지식을 얻게 되자 다시 환경결정론의 유혹에 빠지기도 한다. 나아가 일반 대중에게 직접 호소하는 지식 전달자가 늘면서 더 단순한 논지가 확산하는 경향도 있다. 매우 조심스럽고 학문적으로 경계해야 할 흐름이다.

Box 6.3

유전자 결정론

그 어떤 형태로든 결정론은 복잡한 문제와 현상을 쾌도난마로 풀어내기에 대중에게 매력이 있는 것 같다. 유전자 결정론도 그러하다. 20세기 전반 다윈의 자연선택과 유전학이 결합하면서 오늘날 진화적 종합(Modern Synthesis)이 탄생했다. 그러면서 혹자는 인간 본성과 보편적인 특성이란 사실 유전자 안에 부호화해 자리 잡았다고 주장한다. 일부 사회생물학자와 진화심리학자들은 나아가 남성과 여성의 행동 차이, 개인 능력에 따른 사회적 행동, 이방인을 경계, 기피, 혐오하는 현상 등은 보편적인 특성으로 유전적인 토대가 있다고 본다.

이런 논증이 대중적으로 큰 반향을 불러온 것은 사실이다. 주장은 개인의 주관적 경험을 통해 확신에 이르기도 한다. 하지만, 이런 주장이 과학적으로 '검증'된 것은 아니다. 오히려 인문사회과학의 맥락에서 보면 편협하고 반역사적인 주장도 있는 것 같다.

사실 인간에게 본성이 무엇인지, 그런 것이 있는지는 여기서 논할 거리가 아니다. 그러나 타고난 성질, 곧 본성이 있음을 믿고, 그것을 찾으려는 시도는 그리 성공적이지 못한 것 같다. 물론 우리 행동에는 분명 생물학적 토대가 있음은 사실이다. 그것을 부인할 방법도 없다. 오히려 생물학적 토대를 알아야 풀 수 있는 문제도 많다.

우리의 건강과 삶에서 유전의 영향은 매우 크다. 이는 인간의 삶에 환경이 토대가 되었듯이 생물학적 조건과 유전자야말로 사람의 삶에 토대가 된다. 유전적으로 건강한 사람은 장수할 확률이 높을 것이다. 그러나 그렇다고 모두가 오래 살 것이라 생각하면 잘못이다. 생물학적, 유전적 배경만큼이나 어떻게 사는지가 중요하기 때문이다. 유전적이고 생물학적인 토대만큼이나 주변 환경과 사회조건과 어떻게 상호작용하는지가 중요하다.

우리의 역사는 환경과 유전자의 힘이라는 좁은 제약을 넘어 매우 복잡하게 변모해왔다(르원틴 2001: 217).

07 현생인류 가는 곳에 예술이 있다

동굴벽화

인간의 삶은 상징으로 둘러싸여 있다. 우리가 입는 옷과 쓰는 물건 가운데 상징과 연결되지 않는 것이 있을까? 상징행위와 상징물은 인간을 정의하는 것이기도 하다. 나아가 예술이 기술 위에서 무엇인가를 표현하는 것이라 하면, 상징과 예술은 한몸이다. 고인류에게 상징행위는 일반적이지 않았다. 그런데 후기 구석기시대 현생인류의 삶은 상징과 예술, 그리고 아마도 의례와 종교가 얽혀 있었다.

왜 현생인류는 깊고 어두운 동굴에 들어가 천연색 물감으로 그림을 남겼을까? 형태나 형상, 곧 동물이나 기호를 남겨 어떤 메시지를 전하고자 했을까? 문자의 역사는 기껏 5,000년 정도에 불과하기에 우리의 뇌가 문자를 읽고 해독하는 쪽으로 진화했다고 볼 수는 없다. 오히려 시각 이미지에 적응하지 않았을까? 빙하시대를 살았던 사람들은 주변 환경에 관해 해박한 지식을 가졌고 동물의 모습과 행동을 기억하고 이미지로 표현하는 데 익숙했는지 모른다. 후기 구석기 사람들은 동굴 천장과 벽에 뛰어다니는 말과 들소, 그리고 사자와 코뿔소 무리를 놀랄 만큼 생생하고도 정확하게 그려놓았다. 동굴벽화는 화려함과 아름다움을 넘어 그 자체로 인간이었다.

첫 동굴벽화를 찾아서

2018년 2월 과학저널 『사이언스』는 스페인 카세레스(Cáceres)의 몬테 카스티요(Monte Castillo)라는 동굴에서 무려 64,000년 전의 그림이 발견되었다는 보고를 실었다(Hoffmann et al. 2018). 놀라지 않을 수 없었다. 그동안 유럽에서 가장 이른 동굴벽화는 35,000년 전 즈음이기 때문이다. 그렇기에 동굴벽화란 후기 구석기시대 현생인류의 등장과 함께 나타난 것이라는 생각이 널리 퍼져 있었다. 그런데 64,000년 전이라면 유럽에 현생인류는 한 사람도 없었고, 네안데르탈인만이 살던 때였을 텐데 사실이라면 획기적인 일이 아닐 수 없었다. 동굴벽화를 연대측정했던 사우샘프턴대학의 앨리스터 파이크(Alistair Pike)는 "네안데르탈인은 19세기 화석으로 확인될 때부터 거친 이미지를 가졌고, 지금까지도 예술과 상징행위를 하지 못했으리라 생각했지만, 얼마나 사람처럼 행동했는지는 뜨거운 논쟁거리다. 우리의 발견이 그 논쟁에 실마리를 준다."고 말했다.[11]

과학에서 새로운 자료의 등장과 주장은 늘 다른 연구자의 검증을 거친다. 동굴벽화 자체는 이미 1950년대부터 알려져 있었고, 동굴에서는 후기 구석기 미술에서 흔하게 보이는 손도장(손자국)이 71개나 확인되었다. 이 가운데 하나를 우라늄-토륨(U-Th)연대측정했는데, 라 파시에가(La Pasiega)에서는 64.8 ka(ka=1000년 전), 말트라비에소(Maltravieso) 동굴벽화에서는 66.7 ka라는 결과가 나왔다고 한다. 그렇게 새로운 연대측정 방법을 동원해 손자국 주변에 퇴적된 탄산염을 측정했더니 빨간색 손자국 그림은 적어도 65,000년 전에 만들어

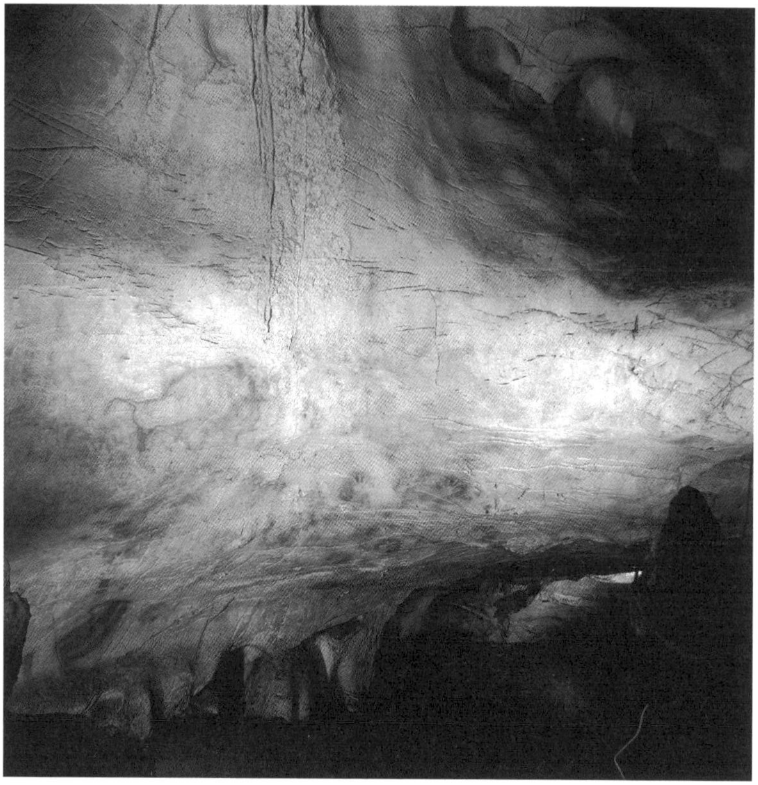

그림 7.1 64,000년 전의 그림이 발견된 스페인 카세레스(Cáceres)의 몬테 카스티요(Monte Castillo)동굴. (출처: wikimedia commons, Cave of El Castillo)

진 것이라 한다.

이 주장에 대해 미국과 스페인, 프랑스 등 여러 나라에서 구석기 시대 동굴벽화를 연구하는 사람들 무려 45명이 면밀한 검토를 거쳐 반대의견을 발표했다(White et al. 2020). 랜들 화이트(Randal White, 1952-2022)[12] 등은 가장 큰 이유로 편년의 근거로 제시한 우라늄-토륨연대측정이란 것이 침출(lixiviation) 효과 탓에 과장된 연대를 내는 경향이 있음을 들었다. 그렇기에 표본을 층위와 지하수 및 광물학적 수단으로 면밀하게 평가해야 한다는 것이다. 신뢰하기 힘든 연대를 바탕으로 한 주장은 다른 증거를 통해 교차검증해야 하지만, 그런

신빙성 있는 절차가 이뤄지지 않았다. 특히 6만 년이 넘는 연대는 방사성탄소연대측정의 한계를 넘어선 것으로 우라늄-토륨연대 하나에만 근거해 네안데르탈인이 남긴 예술이라고 하는 주장은 신뢰할 수 없다는 것이다. 화이트 등은 예술이란 사회문화적 맥락에서 생산되는 것으로, 네안데르탈 사회가 가치와 믿음의 측면에서 그런 오래 지속되는 소통 수단을 가졌다는 증거는 없다고 주장한다(White et al. 2020: 6).

그런데 또 과학저널 『네이처』가 동물을 그린 동굴벽화로는 가장 오래된 증거를 찾았다고 보도했다(Aubert et al. 2018). 이번엔 서유럽이 아니라 인도네시아였다. 보르네오섬의 루방 제리지 살레(Lubang Jeriji Saléh)라는 석회암동굴에서 발견된, 사슴처럼 생긴 붉은색 그림 위에 퇴적된 탄산염을 우라늄시리즈연대측정한 결과 40,000년 전이라는 결과를 얻은 것이다. 동굴에서는 손바닥을 찍은 무늬도 나왔는데, 이를 연대측정한 결과 37.2 ka 정도에 그려진 것이었으며, 비슷한 색조 가운데는 무려 51.8 ka까지 올라가는 것도 있었다고 한다.

인도네시아 술라웨시(Sulawesi)에는 카르스트지형 덕분에 동굴이 많고, 그 가운데는 선사시대 벽화가 확인된 것도 많다. 붉은색으로 멧돼지나 사슴을 표현한 것인데, 최근 활발한 조사가 이뤄지고 있다. 손바닥을 찍은 무늬가 나온 몇 개 동굴벽화를 연대측정한 결과 40,000-35,000년 전의 연대가 나오기도 했다. 2021년 과학저널 『사이언티픽 어드밴시스 *Scientific Advances*』에 발표한 보고에 따르면, 다른 동굴(Leang Bulu' Sipong 4)에 그려진 멧돼지 이미지를 우라늄시리즈연대측정한 결과 45,000년 전이라는 결과가 나왔다. 이 역시 학계의 검증을 거쳐야겠지만, 그대로 인정된다면, 동물을 그린 그림의 연대로 가장 이른 것이 될 터이다.

그런데 2024년 7월 『네이처』는 다시 멧돼지가 그려진 술라웨시

그림 7.2 인도네시아 술라웨시 동굴벽화. (출처: shutterstock)

의 동굴벽화를 새로이 적용한 레이저어블레이션 우라늄시리즈 이미징(laser-ablation U-series imaging) 방법으로 측정한 결과 51,200년 전 그림이라는 결과를 얻었다는 논문을 온라인에 공개했다(Oktaviana et al. 2024). 이렇게 동남아시아, 특히 인도네시아 보르네오와 술라웨시에서 이른 연대가 나오는 것이 심상치 않다. 몇 년 만에 세계 최고(最古)라는 것이 또 나온 것이다. 앞으로 더 앞선 동굴벽화의 증거가 나오고, 또 검증을 거칠 것이다.

이처럼 최근엔 보르네오나 술라웨시 등지에서 지금까지 잘 알려지지 않았던 동굴벽화를 활발히 조사하고 있다. 유럽에서 먼 동남아시아 섬에서 가장 오래된 동물 그림이 발견된 것이다. 이는 유럽보다 이곳을 거쳐 오스트레일리아로 들어가는 현생인류의 확산이 빨랐다는 사실과도 어울리는지도 모른다. 그런데 최초의 증거를 찾는 일은 늘 어렵다. 앞으로 몇 년 안에 이보다 더 오래된 연대도, 또 다른 곳에서 비슷한 사례가 나올 것이다.

사실 보르네오와 술라웨시 동굴벽화의 연대가 알려지기 전 가장 주목을 받았던 유적은 프랑스의 쇼베(Chauvet) 동굴벽화이다. 1994년 12월 쇼베동굴 등을 탐사하던 세 연구자가 발견했다. 당시 프랑스 문화부장관이 프랑스 동남부에서 새로운 구석기시대 동굴벽화 유적을 발견했다고 발표하는 뉴스를 보면서 아직도 그런 새로운 동굴벽화가 발견된다는 사실에 놀랐던 기억이 있다. 중요한 것은 연대였다. 벽화를 그릴 때 식물과 피, 숯 같은 유기물을 섞어 물감을 만들었기에 그림 일부를 아주 조금 떼어내 방사성탄소연대측정을 할 수 있다.

쇼베동굴에서는 벽화의 일부, 그리고 동굴 안 퇴적층에서 채취한 숯 시료를 이용해 250개가 넘는 방사성탄소연대를 얻었다. 최근 발간된 연구에 따르면 동굴에는 크게 두 시기에 걸쳐 사람이 들어온 흔적이 있다고 한다. 첫 번째는 방사성탄소연대를 보정해 37,000-34,000년 전, 그리고 두 번째는 31,000-28,000년 전이다. 동굴 벽에서 발견된 대부분의 동굴사자와 코뿔소 같은 검은색 그림이 그려진 때는 이 가운데 첫 번째 시기, 그러니까 35,000년 전 즈음이라고 한다(Quiles et al. 2016). 그런 다음 동굴은 2만 년 전께 입구가 막혀 보존되었다.

쇼베동굴에는 후기 구석기시대가 시작할 무렵(유럽에서는 오리냐시안[Aurignacian]이라 부른다)부터 수없이 많은 동물을 묘사한 그림이 그려져 있다. 라스코와 알타미라 등 우리에게 친숙한 막달레니안(Magdalenian)기의 동굴벽화보다 거의 2만 년이나 이른 후기 구석기시대 초 현생인류가 찾아와 남긴 그림이다. 몇만 년이나 시간 차가 있지만, 근본적으로 주변 환경에 서식했던 대형동물을 묘사했고, 사람, 그리고 산과 들 같은 풍경은 거의 그리지 않았다는 공통점이 있다.

쇼베동굴을 찾았던 후기 구석기 수렵민은 동굴 벽의 울퉁불퉁한 부분을 편평하고 부드럽게 정리한 다음 모두 13종 정도의 동물을 그려놓았는데, 특히 알타미라나 라스코처럼 널리 알려진 후기 구석기시대 동굴에서는 거의 보이지 않던 육식동물도 꽤 있었다. 동굴사자나 표범, 곰과 하이에나를 그렸다. 심지어 사자는 옆모습으로 얼굴이 서로 교차되어 있었고, 코뿔소 두 마리는 영역이나 짝을 두고 다투는 듯 뿔을 부딪치는 모습이 생생히 그려져 있다. 사람 얼굴을 묘사한 것은 없었지만, 들소 머리 아래 세모꼴의 그림은 여성의 음부를 표현했다고 해석한다. 그 위에는 들소의 머리가 그려져 있는데, 머리만 있는 것으로 보아 주술사일 가능성도 있다.

알타미라 동굴벽화

19세기 들어 프랑스와 영국에서는 빙하시대의 매머드를 비롯한 절멸 동물의 뼈와 사람이 만든 것이 분명한 뗀석기가 여러 곳에서 함께 나왔다. 사라진 동물과 사람이 같은 때 살았다는 증거를 쉽게 인정할 순 없었다. 발견이 이어지자 1859년 조셉 프레스트위치(Joseph Prestwich)와 찰스 라이엘(Charles Lyell), 존 에번스(John Evans) 같은 당대 저명한 지질학자와 고고학자가 유적을 찾았다. 그리고 학계에서 공식적으로 성서를 비롯한 그 어떤 문헌에도 기록되어 있지 않은 "선사시대"가 있었음을 인정한다. 이렇게 선사시대가 우리 앞에 나타난 것이다. 이로써 그 시대를 연구하는 학문, 곧 고고학이 성장했다. 그해 11월 찰스 다윈은 『종의 기원』을 출간해 이 세상 생물의 다양성은 오랜 시간 자연선택의 결과임을 주장했다. 다윈은 자연과 역사를 바라보는 시각, 그리고 학문의 세계를 영원히 바꿔놓았다.

서유럽의 여러 후기 구석기 유적도 이때부터 알려졌고, 조사도 이뤄지기 시작했다. 1852년 피레네 산록 오리냑(Aurignac)이라는 작은 마을 근처의 동굴에서 매머드 이빨로 치장한 인골이 나왔다. 8년 뒤 지질학자 에두아르 라르테는 이곳까지 말을 타고 갔다. 인골은 이미 그곳 성직자가 공동묘지에 묻어버렸지만, 동굴에서 수많은 동물 뼈와 뗀석기를 찾았다(페이건 2019). 그리고 영국 은행가 헨리 크리스티(Henry Christy)의 후원을 받아 레제지(Les Eyzies)에서 마들렌(La Madeleine)과 무스티에(Le Moustier), 페라시(La Ferrasie)까지 유명한 구석기 유적을 조사해 수많은 뿔과 뼈로 만든 유물과 플린트 석기를 수습했다. 베제르강가에 있는 마들렌 바위그늘에서는 뿔로 만든 찌르개와 미늘이 달린 작살을 찾았다. 동물을 아름답게 새긴 유물 가운데는 옆구리를 핥고 있는 들소를 생생히 묘사한 것도 있었다. 이렇게 구석기시대의 잘 만들어진 예술품과 석기가 알려졌다. 그리고 1868년 크로마뇽(Cro-Magnon)동굴에서 이 시대를 살았던 현생인류의 화석이 나왔다.

1868년 스페인 칸타브리아 지방에서 모데스토 쿠비야스(Madesto Cubillas)는 사냥개가 바위틈에 빠진 것을 보고 커다란 동굴이 있음을 알았다. 그리고 이 사실을 지주 사우투올라(Marcelino Sanz de Sautuola)에게 알렸다. 사우투올라는 넓은 땅을 소유하고 있던 변호사였고, 고고학에도 관심이 있었다. 1875년 처음 동굴을 찾았고, 이때 벽에 검은 점 같은 것을 봤지만, 그리 관심을 기울이지 않았다고 한다(Bahn 1997).

10년이 흐른 뒤 사우투올라는 파리에서 열린 박람회에 갔다. 그곳엔 에두아르 라르테가 발굴한 레제지의 크로마뇽동굴에서 나온 유물과 예술품도 전시돼 있었다. 이미 구석기시대의 여러 조각품이 알려져 있던 때였다. 사우투올라는 이 동굴을 다시 찾은 다음 발굴하기로 했다. 그렇게 동굴을 조사를 시작했고, 구석기시대 유물을 찾기도 했다.

사우투올라는 구석기시대 사람들이 동굴에서 살았다고 확신했다. 딸 마리아와 함께 동굴 조사에 나서 석기와 예술품을 찾으려 했다. 마리아는 땅을 파는 데 이내 싫증이 나 동굴 더 깊은 쪽에 들어가고 싶다고 졸랐다. 아버지는 조심할 것을 당부하며 초에 불을 붙여 주었다. 그리고 얼마 안 있어 마리아는 "황소다, 황소!"라고 소리쳤다.

그림 7.3 1880년 사우투올라가 리스본 학회에서 발표한 알타미라 동굴벽화의 일부. (출처: wikimedia commons, Cave of Altamira)

알타미라 동굴벽화가 만 년이 넘도록 잠을 자다가 세상에 다시 모습을 드러낸 순간이었다. 아이가 외치는 소리가 메아리처럼 울리자 사우투올라는 황급히 안으로 들어갔고, 마리아는 동굴 천장을 가리켰다. 부녀는 넓은 갤러리에서 촛불을 밝혀 동굴 벽에 그려진 황소 그림을 놀라움 속에 바라보았다. 여덟 살 마리아가 고고학 역사에 남는 큰 발견을 한 것이다. 이렇게 알타미라 동굴벽화가 알려졌다.[13]

사우투올라는 파리박람회에서 후기 구석기시대 유물을 본 경험이 있기에 이것이 구석기시대 그림일 것이라고 생각했다. 그리곤 마드리드대학 교수였던 친구 후안 빌라노바(Juan Vilanova y Piera)에게 연락했다. 지질학과 고생물학을 전공한 빌라노바 역시 구석기시대 그림일 것이라 믿었다. 사우투올라와 빌라노바는 동굴벽화를 스케치하듯 모사했다(그림 7.3). 두 사람은 알타미라 동굴벽화를 알리고자 1880년 리스본에서 열린 국제선사학회에서 발표했다. 그러나 발표장에 있던 학자 가운데 이를 그대로 믿는 이는 아무도 없었다. 사람들은 자연 그대로 야만에서 거칠게 살았을 구석기시대 사람들이 그토록 훌륭한 그림을 그렸을 리가 없다고 생각했다. 심지어 그림 자체가 구석기시대 것이라기에는 너무 신선하다는 시각도 있었다. 습도가 높은 동굴이고, 바위도 그리 단단하지 않은데, 그렇게 잘 보존되었을 리가 없다는 것이다. 만약 등잔을 이용해 불을 밝히고 그렸다면 동굴 천장에는 그을음으로 가득할 것이라는 비판도 있었다. 그런데 후일 동물지방을 이용해 불을 밝힌 실험을 한 결과 그런 그을음은 나오지 않았다(Bahn 1997: 19). 비슷한 동굴벽화가 전혀 알려지지 않은 상태인 데다, 사우투올라는 학계에서 전혀 이름도 들어보지 못한 아마추어이기도 했다(Bahn 1997: 18).

라르테를 뒤이어 구석기고고학의 토대를 닦았던 프랑스의 가브리엘 드 모르티예(Gabriel de Mortillet, 1821-1898)와 저명한 선사학자 에밀 카르타야크(Émile Cartailhac, 1845-1921)가 사우투올라의 반대편에 섰다. 심지어 현대의 미술가를 고용해 위작을 그렸다는 혐의도 제기했다. 카르타야크는 오록스 그림이 선사시대 동물과 비슷하지 않다고 지적하기도 했다(Bahn 1997: 18). 거짓, 위선자라는 평가에 사우투올라는 크게 낙담했고, 우울증에 빠졌다. 학사에 남을 위대한 발견은 인정받지 못했고, 사우투올라는 1888년 쉰일곱 나이에 숨을 거뒀다. 그리고 당시는 구석기시대 유적과 유물은 대부분 프랑스 서남부에 집중되어 있었기에 스페인에는 별로 주목하지 않았던 때다.

그러나 비슷한 발견이 프랑스와 스페인에서 이어졌다. 구석기시대 동굴이 발견되고 알타미라에서 알려졌던 것과 비슷한 동굴벽화도 나왔다. 1880년 학회에서 사우투올라의 발견을 공박했던 에밀 카르타야크 자신도 프랑스에서 동굴벽화(Les Mas d'Azil)를 찾고 구석기시대의 것이라고 주장했던 터였다(Currier 2015). 캄캄한 동굴 안을 밝혔던 램프로 쓰인 유물까지 발견되고 있었다(Bahn 1997). 이렇게 발견이 이어지는 이상 카르타야크도 그대로 있을 수 없었다. 카르타야크는 1902년 후일 동굴벽화 연구의 대가로 성장하는 젊은 신부 앙리 브뢰유(Henry Breuil, 1877-1961)와 함께 알타미라동굴을 찾았고, 벽화가 구석기시대에 그려진 것임을 인정했다. 그리고 잘못을 시인하는 글을 인류학 학술지 『란트로폴로지 *L'Anthropologie*』에 썼다.

학계에 이름난 학자가 잘못을 시인하는 것은 드문 일이다. 순수한 학자적 양심을 끝까지 지키는 것은 용기가 필요한 일이기도 하다. 물론 카르타야크가 끝까지 알타미라 동굴벽화를 인정하지 않을 수는 없었다. 증거가 쌓여가고, 브뢰유 같은 젊은 연구자들이 늘어가는 판에 자신만이 외톨이가 될 수는 없었다. 덧붙여 첫 동굴벽화가 스페인이 아닌 프랑스에 있었더라면 그토록 회의적인 반응은 나오지 않았을지도 모른다. 당시에도 여전히 구석기고고학은 프랑스가 주도했으며, 수많은 유적과 연구자가 프랑스에서 나왔다. 1902년 논란이 해결되었을 때 사우투올라도 빌라노바도 살아 있지 않았다. 모르티에도 세상을 떠난 뒤였다. 마리아만이 아버지의 영광, 아니 스스로가 얼마나 위대한 발견을 했는지 위안을 얻었을 뿐이다. 심지어 카르타야크는 마리아에게 죽을 때까지 회한을 느낄 것이라고 썼다 한다(Bahn 1997: 22).

그만큼 알타미라 동굴벽화는 충격이었다. 원시적이고 야만의 삶을 살았을 구석기시대 사람들이 그토록 훌륭한 그림을 남겼을 리 없다는 인식이 광범위했다. 실제 알타미라를 비롯한 동굴벽화를 자세히 보면 현대 예술가의 그림과 견줘 손색이 없다. 오히려 깜깜한 어둠 속에서 등잔불 몇 개에 의지해 그렸을 것임을 생각하면, 그리고 만년이 넘도록 눈부심을 잃지 않음을 생각하면, 과연 천재 화가들의 작품이라 할 만하다. 알타리마동굴은 약 13,000년 전 즈음 천장이 무너져 입구가 막혀 19세기 후반까지 거의 밀봉되었기에 잘 보존될 수 있었다.

후일 방사성탄소연대측정에 따르면, 대략 18,000년 전에서 14,000

년 전 즈음 막달레니안 수렵민이 드문드문 찾아와 남긴 유적임이 밝혀졌다. 그러나 만년이 넘는 시간 동안 찬란한 색감을 잃지 않고 보존된 벽화를 보러 사람들이 찾아오기 시작했다. 1970년대가 되면 이곳을 찾는 사람들이 너무 많아져 내뿜는 입김에 동굴벽화는 점점 훼손되기에 이르렀다. 결국 스페인 정부는 1977년 동굴을 폐쇄했다.

유명한 라스코동굴 역시 비슷한 발견의 역사가 있다. 1940년 열여덟 살 소년이 개와 함께 숲에 들어갔다가 개가 바위틈에 빠졌다. 그렇게 동굴의 존재를 알게 되자 나중에 친구들과 함께 탐험에 나서 찬란한 벽화를 찾은 것이다. 소년 셋은 천장에 거대한 들소가 울부짖으며 뛰어가는 듯 묘사된 넓은 방에 넋을 잃고 서 있었다. 동굴벽화 발견 소식은 곧 당대 구석기 동굴벽화의 최고 전문가로 성장한 브뢰유의 귀에까지 전해졌다. 브뢰유는 바로 동굴로 달려가 벽화를 세심히 관찰하고 스케치한다. 고화질 사진이 없던 시절이어서 흑백 사진과 대조하면서 며칠을 동굴에 머물며 스케치를 했다. 후일 동굴벽화가 사람들이 내뿜은 입김으로 훼손된 탓에 이 스케치는 중요한 연구 자료가 되었다.

제2차 세계대전 후 1948년 라스코동굴은 상당한 훼손을 겪었다. 동굴은 지하 박물관이 되어 10년이 넘도록 매일 1,000명 넘는 방문자가 찾았다. 엄청나게 몰려든 관광객들이 내뿜는 입김과 이산화탄소에 곰팡이와 이끼가 피었다. 결국 1963년 동굴은 문을 닫고 말았다. 프랑스 정부는 근처에 모사한 동굴을 개관해 관람객을 맞고 있다.

무엇을 그렸나

유명한 라스코와 알타미라 동굴벽화에는 들소와 말 같은 풀을 뜯는 큰 동물이 그려져 있다. 물론 쇼베동굴의 벽화에는 동굴사자를 그려놓기도 했다. 하지만 이런 육식동물은 예외라 해도 좋을 만큼 적고, 가장 많은 동물은 사슴과 말, 들소, 오록스이다. 동물은 흔히 사냥의 대상이기도 하다. 사냥에서 풍요를 기원하며 그렸다는 생각이 자연스럽게 떠올려졌다. 그러나 실제 고고학 유적에서 나오는 동물 뼈와 가장 많이 그려진 동물이 반드시 일치하지는 않는다. 분명 말도 사냥을 했지만, 유적에서 나오는 뼈는 다른 동물보다 훨씬 적다.

라스코동굴에는 알려진 것만 해도 600마리가 넘는 동물이 그려져 있다. 들소와 오록스는 크게 그린 그림으로 유명한데, 이 가운데 가장 큰 것은 길이가 5.4m에 이른다. 가장 많은 동물은 사실 말이다. 멋진 모습으로 뛰어다니는 야생마를 그려놓았는데, 모두 364마리라고 한다. 다음이 사슴으로 모두 90마리, 그 뒤를 들소와 오록스가 잇는다. 순록은 라스코동굴 벽에 한 마리만이 그려져 있을 뿐이다. 그렇지만 동굴 퇴적층 발굴에서, 그리고 다른 여러 프랑스 후기 구석기시대 동굴에서 가장 많이 나온 것은 바로 순록 뼈다. 그러니 그림으로 그린 동물과 사냥을 직결시키는 일은 잘못이라 해야겠다.

라스코에서 유명한 그림 가운데는 들소 사냥 장면이 있다(그림 7.4). 들소 한 마리가 창에 맞아 내장이 밖으로 나와 있는 모습이 그려져 있다. 들소 앞에는 한 남자가 서 있는데, 마치 들소가 들이받으려 하는 광경을 표현한 듯하다. 음경을 묘사했으니 남자이지만, 얼굴은 새처럼 그렸다. 사실 그림을 해석하는 데는 주관이 개입하지 않을 수 없는데, 어떤 이는 비스듬한 구도를 쓰러지는 장면으로 보기도 한다(길렌·자미트 2020: 108-109). 이 사람 왼쪽엔 새 한 마리를 솟대 위에 그려놓았다. 이것이 들소를 사냥하는 광경을 표현한 것인지, 아니면 어떤 상징의 의미가 있는지는 잘 알 수 없다.

200개가 되지 않는 동굴벽화에서 일관성 있게 반복되는 속성도 있다. 예컨대 동물이 많이 그려져 있으며, 특히 몸집이 큰 채식동물을

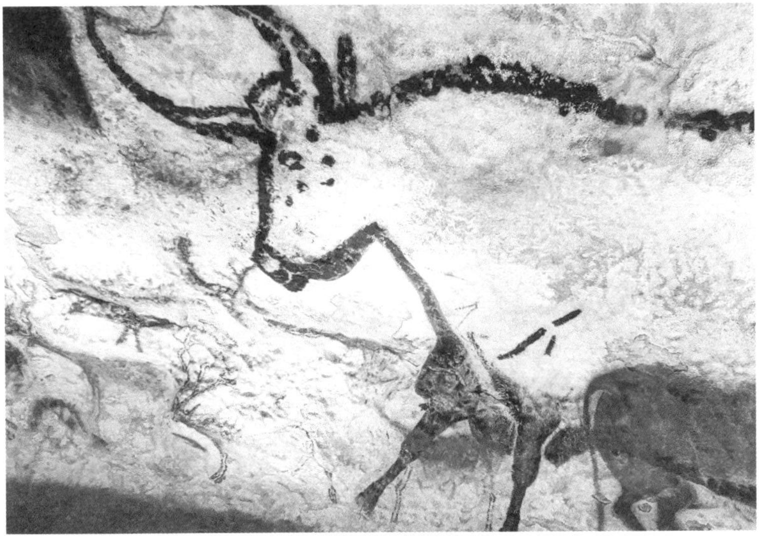

그림 7.4 라스코동굴에 그려진 벽화의 일부. (출처: shutterstock)

많이 그렸다. 이와 함께 기하학적 무늬도 많으며, 사람은 거의 그리지 않았고, 특히 풍경은 묘사하지 않았다. 이런 연속성이 있는 반면 후기 구석기시대라는 수만 년 동안 변화도 있었다. 예컨대 손도장은 초기 오리냐시안시기에는 별로 없지만(Chauvet, El Castillo), 그라베티안기에는 많아졌으며(Gargas, Cosquer, Fuente del Salin), 솔뤼트레안기와 막달레니안기에 들어와서는 잘 보이지 않는다.

벽화에는 가만히 있기도, 뛰기도 하고, 또 창이나 다른 무기에 맞아 쓰러져 피를 흘리는 동물이 생생히 그려져 있다. 동물 가운데 29% 정도가 말이다. 라스코동굴에는 말 목 주변에 짧은 선을 표현한 것이 있는데, 아마도 사냥하는 광경을 묘사한 것으로 보인다. 말 다음으로 가장 많은 동물은 들소(약 22% 정도)다. 들소야말로 가장 크면서도 여러 동굴벽화에서 자세히 그린 동물이다. 니오(Niaux)동굴에는 몸통에 창을 맞은 들소를 그려놓았다. 옆을 보고 있는 들소의 옆구리에 박힌 창을 마치 화살표처럼 묘사했다(조태섭 2012).

라스코동굴에는 창을 맞고 고통스러워하는 사슴을 그려놓았다. 긴 뿔을 가진 수사슴이 창을 맞고 뒷다리를 바닥에 꿇고 머리를 하늘로 치켜들면서 고통스러워한다. 스페인의 칸다모(Candamo)동굴에는 엉덩이에 창을 맞은 수사슴이 울부짖는 모습과 적어도 다섯 개 창을 받은 수사슴이 그려져 있다. 프랑스의 콜롱비에(Colombier)동굴에 그려진 털코뿔이의 배에 창 네 개가 꽂혀 있는데, 이 짐승은 아직도 꼿꼿이 서 있다. 그래서 연구자 중 일부는 벽화에 구석기시대 사람들의 폭력성이 드러난다고 보기도 한다. 벽화엔 사람을 거의 그리지 않았지만, 도르도뉴지방의 수그랑락(Soux-Grand-Lac) 동굴벽화에는 사람의 목과 등, 음경 등 여러 부위에 가로로 선을 표현했다. 창에 찔린 상태를 표현한 것이라 하여, 후기 구석기 사람들의 폭력성이 드러난 사례로 보기도 한다(길렌·자미트 2020: 112).

후기 구석기시대 동굴벽화에는 동물의 모습이 놀랄 만큼 사실적이고도 역동적으로 묘사돼 있다. 쇼베나 라스코, 알타미라 등 잘 알려진 동굴벽화는 정말 재능 있는 화가가 그린 그림이다. 마치 사진을 찍어 보고 그린 듯이 뛰고, 울부짖으며, 새끼를 낳는 모습까지 생생하다. 프랑스 페슈메를(Pech Merle)동굴에는 점박이 말이 그려져 있는데, 추상인지, 아니면 실존한 동물인지 의문이 있었다. 유전학이 놀랍도록 발달하면서 이에 대한 답을 얻을 수 있게 되었다. 시베리아와 동유럽과 서유럽, 이베리아반도에서 나온 31개 선사시대 말 개체에서 고DNA를 분석한 결과 시베리아를 제외하고, 18개체에서 점박이 무늬가 확인되었다. 그러니 동굴에 그려진 점박이 말은 당시 모습을 사실대로 표현한 것이다(Pruvost et al. 2011). 그렇다고 해서 모든 동굴벽화가 높은 미학적 수준을 지녔다는 평가를 받는 것은 아니다. 다시 말해 화가가 아닌 일반인에 가까운 사람도 동굴벽화에 흔적을 남겼다.

동굴벽화에는 사람의 모습이 거의 그려져 있지 않다. 다만, 몇 개

동굴에는 주술사로 보이는 인물의 모습을 그려놓았다. 트루아프레르(Trois-Frères, 약 14,000년 전)동굴에는 발과 다리, 허벅지는 분명 사람이지만, 꼬리도 있고, 상반신은 마치 사슴처럼 묘사한 것이 있다. 아마도 사슴의 탈을 쓴 주술사나 샤먼이 정면을 노려보는 모습일 것이다. 쇼베동굴에도 들소 가면을 쓴 주술사가 표현되어 있다고 해석한다. 오늘날 미술 작품을 주제로 나눠 인물화나 정물화, 풍경화라고 한다. 하지만, 산이나 들, 나무 같은 풍경을 동굴벽화에서는 찾아볼 수 없다. 말하자면 동물풍경화인 셈이다.

후기 구석기시대 동굴벽화에서 특징적으로 확인되는 그림은 바로 손도장이다. 손바닥을 벽에 대고 파이프 같은 빈 통에 물감을 넣고 입으로 불어 손 모습을 마치 도장처럼 찍은 것이다. 손가락만 있는 경우도, 손목까지 찍은 사례도 많다. 최근 인도네시아에서 확인되고 있는 여러 동굴벽화에서도 손도장이 보인다. 술라웨시동굴에는 40,000-35,000년 전 수렵채집민이 찾아와 붉은색 물감을 빈 뼈나 대나무 같은 것에 대고 불어 손도장을 남겼다. 오른손을 찍은 유적도 있고, 왼손만을 모아서 찍어 놓은 동굴도 있다.

멀리 남아메리카의 아르헨티나에도 쿠에바 데 라스 마노스(Cueva de las Manos)라는 동굴에는 이렇게 손바닥을 동굴 벽에 대고 붉은 물감을 불어넣은 그림 수십 개가 발견되었다. 그림은 연대측정 결과 구석기시대가 끝나는 시점에서 후빙기에 걸쳐 그려진 것으로 보인다. 이렇게 세계 곳곳에서 보이는 손도장은 마치 사람들이 동굴에 다녀갔다는 인증처럼 남겼을 수도 있다. 아니면 동굴 벽에 손을 대는 것이 다른 세계(영혼의 세계)와 접촉하는 일이라고 믿었는지도 모른다. 여러 대륙의 동굴벽화에서 공통으로 보이는 것이기에 이것이야말로 동굴벽화의 의미를 해석하는 데 중요한 출발선일 수 있다.

왜 그렸나

알타미라 동굴벽화는 처음 알려졌을 때 현대 미술가가 거짓으로 그린 것이라 말할 만큼 생동감 있게 동물을 묘사했다. 울퉁불퉁한 동굴의 벽을 그대로 이용해 더 실제로 움직이는 동물처럼 그리기도 했다. 갈철석과 적철석을 갈아 색을 내 흙과 숯을 섞고, 침과 피, 소변, 풀즙, 지방 등을 이용해 여러 색을 표현했다. 잔가지와 깃털을 붓 삼아 물감을 칠했고, 빈 뼈를 통해 물감을 불어넣기도 했다. 손도장은 동굴 벽에 손을 대고 물감을 불어 넣은 것이다. 그 자체로 페인팅이 아닌 음각으로 묘사한 것도 있고, 흑백으로만 표현한 것도 많다.

알타미라 동굴벽화의 진실을 끝까지 믿지 않았던 모르티예는 구석기 예술품을 예술 자체를 목적으로 하는 것이라 했으며, 구석기시대 종교의 존재를 부인했다. 서양의 낭만주의 지식인들은 게으르지만 예술활동에 보낼 시간이 많고 문명에 물들지 않아 자연과 조화를 이루며 사는 "고귀한 야만인(noble savages)"의 작품이라 미화하기도 했다.

그러나 곧 아프리카와 오스트레일리아에서 아주 잘 만들어진 원주민 예술품이 들어오면서 "예술 자체를 위한 예술"의 관점은 비판받는다. 그리고 동굴벽화를 토테미즘의 측면에서 해석하려는 시도가 있었다. 집단이 섬기는 동물을 그려 힘과 존중을 표현하고 사냥하지 말 것을 계도하기 위함이라는 것이다(Clottes 2010: 9). 그러나 동굴에 그려진 동물 가운데는 분명 사냥에서 창에 맞은 것도 있었고, 그 어떤 동굴도 신성시한 한 동물만을 그려놓지 않았다.

동굴벽화 연구를 개척한 사람은 앙리 브뢰유였다. 가톨릭 신부였으나 젊은 시절 알타미라 동굴벽화를 구석기시대 유적으로 인정하는 현장에 간 것을 계기로 선사시대 연구에 들어섰다. 브뢰유는 동굴벽화가 빙하시대 수렵민이 사냥의 성공을 기원하며 그린 것이라고 했다. 사냥감이었던 커다란 채식동물을 그려 넣어 동물의 영혼과 연결시킴으로써 사냥에 성공을 비는 "사냥의 마법(hunting magic)"의 맥락에서 해석했다. 그렇게 보면 벽화에 있는 기하학 무늬는 무기나 덫으로도 해석할 수 있었다(Clottes 2010: 11). 사람을 그린 것도 실상 반인반수의 모습이었고, 이는 동물을 더 효율적으로 사냥할 수 있도록 동물의 가죽을 쓰고 뿔이나 꼬리, 발톱을 달고 있는 것이라 보았다. 동굴벽화를 보면 육식동물도 사냥되었음을 알 수 있다. 라스코에는 창을 맞은 표범의 입에서 피가 흘러내리는 그림이 있으며, 곰은 몸통과 등에 창이 무려 여덟 개가 꽂혀 있다.

그런데 사냥을 위한 목적이라는 설에는 문제가 있다. 고고학 발굴 결과와 어울리지 않는 것이다. 라스코동굴 발굴에서는 순록과 말, 사슴, 노루, 멧돼지, 토끼 뼈가 나왔다. 이 가운데 순록이 가장 많아서 무려 88.7%를 차지한다. 이처럼 후기 구석기시대 서유럽에서 순록 사냥은 중요했다. 하지만 순록을 즐겨 그려놓지는 않았다. 라스코 예술가들이 그려놓은 동물의 60%가 말이었던 반면, 순록은 겨우 0.16%를 차지할 뿐이다(조태섭 2012: 69).

이것을 보아도 동굴벽화가 그저 사냥의 성공을 위한 목적으로만 그렸다고 말할 수는 없다. 마찬가지로 노루나 멧돼지 같은 동물도 흔하게 사냥했지만, 유럽의 동굴벽화에 그려놓지는 않았다. 오히려 말처럼 근처에 다가가기 힘든 동물이나 들소처럼 거대한 몸집을 가져 위압감을 주는 동물을 더 많이 묘사했다.

"다산의 마법(fertility magic)"을 강조해 사냥감이 더 풍성하기를 기원하는 의미를 담고 있다는 해석도 있다. 브뢰유는 1944년부터 1951년까지 남아프리카에 머물면서 아프리카의 바위에 그려진 그림을 연구했다. 그러면서 바위그림 역시 사냥 마법의 맥락에서 해석했다. 이곳에 사는 산(San)족의 바위그림을 연필로 모사하면서 그림 속

"백인여성"이 이집트인이나 지중해 지역, 아마도 크레타섬에서 온 사람일 것이라 해석하기도 했다. 그러나 브뢰유가 세상을 떠난 후 컬러 사진을 분석해 보니 그림은 얼굴을 하얗게 칠한 남자 주술사였음이 밝혀지기도 했다(페이건 2019: 145).

앙드레 르루아구랑(Andre Leroi-Gourhan, 1911-1986)[14]은 고고학에서 구조주의 해석을 개척한 사람이다. 먼저 동굴에서 여러 동물이 그려진 곳을 입구와 중심부, 주변부 등으로 구분하고, 들소와 오록스, 말은 중심부에, 사슴과 산양, 매머드는 주변에 그리고, 코뿔소와 사자, 곰 같은 동물은 가장 깊은 곳에 그려 놓았다고 보았다(Leroi-Gourhan 1968). 르루아구랑은 암컷과 수컷의 대조에 주목하고, 동굴벽화에 묘사된 동물과 기호를 면밀하게 분석해 무작위적이지 않다고 주장했다. 특히 들소와 오록스, 매머드는 여성과 연관되어 있으며, 말과 산양(ibex)은 남성과 연관된 것이라 보았다. 르루아구랑은 동굴벽화를 원시종교의 표현이라는 맥락에서 해석한다. 이에 따르면 동굴벽화는 입으로 전해져 내려온 신화와 동등한 그래픽으로서의 신화, 곧 신화도(mythogram)로 볼 수 있다(Abadia and Palacio-Pérez 2015).

이렇게 구조주의의 시각에서 보면, 동굴벽화에는 구석기시대 사람들이 자연 세계를 인지한 방식이 담겨 있다. 왜 이 사람들이 실제 삶을 살지 않았던 동굴 깊은 곳까지 들어가 그런 그림을 남겼는지, 왜 이런 동굴벽화의 구조가 몇만 년 동안 변하지 않고 지속했는지를 궁구할 수 있다. 그런데 르루아구랑의 해석을 따르는 사람도 있지만, 쇼베동굴 같은 새로운 자료가 나오면서 이런 해석이 들어맞지 않음도 드러났다. 동굴의 위치를 입구, 중심부, 깊은 곳 등으로 나누는 방식에 일관성이 없었다. 르루아구랑의 구조주의 해석은 새로운 시각을 개척했지만, 지나치게 주관적인 평가라는 비판을 면하기도 힘들다.

어떤 동물이 지닌 상징적 의미를 파악할 수 있는 객관적인 접근은 없는 것이다.

브뢰유가 남아프리카의 바위그림을 주목했듯이 남아프리카공화국의 고고학자 데이비드 루이스-윌리엄스(David Lewis-Williams)도 『*The Mind in the Cave: Consciousness and the Origins Of Art*』에서 현대의 아프리카 수렵채집사회 민족지 자료를 바탕으로 샤먼의 의례와 그림을 강조한다. 샤먼이 어두운 동굴에서 춤을 추고 몰아지경에 빠져 환상으로 떠오르는 이미지를 그렸다는 것이다. 현재 프랑스의 동굴벽화 연구의 권위자로 『*What is Paleolithic Art?*』(2016)라는 책을 쓴 장 클로트(Jean Clottes)도 이 해석에 동의한다. 구석기시대 사람들이 샤머니즘과도 같은 종교를 가졌다고 해석한다. 루이스-윌리엄스와 클로트는 공동연구를 하기도 했다.

유럽에는 현재 200개 가까운 구석기시대 동굴벽화가 알려져 있다. 동굴이라고 해서, 또 사람이 살았던 흔적이 나온 동굴유적이라고 해서 모두 동굴벽화가 나오는 것은 아니다. 표 7.1에 제시되어 있듯이 대부분 벽화가 상당히 깊은 동굴 안쪽에 그려져 있다. 어두운 동굴 안 몇백 미터를 들어가 그림을 그려놓은 것이다. 사람들이 어둡고 깊은 동굴 안으로 들어가기란 쉽지 않은 일이다. 쇼베동굴은 높은 산에 있고, 인도네시아 술라웨시의 동굴에 닿기 위해선 험한 산을 올라야 한다. 또 석회암 동굴에 들어가 본 사람들은 알겠지만, 깊은 동굴은 사실 위험하기 짝이 없다. 갑자기 깊이 팬 곳에 빠져 바위틈에 떨어지거나 깊은 지하수에 빠질 수도 있다. 마치 지하세계가 있는 것처럼 동굴 밖과는 전혀 새로운 세상이라 하겠다.

어둡고 깊은 동굴은 아마도 지하세계나 영적 공간으로 여겼을 것이다. 영혼과 사후, 신의 세계로 인식하지 않았을까? 클로트는 벽화가 그려진 동굴은 영적 세계와 소통하는 공간이었다고 본다. 미술과

표 7.1 서유럽 후기 구석기시대 동굴벽화와 연대 및 동굴 안 벽화의 위치

유적	편년, 특징적 동물	위치
쇼베(Chauvet), 프랑스 동남부	37,000-33,500, 31,000-28,000년 전	높은 산, 400m 깊이
아르시-쉬르-퀴르(Arcy-sur-Cure), 프랑스 중부	28,000년 전	입구에서 300-500m
코스퀘(Cosquer), 프랑스 남부	27,000-19,000년 전	현재 해수면 37m 아래 입구. 175m 동굴 터널 안
페슈메를(Pech Merl), 프랑스 서남부, 도르도뉴	27,000-18,000년 전 점박이 말	2km 깊이
라스코스(Lascaux), 프랑스 서남부	17,000년 전 말 364, 사슴 90, 들소, 오록스(4-5%)	15m 수직 갱. 비밀 통로?
니오(Niaux), 프랑스 남부, 피레네 산맥	17,000-12,000년 전 들소 압도. 막달레니안	14km에 이르는 복잡한 지하 통로
퐁드곰(Font-de-Gaume), 프랑스 서남부, 레제지	19,000년 전 (막달레니안) 들소 80, 말 40, 매머드 20	과거 개방, 현재 폐쇄
알타미라(Altamira), 스페인	18,000-14,000년 전 들소떼, 말, 사슴	1,000m 통로 (13,000년 전 천장 무너져 입구 폐쇄)
레콩바렐(Les Combarelles), 프랑스 서남부, 레제지	13,000-11,000년 전	300m 길이 통로
트루아프레르(Trois-Frères), 프랑스 남부, 피레네산맥	15,000년 전 주술사, 들소, 올빼미, 사자	

관련된 의식이 벌어졌을 것이고, 그 가운데 몰입의 과정에서 또 다른 그림을 그렸을 것이다. 원주민사회의 샤먼, 그리고 우리나라 무당의 춤이나 작두타기 같은 것을 생각할 수 있겠다. 트랜스(trance)라는 것은 의식이 반쯤 변화한 가수[假睡] 상태에 빠지는 것을 가리킨다. 그런 상태에서 동물을 불러오는 환영을 떠올리고 그것을 그림으로 묘사했다는 것이다. 동굴 깊은 곳은 그런 상황을 마주하기에 적절한 공간이었고, 사람들은 동굴 얕은 내부나 밖에서 춤을 추고 합창하면서 공동체 의식을 기렸을 것이다.

클로트는 점이나 지그재그 무늬 같은 기하학적 기호를 몰입(트랜스)과 연관된 것으로 해석한다. 더불어 샤머니즘은 그동안 사냥과 깊은 관련을 맺었음도 지적한다. 수렵채집사회에서는 특히 자연과 동물 사이에 관련을 맺는 경우가 많다. 특히 샤머니즘은 구대륙과 신대륙 전 세계의 전통사회에서 폭넓게 확인된 바 있다. 그림은 그저 아름다움을 위해 그린 것이 아니라 영적 세계와 교감을 위한 소통의 도구이고, 그런 행위를 했던 흔적이라고 본다.

동굴벽화는 구석기시대 수렵민의 기억을 저장하고, 그 기억을 풀어내는 장소였다는 해석도 있다. 구석기시대 사람들은 사냥과 관련된 동물의 모습과 행동을 떠올리기 위해, 또 공동체 의식을 위해 동물의 이미지가 저장된 동굴로 들어갔을 것이다. 그렇게 보면 동굴은 오늘날 도서관과도 비슷한 외부상징저장소(external symbolic storage)라 볼 수 있다(Renfrew 1998). 사람의 두뇌(특히 인지능력을 담당하는 전두엽)에서 인지한 정보를 외부 공간에 상징으로 담아놓은 저장소라는 것이다. 이런 식으로 동굴은 풍부한 문화와 지식 유산을 세대와 세대를 거쳐 전달하는 기억과 상징의 저장소 역할을 하지 않았을까? 사람들은 사냥을 앞두고, 또 어린 세대의 단합과 공동체 의식을 고취하기 위해 동굴을 찾아 이전 세대가 생생히 묘사해 놓은 이미지를 보면서 기억과 정보를 공유했을 것이다.

Box 7.1

동굴과 바위그늘

동굴벽화를 그렸던 구석기시대 사람들은 동굴에만 살았다는 생각이 있는 것 같다. 운석이 초계분지에 충돌해 당시 동굴에 살던 구석기 사람들에게 큰 타격을 입혔다는 생각도 그렇다. 서양에서도 구석기시대의 수렵채집민을 흔히 동굴사람(cave man)이라 부르기도 한다. 이는 네안데르탈인에 대한 편견에 뿌리를 두고 있다. 동굴에 살았던 어리석고 미개한 구석기시대 야만인이라는 인식이 퍼져 있다. 미국의 한 광고에서는 "심지어 동굴사람도 아는 사실"이라고 보험상품을 홍보한다.

그런데 과연 구석기시대 사람들은 동굴에 살았을까? 그렇지 않다. 동굴이 주변에 많다면 모를까, 그렇지 않은 환경에서 어디 굴을 파고 살겠는가? 자연 동굴은 주로 석회암지대에서 발달한다. 석회암이 물에 녹기에 커다란 구멍이 뚫리고 석순도 자라고, 동굴 안에 지하수도 가득하다. 우리나라에서 석회암지대는 주로 영월, 제천, 단양 등지에 있고, 동굴 유적도 그런 곳에 있다. 북한에서는 평양 근처에 많다. 이런 지역을 빼고 동굴에서 유적을 찾기란 여간 어려운 일이 아니다. 그렇기에 구석기시대 사람들이 동굴에만 살았다는 것은 잘못이다.

사실 우리나라의 동굴 유적도 대부분 바위그늘(rock shelter)이라 해야 옳다. 동굴과 바위그늘은 엄연히 다르다. 실제 어둡고 지하수가 흐르고, 석순과 종유석이 자라고, 박쥐가 드나드는 곳에 사람이 살기란 쉬운 일이 아니다. 깊은 동굴이 아니라 비바람을 막을 수 있는 바위그늘이 더 현실적이고, 그마저도 그곳에 자리 잡은 하이에나나 곰 같은 다른 짐승을 몰아내야 했을 것이다.

다만, 구석기시대 벽화는 말 그대로 동굴에서 나온다. 대부분 동굴벽화는 매우 깊고 캄캄한 동굴에 그려졌다. 그래서 그런 동굴에 사람이 평상시에 살았을 것 같지 않다. 유물도 많지 않다. 아마도 특별한 행사와 행위, 의례와 같은 모임이 있을 때 방문하던 곳이었다고 보는 것이 합당하다. 그럼에도 라스코 같은 유명한 동굴벽화의 바닥에는 사람들이 살았던 흔적이 보인다.

라스코는 예외다. 이렇게 유물이 많은 동굴벽화 유적은 드물다. 라스코에서는 100점 넘는 석기와 구멍이 뚫린 조개, 뼈로 만든 창, 구멍 뚫린 뼈바늘 같은 유물이 나왔다. 어둠을 밝히는 데 썼을, 곱고 붉은 사암을 둥그렇게 갈아 움푹 패게 만든 등잔도 나왔다. 물론 동굴의 오늘날 모습은 구석기시대와 달랐을 수 있다. 동굴 입구가 무너져 내렸기 때문이다. 그렇게 폐쇄되어 보존되었다가 다시 틈이 생기며 발견된다.[15]

동굴벽화가 얼마나 잘 그려졌는지에 대한 평가는 차치하고라도 여러 사례에서 동물에 대한 묘사는 매우 정확하다. 칠흑처럼 어두운 동굴 안에서 등잔불에 의지해 어떻게 이처럼 놀라운 예술을 남겼을까?

이는 예술적 재능을 넘어 높은 시각능력과 인지력이 있어야 가능한 일일 수 있다. 현대적 기기의 도움이나 체계적 훈련 없이 동물의 움직임과 세부까지 표현했기에 무언가 특별한 능력이나 조건, 맥락에 주목할 수도 있다. 《레인맨》이라는 영화에도 소개되었지만, 자폐스펙트럼 장애가 있는 사람 가운데 그런 능력을 지닌 사례가 있긴 하다. 그러나 너무 예외적인 사례라 일반화할 수 없다. 한 번 본 장면을 사진처럼 매우 정확하게 기억해 내는 능력을 가리키는 사진(photographic)이나 직관적(eidetic) 기억이라는 개념도 있다. 흔히 어린이에게 보이며, 어른은 찾아보기 어렵다고 한다. 글을 아직 배우지 않은 어린이에게 그런 시각 능력이 발달한다는 것이다.[16] 이 개념을 그대로 후기 구석기시대 사람들에게 적용할 수는 없을 것이다. 그러나 문자가 없었던 빙하시대 사람들은 자연에서 얻은 경험과 지식을 시각 이미지로 기억하고 전달하는 데 익숙했을 것이다.

문자가 인간의 생활에 들어온 것은 겨우 몇천 년에 불과하니 인간의 뇌는 사실 글을 읽고 이해하는 데 적합하도록 진화했다고 할 수 없다. 문명사회에서는 어린 시절부터 문자 교육과 학습을 통해 정보와 지식을 습득한다. 그러나 문자가 없던 후기 구석기시대 사회에선 오히려 자세히 이야기하거나 이미지로 표현하는 것이 일상이었을 것이다. 또 그런 능력이 있는 사람이 존중받는 사회였을 것이다. 그런 면에서 후기 구석기시대 수렵민은 오늘날 우리보다 동물의 모습과 행동을 관찰하고 기억하는 데 익숙하고, 이 가운데는 탁월한 재주를 지닌 이도 있었는지 모른다.

역사시대 문명은 문자와 함께 발달했다고 해도 과언이 아니다.

오늘날 교육은 문해력을 바탕으로 한다. 그런데 젊은 세대의 문해력이 예전만 같지 못하다는 말도 심심치 않게 들린다. 뒤집어 보자. 디지털 매체의 영향력이 책과 글을 앞선 것은 어제오늘의 일이 아니다. 이제 이미지의 시대라 할 수 있다. 쏟아지는 이미지 속에서 그것을 어떻게 읽을 것인지 교육이 필요하다. 언어에 문법이 있는 것처럼 이미지에도 문맥이 있다(박상우 2021). 그것을 모르면 문맹이나 다름없는 시대가 되었다. 이미지를 어떻게 만들고 읽는지를 가르쳐줘야 할 필요가 있는 것이다. 그런데 이미 후기 구석기시대부터 이미지는 우리에게 친숙하다. 그러니 다시 이미지의 시대로 돌아갔다고나 할까.

08 휴대용 예술과 상징

비너스 조각상

현생인류가 있는 곳, 가는 곳, 어디에든 예술이 있었다. 최후빙하극성기 예술가와 장인의 재주에 놀라움을 감출 수 없다. 후기 구석기시대 예술과 상징행위는 폭발이라 할 정도로 널리 퍼졌다. 현생인류는 캄캄한 동굴 벽에 그림을 그렸고, 예술과 상징을 지니고 다녔다. 이 사람들이 사냥감과 식량을 찾고 가공하고, 서로 이야기를 나누는 일상에 상징과 예술도 늘 함께했을 것이다.

남아프리카의 블롬보스동굴에서는 74,000-72,000년 전 층에서 구멍 뚫린 달팽이껍질 수십 개가 나왔다. 실에 꿰어 매달았을 것이다. 이렇게 아프리카의 여러 중기 구석기 유적에는 바닷가에서 가져온 고둥과 뿔고둥 같은 것을 선별해 구멍을 뚫어 매단 장식품 유물이 제법 있다. 유럽에서는 지중해와 대서양에서 온 여러 조개, 그리고 곰과 늑대, 들소, 매머드 이빨을 갈아 구멍을 뚫어 만든 장식물이 생활유적과 무덤에서 나온다. 특히 사람의 몸을 표현한 예술품도 등장한다. 매머드 상아를 갈아 만든 "비너스" 조각품이야말로 이 시기를 대표하는 예술이다.

구석기시대 예술품 연구사

19세기 전반은 고고학이 학문으로 등장하고 성장하던 때다. 구석기시대라는 시간의 존재, 나아가 예술품이 처음으로 알려지기 시작한 것도 그 시절이다. 산업혁명이 확산하는 서유럽에서는 매머드처럼 절멸한 동물의 뼈나 화석이 사람이 만들었을 주먹도끼와 함께 발견되기 시작했다. 이를 통해 성서를 포함해 어떤 문헌에도 기록되지 않은 태고의 시대에 사람이 살았음이 분명해졌다.

유럽에서는 국민국가가 성장하고 민족주의가 강해지면서 나라와 민족의 시원에 관심이 커졌다. 선사와 고대 유물에 주목하고 여러 나라가 박물관을 세웠다. 특히 덴마크의 크리스티안 톰센(Christian Thomsen, 1788-1865)은 본래 상인이었지만 국립박물관의 전시를 맡았고, 매우 창의적이었다. 유물을 체계적으로 전시하기 위해 석기-청동기-철기시대라는 개념을 사용했다. 선사시대의 존재를 인정하는 것에서 나아가 세 개 시대로 편년한 체계를 만든 것이다. 그리고 1836년 그림과 더불어 삼시대체계를 담아 전시안내서를 펴냈다. 이 책은 번역되어 전 유럽에서 읽혔다. 고고학, 선사고고학의 시작이었다. 이와 더불어 1859년 다윈의 『종의 기원』이 나오면서 지식인들은 선사시대의 오랜 진화 역사를 받아들였다. 1865년 영국의 은행가이자 고고학자 존 러복(John Lubbock, 1834-1913)은 『선사시대』를 발간하면서 구석기시대와 신석기시대를 나눴다. 구석기시대 예술품이 인정된 것도 이 즈음이다.

라르테는 1860년 사슴뿔에 새겨진 곰 머리 모양 조각상을 찾아 스케치를 한 바 있다. 야만의 선사시대 사람들이 만든 유물이라고 보기엔 놀라운 솜씨였다. 하지만 구석기시대 석기 및 골각기와 함께 나오기에 출토 맥락과 시대를 의심할 여지는 없었다. 마들렌(La Madeleine)동굴에서는 상아에 매머드의 모습을 음각한 그림도 나왔다. 멸종한 동물의 모습을 생생하게 그렸기에 사람들은 또 어떤 예술품이 나올지 기대하고 있었다. 그리고 파리박람회의 "노동의 역사(History of Work)" 섹션에 구석기 예술품을 전시했다.

19세기 연구자들은 구석기시대 예술품을 찾아 동굴을 서둘러 발굴했다. 그래서 초창기 수습된 유물들은 "감자를 캐듯" 수습한 것들이라 정확한 층의 맥락을 모르는 것이 많다(Bahn 1997: 15). 지금까지 빙하시대 비너스 조각상으로 가장 먼저 알려진 것은 1864년 프랑스 서남부 도르도뉴지방의 베제르강 유역에 있는 로제리바스(Laugerie Basse)라는 동굴에서 나온 유물이다. 머리와 발, 팔이 없이 상아를 조각한 것으로 약 7.7cm 높이의 작은 조각품이다. 그리스의 비너스 조각상과 대비해 비너스 임퓨디크(Venus Impudique)라 불렸는데, 이것이 계기가 되어 이후 발견되는 모든 후기 구석기 인물조각상을 "비너스"라 부르게 되었다. 비유적인 표현으로 시작했으나 실상 비너스라는 것은 만년, 2만 년이란 세월이 흐른 뒤 그리스 신화에 나온다. 잘못된 명칭이라 하겠지만, 이미 굳어져 어쩔 수 없기도 하다(Bahn 1997).

1883년에서 1895년 사이에 이탈리아 북부의 발지 로시(Balzi Rossi)동굴에서 동석(凍石)을 조각한 여러 비너스상이 발견되었지만, 골동품상이 찾은 것이라 정확한 층위 맥락은 알 수 없다. 그러다 1908년 오스트리아 빌렌도르프(Willendorf) 근처에서 이뤄진 뢰스퇴적층 고고학 발굴에서 유명한 비너스상이 수습되었다. 그 지방에서는 나오지 않는 석회암을 정교하게 깎고 조각한 것으로 11.1cm 높이의 유물이다. 대략 30,000-25,000년 전 정도, 그러니까 그라베티안(Gravettian)기에 만들어진 유물로 생각되고 있다(Bahn 1997).

프랑스 서남부 브라상푸이(Brassempouy)라는 작은 마을에 있는 동굴에서는 1892년 매머드 상아로 만들어진 작은 조각품이 나왔다(White 2006). 브라상푸이의 비너스라고 불리는데 높이 3.65cm에 불과한데 한 여인의 얼굴이 정교하게 조각되어 있다. 그러나 지금으로 보면 반드시 여성이라 볼 증거는 없다. 그러니 이런 조각상을 무조건 "비너스"라 부르는 것도 적절하지 않다. 이마와 코, 눈썹 부위가 부조로 되어 있지만, 눈이 표현되어 있지는 않다. 이 조각상에서 가장 눈에 띄는 것은 길고 가지런한 머리카락이다. 세로로 길게 홈을 파고 가로로 짧게 금을 새긴 모습인데, 머리를 땋고 있는 것으로 보이기도 하며, 후드를 쓰고 있는 듯도 하다. 현미경으로 관찰하면 돌날을 잔손질해 조각상을 만든 다음 뿔이나 뼈, 나무에 장착한 새기개로 정교하게 조각한 흔적이 생생히 보인다(White 2006). 20세기 초 선사학자들은 이 "여인"의 모습을 두고 어떤 부족인지 논쟁을 벌였다. 현재의 유럽인과 흡사하다는 평가도 있지만, 그렇지 않다는 시각도 있다. 에두아르 피에트(Édouard Piette)와 에밀리 카르타야크(Émile Cartailhac) 사이에 발견과 소유권을 두고 분쟁이 벌어지기도 했다.

Box 8.1

뗀석기 명칭과 쓰임새

구석기고고학의 주요 연구 대상인 석기를 부르는 이름은 연구를 위한 것이다. 여러 연구자가 19세기부터 관행적으로 형태를 바탕으로 이름을 붙였다. 후기 구석기시대의 잔손질 석기는 주로 전체 형태와 작업 날의 위치와 형태에 따라 복잡한 명칭으로 불린다.

가장 흔한 것은 긁개(scraper)다. 격지나 돌날의 한쪽, 주로 긴 변에 잔손질을 베푼 도구를 말한다. 날은 곧을 수도, 오목할 수도 있지만, 대체로 볼록한 형태가 많다. 형태도 다양하며, 식물이나 가죽을 자르기도 벗기기도 긁기도 하는 등 다양한 쓰임새를 가졌을 것이다. 잔손질이 오목하면 흔히 홈날(notch)이라 부른다. 나무 같은 것의 껍질을 벗기는 데 유용하다. 날이 울퉁불퉁, 또는 들쭉날쭉한 잔손질을 가진 것은 톱니날(denticulate)이다. 말 그대로 톱처럼 무엇인지를 써는 데 썼을 것으로 보인다.

돌날이나 격지의 한쪽 끝에 비교적 급한 각도로 잔손질한 석기를 밀개(end-scraper)라 부른다(김태경 2020). 주로 후기 구석기 유적에서 많이 보이는데, 사용흔분석에 따르면 가죽을 가공하는 무두질 도구로 유용하다. 돌날의 끝을 빗각으로 떼어내 뾰족하게 만든 도구는 새기개(burin)이다. 이밖에도 잔손질해 송곳처럼 뾰족하게 만든 뚜르개(awl, borer)가 있다. 밀개와 새기개, 뚜르개는 후기 구석기시대의 대표적인 도구이다.

찌르개(point)의 형태는 다양한데, 잔손질해서 뾰족하게 만든 것도 있고, 뾰족한 격지의 측면이나 기부를 잔손질한 것도 있다. 이렇게 잔손질해 작업 날을 만들기도 하고, 손잡이 같은 데 장착을 위해 잔손질하기도 한다. 등손질칼(backed knife)은 격지의 날카로운 날을 그대로 쓰고 반대쪽을 잔손질한 것이다.

석기 명칭은 기능을 암시하고 있다. 그러나 이름일 뿐이며 형태에 따른 분석과 서술을 위한 단위이지 그 자체로 어떠한 기능과 직결되는 것은 아니다(성춘택 2017, 12장). 나아가 특정한 형태가 당시 구석기인이 어떤 목적에 따라 의도하고 만들어낸 것이 아니라 긴 뗀석기 제작과 사용, 재사용, 재가공 과정의 산물일 수 있음도 유념해야 한다(Dibble et al. 2017). 19세기 매머드 상아로 만든 조각품이 여기저기서 나오면서 이것을 만드는 데 썼던 도구에 관심이 높아졌다. 그렇게 탄생한 것이 새기개라는 형식이다. 조각도라는 번역어도 쓰였다. 그런데 사용흔분석을 해보니 새기개라는 것이 무엇을 깎는 데 쓰인 것도 있었지만, 오히려 무두질, 그리고 무엇을 자르는 데 쓰인 것이 더 많다는 연구도 있다(Tomaskova 2005).

현미경으로 쓰임새로 남은 흔적을 분석하긴 하지만, 완전할 순 없다. 사실 도구의 일생이 그리 단순하지 않을 수도 있다. 자르는 용도로 썼던 도구를 잔손질해 긁개로 만들어 쓰다가 다시 밀개로 쓰고, 또 새기개, 뚜르개로 잔손질할 수도 있다. 다른 석기를 만들다 떨어져 나온 부산물도, 쓰이지 않고 버려진 석기도 부지기수이며, 재가공, 재활용된 것도 많다.

다양한 조각품

전통적으로 후기 구석기시대 고고학에서 가장 중요한 자료는 석기였다. 거의 모든 석기는 돌을 깨서 만들었다. 그렇기에 긁개나 밀개, 찌르개처럼 형태를 주목해 이름을 붙이지만, 석기를 만들고 쓰는 복잡한 과정의 한 단면에 불과하다. 일상 도구로서 석기가 가장 많고 석기 분석으로 수많은 연구가 나온다. 그런데 최근 장식물에 주목하는 연구가 많아지는 것 같다. 장식물, 또는 상징물은 호모 사피엔스의 삶이나 죽음과 떼어놓을 수 없는 요소이다. 사피엔스는 먼 곳에서 진귀한 조개나 물품을 들여와 갈고, 사냥한 동물의 송곳니에 구멍을 뚫어 목걸이와 팔찌, 발찌를 만들었다.

유럽에서 여러 유명한 구석기시대 유적은 19세기, 그리고 20세기 초에 조사되었다. 수많은 구석기 예술품이 나온 유적도 그렇고, 동굴벽화 유적도 큰 관심을 받았다. 구석기시대 조각상은 그라베티안(Gravettian)이라고 부르는 문화기, 곧 약 33,000년 전에서 22,000년 전, 최후빙하극성기에 만들어진 상징물이다. 물론 이후 솔뤼트레안기(Solutrean, 22,000-18,000년 전), 그리고 구석기시대 마지막인 막달레니안기(Magdalenian, 18,000-12,000년 전)에 만들어진 것도, 후기 구석기시대의 초반인 오리냐시안기(Aurignacian, 43,000-33,000년 전)까지 올라가는 유물도 있다. 인류는 후기 구석기시대 전 기간에 걸쳐 매머드 상아를 깎고 돌이나 타조알, 조개껍데기를 갈아 예술품을 만들었다. 신석기시대에도 그랬고, 지금 우리도 장인이 만든 장식물을 걸친다.

구석기시대 예술품은 대부분 손바닥에 들어갈 만큼 작다. 수렵채집민이 이동생활하며 몸에 지니고 다녔던 상징물이었을 것으로 보인다. 조각품 가운데는 여인을 묘사한 것이 압도적으로 많다. 현재 유럽에서만 200여 점이 알려져 있는데, 가슴과 엉덩이, 또는 성기를 과장해 표현한 것이 많다. 그렇기에 전통적으로 높은 출산율과 다산성을 상징한다는 생각이 정설이다. 거꾸로 말하면 얼굴은 없거나 자세히 묘사하지 않았고, 특히 손과 발은 거의 표현하지 않았다. 그래서 연구자에 따라서는 여성이 거울이 없는 상황에서 자신을 묘사한 작품일 가능성도 생각한다. 예술의 영역이기에 감상과 주관적 판단이 많고 과학적 근거는 없다. 매머드의 상아로 만든 것이 많지만, 석회암이나 동석 같은 돌을 깎아 만든 것도 상당수이며, 뿔로도 만들고, 흙을 빚어 구운 것도 있다.

1925년 체코의 돌니베스토니체(Dolní Věstonice)에서는 매머드 뼈가 다량으로 확인되어 조사가 이뤄졌다. 마침내 7월 3일 재층에서 두 개로 쪼개진 비너스 상이 나왔다. 여러 비슷한 조각상 가운데 돌니베스토니체 유물이 가진 가장 큰 특징은 흙으로 빚었다는 것이다. 높이는 11.1cm 정도인데, 야외 화덕에서 500-800℃의 온도로 구웠다(Vandiver et al. 1989). 다른 여러 조각상과 마찬가지로 가슴 부위를 강조하고, 배와 엉덩이도 크게 만들었기에 다산성을 상징한다고 보는 것이 정설이다. 2004년 유물을 컴퓨터단층촬영(CT)한 결과 지문이 확인되었는데, 조각상을 흙으로 빚은 뒤 불에 넣기 전 어떤 아이가 만졌다고 한다. 돌니베스토니체에서는 비너스상을 비롯해 깨진 동물 조각상 유물이 2,000점이 넘게 발견되었다.

지역적으로 보면 서유럽에서 나온 유물은 허벅지와 엉덩이를 강조한 경향이 있고, 반면 동유럽 유물은 가슴과 배를 과장 묘사한 사례가 많다고 한다(Soffer et al. 2000: 520). 다만, 이런 조각품이 유럽에서만 나오는 것은 아니다. 바이칼호 주변 말타(Mal'ta)는 이미 1920년대부터 조사를 했던 유적인데, 매머드 상아로 만든, 거의 30개에 이르는 조각품이 나왔다. 인물상에는 모자와 옷이 비교적 자세히 표현되어 있다. 유럽의 조각품에는 얼굴이 생략된 경우가 대다수지만, 이곳의 유물에는 잘 표현되어 있고 다리로 갈수록 가늘어진다. 상징적 의미가 있을 것이지만, 정확히 어떤 의미인지 알지 못한다. 경우에 따라선 여신상의 맥락에서 해석하기도 한다. 그런데, 성별이 불분명한 사례가 있어 여신상의 맥락에서 논의하는 것은 그리 적절하지 않다. 말타에서는 이런 인물상 말고도 기러기를 조각한 것도 있고, 매머드 상아에 털이 달린 매머드를 새겨 그린 펜던트도 나왔다. 앙가라강 유역의 부렛(Buret')에서는 매머드 상아로 만든 조각상이 4점, 돌을 깎은 것도 한 점 확인되었다. 이렇게 말타-부렛문화의 조각상은 유럽의 유물과는 상당히 다른 점이 많다.

중기 구석기시대, 전기 구석기시대에도 사람이 만든 것으로 보이는 조각상이 있지만, 논란의 여지가 있다. 후기 구석기시대에 들어서야 누가 보더라도 분명한 예술과 상징의 행위가 폭발하는 것이다. 오히려 현생인류가 가는 곳에 상징은 늘 함께했다고 말하는 것이 더 정확하다. 후기 구석기시대 사람들의 삶 속에 예술, 종교가 늘 같이했을 것이다. 모르긴 해도 이처럼 여성을 묘사한 것 자체가 구석기시대 예술과 상징물의 맥락에서 흔한 것이다. 그렇기에 다산성의 맥락에서 상징물을 해석하곤 한다. 경우에 따라선 가슴과 배가 과장된 것을 임신으로 보기도 한다. 최근엔 과장이 아니라 실물, 특히 나이 들고 풍만한 여성의 모습과 유사하다는 시각도 있다.[17]

1911년 구석기시대 동굴유적의 보고인 프랑스 서남부 도르도뉴 지방의 바위그늘에서 발견된 로셀(Laussel)의 비너스상은 다른 여러 조각품과 달리 여성의 나신을 석회암을 깎아 부조로 표현한 것이다. 크기 역시 46cm 이른다. 대략 25,000년 전 그라베티안기 수렵채집민의 작품인데, 오른손에는 뿔피리를 들고 있으며, 왼손은 배꼽 주위에 올려놓았다. 자세히 보면 피리가 아니라 초승달인 듯도 하다. 초승달이라면 그 안에 13개 선이 새겨져 있는데, 이를 일 년을 상징하는 것일 수도 있다. 역시 석회암을 깎은 빌렌도르프의 조각상과 마찬가지로 붉은 안료(orcher)를 칠한 흔적이 있다. 붉은 안료는 구석기시대 무덤에서도 시신 위에 뿌린 사례가 흔하다. 그래서 의례와 관련한 맥락에서 붉은 칠을 했으리라 생각할 수 있다.

구석기시대 비너스상은 대부분 그라베티안기에 만들어졌지만, 35,000년 전까지 올라가는 것도, 구석기시대의 끝인 11,000년 전까지 내려오는 것도 있다. 지금까지 사람을 조각한 예술품 가운데 가장 시기가 이른 유물은 비교적 최근 발견되었다.

2008년 9월 니컬러스 코나드(Nicholas J. Conard)가 이끄는 튀빙겐대학 조사단은 독일 서남부 사자인간 조각품이 나온 곳에서 멀지 않은 홀레 펠스(Hohle Fels)라는 동굴에서 매머드 상아로 만든 비너스상을 찾았다. 보고에 따르면 동굴 안 20m 지점의 지표에서 3m 정도 밑에서 나왔다고 한다. 홀레 펠스의 비너스상은 약 40,000-35,000년 전 오리냐시안기 초의 유물로 알려져 있다. 현재로선 사람을 조각한 유물로는 세계에서 가장 이른 것이다. 길이 6cm 정도의 작은 조각품으로 여성의 가슴과 성기를 과장하면서 머리와 발은 표현하지 않았기에 성(性)과 다산을 상징한다고 생각한다.

현생인류의 예술에서 음악도 빼놓을 수 없다. 한때 슬로베니아의 중기 구석기시대 층(Divje Babe)에서 나온, 동굴곰 허벅지뼈에 구멍이 뚫린 유물을 플루트로 보기도 했으나 육식동물의 이빨 자국이라는 것이 정설이다. 그런데 후기 구석기 층에서는 의심의 여지 없는 플루트가 여럿 발견되었다. 홀레 펠스 동굴에서는 비너스상이 수습된 지점에서 70cm 떨어진 곳에서 독수리 뼈로 만든 플루트도 찾았다. 근처 가이센클루스털레(Geissenklösterle) 유적에선 새 뼈와 매머드 상아로 만든 플루트가 나왔다. 방사성탄소연대측정 결과 42,000년 전의 유물로 밝혀졌는데, 현재로선 가장 오래된 플루트다(Higham et al. 2012). 특히 새 뼈는 그 자체로 가운데가 비어 있어 구멍만 잘 뚫으면 악기로 쓸 수 있다. 하지만, 상아를 정교하게 깎아 구멍을 뚫고, 두 판을 이어 붙이는 일은 대단한 노력과 재능이 필요한 일이다. 그만큼 음악과 미술은 현생인류의 삶에서 중요한 부분이었을 것이다.

최근 몽골 북부 톨보르-21(Tolbor-21) 유적에서는 42,000년 전의 예술품이 발견되었다고 한다(Rigaud et al. 2023). 흑연을 갈아 만든 것으로, 보고자들은 남근 형태의 장신구로 해석한다. 발견과 해석을 그대로 받아들인다면 이런 식의 성(性)을 상징하는 유물로는 가장 앞선 것이다. 앞으로 비슷한 사례가 더 나올지 두고 볼 일이다.

Box 8.2

사자인간 조각상

Löwenmensch figurine

쇼베 동굴벽화는 35,000년 전 즈음 현생인류의 작품이다. 현재까지 발견된 유럽에서 가장 오래된 동굴벽화다. 사자와 코뿔소가 그려져 있는데, 오늘날 유럽의 환경에는 낯선 동물인데, 후기 구석기시대엔 사자가 흔했던 모양이다. 뢰벤멘슈란 사자인간을 뜻하는 독일어다. 홀렌슈타인-스타델(Hohlenstein-Stadel)이라는 동굴에서 발굴됐다. 35,000년 전 즈음 만들어진 유물이다.

1939년 8월 25일 독일 남부의 한 동굴을 발굴하던 지질학자 오토 뵐징(Otto Völzing)은 상아 조각 수백 개를 찾았고, 구석기시대 조각품이라고 믿었다. 그러나 일주일 뒤 제2차 세계대전이 터지는 바람에 더는 발굴할 수 없었다. 뵐징은 흙을 되묻고 후일을 기약했다.

발굴에서 수습한 상아 조각은 그 뒤 거의 30년 동안 박물관 수장고에 그대로 방치되어 있었다. 이후 고고학자 요아힘 한(Joachim Hahn, 1942-1997)은 200개가 넘는 조각을 맞추기 시작했고, 곧이어 사람 같기도 동물 같기도 한 모습의 조각품이 드러났다. 이후 1960년대 이뤄진 발굴에서 여러 조각을 더 수습했다.

1982년 이것들을 다시 맞추자 사자 얼굴을 한 높이 30cm 조각상의 모습이 드러났다. 그래도 여전히 많은 부분이 부족해 비어 있는 부분은 인위적으로 땜질을 했다. 5년 뒤 다시 보존을 위해 조각들을 조심스럽게 떼어내고 다시 붙이는 작업을 했다(Lobel 2012).

2008년 고고학자 클라우스 요아힘 킨트(Claus-Joachim Kind)는 다시 유적 발굴에 들어갔다. 킨트는 1939년 급하게 되묻은 흙을 조심히 발굴하고 체질했다. 그리고 조각상이 발견된 그 자리에서 수많은 조각을 찾았다. 70년 전 발굴에서는 그저 큰 조각들만을 수습했을 뿐 아주 작은 것들은 그대로 흙 속에 뒀던 것이다.

이렇게 3년을 발굴하고 2012년 다시 복원 작업을 시작했다. 조각을 해체하고 컴퓨터를 이용해 새로 찾은 등과 목 부분을 이어 맞추고 시뮬레이션을 이용해 더 많은 조각의 위치를 정확히 찾았다. 조각상은 이전 29.6cm 높이에서 31.1cm로 더 커졌다. 복원 작업은 2013년 말에야 마무리가 되었다(Kind et al. 2014).

사자의 암수 판정이 주목받았다. 애초 요아힘 한은 조각품의 세부 묘사를 참고해 사자를 수컷으로 보았다. 하지만, 이후 여러 사람이 사자의 갈기가 없음을 주목했다. 그러나 유럽의 동굴사자 가운데 수컷은 흔히 갈기가 없기도 하기에 그 자체로 사자의 성을 판정할 순 없었다. 어쨌든 사자의 성과 관련해 다양한 견해가 나오면서 여러 사람의 관심을 끌어 선사시대 젠더 이슈로 떠오르기도 했다.

근처의 포겔헤르트(Vogelherd)동굴에서도 사자의 머리를 더 자세히 조각한 유물이 플루트 몇 점과 함께 나오기도 했다. 홀렌슈타인-스타델, 그리고 여러 사자가 그려져 있는 쇼베 동굴벽화와 마찬가지로 대략 35,000년 전 즈음으로 생각된다. 사자상이 후기 구석기시대 사람들에게 어떤 의미가 있었는지 궁금증이 생긴다. 샤머니즘의 일환이며, 동굴벽화에 가끔 등장하는 동물의 탈을 쓴 주술사(Trois Frères)의 맥락에서 해석하기도 한다.

수렵채집민은 어떻게 입고 꾸몄을까?

의식주, 곧 입을 것, 먹을 것, 자는 곳이야말로 인간의 생존에 필수라고 한다. 그 가운데에서도 옷이 맨 먼저다. 그만큼 중요하지 않았을까? 다만, 석기가 이 시간의 흐름에도 거의 그대로 살아남아 구석기시대 유물의 대세를 이루는 데 반해, 가죽이나 풀, 나무껍질 같은 유기물로 만든 옷이 만년이 넘는 풍상을 견디고 남아 있을 리 만무하다. 1991년 알프스산 높은 곳에서 발견된 5,000년 전 아이스맨(외치) 같은 놀라운 일이 벌어지지 않는 한 실물을 확인하기란 어려운 일이라 하겠다.

돌니베스토니체와 파블로프(Pavlov) 등 체코 모라비아의 유적에서는 다른 구석기 유적에서는 보기 힘든 자료가 많이 나왔다. 특히 세련된 직물 자료와 끈, 그물 등이 진흙을 구운 유물에 찍힌 채로 확인되었다(Soffer et al. 2000). 파블로프 I 유적에서 무려 42개가, 돌니베스토니체에서 36개가 나왔다. 꼬아 만든 줄이나 그물, 바구니가 있는데, 대각선 방향으로 꼰 직물과 실은 한 가닥인 것도, 두 가닥인 것도, 구부러진 것도 있다. 모두 29,000-24,000년 전 파블로프문화의 소산이다. 동유럽의 파블로프문화는 매머드 사냥꾼의 문화로 잘 알려져 있다.

이 시기 서유럽은 그라베티안이라 부르는 문화기에 해당한다. 대략 3만 년 전 오리냐시안을 이어 주도적 문화로 자리 잡았으며, 서유럽에서는 22,000년 전 즈음 솔뤼트레안문화에 자리를 내준다. 시간적으로 최후빙하극성기를 포괄하며, 각종 동굴벽화와 특히 대부분의 후기 구석기시대 조각품이 이 시기에 만들어졌다.

그라베티안기에는 매머드 상아로 만들어진 바늘도 여러 곳에서 나오는 것으로 보아 식물에서 섬유를 뽑아 옷을 만들었을 것이다. 물론 큰 바늘은 그물 같은 것을, 중간 것은 보통 가죽을 다듬어 옷을 만드는 일에 썼을 터이고, 더 작은 바늘도 있는데 직물을 다루는 데 썼을 것으로 본다. 민족지에서도 길쭉하고 납작한 도구로 베나 옷을 짜는 사례가 잘 알려져 있다. 이런 도구를 현미경으로 들여다보면 실이 닿는 부위에 미세한 톱니 흔적이 있다. 돌니베스토니체에서 나온 매머드 갈비뼈에 그런 흔적이 있는 것으로 미뤄 보아 옷 짜는 도구로 볼 수 있다(Soffer 2004). 이렇게 그동안 사냥도구나 예술품 정도로 해석했던 유물을 옷과 직물 제작의 맥락에서 해석할 수 있다. 그물 만드는 데 쓰였거나 베틀에서 실을 늘어뜨리는 추(loom weight)로 볼 수 있다는 것이다(Soffer et al. 2000: 514).

여성의 몸을 조각한 구석기 예술품은 다산성이나 여성성의 측면에서 해석되곤 했다. 소퍼 등은 머리(두발)와 가끔 표현되곤 하는 옷, 장식에 주목한다. 실제 옷을 처음 주목한 사람은 아브라모바(Abramova 1960)라고 하며, 오클라드니코프(A. P. Okladnikov) 등은 구석기 시대 사람들이 전적으로 가죽과 모피로 옷을 만들어 입었다고 해석했다. 하지만, 소퍼 등은 유럽의 비너스 조각상에 식물섬유로 만든 옷과 바구니가 표현되어 있다고 주장한다(Soffer et al. 2000).

연구에 따르면, 먼저 머리 모양은 매우 다양하다. 물론 상당수 비너스 조각상은 머리를 제대로 표현하지 않고, 특히 얼굴은 거의 묘사하지 않고 있다. 그러나 몇 개 예외도 있어, 머리 모양은 비교적 다양하게 표현한다. 특히 유명한 빌렌도르프의 비너스에는 머리에 꼰무늬 장식물을 쓰고 있거나 아니면 머리를 그렇게 땋고 있는 모습이다. 이런 양상은 돌니베스토니체의 깨진 조각상을 비롯해 여러 사례에서 보인다. 소퍼 등은 직물로 바구니 만들 듯이 가운데 매듭을 중심으로 나선형이나 방사형으로 짠 헤드기어를 쓰고 있다고 본다.

이런 식의 모자는 러시아 코스텐키 I에서 나온 석회석을 조각한 유물에도 잘 묘사되어 있다. 머리만 남아 있어 마치 울퉁불퉁한 골프

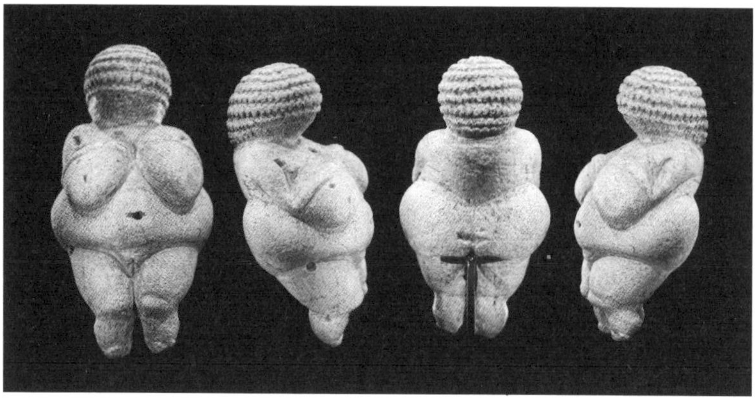

그림 8.1 오스트리아 빌렌도르프에서 발견된 조각상. (출처: wikimedia commmons, Venus of Willendorf)

공처럼 생겼고, 실제로 골프공비너스(golf ball venus)라는 별칭으로도 불린다. 이 유물은 빌렌도르프 조각상보다 돌림이 더 많다. 석회석을 깎아 만든 비너스상은 모자를 쓰고 있고 그 아래로 어깨, 그리고 가슴 위를 끈으로 교차해 묶은 모습이 정교하게 표현되어 있다. 어깨와 가슴에 벨트를 묶고 있다.

1988년 코스텐키 I에서는 석회석을 조각한 여인상이 발견되었다. 깨진 유물로 현재 배와 허벅지 부분만이 있는데, 이것만 해도 13.7cm에 이르기에 이런 조각상 가운데 가장 크다. 이 여인상에는 마치 수갑을 차듯이 꼰 줄을 손에 묶고 부풀어 오른 배 위에 걸치고 있는 모습이 표현되어 있다.

이렇게 모자를 자세히 표현하면서도 조각상에 실제 얼굴을 묘사하는 사례는 없다. 이를 소퍼 등은 특정 개인이 아니라 모자 자체가 가졌던 사회적 의미가 중요했음을 보여주는 것이라고 해석한다(Soffer et al. 2000: 518). 특히 모자를 쓰고 있는 여인은 머리를 땋고 있는 경우가 많다. 1892년 발견된 프랑스 브라상푸이(Brassempouy)의 비너스상은 상아를 아름답게 조각해 얼굴까지 묘사한 것으로 유명하다.

머리를 땋았는데, 오늘날 유럽인의 얼굴을 닮았다.

유명한 피레네산맥의 레스푸그(Lespugue) 비너스상은 상아를 깎아 높이 15.0cm 정도의 조각상을 만든 것으로 가슴과 엉덩이 부분이 과장되게 표현되어 있다. 뒤태를 자세히 보면 스커트를 입고 있음을 알 수 있다. 스커트는 벨트 아래 11개 줄을 꼬아서 늘어뜨린 것이다. 줄은 식물성 섬유를 꼬아서 만든 것으로 보인다.

오늘날 고위도지방에서 알려진 수렵채집민은 모두 옷을 입지만, 조각상에 묘사된 인물은 거의 나신이거나 간단한 옷이나 장식물을 걸치고 있을 뿐이다. 무덤에서 보이는 증거에서 고위도지방 후기 구석기시대 사람들은 두꺼운 가죽옷을 입었던 것이 확실하다. 예컨대 러시아 순기르(Sungir)의 30,000-25,000년 전, 그러니까 코스텐키와 돌니베스토니체와 비슷한 파블로프문화기의 무덤에서 시신은 구슬을 꿰어 머리에 후드로 썼으며, 바지를 입고 망토를 두르고 모자를 썼다. 그러나 도상에 표현된 여성은 식물섬유로 만들어진 간단한 옷이나 장식물만을 걸치고 있다. 그리고 시베리아 말타-부렛의 매머드 상아 조각품에는 빙하시대 북위 50도가 넘는 고위도에서 이동하며 살던 수렵민이 얼마나 튼튼한 옷을 만들어 입었는지 표현되어 있다.

소퍼 등은 민족지 자료를 언급하며 여성이 식물성 식량의 획득과 가공뿐 아니라 식물체를 가공해 바구니와 직물, 장식물 등을 만드는 데 핵심 역할을 했다고 본다(Soffer et al. 2000). 유명한 고고학자 그레이엄 클라크(Grahame Clark)는 "탁월함의 상징(symbols of excellence)"이란 표현으로 장식품과 상징물의 발달을 이야기한 바 있다. 이 맥락에서 소퍼 등은 직물을 장식하고 매우 복잡하게 만들고 표현하는 일은 탁월함, 곧 '성취의 상징'일 수 있다고 본다. 특히 클라크도 논하고 있듯이 단순사회에서 귀중품이나 상징물은 부식되기 쉬운 물질로 만들어진 경우가 많다고 한다. 상아와 조개로 만든 장식품뿐 아니라 식물체를 가공해 직물을 만들고 바구니를 짜는 일이야말로 사회적으로 높은 존중을 받았던 여성의 일이었을 것으로 보인다.

바늘과 무두질

그런데 튼튼한 옷을 만들어 입기 위해서는 사냥하고 가죽을 벗겨 다듬어야 했다. 이를 위해 밀개와 같은 작은 석기를 잔손질해 만들고, 나무나 뿔, 뼈를 손잡이에 끼워 가죽을 무두질했을 것이다. 최후빙하극성기의 혹심한 겨울, 칼로 에는 듯한 바람을 막기 위해선 촘촘한 바느질이 필요하다. 오늘날 바늘 모양처럼 뼈나 상아, 뿔에 구멍이 뚫린 바늘은 후기 구석기시대와 함께 등장해 최후빙하극성기에 널리 퍼진다.

2016년 러시아의 인터넷뉴스(『*Siberian Times*』)는 알타이산맥의 데니소바동굴에서 5만 년 전 바늘을 발견했다고 보도했다. 새 뼈를 갈아 만든 길이 7cm 정도로 바늘귀가 달린 오늘날 바늘과 같은 생김새였다. 바늘귀 구멍은 지름 1mm 정도인데, 그렇게 작은 구멍을 어떻게 뚫었을지 궁금하다. 5만 년 전의 유물이라면 현생인류가 이곳에 들어오기 전 아마도 데니소바인이 이런 기술을 가졌다는 것인데, 이 주장을 그대로 받아들이기 전에 검증이 필요하다. 뼈바늘을 직접 연대측정한 것도 아니다. 아마도 11층 후기 구석기 층에서 나왔다고 보는 것이 더 합리적이지 않을까? 그렇다면 주장과 달리 바늘은 후기 구석기시대 현생인류의 작품이라 해야겠다.

후기 구석기시대 바늘은 어떻게 생겼을까? 물론 바늘에도 종류가 있지만, 오늘날 바늘과 거의 다를 바 없었다. 그물이나 덫을 꿰는 바늘은 크다. 옷을 만들고 수선하는 데 쓰는 바늘도 크기가 각양각색이다. 바늘은 45,000-40,000년 전 후기 구석기 문화의 시작과 함께 등장했고, 유럽에서는 최후빙하극성기의 뒷부분에 속하는 솔뤼트레안기에 많이 보인다. 바늘은 뼈와 상아 같은 것으로 만들었기에 다른 여러 유기물 도구와 마찬가지로 오랜 세월의 풍파를 견디고 보존되기란 쉽지 않은 일이다. 그럼에도 동굴유적 등 매우 좋은 환경 속에 보존된 사례가 여러 곳에서 나온다.

시베리아의 스트라시나야(Strashnaya)동굴에서 나온 바늘은 약 45,000년 전으로 알려져 있다. 코카서스지방의 메즈마이스카야(Mezmaiskaya)에서는 40,000-35,000년 전의 바늘이 수습되었다. 동유럽에서는 알려진 사례가 꽤 있다.

동아시아에서도 후기 구석기시대 바늘은 몇 사례가 알려져 있다. 정확한 연대는 논란이 있지만 후기 구석기시대가 분명한 요령성의 샤오구산(小孤山) 3층에서도 바늘 3점이 뼈작살과 함께 나왔다. 숯과 뼈를 방사성탄소연대측정한 결과 대체로 46,000년에서 21,000년 전이라고 한다(Zhang et al. 2010: 519). 유명한 북경원인이 나온 저우커우뎬(주구점)의 산정동에서도 뼈바늘이 수습되었다. 알타이지방 바이칼호 동남쪽에 있는 톨바가(Tolbaga) 유적에서도 35,000-28,000년 전 퇴적층에서 구멍이 뚫린 바늘이 나왔다. 북아메리카의 플라이스토세 최말기 고인디언시대의 여러 유적에서도 매우 작은 바늘이 수습된 바 있다(d'Errico et al. 2018).

중국 북부 닝샤(寧夏)회족자치구의 수이둥거우(水洞溝)에서는 이미 1920년대 테이아르 드샤르댕 같은 사람이 뗀석기를 수습하고 유럽 구석기시대 무스테리안과 오리냐시안 유물과 비교하기 시작했다. 수이둥거우 12지점에서도 플라이스토세가 끝나갈 무렵(12,000년 전)의 층에서 뼈로 만든 바늘이 나온 바 있다. 영거드라이어스(Younger Dryas, 12,900-11,700년 전) 냉한기의 바늘이 11점이나 나왔는데, 편평한 것도 있고 둥그런 모습도 있다. 연구자들은 두 형태의 바늘이 기능도 달랐으리라 추정한다. 더 둥그런 형태의 바늘은 더 세심한 솜씨가 필요한 자수(embrodery, applique)나 정교한 모피, 털로 다져 만든 천(펠트)을 만드는 데 썼으며, 편평한 바늘은 겨울 옷감을 꿰는 데 썼으리라 본다(d'Errico et al. 2018).

이 시기 사람들의 기술과 솜씨는 놀랄 만하다. 매우 정교했고, 섬세했다. 남양주 호평동에서는 흑요석을 떼어낸 잔돌날(세석인)이 다수 수습되었다. 잔돌날은 부러졌지만, 길이가 기껏 4cm도 되지 않았고, 너비는 5mm 정도에 불과할 정도로 작은 돌날이다. 그런데 이 돌날의 한쪽에 정교한 잔손질이 베풀어져 있었다. 그렇게 매우 작은 돌날의 한쪽을 뾰족하게 잔손질해 더 작은 송곳을 만든 것이다. 호평동의 잔돌날 작은 송곳이 이런 바늘귀에 구멍을 뚫는 데 쓰였을까? 바늘귀뿐 아니라 가죽에 구멍을 뚫어 실을 꿰어 단단한 옷이나 신, 장갑, 모자를 해 입었을 수도 있다. 아니면 지금은 사라져 보이진 않지만, 후기 구석기 사람들이 목에 걸치고 손목에 차고 다녔을 장신구를 만드는 데도 쓰였을지 모른다. 자신이 사냥한 멧돼지나 고라니 송곳니에 구멍을 뚫어 매달고 다니는 모습을 상상해 본다.

최근 콜라드 등은 고위도지방의 유적에서 나오는 포유동물을 분석해 가죽의 쓰임새를 추정하는 연구를 발표했다(Collard et al. 2016). 먼저 민족지 자료를 참고해 주로 모피를 위해 사냥하는 동물을 가려낸 다음 중기와 후기 구석기시대 유적에서 어떻게 달리 분포하는지를 판단했다. 연구에 따르면 토끼과(leporids)와 늑대(갯과, canids), 족제비과(mustelids) 동물이 후기 구석기 유적에서 더 많이 발견된다고 한다. 이런 동물에서 얻는 모피는 고위도의 추운 겨울을 나는 귀중한 옷을 만드는 소재이다. 다시 말해 중기 구석기시대 네안데르탈인은 망토 같은 것을 걸쳤을 뿐이지만, 후기 구석기 현생인류는 더 촘촘하고 견고한 털옷으로 빙하시대의 혹한을 이겨냈던 것이다.

말타와 부렛에서 나온, 매머드 상아를 깎아 만든 조각상은 모피

털옷을 입고 모자를 쓰고 있다. 이동하는 매머드를 따라 매서운 고위도지방까지 들어온 수렵민에게 털옷은 필수품이었다. 바람 한 점 들어오지 않게 잘 맞도록 재단하고 바느질한 털옷과 모자는 오늘날 알래스카 등 원주민의 삶에도 없어서는 안 될 물품이다.

가죽으로 옷을 만들기 위해선 가죽을 다듬어야 한다. 이것을 무두질이라고 한다. 가죽을 벗긴 뒤 털이나 지방을 제거하는 무두질 과정에 들어간다. 후기 구석기시대 대표적인 무두질 도구는 밀개로 알려져 있다. 수렵채집민의 민족지 사례에서도 그러하고 사용흔분석에서도 무두질 기능에 가장 어울린다고 한다. 돌날의 한쪽 끝을 둥그렇게 잔손질해 나무나 뼈, 뿔 손잡이에 장착한 뒤 가죽의 위아래 방향으로 밀고 당기면서 단백질과 기름, 털을 없애고 가죽을 고르고 부드럽게 만든다. 이런 과정을 되풀이한 다음 넓게 펼쳐 놓고 그늘에 말린다. 현대사회와 마찬가지로 가죽으로 옷을 만들어 입을 수도, 가죽신과 장갑, 모자, 허리띠를 만들어 쓸 수도 있다.

후기 구석기시대 사람들은 수없이 많은 작업을 했다. 동물 사냥뿐 아니라 열매와 뿌리 등 식물성 식량을 채집해야 했으며, 여러 종류의 창, 바구니, 덫 같은 것도 늘 만들고 수선해야 했다. 석기는 돌의 성질 탓에 변함없이 보존되었지만, 수없이 많았을 유기물 도구는 잘 남지 않았다. 작대기, 꼬챙이, 곤봉, ㄱ자 막대기, 통나무를 파 만든 여러 크기의 물통 등 다양한 나무 도구가 있었고, 칡넝쿨, 대나무 줄기, 가지 같은 것을 엮어 만든 바구니와 망태기도 썼을 것이다. 상대적으로 식물성 식량자원이 풍부한 저위도에 비해 고위도에서는 생계의 위험부담이 훨씬 크고, 곳곳에 위험도 도사리고 있다. 도구를 만들 때 예기치 않은 용도에 쓸 수 있음도 고려해 디자인하고 정교하게 제작해야 한다(켈리 2014, 5장).

Box 8.3

순기르 무덤

구석기시대 무덤은 네안데르탈인의 중기 구석기시대부터 알려졌지만, 후기 구석기시대에 들어서며 훨씬 많아진다. 이 가운데는 화려하게 치장된 무덤도 있다. 모스크바 200km 동쪽에 있는 순기르(Sungir, Sunghir) 유적에서는 약 34,000년 전 무덤 네 개가 발굴되었다. 어린이 둘을 나란히 놓지 않고 서로 머리 끝을 맞댄 채 묻은 무덤과 나이 든 남성이 묻힌 무덤은 보존 상태도 좋고, 부장품도 화려하다. 어린이 인골에는 왼팔과 손이 없었는데, 매우 좋은 보존상태를 생각할 때 원래부터 그랬던 것 같다. 인골에는 붉은 산화철을 갈아 뿌렸고, 매머드 상아를 갈아 만든 구슬 13,000여 개와 여우 송곳니 장신구로 치장했다. 매머드 상아로 만든 찌르개도 16개가 나왔는데, 이 가운데 5개는 양쪽을 뾰족하게 갈아 만든 것이다(Trinkaus and Buzhilova 2018).

인골의 보존 상태도 좋아서 여기에 묻힌 사람의 DNA도 복원할 수 있었다. 네 인골 모두 남성이었는데, 놀랍게도 이 사람들은 부모 자식 같은 가까운 혈족이 아니라 먼 친척 관계였다(Sikora et al. 2017). 이는 현대 수렵채집사회의 무리 구성과도 잘 어울린다. 다시 말해 수렵채집민은 가까운 혈연보다는 도움을 주고받을 수 있는 협력관계를 중시해 무리를 구성한다. 거꾸로 이런 특성은 후기 구석기시대로까지 거슬러 올라간다고도 할 수 있다. 무리 밖에서 혼인 상대를 구하고, 주변, 그리고 먼 곳의 무리와도 상시로 물자와 정보를 교류하는 집단만이 성공적으로 존속했다(11, 15장 참조).

잘 치장된 인골은 살았을 적 높은 사회적 지위를 지닌 사람이었다고 해석할 수도 있다(15장 참조). 그러나 후기 구석기시대 사회위계를 상정하기란 쉽지 않은 일이다. 순기르를 비롯한 여러 후기 구석기시대 무덤을 보면 어린애나 소년, 그리고 장애를 지닌 사람의 무덤에서 부장품이 풍부하게 나오는 경향이 있다. 빙하시대 수렵채집민은 그런 비통한 죽음에 큰 애도를 표현하지 않았을까?

유럽 후기 구석기시대 집단과 문화

최근 무려 100명이 넘는 연구자가 참여한 연구 결과가 과학저널 『네이처』에 실렸다(Posth and Yu et al. 2023). 유럽의 구석기시대에서 신석기시대에 이르는 시기의 356개체 고유전자를 분석한 논문이다. 여기엔 116개의 새로운 개체도 포함되어 있었다. 시간적으론 약 35,000년전부터 5,000년 전까지로, 유럽의 수렵채집인을 대상으로 자료를 종합해 후기 구석기시대에서 농경이 들어오기 전까지 집단의 인구역학을 추적했다. 이에 따르면 그라베티안(33,000-22,000년 전)기는 단일성을 지닌 사람들의 문화가 아니었다. 그라베티안문화의 중심이라 할 서유럽의 사람들과 동시대 중부 및 동유럽 사람들은 유전적으로 서로 다른 집단이었다는 것이다. 서유럽 그라베티안은 선행 오리냐시안과 연속성을 보이며, 최후빙하극성기 동안 이어진 솔뤼트레안 문화까지 존속한 것으로 나타난다. 최후빙하극성기 이후 구석기시대가 끝나기까지 이어진 막달레니안 문화에서는 따뜻한 기후 조건을 바탕으로 북으로 다시 확산하는 경향을 보인다.

남유럽에서는 이 시기 유전자 구성이 뒤바뀌는 양상이 보인다. 최후빙하극성기 즈음 북에서 남으로 새로운 이주민이 확산했고, 이후 17,000년 전 발칸반도에서 이주민이 들어왔는데, 서아시아의 주민과 유전적으로 비슷한 구성을 보이는 사람들이다. 그러니 이탈리아에서 후기 구석기시대 말 문화를 남긴 사람들은 그라베티안 문화 집단의 후손이 아니라는 것이다. 그런데 14,000년 전 즈음 이 문화는 다시 남에서 유럽 전역으로 확산하면서 막달레니안 문화 유전자를 대체하는 양상을 보인다는 것이 연구의 골자다. 이렇게 최근 과학분석은 고고학에서 석기를 바탕으로 설정한 문화를 단순한 종족성으로 해석하는 데 경종을 울린다.

이 연구는 여러 나라에서 연구자가 참여해 고유전자 자료를 종합하고 새로운 해석을 도모한 것이다. 이렇게 여러 분야의 연구자가 힘을 모아 데이터베이스를 가다듬고 새로운 방법으로 분석해 기존 학설이나 주장을 검증하는 방법이 이미 연구를 주도하고 있고, 앞으로도 그럴 것이다. 여기에 고고학이란 학문 분야의 고유성을 주장할 수는 없다. 이미 학계에서 학문 사이 담장은 무너진 지 오래다. 이렇게 보면 지난 200년 동안 선사시대 인간과 문화를 연구하는 유일한 학문이었던 고고학의 영역은 줄어들고 있는지도 모른다. 그런 면에서 고고학은 위기를 맞고 있다 할 것인데, 사실 전통적 주제와 접근방법만을 고집하는 모든 학문이 마찬가지다(16장 참조).

지난 200년 동안 선사시대 연구를 주도하면서 고고학자들은 물질 자료에서 드러나는 문화와 인간집단의 관련을 파악하기 위해 애썼다. 그러나 이제 현대인뿐 아니라 수만 년 전 구석기시대 사람 뼈에서도 유전자를 추출해 분석하면서 그동안 고고학자가 그렸던 그림은 검증의 대상이 되고, 도전을 받게 되었다.

그런데 2024년 초 잭 베이커(Jack Baker)라는 프랑스 보르도대학의 고고학자는 박사학위 논문을 준비하면서 1800년대부터 유럽에서 보고된 구석기시대 장식물을 분석한 결과를 출간했다(Baker et al. 2024). 유럽을 가로질러 112개 그라베티안 유적에서 자료를 종합해 134개 장식물 형식을 설정했다. 이 가운데 79개 형식은 지중해와 대서양의 조개와 민물조개류로 만들어진 것이고, 26개는 곰이나 늑대, 여우, 그리고 엘크나 말, 붉은사슴, 들소 같은 동물의 이빨(4개는 사람 이빨), 나머지는 돌이나 물고기 뼈로 만든 것이다. 유럽 서북부 사람들은 뿔조개를 좋아했던 반면 러시아 코스텐키 같은 곳에 살던 사람들은 돌과 붉은사슴 송곳니를 선호했다. 베이커는 다시 여러 장식물 형식이 지리적으로 어떻게 모이고 차이가 있는지를 분석했고, 유럽 전역에서 9개 권역이 있음을 알아냈다.

놀라운 것은 베이커의 분석은 포스트 등(Posth et al. 2023)이 유전자 분석으로 제시한 유럽의 그라베티안기 집단 구성보다 더 정밀한 그림을 제시한다는 것이다. 유전자 분석으로는 크게 2개 집단만을 가려냈지만, 베이커는 전통적 고고학 접근으로 유물을 자료화하고 형식분류한 다음 계량분석을 거쳐 서로 다른 9개 문화, 곧 집단을 설정할 수 있었다. 유전자 분석으로 이베리아반도는 하나였지만, 베이커의 분석에서는 북쪽의 칸타브리아지방과 남쪽의 광범위한 지역이 서로 다른 권역이었음이 드러났고, 서로 다른 집단으로 설정한 프랑스와 벨기에는 같은 문화권이었다.

이렇듯 그라베티안은 석기기술에서 동일성이 있지만, 문화적 정체성이 더 드러나는 상징물을 분석하면 동질적이라 할 수 없다. 문화적으로 서로 다른 전통을 지닌 집단이 살았던 것이다. 이렇게 현재로선 고유전자 분석으로 드러나지 않은 선사시대 사람들의 문화적 정체성을 더 세밀하게 그릴 수 있다. 고고학을 전문으로 하는 견지에선 1990년대부터 30년 이상 수세에 몰렸던 고고학이 다시 반격에 나섰다고도 볼 수 있는 일이다. 고고학자가 9개 권역을 설정했으니, 앞으로 자료를 더 종합해 검증하는 방향으로 나아갈 것이다. 나아가 솔뤼트레안과 막달레니안 문화기까지 자료를 확장해 분석한다면 후기 구석기시대 수렵채집민의 역동적인 문화변화 양상이 알려질 것이다. 이렇게 앞으로 전통적인 고고학 접근과 방법을 유지하면서도 DNA 연구 결과를 보완할 것으로 기대한다.

2부 빙하시대의 사냥꾼

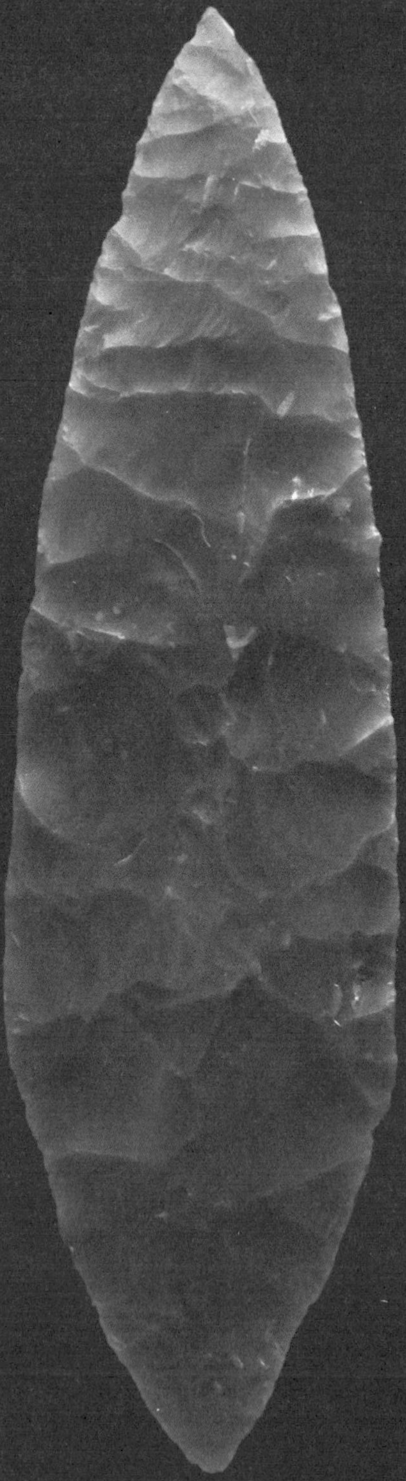

솔뤼트레안 찌르개

09 대형동물을 사냥한 까닭은?

사냥기술의 발달

빙하시대 수렵민 하면 커다란 들소나 매머드에 맞서 용감하게 창을 던지고 찔러 사냥하는 모습을 떠올리기 십상이다. 대중에게는 빙하시대의 혹독한 환경에서 단백질과 열량(칼로리) 해결을 위해 큰 동물을 사냥했다는 생각이 퍼져 있다. 과연 그럴까? 물론 들소나 순록, 나아가 매머드 같은 큰 동물을 사냥한다면 이동하는 무리에게 배부른 먹을거리가 될 것이다. 매일, 아니 원할 때마다 잡을 수만 있다면야 그렇다. 큰 동물 사냥은 매우 위험한 일이다. 실패율도 높다. 사자나 표범 같은 맹수도 사냥 성공률이 30%를 밑돈다. 단지 열량을 얻고자 한다면 더 작고 흔한 동물을 쫓거나 애벌레나 곤충을 잡는 것이 낫다. 여러 식물에서도 단백질과 지방을 얻을 수 있으므로, 이 또한 큰 동물 사냥보다 불확실성은 낮고 안정성은 높은 식량원이라 하겠다.

그런데도 여러 수렵민은 굳이 사냥에 나선다. 후기 구석기시대 여러 유적에는 큰 동물을 빈번하게 사냥한 흔적이 남아 있다. 빙하시대 수렵민은 왜 이렇게 힘들고도 위험한 일을 했을까?

순록 전문 사냥꾼?

그린란드 이누이트의 삶은 순록과 떼어놓을 수 없다. 이 사람들은 순록에게서 식량은 물론이고 옷과 집, 도구를 얻는다. 순록 가죽으로 옷을 만들어 입고, 집을 덮어 바람을 막고, 순록의 뿔과 뼈를 다듬어 도구를 만들어 쓰는 것이다. 그러니 이 혹독한 극지에서의 삶은 순록과 뗄 수 없다. 서로 삶과 죽음을 의지하고 있다는 표현이 합당할 정도다. 그렇게 전통적인 그린란드 원주민은 순록 전문 사냥꾼이라 할 만하다.

고고학계에서도 유럽의 후기 구석기시대 사람들이 순록 전문 사냥꾼이었다는 생각을 오랫동안 정설처럼 받아들였다. 그 연원은 19세기 중반 구석기고고학의 개척자 에두아르 라르테까지 거슬러 간다. 라르테는 무스티에동굴과 마들렌동굴 등 여러 유적을 조사하면서 고생물 자료를 바탕으로 한 구석기시대 편년을 세웠다. 이에 따르면 들소시대를 뒤이어 마들렌동굴을 전형으로 하는 순록시대가 이어지고, 그 뒤 매머드시대가 따른다. 이어서 고고학 편년을 개척한 사람은 가브리엘 드 모르티예였는데, 알타미라 동굴벽화를 구석기시대 사람들이 남겼을 리 없다고 했던 그 사람이다. 그런 실수를 하긴 했지만, 순록시대를 솔뤼트레안과 막달레니안으로 나누고, 오늘날까지 쓰이는 유럽의 구석기시대 편년체계를 만들었다(트리거 2019: 154-55; 페이건 2019: 98-107). 이렇게 후기 구석기시대 사람들이 순록 사냥에 일가견이 있었다는 믿음은 커졌다.

이런 믿음이 오늘날에도 학계에서 이어지는 데 기여한 사람은 고고학자 폴 멜러스(Paul Mellars, 1939-2022)일 것이다.[1] 멜러스는 네안데르탈인의 중기 구석기 문화에서 호모 사피엔스 현생인류의 후기 구석기 문화로의 전이를 매우 단순명료하게 정리했다. 새로 들어온 현생인류가 결국 네안데르탈인을 밀어내고 "인류혁명"을 이뤘다고 평가했다. 나아가 후기 구석기시대 사냥꾼은 특정 동물 종에 특화한 사냥기술을 발전시켰다고 주장했다(Mellars 1973: 261). 현생인류가 확산할 무렵 네안데르탈인이 남긴 샤텔페로니안(Châtelperronian) 문화의 유적에서는 서너 개 다른 종을 이용한 더 폭넓은 사냥의 흔적이 나타나지만, 후기 구석기시대 초 현생인류가 남긴 오리냐시안 문화 유적에서는 순록의 뼈가 90%가 넘을 만큼 집중적으로 사냥했음을 근거로 들었다(Mellars 1998: 500).

프랑스 서남부 베제르강 유역 레제지(Les Eyzies)는 "후기 구석기시대 수도"라 일컬을 만큼 유명 유적이 많은 곳이다. 크로마뇽인이라고 부르는 화석도 이곳의 크로마뇽 바위그늘의 이름을 딴 것이다. 아브리파토(Abri Pataud) 바위그늘도 유명한 유적이다. 한국과 중국을 비롯한 동아시아에서 주먹도끼와 아슐리안 문화의 존재를 부인했던 모비우스학설로 알려진 할럼 모비우스(Hallam Movius)가 이곳에서 1958년부터 7년 동안 발굴했다. 유적에서는 10개 넘는 문화층이 드러났으며 거의 모두 후기 구석기 층이었다. 멜러스에 따르면, 유적의 7개 층에서 수습된 동물 뼈 유물군의 90% 이상이 순록이었다. 그라베티안(33,000-22,000년 전) 문화에 속하는 5층의 동물 뼈는 99%가 순록이었다. 1864년 처음으로 비너스 조각품이 확인된 로제리바스(Laugerie Basse)에서 가까운 로제리오트(Laugerie-Haute) 바위그늘의 열 개가 넘는 솔뤼트레안(22,000-18,000년 전) 문화층의 동물 뼈 역시 90% 이상이 순록이었다. 게다가 14개 동물 뼈 유물군 가운데 4개는 순록의 비중이 99% 이상이라고 한다. 베제르강의 석회암 벼랑에 있는 로제리오트에서는 여러 문화층에서 불을 피운 자리, 그리고 뗀석기와 순록 뼈가 많이 나온다.

이렇게 레제지 지역의 후기 구석기 자료를 보면 최후빙하극성기 동안 사냥꾼은 순록에 의존했다고 하겠다. 멜러스는 이동하는 순록 떼를 사냥하기 위해 사냥꾼이 이곳을 주기적으로 찾았다고 보았다. 그런데 멜러스는 이런 주장을 하면서 프랑스 서남부에 있는 아브리파토, 록드콩(Roc de Combe), 피아제(Le Piage), 그라베트(La Gravette)라는 네 유적 자료를 근거로 들었고, 이후 로제리오트를 추가해 논지를 폈다. 이 시기 다른 유적들에서는 어떠할까?

미국 워싱턴대학의 도널드 그레이슨(Donald Grayson)은 자료, 특히 동물 뼈를 엄밀히 분석해 기존 학설을 검증하는 고고학자다.[2] 19세기부터 이어져 온, 선사시대 사람들에 대한 신화나 믿음이 아니라 물질 자료에 의존하는 엄격한 고고학 방법을 가치로 여긴다. 그레이슨은 이 시기 콩 그레날(Comb Grenal)이나 페슈 드라제(Pech de l'Azé) 같은 수십 개 유적, 수십 개 층에서 나온 동물 뼈를 분석해 과연 멜러스의 주장이 맞는지 검증했다. 그 결과 순록 전문 사냥꾼이라는 주장이 편향된 것임을 밝혔다.

그레이슨과 델페슈의 분석에 따르면, 멜러스는 네 유적의 특정 층위에서 나온 자료에 지나치게 의존했다(Grayson and Delpech 2002). 분석 대상으로 삼은 30개 오리냐시안(43,000-28,000년 전) 문화의 동물 뼈 유물군 가운데 23개에서는 순록이 가장 많다(79.6%). 그런데 놀랍게도 95개 중기 구석기시대 무스테리안 유물군 가운데 31개 유물군에서도 순록 뼈가 가장 많다(68.5%). 이미 순록은 네안데르탈인에게도 주요 사냥감이었던 것이다. 그런데 멜러스가 스스로 논지를 세우는 자료로 삼았던 네 유물군을 빼면 오리냐시안 동물 뼈 유물군에서 순록이 차지하는 비중은 68.4%로 중기 구석기 무스테리안 유물군과 거의 같다. 더욱이 오리냐시안 유물군 가운데는 붉은사슴이나 들소 뼈가 대종인 사례도 있다. 또 상당수 무스테리안 유물군에서는 들소가 가장 큰 비중을 차지하기도 한다. 이렇게 어떤 유적에는 순록 뼈가 대종이지만, 다른 유적은 들소나 붉은사슴 뼈가 주로 나온다.

유적에 따라 동물 종이 다양한 것이다. 만약 동굴이나 바위그늘이 아니라 야외유적을 대상으로 한다면 중기 구석기시대나 후기 구석기시대 동물 뼈 구성에는 별반 차이가 없다. 나아가 네안데르탈인 역시 큰 동물 사냥에 능했음을 알 수 있다. 멜러스의 주장은 몇몇 두드러진 유적 자료만을 근거로 한 것으로, 구석기시대 동물 뼈 자료를 광범위하고도 철저하게 분석한 결과와 부합하지 않는다.

그뿐 아니라, 연구 역사가 오래고 유명한 동굴이나 바위그늘 유적이 많은 프랑스 서남부를 제외하면 순록 뼈 비중은 그렇게 크지 않다. 프랑스 서남부에서는 그라베티안기에 순록의 비중이 높아 90%가 넘었고, 이후 감소하다가 다시 막달레니안기(18,000-12,000년 전)에 이르러 다시 90%까지 증가하는 경향을 보인다(Grayson and Delpech 2002). 그러나 서유럽에서 후기 구석기시대 초와 막달레니안기에는 60%가 넘지 않는다. 오히려 붉은사슴의 비중이 30%에 이르고, 지역에 따라 산양의 비중도 매우 높다.

미국 뉴멕시코대학의 로런스 스트로스(Lawrence Straus)에 따르면 후기 구석기시대 서유럽에선 식량자원의 폭이 넓어짐과 동시에 특정 사냥감에 집중하는 현상도 나타난다(Straus 1993). 아마도 유적에 따라, 그리고 계절에 따라 식량원을 얻는 양상이 다양했던 것 같다. 특히 창을 던지고 쏘는 방법에서 큰 진전이 있었으며, 이를 바탕으로 깊은 구릉과 계곡에서 야영하면서 이곳을 이동하는 동물 무리를 노렸다. 순록과 붉은사슴, 들소, 산양 같은 동물의 이동 경로를 파악해 대량으로 사냥했다는 것이다. 또 후기 구석기시대 여러 유적에서는 토끼 같은 작은 동물 자료가 늘어나고, 이밖에도 새 뼈와 물고기 뼈도 매우 많아진다. 이처럼 전체적으로 다양한 자원을 이용해 식단의 폭이 넓어지는 흐름이 보이는 것이다. 그럼에도 몇몇 특정 유적에서는 순록 같은 특정 자원이 늘어나는 경향도 있다. 이 문제는 나중에 더 살펴보자.

아렌스부르크 순록 사냥터

독일 북부의 아렌스부르크(Ahrensburg)문화는 구석기시대가 끝나갈 무렵, 그러니까 영거드라이어스기(12,900-11,700년 전)의 순록 사냥으로 유명하다. 이곳에서 수렵민은 주로 활과 화살을 도구로 이동하는 순록무리를 사냥했다. 대표 유적이라 할 스텔모르(Stellmoor)에서는 연례행사처럼 주로 10월쯤 활과 화살로 무장한 사냥꾼이 매복하고 있다가 이동하는 순록무리를 잡았다. 유적에서는 순록 뼈가 18,000점이 나왔는데 무려 650개체 분량이었다. 소나무 화살대에 장착한 화살도 100점 넘게 확인되었다. 이처럼 순록을 대량으로 도륙한 흔적이 유적으로 고스란히 남아 있다.

뼈 사이에 찌르개가 그대로 박혀 있는 사례도 꽤 있었다. 더 미시적으로 들어가면 화살을 순록 가슴을 겨냥해 발사하고 창을 던졌다고 보기도 한다. 순록은 놀라서 물속에 뛰어들었을 테지만, 뒤에서도 화살이 날아왔을 것이다. 『빙하 이후』에서 마이든은 아렌스부르크 계곡에서 벌어졌던 순록 사냥을 다음과 같이 생생하게 묘사한다(마이든 2019: 161).

> 순록 떼는 바윗덩어리 사이 좁은 길을 지난다. 누군가 신호를 보내자 창을 던지고 뒤에서 순록을 공격한다. 계곡을 따라 더 많은 창을 던진다. 순록은 덫에 걸리고 만다. 놀라서 도망치며 물로 뛰어들며 살고자 헤엄친다. 불과 몇 분이 지나지 않아 여덟에서 아홉 마리가 땅에 드러눕는다. 사냥꾼은 몸을 떠는 짐승의 머리를 내리친다. 호수에는 몇 마리 순록 사체가 떠다니지만, 땅 위에서 잡은 것만으로도 충분한 식량이 되기에 내버려 둔다.

사냥꾼은 가리지 않고 이동하는 무리에 화살을 쐈던 것 같다. 웨인스탁의 순록 뼈 분석에 따르면, 스텔모르 순록 뼈는 암수가 자연 상태의 비율 그대로였다(Weinstock 2000). 다시 말해 좁은 계곡 사이로 떼를 지어 통과하는 순록에 화살을 날렸고 물에 뛰어든 녀석도 호수 반대편에서 날아온 화살을 받아야 했다. 그리고 이런 동물 뼈 패턴에서는 당시 순록 개체군을 보호하려는 순록 사냥꾼들의 의도는 찾을 수 없었다. 다시 말해 그저 기회가 닿는 대로, 아마도 덩치가 큰 사냥감을 잡았을 뿐 미래를 위해 개체군을 보존하려 했다는 생각은 지나치게 순진한 것이다.

파리분지에 있는 베르베리(Ververie), 에티올(Etiolles) 유적도 그런 순록 사냥터였다. 사냥꾼이 숨어 있다가 순록 떼가 지나갈 때 잡아 도살했던 유적이다. 다만, 이동하는 순록 떼를 한곳에서 몰살시키는 일은 효율적인 사냥 방법이었겠으나 특정한 계절에만 가능한 일이었다. 추정에 불과하지만, 수렵민 집단 간 경쟁도 있었을 것이다. 순록 떼를 몰살할 수 있는 지점이 그리 많지는 않았기에 선점하는 일이 중요했을 것이다.

나아가 순록 떼를 도륙했다면 특정 무리가 당장 소비할 수 없을 만큼 많은 고기였을 것이다. 이로부터 고기를 저장했음도 추정할 수 있다. 알래스카 누나미우트 카리부(순록) 사냥꾼이 남긴 1880년대 유적을 발굴해 보니 고기 저장의 흔적이 드러났다. 이와 함께 어느 정도 분배가 있었고, 또 징발묵인(tolerated theft)의 증거도 있다고 한다. 다시 말해 남는 고기를 사냥에 참여하지 않은 사람이나 무리가 가져가는 것을 적당히 묵인했다. 소란을 피우기보다 평화를 도모했다. 연례행사처럼 순록 사냥을 반복했고, 남는 고기는 저장했다(Waguespack 2002).

그러나 이런 순록 사냥터 유적을 토대로 당시 이곳의 수렵채집민이 순록을 전문으로 사냥한 집단이었다고 해석하는 것은 비약이다. 다시 말하지만, 순록 떼를 도살하는 일은 특정 지점에서, 특정 계절에만 가능했다. 순록은 계절에 따라 수백 킬로미터까지 이동한다. 그렇게 이동하는 순록을 적당한 길목에서 노려 사냥하는 것은 매우 효율적이었을 테다. 대량으로 고기를 얻을 수 있었지만, 그런 집중 사냥이 어디서나 가능했던 것은 아니다.

한편, 이보다 더 남쪽의 사정은 달랐다. 프랑스 서남부 마들렌(La Madelene) 유적의 막달레니안 층의 순록 뼈를 분석한 결과 연중 사냥이 있었다고 한다(Fontana 2017). 순록의 뿔과 이빨, 태아 뼈를 토대로 사냥한 계절을 짐작할 수 있다. 막달레니안 초에 속하는 레벨 25에서는 87%가, 중기의 레벨 27에는 95%가 순록 뼈였는데 계절에 관계가 없었다. 이처럼 프랑스 서남부에서 순록 사냥은 더 높은 위도의 파리분지와는 달랐던 것 같다. 다시 말해 파리분지와 프랑스 중남부의 마시프상트랄(Massif Central), 오드강 유역(Aude Basin)과는 달리 이곳에는 연중 내내 순록이 머물렀다.

환경에 따라서, 또 필요에 따라서 당시 사람들이 사냥한 동물 종은 다양했다. 심지어 늑대와 울버린, 여우처럼 더 작은 동물의 뼈도 유적에서 흔하게 보인다(Wojtal et al. 2020). 연구에 따르면 체코의 돌니베스토니체 같은 중동부 유럽의 유적에서는 이런 작은 동물이 분명 최후빙하극성기를 살았던 그라베티안기 사람들의 일상에서 매우 필요했던 사냥감이었다. 그런데 사냥의 목적은 고기보다 털을 얻는 것이었다. 추운 고위도 날씨를 견디기 위해서는 튼튼한 모피로 옷을 만들어 입어야 했다. 그리고 동물의 뼈는 뚜르개 같은 것을 만드는 데 쓰기도 하고, 이빨에 구멍을 뚫어 장신구로 이용하기도 했다. 아마도 그런 동물을 사냥했음을 자랑스럽게 생각해 목걸이를 매달고 다녔을 것이다. 그런데도 늑대나 울버린, 여우처럼 작은 동물은 동굴벽화나 조각품에 거의 묘사되어 있지 않다. 순록마저 드물다. 예술과 상징물에서는 매머드나 사자, 곰 같은 크고 위험한 동물이 더 흔하다.

대형동물 사냥

대형동물 사냥, 특히 남자가 큰 짐승을 사냥하는 것을 캠프에서 기다리고 있을 가족과 친지를 먹이기 위함이라 보는 경향이 있다. 그러나 매우 좋은 음식을 한 번에 가져올 수 있다는 생각은 잘못이다. 저장하지 않는다면 어차피 다 먹지도 못할 고기일 뿐이다. 한겨울 바깥에 내놓아 자연 보관하고 나중에 불을 피워 녹이거나 말려 보관할 수 있었는지도 모른다. 그러나 말린 고기는 그냥 먹기도 하지만, 흔히 끓여 먹는데 토기가 없었으니 쉽지 않은 일이다. 그런데도 구석기시대든, 민족지 자료든 수렵채집민의 삶에서 사냥, 특히 큰 동물 사냥은 매우 중요하다.

남아프리카의 주호안시족이나 탄자니아의 핫자족은 몇 시간, 아니 며칠에 걸쳐 사냥한다. 그런 와중에 실패를 거듭한다. 만약 단백질을 얻기 위한 사냥이라고 한다면, 사냥꾼은 칼로리만 소비하는 큰 동물 사냥을 포기하고, 더 작은 동물을 쫓거나 식물채집에 나서는 것이 나은 일이다. 연구에 따르면 파라과이의 아체족 남자는 매일 사냥에 7시간을 보낸다고 한다(Hill and Kintigh 2009; Speth 2012: 151). 그저 단백질이나 칼로리만을 얻기 위한 일이라면 식물성 식량이나 곤충을 잡는 것이 더 낫다. 심지어 힐에 따르면 성인 169명의 죽음에서 남성의 16%, 여성의 4%가 사고사였는데, 사고사의 상당 부분은 사냥과 결부되어 있다(Hill 1988). 사냥은 그만큼 위험한 일이다. 낮에는 뜨거운 햇볕을, 밤에는 몹시 추운 바람을 맞을 수 있고, 잘못하면 탈수를 겪거나 길을 잃을 수도 있다. 넘어져 다칠 수도, 동물에게 복수를 당할 수도 있다. 그럼에도 아체족 남자는 사냥에 매우 열중한다. 왜 그럴까? 힐은 단순히 칼로리로 측정한 영양을 넘어서 기름진 고기의 중요성을 강조한다.

블리지버드와 버드에 따르면 오스트레일리아 서부 사막에 사는 마르투(Martu) 여성은 주로 도마뱀을 잡고, 남성은 캥거루 같은 큰 짐승을 사냥한다(Bliege Bird and Bird 2008: 678). 도마뱀보다 캥거루가 훨씬 크고 고기도 많지만, 어디까지나 사냥에 성공했을 때 얘기다. 큰 동물 사냥에서 실패율이 75%나 되지만, 도마뱀 사냥의 실패는 기껏 9%밖에 되지 않는다. 그러니 평상시에는 도마뱀을 잡을 수 있을 뿐, 캥거루 같은 큰 짐승 사냥은 요행에 가까운 일이다(Speth 2012: 153).

이렇게 보면 구석기시대, 그리고 민족지에 기록된 수렵채집민의 대형동물 사냥이 모두 고기를 얻기 위함이라 말할 순 없다(Speth 2012). 모든 것을 칼로리와 영양의 측면에서 풀 순 없다. 사실 살코기는 요리하지 않은 상태에선 맛없는 음식이고, 얻는 데 드는 비용에 비해 편익이 크지 않다. 실패율을 생각하면 사냥에만 의존할 수는 없는 노릇이고, 위험하기까지 하다. 단백질과 지방만을 생각한다면 식물에서도 얻을 수 있고, 더 쉽게 잡을 수 있는 작은 동물이나 곤충에서 얻는 것이 더 효율적이다.

그렇기에 블리지버드와 버드는 남성이 큰 동물 사냥에 열중하는 일은 값비싼 신호(costly signaling)의 맥락에서 이해할 수 있다고 본다(Bliege Bird and Bird 2008; Smith et al. 2003). 대형동물을 사냥했을 때 무리에 들어와 고기를 나누는 일이야말로 너그러움을 보여줄 수 있다는 것이다. 이와 비슷한 맥락에서 과시가설(show-off hypothesis)도 있다. 혹스 등에 따르면 남성은 사냥으로 얻은 고기를 나눔으로써 성공한 사냥꾼이라는 사회적 주목과 평판을 얻을 수 있다(Hawkes 1990; 1991). 이는 결국 사냥꾼과 가족의 성공적 존속에 보탬이 되며, 어려운 시기에 도움을 받을 수 있거나 번식의 기회를 더 얻을 수 있는 측면도 있다는 것이다.

폴리 위스너(Polly Wiessner)에 따르면, 남아프리카 주호안시족의 사례에서 사냥을 잘하는 사람이나 그 아내는 흑사로(hxaro)라 불리는 교환과 교류를 위한 광범위 네트워크를 가진다고 한다. 이렇게 보면 다 소비할 수도 없는 대형동물을 사냥하는 데는 사회적이고 정치적인 이유가 있을 것이다. 사람들이 선호하는 음식을 가져다주고, 거기서 나머지(잉여)를 만드는 능력이야말로 집단 구성원이 좋아할 일이다. 물론 평등을 지향하는 사회에서 대놓고 칭송하지 않더라도 말이다. 그 사람의 생애에서 어떤 어려움이 닥쳤을 때 흑사로 파트너로부터 도움을 받을 수 있고, 이는 가족도 마찬가지일 것이다(Wiessner 2002: 429).

후기 구석기시대 사냥기술

이처럼 사냥은 식량을 얻는 데 머물지 않고, 사회적 의미가 있다고 하겠다. 이는 후기 구석기시대의 시작과 더불어 나타나는 상징 행위의 폭발과 같은 맥락에서 이해할 수도 있다. 다시 말해 상징 행위와 기술 발달은 떼어놓을 수 없다. 오히려 상징 행위는 기술 발달을 이끌었다.

대략 30,000년의 시간대를 가지는 후기 구석기시대는 상당한 기술 발명과 혁신의 시대였다. 특히 의식주에서 획기적 변화가 일어났다. 뼈를 갈아 정교한 바늘을 만들어 가죽으로 옷을 입은 현생인류는 이전 시기 인류와는 크게 다른 모습이었다. 램프를 밝히고 어두운 동굴에 들어가 그림을 그리기도, 통나무배를 타고 바다를 건너기도 했다. 작살을 만들어 고기를 잡았다. 캠프 가운데 모닥불을 피워 몸을 따뜻하게 했으며 요리도 했다. 땅을 파 저장도 했고, 나무나 긴 새 뼈에 구멍을 뚫어 피리를 만들어 불었다. 진흙으로 인물상을 만들기도 했다(체코 돌니베스토니체). 동아시아의 여러 유적에는 빙하시대 끝자락에 그릇을 만들어 불에 구워 요리하는 데 썼다. 그리고 사냥을 위해 투창기(spear-thrower)를 이용해 멀리까지 창을 날렸고, 결국 활과 화살을 만들기에 이르렀다. 물론 이 모든 발명과 혁신이 동시에, 그리고 한 곳에서 일어난 것은 아니다. 발명이란 것이 늘 물질 자료로 보존되어 고고학자가 확인할 수 있는 것도 아니다.

나무를 깎아 창을 만들고 나뭇잎이나 줄기를 꺾고 엮어 물건을 담고 짊어질 수 있는 틀이나 바구니를 만들었을 테지만, 그것이 땅속에 묻혀 몇만 년이 흐르는 동안 남아 있을 리 없다. 토양의 산성이 강한 우리나라 야외유적에서 나무나 뼈, 뿔로 만든 도구를 기대할 수는 없다. 반면 석기는 유적에서 가장 흔한 자료이다. 돌을 깨거나 정교하게 떼어내 만든 석기(그리고 토기)는 오래 남는다. 그러니 고고학자는 주로 뗀석기의 형태와 수량을 분석해 제작기술을 복원할 수밖에 없다. 후기 구석기시대에 들어서면 크기는 매우 작아지고, 정교하게 잔손질한 것이 많다. 여러 잔손질석기는 그것 자체로 도구가 아니고, 나무나 뼈로 만든 손잡이를 달거나 창에 끼우거나 매단 복합도구의 일부였다.

또 최후빙하극성기의 상당수 석기는 창투사기에 매달아 쓴 것이다(Cattelain 1997). 잘 만들어진 창의 뒷부분을 어른 팔뚝만 한 크기 투사기에 꽂아 던지면 지렛대의 원리, 나아가 원심력을 이용해 창을 더 멀리, 더 강하고 빠르게 던질 수 있다. 그냥 창을 손에 잡아 던지는 것보다 투사기를 이용하면 그 안에 에너지를 담아 더 큰 힘으로 발사할 수 있다.

남아프리카에서는 약 65,000-60,000년 전 호위슨스푸트(Howiesons Poort) 석기공작 단계에 잔석기(세석기)가 등장한다. 최근 남아프리카 시부두(Sibudu) 유적에서 나온 석기의 잔존물 분석에 따르면 매우 작은 찌르개 모양의 유물은 화살대에 장착된 것으로 보인다(Lombard 2011). 그렇다면 약 60,000년 전에 벌써 활과 화살이 등장했다는 말이다.

활과 화살을 비롯한 복합도구의 등장과 진화는 지역에 따라 매우 다른 양상이다. 우리나라에서는 슴베찌르개가 후기 구석기시대의 시작과 함께 널리 쓰인다. 슴베찌르개를 끼우거나 매단 창은 찌르거나 던져 사냥에 쓰는 것이 주된 용도였을 것이다. 물론 슴베찌르개 자체는 사냥감을 해체하는 데도 효과적으로 쓰였다. 그런데 슴베찌르개를 장착한 창은 한 번 쓰면 다시 쓰기 어렵다. 사냥감의 뼈에 맞거나 바위와 땅에 떨어지면 부러지거나 깨지기 십상이다. 그걸 다시 회수해 수선하는 데도 꽤 시간이 걸렸을 것이다. 사냥에 나선다면 몇 개, 아니 열 개 넘는 창을 무겁게 지니고 다녀야 했을지도 모른다. 대전 용산동에서는 꽤 많은 부러진 슴베찌르개가 나왔는데, 아마도 사냥을 위한 캠프에서 이용했던 것 같다.

그러다 3만 년 전 즈음 잔돌날이 등장하는데, 나무나 뼈에 홈을 파 창이나 칼로 썼을 것이다. 단양 수양개, 공주 석장리, 남양주 호평동 등지에서 보듯이 최후빙하극성기(27,000-20,000년 전)에 슴베찌르개와 잔석기는 공존했다. 잔돌날은 부러지거나 닳아 무뎌지면 그것만 교체하면 그만이다. 그러니 슴베찌르개를 매단 창보다 더 신뢰할 만한 도구라고 할 수 있겠다. 찌르고 던지는 창은 크거나 중간 크기의 사냥감을 잡는 데 쓰고, 잔돌날을 장착한 도구는 더 다양한 사냥과 용도로 사용했을 것이다(Seong 2008). 이렇게 후기 구석기시대가 진전하면서 도구의 다양성도 보이는 것 같다.

화살촉은 구석기시대가 끝나갈 무렵 나타난다. 바다에서 멀지 않은 동해 기곡에서는 수정 격지의 양면을 정교하게 잔손질해 만든 화살촉이 나왔는데, 방사성탄소연대로 10,200±60 BP, 보정하면 대략

12,000년 전, 구석기시대 종말기가 된다. 익산 서두리, 곡성 오지리, 포천 화대리, 동해 월소, 그리고 일찍이 공주 석장리에서도 구석기시대 말의 화살촉이 나왔다(성춘택 2019). 그리고 제주 고산리에서는 후빙기 이른 신석기시대의 화살촉이 수백 점이 확인되었다(성춘택 외 2022).

최근 연구에 따르면 남아시아에서도 약 48,000년 전 즈음의 유적에서 뼈를 자르고 갈아 만든 찌르개와 다양한 상징물이 발견되었다. 특히 스리랑카 서남부의 파히엔 레나(Fa-Hien Lena)동굴에서 나온 찌르개 중에는 길이가 2cm 정도인 것이 있는데, 크기와 생김새, 그리고 사용흔분석을 통해 화살촉으로 추정된다(Langley et al. 2020). 열대우림이기에 비교적 가벼운 사냥도구가 필요했을 것이다. 이와 함께 뿔로 만든 각종 도구와 상징물, 그리고 바닷조개에 구멍을 뚫은 장신구 등이 함께 나와 후기 구석기시대 호모 사피엔스의 문화가 스리랑카까지 널리 확산했음을 알 수 있다.

미늘 달린 사냥도구는 유럽에서 구석기시대 말기 막달레니안기에 나타나 중석기시대에 널리 쓰였다. 그런데 최근 프랑스 동남부의 최후빙하극성기의 유적인 레프레 드로르(Les Prés de Laure) 유적에서 작은 돌날의 한쪽을 정교하게 잔손질한 유물 11개가 나왔다. 장착을 위해 잔손질했고, 반대쪽 날카로운 날이 사용된 등손질칼(backed knife)이다. 2018년 벨기에 고고학자 토마소 등의 연구에 따르면 유적은 25,000년에서 23,500년 전 수렵민이 남긴 것이다(Tomasso et al. 2018). 유물은 놀랍도록 잘 보존되어 있었는데, 심지어 원래 끼워져 있던 뼈의 흔적까지도 찾을 수 있었다. 등손질칼은 개별적으로 쓰인 도구가 아니었다. 잔존물분석, 사용흔분석에 따르면 유물은 붉은사슴 뼈를 정교하게 가공하고 미늘을 일정한 간격으로 장착한 창이었다. 이렇게 미늘 달린 창이 최후빙하극성기까지 거슬러 올라감이 밝혀졌다.

라스코를 비롯한 동굴벽화에는 창에 맞아 고통스러워하는 사슴이나 들소를 그린 사례가 있다. 이렇게 보면 창은 구석기시대 사람들의 사냥에 흔하게 이용된 무기였음을 알 수 있다. 또 동굴벽화에 그려진 사냥의 모습을 보면 창 말고도 여러 도구와 장치가 쓰였음을 알 수 있다. 점이나 기하학적 도형이 동물을 감싼 모습을 그린 것이 있다. 아마도 사냥을 위한 올가미 정도로 생각할 수 있을 것이다. 점선으로 묘사된 것 가운데는 울타리로 보이는 사례도 있다. 퐁드곰(Font de Gaume)에서는 나무를 세워놓은 구조물을 그려놓기도 했는데, 처음 발견했을 때는 막집을 그린 것이라 보았다(조태섭 2012). 그러나 퐁드곰의 그림 가운데는 큰 매머드가 구조물에 빠져 있고, 윗부분은 부서진 모습이 있다. 이렇게 보면 집이 아니라 동물 사냥을 위한 틀, 곧 함정 같은 것이라 생각할 수 있다. 나무나 잔가지를 덫과 함께 설치해놓은 것으로 이 위를 큰 동물이 지나가다 빠지는 원리다.

팽스방 유적의 해석

20세기 후반을 풍미한 미국의 고고학 이론가 루이스 빈포드(Lewis Binford)는 인간 행위와 그 흔적 사이에 존재하는 일반 규칙을 찾고자 했다. 만약 일반성이 있다면, 만 년 이상의 시간을 거슬러 올라가 후기 구석기시대 수렵채집민에게도 적용할 수 있을 터이다. 1966년 아내 샐리와 함께 중기 구석기시대 무스테리안 유물군의 변이를 행위적 관점에서 해석하는 논문을 쓰기도 했다. 이 논문은 당시 프랑스 구석기고고학을 주도했던 프랑수아 보르드(François Bordes)의 학설을 비판하고 대안을 제시한 것이다. 보르드는 유물 형식을 바탕으로 무스테리안 유물군에서 다섯 개의 변이를 설정하고, 서로 다른 종족의 문화라 해석했다(Bordes 1961). 이에 반해 빈포드 부부는 유물 형식은 다른 행위의 지표라고 하면서 유물군 변이를 서로 다른 행위가 있었기 때문이라고 보았다(Binford and Binford 1966). 무스테리안 유물군 변이에 관한 논쟁은 보르드-빈포드 논쟁으로 불리며 고고학에서 새로운 접근과 해석을 모색하는 계기가 되었다.

자료의 변이, 곧 여러 유물군의 구성이 다른 것이 다양한 행위맥락에서 기인하는 것이라는 주장을 어떻게 검증할 수 있을까? 논쟁을 계기로 빈포드는 인간 행위와 물질문화 사이의 일반성을 찾아 알래스카 누나미우트족과 함께 지내며 대화하고 행동을 관찰하는 등 현지조사 활동을 했다(Binford 1983). 이동하는 카리부(북미산 순록)를 사냥하고 불을 피워 고기를 구워 나눠 먹는 삶을 가까이서 참여하고 관찰해 고위도지방 수렵민의 행동 패턴을 복원하고자 했다.

이렇게 고고학자는 선사 유적뿐 아니라 마치 문화인류학자처럼 현존 수렵채집 원주민 등 실제 삶을 살아가고 있는 사람들의 행위와 그에 따른 물질 자료를 연구하기도 하는데, 이를 민족지고고학(ethnoarchaeology)이라 부른다. 인간 행위와 물질문화의 패턴에서 보이는 경험일반화(empirical generalization)를 법칙처럼 세울 수 있다면, 이것을 선사시대에도 적용해 그동안 설명하기 힘들었던 수많은 물질문화의 흔적을 행위와 문화의 맥락에서 설명할 수 있을 것이다(트리거 2019). 빈포드는 누나미우트 원주민이 카리부를 어떻게 사냥하고, 이 큰 동물의 사체를 해체해 운반하고 분배하고 소비하는지 수렵채집민의 일상을 면밀하게 조사했다. 이를 통해 알래스카 수렵민의 행위와 그 행위의 잔존물로 남은 패턴을 일반화하고자 했다. 조건이 같다면 같은 행위는 비슷한 물질문화의 흔적을 남길 것이기에 민족지고고학에서 확인된 패턴을 2만 년 전 구석기시대까지 적용할 수 있을 것이다. 빈포드는 유적에 흩어져 있는 석기와 동물 뼈를 인간 행위의 측면에서 설명할 수 있다고 믿었다.

고고학이 다루는 자료는 행위의 흔적, 곧 물적 증거지만, 물질문화는 아무런 말을 하지 않는다. 말을 시키는 것은 고고학자이고, 여기에 이론과 방법론의 역할이 있다. 자료가 어떤 과정을 거쳐 고고학자의 손에 이르렀는지를 설득력 있게 복원하는 일이야말로 학문으로서 고고학이 하는 일이다. 마치 범죄 수사처럼 물증을 하나하나 찾고 짜맞추고 검증해 어떤 행위로 증거가 남았는지 구성한다. 빈포드는 말없이 정지된 물질자료에서 역동적 행위를 복원하는 방법을 개발하기 위해 애썼다. 나아가 구석기시대 수렵채집민에 대해 비판 없이 받아들이던 기존 관행을 하나하나 비판해 과연 학문적 근거가 있는 것인지 검증했다. 그러면서 보르드를 비롯해 여러 권위 높은 고고학자와 논쟁을 벌였다. 막집을 짓고 오순도순 모여 살거나 용감무쌍하게 사냥하는 것처럼 구석기시대 수렵채집민의 삶을 이야기하고 유적을 해석하는 관행이 기실 근거가 부족하다고 주장했다.

팽스방(Pincevent)은 센강 연안의 구석기시대 말 막달레니안기의 유적이다. 발굴에서 2만에서 3만 개에 이르는 석기와 동물 뼈가 나왔고, 그중에는 길이가 50cm에 이르는 돌날도 확인되었다. 순록 뼈만 43마리분을 수습했고 수많은 뗀석기를 되맞출 수 있었다. 해마다 센강이 범람하면서 고운 모래가 수렵채집민의 야영 흔적을 덮어 생활면이 잘 보존되었다.

1960년대 이 유적을 발굴한 앙드레 르루아구랑(André Leroi-Gourhan)은 모닥불(노지) 주변에 둘러놓은 흔적을 근거로 강을 건너는 순록 떼를 맞아 여름 한 철 사냥을 위한 캠프 유적이라 해석했다. 막달레니안 사냥꾼들의 집터였다는 것이다(Price and Feinman 1997: 128-129). 나무 기둥을 서로 맞대 세운 뒤 겉에 순록 가죽을 덮고 늘어뜨려 텐트를 만들었고, 그 주변에서 불을 피우고 가죽을 다듬었다고 보았다. 가죽 가장자리에는 말뚝을 박아 말리고, 또 밀개로 무두질해

지방을 없애고 힘줄을 떼어냈다. 르루아구랑에 따르면 모닥불 세 개를 중심으로 생활이 이뤄졌다. 행위의 집중도는 유물의 집중으로 판단할 수 있는데, 모닥불에서 멀수록 낮은 것으로 보았다. 폐기물은 화덕의 한쪽에, 완성된 도구와 붉은 안료는 다른 쪽에 놓여 있었다. 여러 석기를 접합해 어떻게 떼어냈는지를 파악하고, 석기 제작자와 사용자가 오갔던 길도 추정할 수 있었다. 이렇게 여름 한 철 순록을 사냥하고 도살했던 흔적이 잘 보존되어 있었다. 후일 미국 고고학자 제임스 엔로(James Enloe)의 연구에 따르면, 몇 개 노지 가까이에서 나온 순록의 뼈가 서로 붙었다(접합)고 한다(Enloe 2003). 그리고 한 순록의 왼쪽 앞다리와 오른쪽 다리가 다른 노지에서 나오기도 했다. 이것을 몇 개 모닥불을 피워놓고 고기를 나눠 먹었던 증거로 보았다. 그렇다는 것을 어떻게 알 수 있을까?

빈포드는 기존 생각을 비판하고 새로운 해석을 제시했다. 알래스카 누나미우트족의 카리부 사냥과 캠프 이용을 연구해 얻은 시각을 후기 구석기시대까지 적용했다. 에스키모의 사냥터인 마스크(Mask) 유적의 사례를 이용해 팽스방 유적의 석기 제작과 사용을 해석한다. 빈포드는 도넛 모양으로 폐기물이 흩어져 있는 것이야말로 집 안이 아니라 바깥에서 벌어진 행위의 흔적일 수 있다고 본다. 마스크 유적에 머물던 누나미우트 사냥꾼 무리의 행동과 그 물질 잔적을 보면 사람은 텐트 같은 집이나 바람막이가 없는 상태에서 앉을 때는 바람 방향에 따라 흔히 자리를 바꾼다. 편평한 곳이었을 때 화덕 주변에 자리를 잡지만 바람 방향이 바뀌어 연기에 방해를 받는다면 그 자리를 떠나지는 않으면서 돌려 앉아 새로 불을 피운다. 모든 장비를 챙겨 다른 곳에 옮길 필요 없는 것이다(Binford 1983: 159). 이를 근거로 캠프 안 화덕 주변에서 고기를 구워 먹었다는 르루아구랑의 해석을 비판하고, 대안으로 야외에서 쭈그려 앉아 모닥불을 피웠던 흔적으로 보았다.

빈포드는 이 논리에 따라 팽스방 유적에서 모닥불 세 개 주변에 흩어져 있는 석기와 동물 뼈의 분포를 보면 한 사람이 두 개 모닥불에서 자리를 잡았다고 해석한다. 바람 방향이 바뀌면 일하던 사람은 돌려 앉아가며 연기를 피했으리라는 것이다. 그러니 르루아구랑의 복원처럼 텐트 세 채를 세워놓은 것은 잘못이다.

이렇듯 빈포드는 알래스카 누나미우트 에스키모의 마스크 유적을 근거로 화덕 주변에 쭈그리고 앉아 뼈를 떨어뜨리고 집어던지는 지점을 설정한 야외노지모델(outside hearth model)을 제시한다(Binford 1983: 153). 이에 따르면 세 사람이 모닥불 주변에 앉아 골수를 얻기 위해 뼈를 깼을 때 나오는 작은 조각은 화덕 주변에 떨어질 것인데, 이곳이 떨어뜨리는 지점(drop zone)이 된다. 이는 석기를 제작할 때도 나오는 아주 작은 조각과 부스러기들이 모이는 곳과도 같을 것이다. 반면 이보다 더 큰 뼈들은 던지는 지점(toss zone)에 떨어져 흩어질 것인데, 주로 모닥불 너머 또는 등 뒤로 던진다. 이렇게 던짐으로써 에스키모는 앉을 자리를 관리한다고 한다. 사람들은 집안에서 이렇게 불을 피우고 먹으면서 쓰레기를 버리지는 않는다. 오히려 집안에서 요리할 때는 바닥에 깐 가죽이나 식물 매트에 불이 붙지 않고 재가 날리지 않도록 돌을 돌려 화덕을 만든다(Binford 1983: 157). 반면 야외노지는 이보다 훨씬 제한이 없다. 그래서 야외에서는 화덕 주변에 재와 다른 물질이 날려 쌓인다고 한다. 빈포드의 민족지 관찰에 따르면 유물과 뼈가 집중된 곳보다는 빈 곳에서 사람들이 쭈그려 앉아 사냥감을 해체했고, 이 과정에서 나오는 쓰레기를 주변에 버린 것이다.

르루아구랑과 빈포드의 해석 가운데 어떤 것이 더 그럴 듯한가? 아니 더 학문적으로 설득력이 있는 것은 어떤 해석일까? 먼 선사시대 유적에서 나온 자료를 큰 동물을 용감하게 사냥한 사람들이 텐트 안에 둘러앉아 평화롭게 음식을 나눠 먹었던 흔적이라 해석하는 것은 그저 우리의 상상일 뿐이다. 이보다 더 많은 유적에서 사람이 떠난 자리에 늑대나 새, 쥐가 찾아와 남은 찌꺼기를 가져가고 훼손해 놓는 일이 벌어지지 않았을까? 그런 다음 비와 흐르는 물, 바람에 침식되어 흩어져 본래 인간 행위의 흔적이 잘 남아 있지 않을 것이다. 그럼에도 드물게 팽스방 유적처럼 사람이 떠난 다음 그 흔적이 고스란히 보존된 사례도 있다.

Box 9.1

늑대, 늑대개, 개

개가 있다면 사냥은 훨씬 쉽지 않을까? 현대의 여러 원주민이 개를 이용해 사냥에 나선다. 개는 언제 사람의 생활에 들어왔을까?

《Alpha》라는 다큐멘터리 영화에서 구석기시대 끝자락 사람과 늑대를 묘사한 바 있다. 청소년기 사냥꾼이 무리를 떠나 길을 잃는다. 다쳐 쓰러진 늑대와 마주쳤지만, 사냥하지 않고 오히려 목도리를 덮어준다. 그 뒤 늑대는 줄곧 이 소년을 쫓아다니고, 둘은 친구가 되어 서로 의지한다. 나란히 자고, 같이 사냥한다. 그러다 다른 늑대 무리를 마주했을 때, 이 녀석은 소년을 떠나 그 무리를 따라간다. 소년은 부모를 찾아 여기저기를 헤매다 얼음 위를 건던 중 물에 빠진다. 어디서 나타났는지 늑대가 소년의 목숨을 구해준다. 소년과 늑대는 간신히 몸을 추스르고 길을 떠난다. 늑대는 녹초가 되어 시름시름 앓는다. 그런 늑대를 소년은 가슴에 품고 끝내 무리로 돌아온다. 부모에게 늑대 덕분에 목숨을 건진 얘기를 하자 무리도 잘 돌봐준다. 깨어난 늑대는 새끼를 배고 있었다. 귀여운 새끼는 무리의 일원이 되었다.

과연 이런 일이 후기 구석기시대에 일어났을까? 알 수 없는 노릇이다. 분명 늑대가 인간과 가까운 관계를 맺게 된 것은 후기 구석기시대가 맞다. 그런데 정확히 언제, 어느 시점에 늑대가 인간 무리에 들어와 누대에 걸쳐 새끼를 낳고 결국 개로 진화했는지는 풀기 어려운 문제다. 개와 늑대를 유전적으로 연구한 바에 따르면 회색늑대와 개는 후기 구석기시대에 갈라져 진화했음이 분명하다. 아마도 최후빙하극성기, 아니면 그보다 전일지도 모른다.

1914년 독일 본 근처에서 현무암 채석 중 사람의 뼈와 함께 개의 턱뼈가 발견되었다. 당시 연구자들은 뼈를 늑대라 보고했으며, 그렇게 수장고에 50년 동안 잠을 자고 있었다. 다시 이 턱뼈를 조사한 결과 개 뼈라는 결론에 이르렀고, 연대도 약 14,000년 전으로 올라감이 분명했다. 사람 뼈는 40세 남자와 25세쯤 여자로 밝혀졌으며, 아마도 개와 함께 묻혔던 것으로 보인다(Janssens et al. 2018).

벨기에의 고예(Goyet)라는 석회암 동굴은 이미 1860년대부터 에두아르 뒤퐁(Eduoard Dupont)이라는 당대의 지질학자가 조사를 시작했던 유적이다. 중기에서 후기 구석기시대에 이르는 여러 층에서 수많은 유물이 수습되었다. 19세기에 수습한 개와 비슷한 두개골을 방사성탄소 질량가속기(AMS) 연대측정한 결과 나온 31,680±750 BP 연대를 보정하면 대략 36,000년 전의 화석이 된다. 개라면 지금까지 알려진 그 어떤 것보다 이른 사례가 된다. 그러나 최근 DNA연구에 따르면 고예동굴에서 나온 뼈는 오늘날 개의 조상은 아니라고 한다. 아마도 제대로 순화되지 못한 상태에서 플라이스토세에 사라진 종이었을 것이다. 실제 고예 동굴화석은 생김새를 볼 때 개라고 말할 수 없다.

1975년 알타이산맥의 한 동굴 발굴에서 33,000년 전의 늑대 두개골이 나왔다. 2011년 이를 해부학적으로 재분석한 결과 큰 이빨을 가진 것은 늑대를 닮았지만, 주둥이가 짧은 것은 개의 특성이라는 결론을 내렸다. 다시 말해 개로 진화하는 과정에 있던 늑대로서 지금까지 발견된 가장 오랜 화석이라는 것이다. 그리고 최근 두개골의 이빨에서 채취한 mtDNA 분석 결과 이 화석은 오늘날의 늑대보다는 개와 더 가깝다고 한다(Druzhkova et al. 2013).

팻 시프먼(Pat Shipman)은 늑대개 개념으로 현생인류의 성공적인 사냥을 설명한다(Shipman 2011; 2017). 더 나아가 늑대개와 함께 사냥하는 현생인류에게 네안데르탈인은 경쟁 상대가 되지 못했을 것이라 말한다. 시프먼에 따르면, 매머드 뼈와 함께 발견되는 동물의 뼈 가운데 큰 개처럼 생긴 동물의 뼈가 섞여 있는데 이것이 늑대개라는 것이다. 현생인류는 늑대개라는 매우 효과적인 무기를 이용해 거대한 동물을 사냥했다는 생각이다. 그런데 현재로선 이 가설을 그대로 받아들일 수는 없다. 왜냐하면 고고학 증거와 어울리지 않고 현생인류의 등장 시점과도 어긋나기 때문이다.

논란은 가라앉지 않는다. 개의 순화는 한 번에 이뤄지지는 않았던 것 같다. 현재 발굴된 자료에서는 유럽에서는 적어도 14,000년 전 후기 구석기시대로까지 거슬러 올라간다. 그렇지만, 당시 유럽에서 사육된 개가 오늘날 전 세계 개의 조상이라는 법은 없다. 2000년대 이후 DNA 연구가 일반화하면서 늑대에서 개로 진화하는 고리가 풀리는 듯도 했지만, 여전히 수수께끼가 많다. 몇 개 자료만을 가지고 연구할 때는 유럽이 기원지라는 설도 있었으나, 최근 여러 연구에서 남중국이나 동남아시아가 오늘날 개의 유력한 기원지로 떠오르고 있으며, 몽골을 주목하는 연구도 있다. 이렇게 보면 개의 사육화는 한 번에 성공해 전 세계로 확산한 과정은 아니었고, 여러 지역에서 이뤄졌을 것으로 보인다. 나아가 늦게서야 확립된 아시아의 개가 유럽까지 확산하면서 종국에는 대체하는 과정이었을지도 모른다(페이건 2016).

동물의 세계에서 사자나 호랑이라도 사냥은 쉽지 않은 일이다. 사냥에 나선다고 늘 좋은 결과를 가져올 수는 없다면 가족과 무리가 사냥에 성공하기만을 기대할 수도 없다. 그럼에도 민족지에 기록된 수렵채집사회에서 사냥의 역할은 작지 않다. 단백질과 지방, 곧 고기는 그만큼 인간이 선호하는 음식이다. 그렇기에 과시욕 때문이라도 사냥하기 위해 애쓰고, 또 사냥에 성공하는 것은 그만큼 사회적으로 존중받는 길일 수도 있다. 후기 구석기시대 사람들은 놀라운 뗀석기 기술로 작고 정교한 석기를 만들었고, 결국엔 세계 여러 곳에서 활과 화살의 등장으로 이어졌다.

후기 구석기시대 몇 유적에선 이동하는 순록 떼를 한꺼번에 도살한 흔적도 고스란히 남아 있다. 그러나 여러 유적의 자료를 균형 있게 들여다보고 분석하면 사냥한 동물은 매우 다양했음을 알 수 있다. 들소 같은 큰 동물도, 사슴과 산양도 사냥감이었다. 여기에 여우와 토끼 같은 작은 짐승도, 아마도 털을 얻기 위해, 사냥했다. 나아가 고고학 유적에 남은 자료는 그 형성과정을 비판적으로 이해하는 것이 우선이다. 대부분 유적은 비와 바람, 물의 흐름 같은 자연과정에서 흩어지고 잘 보존된 유적도 그저 평범한 일상생활의 한 단면일 수 있기 때문이다.

10 채집은 여자, 사냥은 남자?

채집 전략의 발달

사냥, 특히 큰 동물 사냥은 위험할 뿐 아니라 성공률도 낮다. 그러니 사냥에 성공하기만을 기다릴 순 없는 노릇이다. 사냥 의존도는 환경에 따라 다르긴 하지만, 대부분 환경에서 큰 동물은 신뢰할 수 있는 식량원이라 할 수 없다.

대신 주변 산과 들에서 계절에 따라 얻을 수 있는 다양한 식물자원을 거두는 것이야말로 안정적으로 식량을 확보할 방법이다. 곤충을 잡거나 꿀을 채집하고, 굴을 파 작은 짐승도 취할 수 있다. 주변 환경에서 다양한 자원을 이용하고 여의찮다면 다른 곳으로 이동하는 것이 훨씬 효율적이다. 이동하는 수렵채집민에게 채집은 매우 중요하다. 특히 이동의 빈도와 거리, 장소를 선택하는 데 채집이 중요한 역할을 한다.

여성과 남성 사이엔 신체적 차이가 있다. 그러면 남성이 더 거칠고 힘든 일을 담당하고, 여성은 아이를 낳아 기르고 식물자원을 채집하는 생활이 자연스러운 것일까? 남녀 사이의 분업이 후기 구석기시대에도 일반적이었을까?

성에 따른 분업

필리핀의 루손섬에 사는 아그타족 여성은 능숙한 사냥꾼으로 알려져 있다. 아그타족 여성은 남성의 사냥을 돕는 정도가 아니라 심지어 생리 중에도, 아이를 데리고 사냥에 나서기도 한다. 그러면서도 다른 여러 사회와 마찬가지로 남성보다 여성이 자녀 양육에 훨씬 더 시간을 들인다. 이처럼 양육과 함께 사냥도 효율적으로 한다.

아그타족 여성이 능숙하고 효율적인 사냥꾼임은 의심할 여지가 없다. 다만, 남성과 여성의 사냥 방식이 좀 다르다. 남성은 주로 단독으로 사냥에 나서 숲에서 활과 화살을 이용해 멧돼지와 사슴, 원숭이 같은 사냥감을 쫓지만, 여성은 늘 집단을 이뤄 사냥한다. 개도 데리고 나간다. 대형동물 사냥의 30% 정도를 여성만으로 이뤄진 사냥으로 얻으며, 이때 어린이가 같이하기도 한다. 여성의 사냥 성공률이 31%에 이르는데, 놀랍게도 남성의 17%보다 높다(켈리 2014: 425). 남녀가 협력해 몰이사냥에 나서면 성공률은 더 올라가 41%에 이른다(Goodman et al. 1985: 1204). 이처럼 사냥에 나서는 아그타족 여성이 유능한 것은 사실이지만, 실제로는 사냥하지 않는 여성이 훨씬 많다. 어린아이는 흔히 몇 년 동안이나 젖을 주식으로 하기에 여성으로선 캠프에서 멀리 떨어진 곳까지 사냥을 나서기 힘들다. 채집은 가까운 특정 지점을 선택해 아이를 데려갈 수도 있지만, 사냥은 그럴 수 없다. 숨어서 멧돼지를 조심스럽게 찾고 있는데, 아이가 젖을 달라고 보챈다면 사냥에 성공할 수 없다. 육아 활동에서 (일시적이나마) 자유로운 여성만이 사냥에 참여할 수 있는 것이다.

그러나 사실 아그타족 여성의 사냥 사례는 예외에 가깝다. 여성이 사냥하는 것은 흔하지 않다. 중앙아프리카의 음부티족(Mbuti) 여성은 사냥에 참여하지만, 주로 그물에 사냥감을 몰아넣는 역할에 충실할 뿐이다. 오스트레일리아 티위족도 여성이 사냥에 참여하기는 하지만, 대형동물을 잡는 것을 남성의 일이라 생각한다(Goodman et al. 1985: 1200). 아이누족 여성도 가끔 개를 이용해 대형동물 사냥에 나서지만, 아그타족 여성에 비하면 사냥에 참여하는 횟수도 매우 적고 보조적인 역할에 그친다. 굿맨 등도 아그타족 여성이 매우 능숙하지만, 이는 열대림 환경에서 사냥 시간이 다른 환경보다 적은 것에서 기인한다고 지적한다(Goodman et al. 1985). 남성 사냥꾼처럼 며칠을 사냥감 추적에 보낼 필요가 없는 것이다. 현대의 아그타족은 완전히 고립된 수렵채집민은 아니어서 식량을 위한 사냥과 함께 사냥한 동물을 주변 농경사회와 교역해 탄수화물을 얻는다.

아그타족 여성의 사냥이 예외에 가깝다는 것은 수렵채집사회에서 남녀분업이 더 일반적이라는 것을 의미한다. 남녀 사이 분업의 진화는 여러 연구자의 관심을 끌었다. 현존, 또는 문헌에 기록된 수렵채집사회 연구에 따르면 사냥, 특히 대형동물 사냥은 거의 남성이 담당하며, 여성은 주로 육아와 식물성 식량의 채집에 종사한다. 사냥에 나서더라도 소형동물을 잡는 데 그치며, 몇몇 두드러진 사례를 빼면 대형동물 사냥에 나서는 경우는 드물다. 기름기 있는 고기야말로 사람이 선호하는 음식이기 때문에 대형동물 사냥은 대다수 수렵채집사회에서 사회적 가치가 높다. 사냥에 성공한 사람이나 집단은 더 많은 고기를 가져갈 수도 있지만, 대부분 사회에서는 고기를 나눈다(15장 참조).

사실 식물이야말로 대부분 수렵채집사회에서 가장 믿을 만한 식량자원이다. 큰 동물은 그렇지 않다. 사냥할 만한 동물을 찾기도 쉽지 않고, 사자 같은 맹수의 사례에서 보듯이 성공률도 그리 높지 않기 때문이다. 오히려 주변 환경에서 얻을 수 있는 식물성 자원을 열심히 모으고, 가까운 곳에 자원이 줄어들면 고갈되기 전 다른 곳으로 옮기는 것이 더 자연스럽다. 실제 대다수 수렵채집사회는 그렇게 한다.

이렇게 보면 수렵채집사회에서 채집이 매우 중요한 생계방식인 것은 당연한 일이다. 다양한 씨앗이나 열매를 따고 가능하면 땅을 파 덩이줄기(구근류)도 캔다. 물론 덩이줄기가 유라시아에서 주된 식량자원이 될 수는 없었을 것이지만 말이다. 이처럼 현존하는, 그리고 민족지에 기록된 다양한 환경의 수렵채집사회에서는 남녀분업이 일반적이다. 연구자들은 그 기원이 후기 구석기시대까지 거슬러 올라간다고 본다. 그런 사회관계가 형성된 사회가 크고 작은 환경변화에도 오랜 시간 살아남았다.

쿤과 스타이너는 남녀 사이의 분업이야말로 현생인류가 살아남은 중요한 토대라고 말한다(Kuhn and Stiner 2006: 954).[3] 먼저 민족지에 기록된 거의 모든 수렵채집사회에서 남자는 사냥으로 고기를 가져오고, 여성은 채집과 육아를 담당한다는 점을 전제한다. 남성은 흔히 대형동물을 사냥하거나 바다에 나가 고기를 잡아 오며, 여성과 어린이는 작은 동물을 잡거나 식물성 식량을 채집하고, 경우에 따라선 대형동물 사냥을 거든다.

그런데 그레이슨과 델페슈의 연구에서도 드러났듯이, 네안데르탈인의 식단에서 들소 같은 큰 동물이 중요했다(Grayson and Delpech 2002). 주로 사슴과 가젤, 말, 들소 같은 큰 짐승이나 중간 크기의 사냥감을 잡았다. 이처럼 식단폭(diet-breadth)이 좁았다. 다시 말해 작은 동물을 별로 사냥하지 않았고, 그러다 보니 자연스레 작은 동물이나 다른 자원이 식단에서 차지하는 비중은 매우 작았다고 한다. 대형동물이 상대적으로 많은 고위도지방에서 살았던 네안데르탈인은 그럴 필요를 느끼지 못했던 것 같다. 거꾸로 생각하면 네안데르탈인은 남성, 여성, 어린이까지 큰 동물 사냥에 참여했을 것이다.

중기 구석기시대 유적에서 동물 뼈와 석기 형식으로 미뤄 볼 때 네안데르탈인의 식단은 고기를 중심으로 짜인 것 같다. 식물을 가공하거나 가죽을 다루는 도구는 별로 보이지 않는다. 이를 보면 네안데르탈인의 삶에서 남녀 사이 분업은 거의 없었을 것이다. 그러다 후기 구석기시대에 다가서면서 식물을 가공하고 옷을 만드는 데 쓰이는 도구가 많아진다. 이는 남녀분업이 일반화했음을 시사하는지도 모른다.

또 후기 구석기시대에는 지중해 동부를 시작으로 작은 동물이 중요 식량자원에 포함된다. 새처럼 빠른 동물, 그리고 토끼처럼 잡기 힘든 동물도 식량에서 중요한 자원이 되고, 지역에 따라 물고기도 식단에 들어간다. 지중해 동부 레반트지방의 오할로 유적에서는 20,000년 전 즈음 수만 개 씨앗을 채집해 유용한 식량자원으로 활용했음이 보인다(14장 참조).

다양한 식량자원을 이용하는 것은 환경적응에 매우 큰 이점을 지닌다. 장기적인 환경변화뿐 아니라 가뭄과 홍수, 산불 같은 자연재앙에 따라 몇 년 사이에도 생계에 이용하는 자원이 달라질 수 있다. 이런 변화에 가장 잘 적응하는 방법은 바로 식단의 폭을 늘리는 것이다. 식단폭이 넓어지면 환경변화 같은 생계의 불확실성을 맞아도 식량원 사이에 보완할 수 있기에 안전성을 유지할 수 있다. 쿤과 스타이너는 현생인류가 네안데르탈인에 비해 진화 경쟁에서 유리할 수 있던 배경으로 이렇게 작은 동물과 다양한 식량자원을 생계에 포괄하는 점에 주목한다.

이렇게 현존하는, 곧 문헌에 기록된 대다수 수렵채집사회에서 성에 따른 분업이 광범위하다. 덕분에 고고학자들도 무덤에서 남성 뼈와 사냥에 쓰인 찌르개가 발견되면 대형동물 사냥을 쉽게 떠올리면서도 여성 뼈와 찌르개가 함께 나오면 사냥도구였는지 의심하는 분위기가 있다. 분명 세계 도처의 환경에 사는 수렵채집민 사이에 그런 일반성이 있다면 이는 구석기시대까지 소급할 수도 있을 것이다.

그런데 2018년 남아메리카 페루 고산지대 발굴에서는 이런 생각과는 다른 결과가 나왔다. 해발 3,925m 안데스산맥에서는 이른 홀로세의 다섯 개 무덤에서 인골 6구가 확인되었다. 이 가운데 두 개체에서는 흔히 사냥꾼의 도구로 알려진 찌르개가 부장되어 있었다. 찌르개 형식뿐 아니라 방사성탄소연대로도 지금으로부터 9,000년 전 무렵 수렵채집민의 무덤이었다. 무덤에는 북방안데스사슴 등 동물 뼈가 들어 있었고, 주변에서도 비쿠냐(남아메리카에 서식하는 낙타과 동물의 일종)와 사슴 뼈가 나왔고, 작은 동물과 물고기 뼈는 없었다. 무덤에 묻힌 사람은 17-19세 사이의 여성과 25-30세 사이의 남성이었다. 증거로 보면 육상동물 사냥에 남성과 여성의 차이가 없었다.

논문을 쓴 하스 등에 따르면 아메리카대륙에서 이 시기 무덤으로 성을 판단할 수 있는 18개 유적, 27개 사례에서 대형동물을 사냥한 도구가 함께 나왔다(Haas et al. 2020). 이 가운데 10개 유적의 11개 개체가 여성이었고, 15개 유적에서 16개 개체가 남성이었다. 이를 근거로 하스는 이 시기 여성의 대형동물 사냥 참여는 상당히 일반적인 현상이었을 수 있음을 지적한다. 따라서 수렵채집민은 여성과 남성 가릴 것 없이 대형동물을 사냥하는 데 함께 했다는 것이다. 하스 등은 초기 아메리카 여성이 대형동물 사냥꾼이었다고 결론을 내린다.

글쓴이는 이 연구를 수업 시간에 소개했다. 그러면서 남녀분업 이론 모델과 어울리지 않지만, 지역적으로 변이가 있을 수 있다고 했다. 뒤에 대학원 학생(정동희)이 논문에 제시된 아메리카대륙의 여러 유적 가운데 몇 개를 표본으로 삼아 남성과 여성, 그리고 다양한 석기의 사례를 재분석해 기말 보고서를 제출했다. 하스 등이 제시한 아메리카 플라이스토세 말에서 홀로세 초의 여러 자료를 다시 검토해 보면 찌르개를 비롯한 사냥도구의 구성에서 큰 차이가 없긴 하지만 도구의 크기에서는 남녀의 차이가 있다. 특히 성인 남성과 함께 발굴된 도구가 성인 여성과 함께 나온 도구보다 길이가 긴 경향이 있다.

이는 남성과 여성이 사냥에 모두 참여했을 수는 있지만, 분명 역할이 달랐거나 아니면 사회적 구분이 있었음을 뜻한다. 이처럼 환경에 따라 지역 변이가 있을 테지만, 남녀분업은 상당히 일반적 현상이라고 말할 수 있다. 신체 조건이 강건한 남자가 더 위험한 사냥 활동에서 중심이 되고, 아이를 낳고, 젖을 먹이는 등 양육하는 일을 더 많이 하는 여성은 몇 명이 모여 주변 환경에서 열매를 따거나 뿌리를 캐는 활동에 나선다. 무리가 한꺼번에 힘을 모아 사냥하고, 같이 모여 채집하는 것보다 분업이 효율적일 것이다. 정말 그럴까?

Box 10.1

돌니베스토니체, 26,000년 전 수렵민의 삶과 죽음

돌이켜 보면 1920년대는 인류의 기원과 진화, 구석기시대 연구에서 중요한 때였다. 1924년 아프리카에서는 오스트랄로피테쿠스 화석이 처음 확인되었다. 동아시아에서도 1923년 수이둥거우(水洞溝)와 싸라우쑤(薩拉烏蘇) 같은 중요한 후기 구석기시대 유적이 조사되었다. 1927년 러시아 고고학자 미하일 게라시모프(Mikhail Gerasimov)가 바이칼호 주변에서 말타 유적을 발굴했다. 북경의 저우커우뎬(周口店) 유적은 1927년부터 조사가 시작되어 1929년 북경원인이 발굴되었다. 1927년 미국 뉴멕시코주 폴섬 유적에서 멸종한 형태의 들소 갈비뼈 사이에서 찌르개가 나와 구석기시대 사냥꾼의 존재가 확인되었다. 이렇게 중요한 유적과 유물이 벌써 100년 전 알려지고 조사되었던 것이다. 1920년대부터 조사되어 빙하시대 수렵민의 삶과 죽음을 잘 말해주는 또 하나 사례가 바로 돌니베스토니체다.

유적은 체코 동남부 모라비아(Moravia)의 작은 마을 돌니베스토니체(Dolní Věstonice) 근처에 있다. 북위 48° 정도의 유럽 대륙 한복판이다. 이곳에서 벽돌을 만드는 재료를 얻기 위해 뢰스퇴적층을 파다가 엄청나게 많은 매머드 뼈가 나오면서 1924년부터 본격 발굴조사가 이뤄졌다. 그 뒤 수십 년 동안의 조사에서 매머드 사냥꾼의 삶과 죽음을 알 수 있는 여러 유구와 유물이 나왔다(Price and Feinman 2013: 121-123). 빙하시대에 이곳은 유럽에서 삼림의 북방한계선 위의 툰드라 동토지대였다. 골짜기 같은 곳에만 버드나무 같은 나무가 자라는 땅에 풀과 이끼 식생을 바탕으로 했던 매머드와 순록, 말의 서식지였다. 여름에 큰 동물들이 이곳을 찾고 겨울엔 남쪽으로 내려갔을 것이다. 그 뒤를 사냥꾼들도 따랐다.

퇴적층 가운데 최상부가 가장 잘 보존되어 있었으며, 작은 냇물이 흘렀던 습지였던 것으로 보인다. 매머드 사냥꾼은 주로 여름에 이곳을 찾았을 것이다. 무려 100마리가 넘는 매머드 뼈가 쌓여 있는 곳도 있었고, 상당수 뼈에 석기로 베어낸 흔적도 남아 있었다. 뼈가 종류별로 나뉜 흔적도 있어 다른 육식동물이 먹고 남은 사체를 약취한 것일망정 땔감과 바람막이나 집을 짓는 데 유용하게 썼음을 짐작할 수 있다. 상아는 나란히 놓아 아마도 바람막이나 방어용 벽처럼 이용했던 것 같다. 이렇게 만들어진 공간은 사냥꾼의 캠프로 이용되었을 법한데, 대부분 유물이 그 안에서 나왔다.

유적에서는 일찍부터 흙으로 빚은 사자와 매머드, 하마 같은 각종 동물조각상이 나와 관심을 모았다. 조각품 대부분은 깨진 채 발견되었다. 아마도 의례와 관련해 의도적으로 파쇄한 것으로 생각된다. 그리고 1925년 이 유적에서 가장 유명한 발견품인, 검은빛의 작은 조각품(비너스상)이 나왔다. 흙으로 빚어 불에 구운 유물로는 지금까지 알려진 것 가운데 가장 오래된 것이다. 흙에 그물 자국이 찍힌 것도 나왔다. 이것을 창만이 아니라 그물이나 덫 같은 장치를 이용해 사냥했던 증거로 보기도 한다. 매머드 뼈가 불에 탄 흔적도 확인되었다. 조개껍데기도 발견되었는데, 남쪽 멀리 350km 떨어진 지중해 연안에서 왔을 것으로 보인다. 늑대 뼈에는 새긴 흔적이 40개가 넘게 확인되었는데, 수를 세었던 도구로 생각된다.

땅을 판 집터도 드러났다. 지금까지 이런 식의 움집으로는 세계에서 가장 오랜 증거이다. 지름이 6m 정도이다. 돌니베스토니체 집터 가운데는 작은 편이다. 이렇게 땅을 파서 석회암 덩어리를 놓아 벽을 만들었다. 집 안에서는 속이 빈 새

뼈가 나왔다. 다만, 양쪽이 잘려 있어 악기가 아닌가 짐작하기도 한다. 플린트 석기는 그라베티안(Gravettian)이라 불리는 문화와 잘 통한다. 긴 돌날과 돌날을 잔손질해 만든 밀개와 새기개, 그리고 뿔과 상아를 갈아 만든 바늘 같은 유물이 알려져 있다(Price and Feinman 2013).

집터 근처에서 나온 무덤에는 여자가 누워 있었다. 40대 나이인데, 당시에는 노인이었을 터이다. 인골 위에는 매머드 견갑골 두 개가 놓여 있었다. 뼈와 흙에는 붉은 산화철 가루를 뿌린 흔적이 있고, 플린트로 만든 찌르개도 머리뼈 가까이에 있었다. 또 놀랍게도 한 손은 여우를 만지는 모습이었다. 그렇기에 이 여성이 당시 샤먼이 아니었을까 생각하기도 한다.

1986년 발굴에서는 세 사람을 묻은 무덤도 드러났다. 가운데엔 반듯하게 남자가 누웠고 그 위에 가문비나무 가지를 태워 올렸다. 이 사람은 다리가 휜 것으로 보아 절뚝거리며 걸었음이 분명하다. 옆에 있는 한 사람은 얼굴을 땅바닥을 향하고 엎드렸고 다른 한 사람은 손을 다리가 불편했던 가운데 사람의 사타구니에 올렸다. 대체로 십 대 후반에서 이십 대 초반의 나이에 죽었고, 모두 얼굴을 붉은 산화철 가루로 덮었다. 장례 때 얼굴과 사타구니 쪽에 뿌린 것이다.

최적수렵채집과 식단폭 모델

미국 워싱턴대학 인류학과의 에릭 올던 스미스(Eric Alden Smith)는 수렵채집민 연구로 유명한 학자이다. 코넬대에서 박사학위 논문을 준비하면서 동료였던 브루스 윈터할더(Bruce Winterhalder)와 함께 진화생태학(evolutionary ecology), 곧 인간행동생태학(Human behavioral ecology, HBE)의 시각에서 수렵채집민의 행동 패턴을 분석하고, 공동으로 책을 출간하면서 주목을 받았다.

1991년 간행한 『이누주아미우트 수렵채집 전략 *Inujjuamiut Foraging Strategies*』이라는 책에서 스미스는 "내가 현지조사한 수렵민은 총을 사용하고 스노모빌을 타고 나일론 옷을 입기에 결코 막달레니안 순록 사냥꾼과 같을 순 없다. 그러나 이누주아미우트족이 사냥감을 고르고, 잡은 짐승을 해체하는 행위, 심지어 노동과 식량을 상호교환하는 행위까지도 과거 사람들과 유사한 점이 있다. 그러니 오늘날 수렵채집민을 구석기시대 사회의 유산이라 생각하는 것도 잘못이지만, 농경 및 유목민, 또는 자본주의 체계에 끼어들어 있는 사회 정도로 여기는 것도 온당하지 않다."고 말한다(Smith 1991: 2-3).

다시 말해 환경과 사람, 도구가 똑같진 않을지라도 기본 원칙과 패턴에선 유사성을 찾을 수 있다. 나아가 수렵채집민이 만들고 쓰는 도구와 행동 패턴은 오랜 시간 자연선택이라는 진화과정의 산물인 "확장된 표현형(extended phenotype)"으로 볼 수 있다. 누대에 걸쳐 이어져 온 전통과 행동 패턴은 정보가 되어 주어진 환경조건에서 수렵민 의사결정의 토대가 된다(Smith 1991: 20-21). 이렇게 자연선택과 문화전수(cultural transmission)는 인간 행위의 패턴화에 작용한다. 기본 전제와 이론적 원칙, 방법과 모델을 더 자세히 살펴보자.

진화생태학은 생물의 진화와 적응적 행위체계를 생태적 맥락에서 해석하고 분석하는 학문 분야다. 해마다 겨울을 나기 위해 우리나라, 특히 철원 평야를 찾는 두루미는 다시 러시아 쪽으로 돌아간다. 진화생태학자는 이런 다양한 생물체의 행위가 어떻게 진화했는지 생태적 맥락에서 분석하고 모델을 만든다. 이 이론과 원칙을 인간세계에 적용할 수도 있다. 진화생태학의 모델과 개념을 이용해 인류의 행위적 다양성을 분석하고 해석하는 학문을 인간행동생태학이라 부른다. 1970년대 말부터 인류학과 고고학에서 유행하기 시작했으며, 특히 오랫동안 수렵채집사회 연구에서 주도적 이론과 방법의 역할을 했다. 인류학자와 고고학자는 수렵채집민의 생업경제뿐 아니라 이동성, 기술, 그리고 인구구성과 사회에 이르기까지 여러 영역에서 모델을 개발하고 적용했다. 인간행동생태학의 견지에서 비단 현존 수렵채집민의 행위뿐 아니라 선사시대 자료를 행위맥락에서 분석하고 이해해 왔다. 기본 전제는 선사시대든, 현존 사회든 오랜 시간 자연선택이라는 메커니즘의 작용으로 진화적 과정을 겪어 자료와 행위의 패턴이 나타났다는 것이다. 이에 따르면 인간의 수렵과 채집, 이동, 그리고 사회구성 등은 집단의 생존을 넘어 장기존속에 지대한 영향을 미치기에 매우 오랜 시간 자연선택의 과정에서 자리를 잡았다. 이렇게 진화생태학, 그리고 인간행동생태학은 인간의 행동 패턴을 이해하는 데 분명하게 다윈의 진화이론과 원칙을 이용한다. 이렇게 보면 20세기 중반 줄리언 스튜어드(Julian Steward)가 개척한 문화생태학을 보완한다고도 할 수 있다(Jordan 2008: 454).

인간행동생태학은 주어진 환경과 조건에서 특정한 수렵채집민의 행동을 예측하고자 하기에 경제학의 원리와도 비슷한 방법과 논리를 지닌다. 방법론적 개체주의(methodological individualism)의 입장에서 행동의 관찰과 분석의 단위를 집단이 아닌 개체에 둔다. 예컨대 순록 사냥을 떠난 사람(개체)이 도중에 토끼를 만났을 때 사냥에 나설지, 아니면 지나칠 것인지, 도토리를 줍는지, 아니면 신경쓰지 않을지를 모델화하고 분석한다. 이렇게 행동생태학은 의사결정과 행동의 가설을 제시하고, 실제 개인의 행동이 예측대로 나타나는지를 관찰하고 분석한다.

최대한 높은 칼로리를 얻고자 하는 수렵민이라면 순록 사냥 가는 길에 토끼 같은 작은 짐승은 거들떠보지 않는 것이 유리하다. 잡는 데 시간도 걸리고, 들고 다니기도 번거롭기 때문이다. 만약 순록 사냥에 실패해 돌아오는 길이라면 작은 짐승이라도 대안을 찾아야 할 수 있다. 도토리 같은 식량원은 채집하는 데, 그리고 가공하는 데 많은 시간이 들어간다. 음식으로 먹기까지 번거로운 과정을 거쳐야 하기에 그것만을 목적으로 대량으로 얻고 가공하지 않는 이상 칼로리 소모일 뿐이다. 이처럼 주어진 조건에서 어떤 한 가지 선택을 하는 것은 다른 대안을 취하지 않는 것이다. 행동 패턴은 사실 다양한 환경에서 서로 다른 결과가 나오며, 고고학자와 인류학자는 그것을 설명하고자 한다(Jordan 2008: 454; Shennan 2002: 16).

이렇게 생존과 직결되는 활동에는 자연선택이 작용한다. 환경을 효율적으로 이용(적응)할 수 있다면, 더 높은 생식적 성공을 거뒀을 개연성이 높다(Jordan 2008: 455; O'Brien et al. 1994). 식량자원은 영양가, 추적 시간과 비용, 가공하는 비용 등에서 차이가 있고, 수렵채집민은 거의 언제나 에너지 효율의 측면에서 최대의 효과를 얻는 방식을 선택하려 한다. 이 방식은 오랜 기간 자연선택의 결과로 특정 집단의 생계 행동 패턴, 곧 최적의 에너지 획득 전략이 되었다. 거꾸로 각 식량자원의 상대적 비용과 효율을 계산할 수 있다면, 최적화모델, 또는 최적수렵채집모델(optimal foraging model)을 만들 수 있다. 다시 말해 오랜 진화의 과정에서 수렵채집민의 행동은 단기간 수렵채집의 효율성이라는 목적을 달성하면서도 장기간의 집단 존속에 유리한 결정을 내릴 것이라고 가정한다. 칼로리를 최대한 보충하고자 한다면 칼로리를 낭비하지 않으면서도 더 많은 열량을 얻는 방법이 행동 패턴으로 자리 잡았을 것이다.

물론 인간이 모든 조건에서 최적의 해결책을 찾아낸다는 것은 아니다. 최적수렵채집모델은 설명 모델일 뿐, 그 자체로 모든 변이를 설명해 주지 않는다. 다시 말해 연구를 위한 작업가설이고, 이를 바탕으로 연구자는 모델이 예측하는 행동과 자료의 패턴이 나타나는지 확인하고 분석한다. 가설을 세우고 자료에 견줘 검증하는 절차를 거치는 것이다(Bettinger 1991: 103-104). 이렇게 환경과 생태적 배경에서 행위의 다양성을 설명한다.

사냥을 떠나는 사람이 도토리 같은 식량자원을 거들떠보지 않을 수 있지만, 사냥은 늘 실패의 부담이 크다. 거기에만 의지할 수 없는 것이다. 여러 환경의 수렵채집민에게 식물성 식량이 훨씬 믿을 만한 자원이다. 따라서 식량자원을 다양화하는 것이 생계의 안정성을 높이는 전략이다.

무엇을 채집했나?

구석기시대 유적에서 나오는 식생활 자료는 편향돼 있다. 1만 년이 넘는 구석기 유적에서 그때 사람들이 먹었던 식물 뿌리나 열매, 씨앗, 잎과 줄기 같은 것이 나올 리 만무하다. 석회암 동굴에서 유기물이 잘 보존된다지만, 거기서 나온 자료도 거의 동물 뼈뿐이다. 자료만 보면 구석기시대 사람들은 사냥에 의존하고 고기를 많이 소비했다는 인상을 받을 수 있다. 고고학자가 남은 자료(실제론 뗀석기 일색인 경우가 대부분이고, 뼈가 좀 있을 뿐이다)만으로는 당시 식생활의 전모를 알기 어렵다. 아직도 모르는 사실이 많다.

모르는 부분을 막연히 상상만 한다면 공상에 지나지 않을 것이다. 그래서 고고학자는 환경과 민족지 자료로부터 실마리를 얻는다. 사람이 먹을 수 있는 식물은 도처에 널려 있다. 실제로 수렵채집민이 식량으로 이용하지 않을지라도 말이다. 심지어 남극지방에도 800종의 이끼와 곰팡이류가 있다고 한다(Hardy 2019: 67). 그러나 사람들은 이런 식물 모두를 채집하고 식량으로 삼지는 않는다. 수렵채집민의 식량자원 가운데 동물성 식량과 식물성 식량의 비중은 환경에 따라 매우 다르다. 오스트레일리아 원주민이 채집하는 식물성 식량에서 과일이 차지하는 비중이 가장 높아 대체로 40%를 넘는다. 그 뒤를 땅속의 줄기 끝에 영양분을 저장하는 덩이줄기, 곧 괴경(塊莖)이 잇고, 대략 10%를 넘는 정도를 차지한다. 비슷하게 중요한 부분을 차지하는 것이 각종 씨앗류 식물이며, 견과류 비중 역시 거의 10%에 이른다. 뿌리와 구근, 잎, 꽃 등이 뒤따르는데, 대체로 5% 미만이다.

로버트 켈리는 여러 민족지 자료를 종합하고 고위도와 저위도 환경의 차이에서 오는 식물 생산량과 일사량 등을 고려해 동물을 포함한 식량자원의 상대적 비중을 추정했다(켈리 2014). 수렵채집민 식단에서 사냥한 고기가 차지하는 비중은 대략 25-35% 정도이다. 식물성 식량의 비중은 고위도로 갈수록 낮아지는데, 특히 북위 40도가 넘으면서 급감한다. 현존 수렵채집민 기록만 보면 고위도에서는 사냥의 비중이 높지만, 상당수 집단에서는 어로가 차지하는 비중이 높고, 몇몇 집단은 거의 전적으로 수생자원에 의지한다(켈리 2014; Cordain et al. 2000). 고래나 바다사자 같은 해양 포유류를 사냥하는 집단도 있지만, 사실 이러한 사냥은 비용이 많이 드는 작업이다. 대양에 나갈 보트를 만들어야 하고 작살을 비롯해 적절한 도구도 필요하며, 사냥꾼들 사이에 주도면밀한 협력도 있어야 한다. 그래서 구석기시대에는 해양자원을 그리 적극 이용하지 못했다. 물론 연어처럼 해마다 강을 거슬러 오는 자원은 예외지만 말이다.

비슷한 환경에 사는 집단에서도 사냥과 채집의 비중이 완전히 똑같은 것은 아니다. 민족지는 최근 역사의 산물이기 때문에 여러 수렵채집민은 주변 농경민이나 원경민과 접촉해 교류한다. 열대림에 사는 수렵채집민 가운데는 탄수화물이 부족한 경우가 많은데, 음부티(Mbuti)와 아에타(Aeta), 아웨이코마(Aweikoma), 그리고 에페(Efe) 같은 집단은 사냥한 고기를 주변 곡물을 재배하는 집단과 교환해 탄수화물을 얻는다(켈리 2014: 115).

식물성 식량 역시 환경에 따라 매우 종류가 다르다. 채집할 수 있다고 해도 모든 자원을 이용하는 것은 아니다. 이용할 자원은 한정되어 있다고 하는 편이 옳다. 대부분 식물성 자원은 바로 소비할 수 있는 것이 아니라 상당한 시간 동안 가공을 거쳐야 한다. 예컨대 잣나무에서 잣을 수확하기 위해서는 높은 잣나무에 오르거나 숲에서 솔방울을 번거롭게 주워 와야 한다. 그런 다음 솔방울 안에 숨어 있는 잣 열매를 두드리고 훑어 빼내야 한다. 일은 솔방울을 채집한 자리에서 할 수도 있고, 바구니에 솔방울을 가득 담아 야영지까지 옮긴 다음 말려둔 뒤 나중에 할 수도 있다. 그런 뒤에도 딱딱한 껍질을 벗겨야 비로소 고소한 잣을 먹을 수 있다. 이런 과정은 사냥한 뒤 바로 불에 구워 먹는 고기와 비교하면 매우 번잡하다. 어느 정도 충분한 양이 아니라면 수렵채집민은 그런 수고를 하려 하지 않을 것이다.

우리나라에도 참나무가 많아 도토리는 예부터 많이 이용했고, 멧돼지도, 다람쥐도 식량으로 삼는다. 캘리포니아에서 수확할 수 있는 도토리를 모두 이용했다면 원주민 190만 명이 먹고살 수 있을 정도였다고 한다(Baumhoff 1981, 켈리 2014: 138에서 재인용). 그러니까 실제 원주민 수보다 60-70배가 넘는 인구가 도토리만 잘 이용했다면 살 수 있었다는 것이다. 그러나 도토리는 수확하기 번거로울 뿐 아니라 타닌이라는 독성 탓에 바로 먹을 수 없다. 말려서 껍질을 벗겨내고, 오랫동안 물에 우리는 과정을 거쳐야 타닌을 없앨 수 있다. 창녕 비봉리에서는 이른 신석기시대에 도토리를 저장한 구덩이가 드러났는데, 바닷물이 차고 빠지면서 떫은맛을 빼는 역할을 했다고 한다. 이렇게 물에 우리고 빻는 일은 매우 번거롭고, 힘이 드는 일이다. 해마다 주변에서 가능한 모든 도토리를 수확해 가공하고 저장한다는 것은 불가능에 가깝다.

사실 동물성 자원까지도 채집해 얻는 경우도 빈번하다. 수많은 집단에서 나무껍질이나 썩은 나무에 사는 벌레를 잡아먹는다. 여러 원주민이 애벌레를 즐기며, 이로부터 지방과 단백질을 얻는다. 메뚜기를 채집하기도 하는데, 사실 한두 마리라면 얻는 칼로리에 비해 실속이 없는 일이지만, 몰아서 한꺼번에 잡을 수 있다면 매우 유용한 에너지원이다(켈리 2014: 139). 그럼에도 수많은 수렵채집민이 사냥을 중시하고 고기 먹기를 선호하는 것도 사실이다. 보츠와나에 사는 부시먼으로 알려진 주호안시족은 실제 식물성 식량이 80% 정도를 차지하고 있지만, 먹을 수 있는 만큼 고기를 먹는다고 할 정도로 고기를 좋아한다(Lee 1968: 41, 켈리 2014: 164에서 재인용).

거꾸로 인간행동생태학의 모델에 따르면 큰 동물 같은 선호하는 자원(연구에서는 흔히 상위자원[high-ranked resources]이라 부른다)이 풍부하다면 굳이 수확하고 가공하는 데 많은 시간과 노력이 들어가는 하위자원(low-ranked resources)에 의존할 필요는 작을 것이다. 그런데 환경의 변화나 과도한 사냥, 곧 남획으로 상위자원이 고갈되었다면 상황은 달라진다. 작은 짐승이나 열매, 구근 같은 하위의 자원으로 어쩔 수 없이 눈을 돌려야 한다. 더욱이 대부분 지역에서 상위자원도 연중 내내 이용할 수 있는 것은 아니다. 따라서 계절에 따라 하위자원도 안정적으로 확보해야만 한다. 이렇게 여러 자원을 이용하는 것이 식량원을 안정적으로 확보하는 길이기도 하고, 영양학의 견지에서도 건강에 도움이 된다. 이 과정에서 광범위한 식량자원의 이용이 이뤄지는데, 이런 행동은 이미 최후빙하극성기부터 나타난다(14장 참조).

Box 10.2

약용식물

이차식물이란 개념은 식량이 아니라 아로마나 안료, 향미를 위한 자원으로 쓰이는 식물을 말할 때 쓴다. 약물이나 약효 또는 마약으로 사용되는 식물이 언제부터 쓰였을지 궁금하지 않을 수 없다. 동물도 자연스럽게 약물의 작용을 일으키는 식물을 섭취하기도 한다. 침팬지가 먹는 식물의 25-41%(거의 200종)는 실제 주변에 사는 사람이 어떤 병을 고치기 위해 먹는 약용식물이라고 한다(Hardy

2019). 침팬지는 어디에서 특정한 식물을 찾을지, 식물의 어떤 부위를 얼마나 먹을지 잘 알고 있다. 소화불량을 일으킬 수 있는 껍질 안의 쓴 부위를 씹거나 거친 잎을 접어서 먹기 좋지 않은 벌레를 빼내기도 한다. 이렇게 동물은 일상적으로 적당한 약용식물을 찾아 적절한 방법으로 섭취한다.

스페인의 엘시드론(El Sidrón)이라는 네안데르탈 유적에서는 서양톱풀(Achillea millefolium, yarrow)이 확인되었는데, 카모마일과 더불어 영양가는 없고 약용으로 쓰이는 식물이다. 이것을 적극 해석하면 네안데르탈인도 스스로 치유를 목적으로 이런 식물을 섭취했다고 볼 수 있다(Hardy 2019: 62). 네안데르탈인 뼈가 나온 유적으로 유명한 이라크 샤니다르에서 나온 인골 자료에서는 관절염이나 치아에서 심대한 병리학적 증거가 드러났는데, 회복해 몇 년을 탈 없이 더 살았던 치유 흔적이라고 한다. 연구자들은 아마도 에페드린(ephedrine) 같은 성분이 있는 마황과(麻黄科, Ephedra, Ephedraceae)의 약용식물을 이용해 항균 치료를 했으리라 본다(Trinkaus and Zimmerman 1982; Hardy 2020). 이렇게 약용식물을 이용하는 것은 아마도 구석기시대 사람들의 일상에서 흔한 일이었을 것이다.

연구에 따르면 구석기시대와 신석기시대 유적에서 확인된 식물 가운데 50% 정도가 약용으로 쓰일 수 있는 것이라고 한다. 이 가운데 10-20%는 실제 약용의 효과는 있지만, 영양가는 전혀 없는 것이라고 한다. 영양은 고사하고 독성이 있는 것도 있다(Hardy 2019: 68). 자료가 적어 정확히 알 수 없지만, 약용식물은 호미닌 진화에서 중요한 역할을 했을지 모른다. 오늘날 수많은 전통사회에서 샤먼 같은 의례를 통해 약용식물을 복용하고 치료하는 것을 생각하면 이런 행동은 선사시대에도 광범위하게 이뤄졌을 것으로 볼 수 있다.

황허 중류의 시즈탄(Shizitan 14)에서 확인된 여러 식물, 특히 덩이줄기는 식량뿐 아니라 약용으로도 효능이 있다고 한다(Liu et al. 2013). 23,000-20,000년 전 유적으로 당시 사람들은 수많은 식물자원을 이용했고, 그 가운데 상당수가 약용의 효능을 지녔던 것 같다. 남아메리카에서 가장 연대가 빠른 인류 주거의 흔적인 칠레의 몬테베르데에서는 여러 식물이 불에 탄 채 발견되었는데, 발굴자 탐 딜러헤이는 이 가운데 해초 종류가 아마도 약용으로 쓰였으리라 본다

(Dillehay 1997; Hardy 2020).

나아가 약용을 넘어 사람을 취하거나 정신을 혼미하게 만들고, 환각에 빠뜨리는 식물도 이용했을 것이다. 동굴벽화를 그리고 노래를 부르고 춤을 추며 축제를 벌이는 데 이런 환각 식물이 같이했을 수 있다. 또 과일이 발효된 것, 곧 알코올과 술도 자연스럽게 섭취했을 것이다. 발효주 또는 독성이나 마약 성분이 있는 식물을 이용한 역사는 매우 오래다. 다만, 이것을 구석기 유적에서 자료로 확인하기란 쉬운 일이 아니다.

수생자원 이용과 식량자원의 다양화

환경변화를 맞아 특정 식량자원에 집중하든, 아니면 이용의 폭을 넓히든, 주어진 환경조건에서 생산성을 높이는 행위를 발전시킨 수렵채집민이 생존하고, 장기 존속한다. 여러 연구에 따르면 집약화는 사실 자원의 밀도가 줄어들거나 인구가 늘어 경쟁이 높아짐에 따라 사냥과 식량자원 획득과 가공에서 효율성이 떨어진 결과로 볼 수 있다(Morgan 2015). 환경변화로 더 폭넓은 자원을 이용할 필요가 있었고, 손이 많이 가지만 씨앗과 같은 자원을 이용하는 일도 계절에 따른 자원 밀도의 변이를 이겨내고 안정적으로 식량을 얻는 방법이었을 것이다.

스페인과 프랑스, 벨기에의 11개 중기 구석기시대 유적에서 나온 물고기 뼈를 조사한 바에 따르면, 네안데르탈인이 수생자원을 이용했을 가능성은 있으나 이는 계획적인 것이 아니라 상황에 따라 이뤄졌을 것이라고 한다(Guillaud et al. 2021). 강이나 바다에서 고기를 잡기 위해선 기술이 필요하다. 웬만해선 맨손으로 잡을 순 없는 노릇이며, 활이나 화살, 창이나 작살 같은 도구나, 그물, 어살 같은 장치가 있어야 한다. 현재로선 중기 구석기시대 수생자원의 이용은 다분히 임

시방편적이었다고 보는 것이 맞겠다.

아프리카 남부의 이스터폰타인(Ysterfontein) 유적의 5만 년 전 이전 중기 구석기 층에서는 대형 거북과 큰 조개류가 나왔다. 주로 천천히 이동하고 잡기 쉬운 개체를 이용했던 것 같다. 그런데 후기 구석기 유적에서는 물고기와 물새뿐 아니라 더 작은 크기의 조개와 거북도 수가 상당하다(Klein et al. 2004). 이를 보면 식량자원을 더 집약적이면서도 폭넓게 이용했음을 알 수 있다. 스타이너와 먼로의 연구에 따르면, 네안데르탈인은 느리게 움직이고, 느리게 성장하는 거북과 조개류 사냥에 치중했지만, 현생인류는 더 빠르게 움직이면서도, 빠르게 성장하는 작은 식량자원과 새에 집중했다(Stiner and Munro 2002). 이것을 놓고 후기 구석기시대 인구밀도가 높아지면서 식량자원에 대한 압력이 높아진 결과 사냥과 채집 자원의 밀도가 낮아졌다고 해석하기도 한다(Morgan 2015: 169).

후기 구석기시대에 들어서면 여러 지역에서 식량자원의 폭이 넓어지면서 수생자원이 중요한 식량원으로 자리를 잡는다. 특히 해마다 강을 거슬러 오는 연어는 갈수록 중요한 자원이 되었던 것 같다. 스페인에서는 후기 구석기시대 연어과 물고기를 꾸준히 이용했다. 수생자원의 이용은 엘핀달(El Pindal)과 티토부스티요(Tito Bustillo) 동굴벽화에 연어(또는 참치의 일종)가 표현된 데서도 짐작할 수 있다. 티토부스티요동굴에는 그물로 물고기를 잡는 모습이 묘사되어 있기도 하다(Adán et al. 2009). 구석기시대가 끝나갈 무렵에는 낚싯바늘도 나온다. 독일의 부스터마르크(Wustermark 22) 유적에서는 12,300년 전 영거드라이어스기에 속하는 층에서 유제류(발굽이 있는 동물)의 뼈와 함께 매머드 상아로 만든 낚싯바늘이 다수 수습되었다(Gramsch et al. 2011). 후빙기 유적에서는 강꼬치가 흔한데, 아마도 이런 물고기 자원의 이용은 후기 구석기시대 말까지 거슬러 올라가는 것 같다.

최근 발굴자료에 따르면, 오키나와의 사키타리동굴에서는 35,000-30,000년 전부터 점유 흔적이 있는데, 23,000-20,000년 전, 곧 최후빙하극성기 층에서 조개껍데기로 만든 낚싯바늘이 나왔다(Fujita et al. 2016). 조개를 갈아 구멍 뚫은 유물도 함께 수습되었다. 지금으로선 세계에서 가장 이른 낚싯바늘일텐데, 비슷한 시기의 동티모르 유적(Jerimalai)에서도 조개를 이용한 낚싯바늘이 알려진 바 있다(O'Connor et al. 2011). 이곳에서는 많은 물고기 뼈도 나왔다. 가장 아래 42,000-38,000년 전 층에서도 절반이 먼바다에서 얻을 수 있는 종으로 고등어과의 참치 종류가 많았고 상어와 가오리도 있다고 한다. 해양자원 이용이 그만큼 오래다는 증거다. 이미 바다를 건너 오스트레일리아까지 들어갔기에 앞으로 새로운 증거가 더 나올 것이고 그만큼 해양 적응의 역사는 올라갈 것이다.

이런 수생자원의 광범위한 이용은 식량자원 다양화의 맥락에서 이해할 수 있다. 연구에 따르면, 스페인에서는 약 3만 년 전 후기 구석기시대부터 조개와 물고기, 새, 토끼 같은 하위자원이 식단에 포함됨으로써 식량자원의 다양화가 나타난다(Bicho and Haws 2008; Cortes Sanchez et al. 2008). 약 23,000년 전 이스라엘의 오할로 유적에서는 9만 점에 이르는 식물유체와 수많은 물고기 뼈가 수습되었다. 최후빙하극성기 동안 이곳에 살던 수렵채집민이 얼마나 다양한 식량자원을 이용했는지 짐작할 수 있다(마이든 2019).

황허 중류 최후빙하극성기에 속하는 산시성 시즈탄(柿子灘) 14지점(약 23,000-19,500 cal BP)에서 나온 갈린 석기 세 점은 남아 있는 사용흔과 잔존물분석을 통해 어떤 식물성 식량을 이용했는지를 보여줬다. 도구는 밀족(Triticeae)과 기장족(Paniceae)에 속하는 풀, 녹두(Vigna beans), 마의 일종(*Dioscorea opposita* yam), 하늘타리(*Trichosanthes kirilowii*), 뱀오이 뿌리(snakegourd roots) 같은 식물을 가공하는

데 쓰였다. 이 가운데 가장 많은 것은 기장류로, 이런 식물이 후일 가장 먼저 재배되었다. 시즈탄 14 유적의 시점에서 무려 12,000년이 흐른 뒤의 일이다(Liu et al. 2013). 이렇게 이미 여러 종류의 식물성 식량이 최후빙하극성기부터 적극 이용되었고 재배에 이르기까지 매우 오랜 시간이 흘렀음을 알 수 있다. 이런 식물은 식량뿐 아니라 약용으로서 효능도 지녔으며, 결국 신석기시대 들어 재배가 이뤄지기에 이른다. 이렇게 다양한 식물자원을 가공한 사례는 시즈탄 14와 거의 같은 시기인 이스라엘의 오할로 II 유적에서도 잘 드러난다.

또 중국 남부 위찬옌(玉蟾岩) 동굴에서 나온 동물 뼈를 연구한 결과 플라이스토세 최말기에 다양한 작은 동물을 이용했음이 드러났다. 이곳의 수렵채집민은 토기까지 만들어 썼다. 동정개체수(number of identified specimens, NISP)를 보면 식단폭을 넓혀, 당시까지 널리 이용된 사슴과 사냥뿐 아니라 강에서 얻는 수생자원을 포함해 거북, 작은 동물에 이르기까지 다양한 자원을 이용했다고 한다. 이는 플라이스토세 말 최후빙하극성기가 끝나면서 사냥에서 효율성이 떨어진 결과일 가능성이 크다(Prendergast et al. 2009).

연구에 따르면, 중국 서북부 닝샤(寧夏)회족자치구에 있는 수이둥거우 유적에서 나온 격지와 긁개 같은 석기 표면에 남은 잔존물분석에서 녹물이나 규산체, 식물섬유질이 확인되었다고 한다. 이를 바탕으로 관잉 등 연구자는 뗀석기가 식물을 가공하는 데 쓰였다고 결론을 내렸다(Guan et al. 2014). 이들에 따르면 야생풀의 씨앗과 구근류나 야생 콩류는 모두 중요한 단백질과 탄수화물원으로서 당시 사람들이 이용했을 수 있다고 한다.

Box 10.3

구석기 다이어트

이른바 구석기 다이어트는 고고학이나 인류학보다 의학이나 영양학 분야에서 더 큰 관심을 보인다. 큰 사업이 되었으나 실제 수렵채집민의 삶과 건강과 관련해 얼마나 과학적 근거가 있는지는 알아서 판단할 일이다.

탄자니아 북부의 핫자 수렵채집민은 보통 하루 5km에서 12km 정도를 걸어 식량을 얻는다(Marlowe 2010). 여자들은 과일을 따 바구니에 담고 막대기로 땅을 파 덩이줄기와 뿌리를 채집한다. 남자들은 나무 위에 있는 동물을 활로 쏴 사냥하기도 하고, 나무 위에 올라가 과일과 열매를 따기도 한다. 특히 꿀을 좋아해서 칼로리의 15-20%를 꿀에서 얻는다. 꿀은 단백질과 지방의 함량이 높은데, 흔히 벌의 유충도 들어 있다. 바오밥나무 열매에서 나오는 씨앗에는 단백질과 지방 함량이 높아 훌륭한 에너지원이 된다. 이밖에도 하루 100그램 정도의 섬유질을 먹는다.

핫자족은 남녀 사이에 분업이 꽤 뚜렷하다. 그래서인지 남녀가 실제 소비하는 식량 종류도 어느 정도 차이가 있다. 여자들은 주로 채집에 나서면서 덩이줄기와 다른 여러 식물성 자원을 먹는다. 핫자족 여성에 대한 미생물군집 연구에 따르면 식물성섬유질을 소화할 수 있는 유익한 박테리아가 많다고 한다(Schnorr 2015).

핫자족이 산업사회의 사람들에 비해 당뇨병이나 심혈관 질환을 거의 겪지 않음에 주목하는 의학자들이 있다. 이는 활동량은 많으면서도 다양한 식량자원을 섭취하기 때문이다. 수렵채집민은 농업 자원에 의존하는 사람들보다 더 다양한 식량자원을 이용하며, 계절에 따라 이른바 제철 음식을 소비한다. 버리는 부위도 최소이며, 동물의 경우 껍질, 내장, 골수에서 꼬리에 이르기까지 거의 모든 부분을 먹는다. 오늘날 산업사회의 사람들보다 더 다양한 종류와 부위를 섭취한다고 말할 수 있다. 이른바 구석기 다이어트를 칭송하는 사람들은 이런 점에서 더 건강한 식단이라 여긴다.

1985년 의학학술지 『*New England Journal of Medicine*』에 이튼과 코너의

흥미로운 논문이 실렸다(Eaton and Konner 1985). 이들에 따르면 구석기시대 식단에는 현재 우리가 먹는 것보다 단백질, 곧 고기의 비중이 훨씬 높았다. 농경으로 곡물이 식단에서 차지하는 비중이 압도적으로 커지기 전이기에 구석기인들은 단백질과 지방을 훨씬 더 많이 소비했다고 한다. 그리고 호모 사피엔스는 구석기시대 동안 이런 식단 적응 상태를 유지했다고 본다. 1997년에 발표한 논문에서는 구석기시대 다이어트에서 에너지원의 37%는 단백질, 41%는 탄수화물, 22%는 지방이며, 나머지가 비타민, 미네랄, 섬유질이라고 추산했다. 현재 미국에서 단백질 섭취 비중 권장치가 12%에 불과한 것을 보면, 이 정도로 높은 단백질 비중은 오늘날에는 매우 비현실적이라고 할 수 있다. 하지만 단백질 섭취를 권장한다는 자체는 역설적으로 사람이 유전적으로 농경 이전의 식단에 적응해 있다는 것을 보여준다.

구석기 다이어트는 큰 관심을 받고 큰 시장으로 발전했다. 이 다이어트 방식을 선호하는 사람들은 구석기시대에는 없었을 유제품과 곡물을 먹지 않고 수많은 콩 종류와 옥수수도 식단에서 뺀다. 구석기 사람들처럼 고기와 채소, 과일을 먹어야 하며, 녹말을 피해야 한다고 주장한다. 농경이 등장한 것은 1만 년도 되지 않은 일이라 사람의 몸은 오랜 구석기시대 수렵채집생활에 적응했으니 오늘날 온갖 질병은 기실 농경문화에서 온 것이라고 본다. 다만 아몬드나 호두 같은 견과류는 농경 이후 별다른 유전변형이 없었다는 이유로 거리낌 없이 섭취하며, 고기도 지방 부위를 충분히 먹는다. 과일과 채소도 먹고, 설탕은 피하지만 꿀은 즐긴다.

그러나 구석기시대 사람들의 다이어트는 이보다 훨씬 다양했던 것 같다. 구석기 다이어트를 옹호하는 사람들이 주장하듯이 구석기인들이 날 것을 선호했던 것도 아니다. 식단에서 녹말을 회피했다는 것도 일반화시키기 어렵다. 맛을 느끼는 것도 아마도 오늘날 우리와 똑같았을 것이다. 심지어 수많은 탄수화물 식단을 맛본다면 우리처럼 똑같이 맛있어 할 것 같다. 다만, 오늘날 세계 인구의 대다수가 쌀 아니면 밀, 옥수수라는 세 곡물에 의존하지만, 모두 구석기시대 이후 만 년이 안 되는 전통만을 가진 것이다.

분명 현대인은 농업생산물로 식량에 극적인 변화를 겪었지만, 정작 지난 15,000년 동안 사람의 몸은 거의 진화하지 않았다. 사람의 몸은 농경이란 변화에 적응할 시간을 갖지 못했고 그만큼 여러 질병에 시달리게 되었다. 이렇게 보면 비만과 당뇨병 같은 질환은 구석기인과는 멀다고 하겠다. 그렇다고 오늘날 수렵채집민이 풍요롭다는 인식은 잘못이다. 여러 수렵채집사회에서 지방(곧 고기) 선호가 높으며, 탄수화물도 매우 좋아한다. 그리고 역시 몇몇 자원에, 특히 그린란드 사냥꾼의 경우 전적으로 순록에 의존하기도 하지만, 대체로 이보다 더 식단의 폭이 다양하다. 수렵채집민이 오늘날 도시인보다 더 건강하다는 것은 객관적 분석이라기보다 가치판단에 따른 믿음인 것 같다.

채집과 이동, 중심지수렵채집

구석기시대 수렵채집민은 한곳에 정착하지 않고 주기적으로 이동했다. 현존 수렵채집민을 보면 적어도 계절에 따라, 많으면 연간 50여 차례 본거지를 이동한다. 프랑스 예수회 선교사 폴 르주엔느(Paul Le Juene)는 1633년 11월부터 이듬해 4월까지 캐나다 몬타네(Montagnais)족과 겨울을 보냈는데, 일주일에 한 번꼴로 이동했다고 한다(켈리 2014: 188). 지닌 것이 많지 않다고 해도 수렵채집민은 왜 이렇게 빈번하게 거주지를 옮길까.

대부분 수렵채집민은 야영하는 곳에서 걸어서 한두 시간 이내의 거리에서 수렵채집 활동을 한다. 거리로 보면 5-8km 정도다. 핫자족 여성은 평균 5.5km, 남성은 8.3km까지 나가 채집과 수렵활동을 한다(Marlowe 2010: 121). 물론 이동하는 동물 무리를 쫓아 사냥하는 일은 달라서 본거지에서 매우 멀리까지 갈 수도, 며칠이 걸릴 수도 있다. 이것을 조달이동(logistical mobility)이라 부르고, 본거지를 옮기는 거주이동(residential mobility)과 구분하기도 한다(Binford 1980). 멀리까지 나간 사냥꾼은 의기양양하게 고깃덩어리를 짊어지고 돌아올 수도 있지만, 사냥이 늘 성공으로 이어지진 않는다. 동물의 세계에서도 사냥의 성공률은 매우 낮다. 그렇다면 일상의 식량은 채집에 의존해야 맞을 것이다.

『수렵채집사회』에서 켈리는 다음과 같이 쓴다(켈리 2014: 211).

> 식물성 식량을 효율적으로 채집하는 거리는 일반적으로 큰 동물을 사냥하는 거리보다 짧다. … 대형동물은 보통 남자들이 사냥하기 때문에, 여성의 채집활동이 흔히 언제 어디로 캠프를 옮겨야 하는지를 결정한다. 아그타족에게 사냥은 움직이는 동물을 획득하는 것이기에, (이동을 결정하는 데) 중요한 고려 사항이 아니다. 남자와 여자는 본거지의 변화에 대해 자유롭게 발언하지만, 대부분 채집활동을 담당해야 하는 여자들이 마지막 결정을 한다.

채집은 사냥보다 위험부담이 훨씬 낮다. 물론 언제, 어디에서 열매와 과일을 얻고, 베리(산딸기)를 따고, 땅을 파 덩이줄기를 캘지 잘 알고 있다면 말이다. 한곳에 머물며 가까운 곳에서 채집하면 채집할 수 있는 자원은 점점 줄어들기 마련이다. 거의 모든 수렵채집사회에서 일상적으로 채집을 담당하는 것은 여성의 몫인데, 처음 며칠 동안은 1-2km 안에서도 충분한 식량을 채집할 수 있다. 하지만, 점점 가까운 곳의 자원은 줄어들고, 곧 왕복해서 두 시간이 넘는 거리까지 나가야 한다. 무거운 짐을 멀리까지 운반하는 일은 많은 시간과 칼로리를 소모하는 일이다. 수렵채집민이 야영지에서 왕복 10km가 넘는 곳까지 채집활동을 해야 한다면 그곳을 떠나 자원이 풍부한 새로운 곳에 자리를 잡는 것이 나을 것이다. 그렇기에 본거지를 옮기는 것이다.

수렵채집사회를 면밀하게 분석한 켈리는 다음과 같이 정리한다

(켈리 2014: 201).

> 그위족은 "지역 자원이 고갈되어 가구 간에 경쟁이 일어나 협동이나 협력관계가 훼손되기 전에 다음 야영지로 이동한다." … 말레이시아 바텍족 여성은 얌을 찾기 위해 한 시간을 걸어야 할 때가 오면 캠프를 옮겨야 한다고 생각한다. … 타이의 음라브리족 여성은 캠프에서 1km 거리 안에서만 채집한다. … 필리핀의 아그타족은 국지의 자원을 모두 이용하기 전에 떠난다.

핫자족은 덩이줄기나 뿌리를 캐러 8km까지 나가기도 하지만, 대체로 5km 넘어까지 채집활동을 벌이진 않는다. 만약 여성이 덩이줄기를 캐러 너무 멀리까지 나가야 한다고 불평하면 캠프를 옮긴다. 작은 수렵채집민은 이동할 때를 잘 알고 있어 보통 식량부족이 심각해지기 훨씬 전에 떠난다(켈리 2014: 200). 탄자니아의 핫자족은 평균 10-11km 정도 거리에서 새로운 야영지를 찾는다(Marlowe 2010). 이렇게 수렵채집민은 식량자원이 고갈되기 전 야영지를 옮겨야 한다. 또 다른 집단과 대면하고 교류하기 위해서도 상당히 멀리까지 이동해야 한다.

이동하는 작은 수렵채집민 무리의 캠프는 어떤 모습이었을까? 최근 스페인 북부 아바운츠(Abauntz)동굴에서는 편평한 돌에 구석기시대 캠프의 모양을 스케치하듯 새긴 그림이 발견되었다(그림 10.1). 약 13,800년 전 구석기시대 말의 유적에서 나온 넓이 18×8.5cm, 두께 3.6cm의 편평한 돌에 "캠프" 7개가 그려져 있었다. 물론 자세히 그린 것도 아니고 색을 칠하지도 않았기에 과연 캠프인지 의문이 들기도 한다. 다만, 현존하는 주호안시족의 캠프처럼 둥그런 천장을 가진 모습의 야영시설로 보인다(Garcia-Diez 2015).

그림 10.1 스페인 아바운츠(Abauntz)동굴에서 나온 판석에 새겨진 그림. 현재의 수렵채집민의 막집처럼 둥그런 천장을 한 구조물이 표현되어 있다. (출처: Garcia-Diez 2015, Fig 5)

민족지에 따르면 이런 이동 수렵채집민은 둥그런 천장을 가진 집을 짓는 사례가 많다. 그리 크지 않은 나무를 잘라 둥그렇게 배치해 기둥처럼 받치고 가지 끝을 서로 연결한다. 사이에 잔가지와 나뭇잎, 그리고 풀을 덧댈 수 있고, 가죽을 덮어 비바람을 막을 수도 있다. 그렇게 돔 같은 천장을 가진 작은 집을 만든다. 이런 둥근 천장의 구조물이 구석기시대에 흔했을 것이다. 물론 큰 나무 몇 개를 맞대 원추형 구조물을 만들 수도 있고, 실제 여러 박물관이나 전시실에 복원된 막집도 그런 모습인 경우가 많다. 그러나 곰곰이 생각해 보면 큰 나무를 베고 다듬는 일은 쉽지 않고 만들고 해체하는 데 노동력이 들어가는 것으로 보아 돔 천장 구조의 막집이 더 흔했을 것이다.

이런 막집도 일반의 생각보다 견고하다. 글쓴이는 충남대 재직시절 캠퍼스의 소나무 몇 그루가 자라는 곳에 나뭇가지를 이용해 얼기설기 새집 같은 것을 지어놓은 것을 보았다. 어린이들이 찾아와 노닐기도 했다. 구석기시대 막집의 모습이라 생각하고 사진을 찍어 놓았다. 놀라운 것은 이 막집이 사계절을 버텼다는 것이다. 비바람과 눈까지 견뎠다.

여러 민족지에 기록된 사례를 보면 집을 만들고 해체하는 일은 여성의 몫이라고 한다. 순록을 키우며 사는 러시아 북단의 유목민 네네츠족의 사례를 다큐멘터리(『*SBS*』)로 본 적이 있다. 여성이 모든 가내 도구를 정돈하고 춤이라 부르는 집을 해체하고 썰매에 실어 나를 때 남성은 아무 일도 하지 않았다. 그것은 여성이 할 일이라고 한다. 이는 남녀 사이에 하는 일을 사회적으로 규정하고 있음을 뜻한다. 물론 현존 민족지의 사례를 그대로 구석기시대까지 거슬러 올라가 적용할 수는 없지만, 분업이 일반화했다면, 여성의 몫이었을 수도 있다. 캠프를 정하고, 이동할 때를 정하는 일도, 캠프 안 새로이 막집을 만드는 것도 여성의 일이었는지 모른다. 주변에서 나무 몇 개를 베어 오고, 나뭇가지와 잎, 풀, 가죽으로 간단히 만들 수 있다면, 굳이 힘들게 지으려 하지 않았을 것이다. 물론 매머드 수십 마리 뼈로 의례를 위한 구조물(캠프일 수도 있다)을 만드는 일이라면 사정은 다를 것이다.

남녀분업을 비롯한 생계행동 패턴은 민족지에 기록된 대다수 수렵채집사회에서 나타난다. 연구에 따르면 이 패턴은 후기 구석기시대에 연원이 있는 것으로 보인다. 나아가 식량자원을 다양화하는 것은 예기치 않은 생계의 위험을 맞아 안정성을 확보하는 데 유리한 전략이다. 후기 구석기시대에 들어서며 다양한 수생자원을 이용하기 시작했다. 여러 식물성 자원 가운데는 현재 약용으로 이용되는 종까지 포함되어 있다. 현생인류는 분업과 식량자원의 다양화 전략을 바탕으로 전 세계로 확산했을 것이다.

11 현생인류 확산의 동력

사회네트워크와 흑요석

한 역사교과서는 구석기시대 사람들의 삶을 "해가 뜨자마자 그날의 먹을거리를 찾아 주변 지역을 돌아다녔다"고 쓴다(대교 『중학교 역사(상)』, 2013년 17쪽). 교과서에도 실렸으니 이런 생각이 일반적이라 하겠다. 구석기인들은 먹을거리를 찾아 온종일 떠돌아다녔을까? 그렇게 이동하는 수렵채집 무리는 궁핍하기만 했을까? 우리나라에서도 지난 세기 중반을 살아온 사람들은 늘 가난했던 기억을 말하지 않는가. 조선시대와 근현대 사람들은 궁핍하지 않았던가. 자료에 따르면 수렵채집민이 농경민이나 소작농보다 일하는 시간이 훨씬 적다고 한다.

구석기시대 수렵채집민에겐 자연의 힘에 종속된 노예였다거나 먹을거리를 찾는 "영원한 방랑자(eternal nomad)"였다는 이미지가 있다. 이런 이미지에서 낭만을 느끼는 사람도 있지만, 현실과 다르다. 고고 자료와도 부합하지 않는다. 우리나라의 후기 구석기시대 유적에선 흑요석으로 매우 작고 정교하게 만든 유물이 드물지 않다. 게다가 흑요석은 500-800km 먼 백두산에서 들여온 것이다. 어떻게 이것이 가능했을까? 이 사람들은 어떻게 주변 집단과 교류했을까?

흑요석과 잔석기

구석기시대 장신구는 매머드 상아 또는 동물 뼈나 이빨, 조개를 갈아 구슬을 만들어 목과 손목, 발목에 걸쳐 치장하는 사례가 많다. 체코 돌니베스토니체에 묻힌 사람들은 북극여우의 이빨과 여러 종류의 조개에 구멍을 뚫어 목걸이를 만들어 매달고 있었다. 그런데 이곳에서 지중해까지는 직선거리로만 400km에 이른다. 아무리 이동성이 높은 수렵민이라 해도 이 정도 거리를 직접 걸어가 조개를 구하진 않았을 것이다. 어떻게 지중해 조개가 내륙까지 왔을까? 주변 집단과의 교류와 교환망을 생각하지 않을 수 없다. 수렵채집민은 일반의 생각보다 훨씬 먼 거리까지 이동하며, 먼 곳 사람들과 교류한다. 이 과정에서 아주 먼 곳의 희귀한 물품이 들어온 것이다.

외과 수술하는 의사 가운데 흑요석을 메스로 사용하는 사람도 있다고 한다. 2015년 4월 『*CNN*』 보도를 보면 앨버타대학의 의사 리 그린(Lee Green)은 흑요석 돌날로 수술하는데, 금속 메스보다 수술 부위를 더 깔끔하게 벨 수 있다고 한다. 높은 배율 현미경으로 들여다보면 흑요석 돌날이 금속 메스보다 부드러워서 상처가 적고 빠르게 회복할 수 있다는 것이다. 흑요석 돌날을 수술용으로 쓰는 것이 공식 허가를 받은 것도 아닐 뿐더러 비용도 상당하다. 사정이 어찌 됐든 자연유리라는 흑요석을 잘만 깨뜨리면 그만큼 날카로운 날을 얻을 수 있다.

2001년 남양주 호평동에서 아파트 건설부지 안 기와가마터를 조사하다가 구석기시대 뗀석기가 수습되어 다음 해부터 2004년까지 발굴조사가 이어졌다. 유적에선 모두 10,000점에 이르는 석기가 나왔다. 아래 문화층 유물은 대부분 석영이나 규암, 응회암 등으로 만든 것이었지만, 5,889점의 석기가 나온 위 문화층에서는 석영 말고도 흑요석으로 만든 유물이 22% 포함되어 있었다. 방사성탄소연대도 10개 정도를 얻었는데, 대부분 최후빙하극성기에 들어간다.

슴베찌르개는 모두 혼펠스와 응회암으로 만들어진 것이고, 흑요석제는 없었다. 흑요석기 대부분은 매우 작은 돌날, 곧 잔돌날(세석인, microblades)을 만드는 데 쓰이고 버려진 잔몸돌(세석핵, microblade core)이거나 부스러기, 밀개, 새기개였다. 이처럼 흑요석은 매우 작고 정교한 석기를 만드는 데 쓰였다. 그리고 흑요석은 귀한 돌감이기에 더는 떼어낼 수 없을 데까지 쓴 뒤에 버린 것 같다. 하남 미사지구에서는 흑요석 잔몸돌이 하나 수습되었는데, 어른 엄지손톱만하다. 길이가 채 1.5cm도 안 되고 너비가 3mm 이하인 매우 작은 돌날을 떼어내고, 더 뗄 수 없자 버린 것이다.

후기 구석기시대를 대표하는 석기는 돌날(blade)이다. 5장에서 살폈듯이, 우리나라에서 돌날, 그리고 슴베찌르개는 43,000-40,000년 전이면 등장한다. 단양 하진리의 여러 방사성탄소연대, 그리고 대전 용호동, 충주 송암리의 증거가 그러하다(Seong and Chong 2025a). 이후 후기 구석기시대 문화에서 잔석기의 확산은 학계의 큰 이슈이다. 잔석기, 곧 세석기란 잔돌날과 이것을 떼어낸 본래 몸돌인 잔몸돌 등을 가리킨다. 글쓴이는 학부 시절 주암댐 수몰지구(덕산리 죽산)와 고향인 옥과(송전리, 주산리)에서 발굴하면서 잔석기를 접했고, 결국 이것으로 1991년 초 학부 졸업논문을 제출했다. 잔몸돌을 선형(몸체, preform) 준비와 타면 만들기, 돌날떼기(돌날면)라는 세 차원에 주목해 분류한 글이다. 그리고 자료를 추가해 1998년 학술지에 발표했다.

잔석기전통은 보통 시베리아에서 남으로 확산했다고 생각한다. 더 구체적으로 약 35,000년 전 알타이지방에서 시작했다는 것이 일반의 생각이다. 그럼에도 글쓴이는 2007년 동북아시아의 잔석기 기원과 확산을 다룬 『*Origin and Spread of Microblade Technology in Northern Asia and North America*』(2007)의 한 장에서, 시베리아에서 남쪽으로의 일방 전파와 이주로 생각하기보다 이용할 수 있는 돌감을 비롯해 지역의 생태환경에 적응하는 과정에서 잔석기 전통이 확립된 것으로 봐야 한다고 했다(Seong 2007). 물론 책의 여러 저자는 한국의 잔석기를 외부 전파의 산물이라고 평가했고 글쓴이는 이후 한반도 자생론자로 여겨졌다(Ikawa-Smith 2007: 190-191).

글쓴이는 1998년 논문에서 잔돌날이란 "준비된 몸돌에서 간접떼기나 눌러떼기 방법으로 떼어낸 작고 얇은 돌날을 가리키는데, 두께는 2mm에 불과하며, 너비 4-7mm, 길이 15-50mm 정도"라고 했다(Seong 1998: 245). 시간이 흐르면서 우리나라, 그리고 주변 동북아시아에서 관련 자료는 엄청나게 쌓였다. 20년이 흐른 2018년 고메즈 쿠툴리(Gómez Coutouly)라는 프랑스 고고학자는 이제 잔돌날을 더 엄격히 정의할 때이며, 눌러떼기 방법을 이용한 체계적 기술이 핵심이라고 보았다. 그런데 알타이지방에서 나온 이른 잔몸돌은 자세히 들여다보면 눌러떼기로 만들어진 것이 아니다. 그렇다면 알타이지방의 유물은 기실 잔석기가 아니며, 결국 시베리아가 잔석기기술이 탄생한 곳도 아니라는 얘기가 된다. 그렇다면 이곳을 생각했던 북에서 남으로의 단순전파론도 문제가 된다.

이미 살폈듯이 이제 방사성탄소연대야말로 후기 구석기시대 유적의 편년에서 가장 중요한 역할을 한다. 2021년엔 러시아 고고학자가 북중국이 잔석기의 기원지라는 논문을 비판하면서 실제 눌러떼기라는 정의를 엄격히 적용한다면 동북아시아에서 가장 이른 방사성탄소연대는 한반도 남부에서 나온다고 했다(Kuzmin and Keates 2021). 현재로선 시베리아와 일본, 북중국의 여러 유적에서 알려진 연대는

25,000년 전을 넘지 못한다. 그런데 우리나라에선 철원 장흥리에서는 24,000±600 BP, 연천 삼거리에서는 25,110±150 BP, 인제 부평리에서는 24,710±130 BP, 남양주 호평동에선 24,100±200 BP, 청원 노산리에선 25,200±200 BP, 정읍 매죽리에선 25,320±130 BP, 산청 차탄리에선 24,830±130 BP, 장흥 신북에서는 25,420±190 BP 같은 연대가 나왔다. 이 연대를 보정하면 대체로 30,000-28,000년 전에 이른다(방사성탄소연대의 보정은 5장 참조). 다시 말해 서남쪽 신북에서 휴전선 근처 장흥리에 이르기까지 남한 전역에서 최후빙하극성기가 도래하기 전 잔석기 전통이 시작되었다. 이 시점은 현재로선 동북아시아 어느 지역보다 이르다.

이렇게 이른 시기 잔석기가 나온 유적 가운데 장흥리와 삼거리, 부평리, 호평동 등 중부지방에서는 흑요석기가 드물지 않다. 우리나라에선 그동안 포천 늘거리와 용수재울, 의정부 민락동, 인제 부평리, 남양주 호평동, 단양 하진리와 수양개 등 주로 중부지방의 유적에서 흑요석 유물이 알려져 있다. 대구 월성동에서도 상당수 흑요석 유물이 나왔고, 멀리 전라남도 장흥 신북에서도 출토되었다. 그런데 한반도 남부에서는 석기를 만들 만한 흑요석을 얻을 산지가 없다. 만약 휴전선 이북에 있다고 해도 뗀석기를 만들 정도로 큰 흑요석 돌덩이를 찾을 수는 없다. 그동안 여러 분석을 했는데, 백두산이 흑요석 원산지임이 확실하다(이선복·좌용주 2015; 장용준 등 2013; Lee and Kim 2015; 候哲 2015). 중부지방에서 백두산은 직선거리로만 500km가 넘고, 남쪽에선 800km에 이른다. 어떻게 흑요석이 들어온 것일까?

비록 몇 점에 불과하지만, 장흥 신북에서는 백두산뿐 아니라 일본 규슈산 흑요석도 나왔다. 울산 신화리에서도 규슈산 흑요석 유물이 있다(장용준·김종찬 2019). 분명 후기 구석기 수렵채집민은 먼 곳에서 들여온 흑요석 같은 희귀 돌감으로 석기를 만들어 썼다. 보석처럼 귀하게 여긴 것도 아니다. 유적에 흩어져 있는 것으로 보아 다 못쓰게 되자 결국 버린 것이다. 신석기시대 동안 홋카이도의 시라타키 흑요석은 사할린 남부는 물론 중부와 북부에서까지도 보인다. 흑요석 원석은 멀리 아무르강 하류까지 무려 1,000km를 이동했고, 남쪽으론 혼슈에서도 나타난다(Kuzmin 2012; Ono et al. 2014). 규슈의 고시타케산 흑요석은 신석기시대에 남쪽으로 류큐섬에서도 보이는데, 이것도 거의 1,000km에 가까운 거리다(Kuzmin 2012). 이렇게 먼 거리를 이동했다(성춘택 2019).

새로운 기술의 등장을 전파로만 생각한다면, 우리는 잔석기기술과 흑요석의 확산에서 두 가지 상반된 경로를 가정할 수 있을지 모른다. 첫째, 흑요석은 백두산에서 시작해 북에서 남으로 퍼졌다. 중부지방으로 500km, 그리고 서남쪽 장흥 신북까지 800km에 이르는 긴 확산 경로를 타고 들어왔을 것이다. 둘째, 잔석기기술은 현재 방사성탄소연대에 따르면 한반도 남부가 더 빠르기에 오히려 남쪽에서 북쪽으로 확산했을 것이다. 물론 북한이라는 매우 큰 고고학의 공백지대가 남아 있기에 앞으로 더 많은 조사와 연구가 필요한 일이다. 하여간 잔석기가 시베리아에서 일방적으로 남쪽으로 확산했다는 관습적 사고방식에서 벗어난다면, 상충하는 두 확산 경로를 상정할 수 있다. 과연 이렇게 북에서 남으로, 남에서 북으로 상충하는 전파나 확산의 경로를 상정해도 괜찮을 것일까?

글쓴이는 2007년 논문을 쓸 때와 마찬가지로 단일한 전파경로를 그리는 일에 관심이 덜하다(Seong 2007). 1991년 쓴 학부 졸업논문의 기본 틀은 아직도 유효하다고 믿고 있듯이, 시간이 흘러 새로운 자료가 등장하더라도 오래가는 설명과 해석을 제시하고 싶다. 앞으로 시간이 흐르고 사정이 바뀌어 북한에서 고고학 조사와 연구가 활성화해 많은 성과가 알려져도 더 주목받을 설명을 찾아야 한다. 그래서 글쓴이는 수렵채집민은 한 방향으로만 교류하고 이동한 것이 아님을 강조하고 싶다(Seong and Chong 2025b). 이 사람들은 멀리까지 체계적으로 이동했다. 단지 먹을 것만을 찾아다니진 않았다. 무리를 떠나 가깝고 먼 외부 세계와 늘 교류한다는 점이 중요하다.

수렵채집민 캠프와 사회네트워크

과거 외국산 만년필, 더 나아가 펜팔은 먼 곳에 친구가 있다는 자랑거리였다. 오늘날 SNS도 그런 역할을 하는 것 같다. 사람은 다른 사람과 관계 속에서 살아가고, 그 속에서 의미를 찾고, 심지어 매우 먼 곳에도 친구가 있다는 사실에 자랑스러워하면서 안도한다. 구석기시대 수렵채집민도 그러했을 것이다. 호기심과 함께 사람과의 관계, 나아가 사회관계의 네트워크야말로 호모 사피엔스가 전 세계로 확산한 배경이기도 하다. 수렵채집민은 가까운 혈연관계 사람보다는 먼 관계에 있는, 도움을 주고받을 사람과 캠프 구성원으로 지내길 선호한다. 근친교배를 피하면서 캠프를 꾸리기 때문에 더 먼 사회네트워크가 필요했을 것이다.

흔히 부시먼으로 알려진 남아프리카 보츠와나의 주호안시족에게는 흑사로(hxaro)라는 교류망이 있다. 사람들은 흑사로를 이용해 먼 곳의 친구를 찾아 선물을 주고받는다. 이런 네트워크는 어려울 때 서로를 돕는 역할을 한다. 위스너에 따르면, 주호안시족은 남녀 평균 16명의 흑사로 파트너를 가지고 있다(Wiessner 1977; 1982; 2002). 사람들은 파트너와 구슬이나 화살, 도구, 옷 같은 선물을 교환해 관계를 유지한다. 집안의 물품 가운데 69%가 흑사로 교류에서 얻은 것일 정도로 중요하다(Wiessner 2002: 422). 대부분 친연관계에 있는 사람과 파트너 관계를 맺지만, 특별한 의식 같은 것이 없이 불연속적으로 이뤄지기 때문에 주변 사람들도 의식하지 못한다.

흑사로는 주호안시족의 삶에서 매우 중요하다. 어릴 때부터 파트너를 맺고, 부모로부터 관계를 이어받기도 하며, 혼인하면서 더 먼 곳에서 파트너 관계를 맺기도 한다. 위스너에 따르면, 사람들은 캠프 안보다는 더 멀리 있는 곳에서 파트너를 찾고자 한다. 18% 정도는 캠프 안에서, 25% 정도는 16-50km 정도, 그리고 33%는 그보다 멀리, 멀게는 200km까지 떨어진 사람과 맺는다. 한 해 평균 1.5회 멀리까지 흑사로 파트너를 찾아 나서고, 교류에만 2.2개월을 소요할 만큼 삶에서 중요하다. 흑사로를 위해 선물꾸러미를 들고 멀리까지 걸어가 한동안 머무른다. 그렇게 해마다 두 달 넘도록 방문하거나 찾아온 손님을 맞는다.

수렵과 채집으로 식량을 얻고 작은 무리를 이루고 살면서 주기적으로 이동하며 사는 수렵채집민이 이렇듯 넓은 교류네트워크를 가지고 있다는 사실은 놀랍다. 왜 이렇게 먼 곳과 소통하고 교류해야만 했을까? 수렵채집민의 직접 교류망은 우리의 일반적 상상보다 훨씬 크다. 실제 수렵민은 100km 넘는 곳까지도 계획하고 이동하는 일이 드물지 않으며, 그 거리가 200-300km에 이르기도 한다(Feblot-Augustins 2009). 조개 같은 장식물의 교환은 간접 교류망으로 들어왔을 텐데, 유럽에서도 그런 교류망의 거리가 600km에 이른다(Whallon 2006).

왜 이동하는 수렵채집 무리가 먼 곳의 사람들과 상시 교류망을 세우고 관리하는지를 알기 위해선 먼저 이 사람들이 어떤 사람과 캠프를 구성하는지를 이해해야 한다. 여러 연구에 따르면 수렵채집민의 인구구성에는 공통 패턴이 있다(켈리 2014; Bird et al. 2019; Hill et al. 2010; Kramer et al. 2017; Marlowe 2005; Smith et al. 2016; Whallon 2006). 대체로 15명에서 30명 정도가 캠프를 구성하고 이동하면서 계절에 따라 더 큰 집단을 이루기도, 흩어져 살기도 한다. 상식적으론 매우 가까운 가족이나 대가족이 캠프를 꾸릴 것이라 생각할 테지만, 그렇지 않다. 오히려 먼 친척이나 혈연관계가 아닌 사람들이 캠프를 구성한다.

몇 개 사례를 살펴보자. 탄자니아의 핫자족이 캠프를 같이하는 사람들을 보면 상당한 섞임(assortment)이 있다(Marlowe 2005; Smith et al. 2016; 2018). 필리핀 루손섬에 사는 아그타족은 친연관계가 아니라 상호협력을 바탕으로 캠프의 구성원을 결정한다. 힐 등이 현존하는 32개 수렵채집민을 종합한 결과 놀랍게도 대부분 가까운 혈연관계가 아니었다(Hill et al. 2011). 오히려 먼 관계이거나 혈연으로 얽히지 않은 사람끼리 캠프를 구성한다는 것이다. 친연관계에 있는 사람들이 무리를 이루는 경우는 연구 대상 표본 가운데 겨우 10% 미만일 뿐이었다. 가까운 친연보다 거리가 있더라도 서로 협력할 수 있는 대상을 선호하는 것이 원칙이다(Bird et al. 2019). 호혜관계를 맺고 도움을 주고받을 수 있는 사람이 좋은 파트너인 것이다. 이렇게 보면 캠프의 무리 사이에는 어느 정도 긴장이 있다고 할 수 있다.

나아가 이런 캠프 구성 양상은 후기 구석기 수렵채집민으로까지 거슬러 올라가는 듯하다. 러시아 순기르(Sungir) 무덤의 뼈에서 DNA를 추출해 연구한 결과 묻힌 사람들은 혈연관계가 아니었다(Sikora et al. 2017). 가까운 가족이 모여서 살 것이라는 일반의 예상과는 어긋난다. 이런 사람들에게는 친족관계가 아니더라도 의례와 공동 활동과 작업이 공동체 의식을 높이는 데 도움이 된다. 우리 호모 사피엔스가 빙하시대의 환경변화에도 성공적으로 존속하고, 전 세계로 확산한 배경에는 혈연을 넘어서는 협력관계가 있을 것이다.

이런 사회구성의 토대는 협력을 생각하지 않고선 이해할 수 없다. 나아가 협력은 인간사회구성의 기본 특성이다. 힐 등의 연구에 따르면 32개 수렵채집민에서 공유와 협력은 일반적 양상이었다(Hill et al. 2011). 특히 식량자원의 획득과 공유뿐 아니라 공동 육아와 교육도 널리 퍼져 있었다. 서로 아무런 관계가 없는 사람들도 무리를 구성하고, 또 혼인 관계를 맺는다. 그런 사회가 다른 사회보다 건강했고, 누대를 거치며 이런 행동 패턴이 자연스럽게 일반의 양상으로 자리 잡았다. 이것이 진화적으로 안정된 전략(evolutionarily stable strategy)이었다. 이를 통해 공간에 따른 자원의 불균형, 계절, 그리고 주기적으로 찾아오는 어려운 시기를 극복할 수 있었을 것이다.

15명에서 30명이 모인 작은 규모 사회는 사실 절멸에 취약하다(Dyble et al. 2015). 해마다 식량자원의 밀도에는 변이가 있기 마련이고, 또 환경변화를 맞아 적절한 도움을 얻지 못한다면 식량부족과 굶주림에 빠질 수 있고, 외부와의 교류와 혼인 파트너를 얻지 못한다면 장기 존속하지 못한다. 혼인 관계야말로 호모 사피엔스가 장기간 존속한 생물학적 토대이기도 하다(Hill et al. 2011; 2014). 무리의 친연관계는 매우 약하면서도 혼인망은 매우 넓다(Dyble et al. 2015). 과거 수렵채집사회를 부계사회의 틀에서 보기도 했지만, 실제론 모거와 부거가 혼재되어 있고, 오히려 신랑이 신부 부모와 함께 사는 모거가 더 많다. 양육에서도 외할머니의 역할이 상대적으로 크다. 모거, 그리고 이처럼 다양한 거주율에 따라 부인과 남편의 권한이 비슷한 것은 남녀간 평등한 지위의 토대가 되었을 것이다. 남녀 성비의 불균형이야말로 집단이 장기 존속하는 데 걸림돌이다. 이러하기에 성비 균형을 유지하는 기제가 필요하다. 또 불균형이 생기면 자연스럽게 새로운 무리를 찾을 것이다. 무리가 흩어지고, 특정 계절에 다시 모이고, 그런 다음 다시 새로운 무리를 구성해 흩어지는 패턴도 자연스럽다(Wengrow and Graebner 2015). 수렵채집사회에서 보이는 넓은 사회교류네트워크는 이런 사회체계를 바탕으로 형성된 것이다.

수렵채집 무리의 인구구성

인류학자이자 진화심리학자 로빈 던바(Robin Dunbar)는 자신의 이름을 딴 "던바의 수(Dunbar's number)"로 잘 알려져 있다(Dunbar 1992). 이 논지에 따르면 사람이 가깝게 맺고 유지할 수 있는 관계에는 한계가 있다. 침팬지와 사람 등 영장류가 가까이 관계를 맺는 인원은 뇌용량, 곧 대뇌신피질의 용량과 관계가 있다고 한다. 사람은 100명에서 250명 사이, 평균으론 대략 150명 정도라고 한다. 오스트랄로피테쿠스는 약 70명, 호모 에르가스터는 100명, 옛 호모 사피엔스는 130명으로, 대뇌신피질 용량의 증가와 함께 사회관계망의 크기도 진화했다는 것이다(갬블 2013: 291-292). 영장류 역시 집단을 이루고 살면서 서로 보호하고 보호를 받는데, 집단의 크기가 종에 따라 다르다고 한다.

이런 생물학적 토대가 있다면, 수렵채집민이든, 산업사회의 도시민이든 인간이 친근하게 교류하는 수(던바의 수)는 달라지지 않을 것이다. 다시 말하면, 이는 지난 세기만 하더라도 자주 만나고 전화번호를 어렴풋하게나마 기억하고 있으면서 서신도 주고받으며 서로 가족관계 같은 정보를 알고 있는 사람의 수라고 할 수 있다. 던바는 이 수가 대뇌신피질의 작용이기 때문에 사람이 가까운 관계를 맺고 유지할 수 있는 수에는 한계가 있다고 한다. 마당발이라고 해서 수많은 사람을 만날 수는 있지만, 관계는 그만큼 피상적일 수밖에 없다.

물론 이에 대한 비판적 견해도 있다(Lieberman 2013). 그렇지만, 일단 150명 정도를 어떤 공동체가 유지될 수 있는 가장 근접한 크기로 생각하고 논의에 들어가 보자. 고대 로마군의 기본 편성 단위도 150명 정도로 이뤄졌다고 하고, 미군 편제의 영향을 받은 우리나라 역시 실제 전술에 나설 수 있는 중대 단위가 150명 정도다. 중대 아래 흩어져 작전을 수행하는 소대는 40명 정도이다(다시 더 작은 세부 조직으로 분대가 있다). 중대가 모여 이루는 대대, 곧 부대는 400-500명 정도로 이뤄진다.

군대의 편제를 그대로 사람 사는 사회의 구성에 적용할 순 없지만, 어쨌든 집단의 크기에는 어느 정도 층이 있는 것 같다. 가족이 모여 가까운 무리나 집단이 되고, 그것 몇 개가 모여 공동체를 구성하고, 다시 더 넓은 교류관계망이 되는 것 아닐까? 현존 수렵채집민이나 이동하며 살았던 구석기시대의 무리는 150명보다 작은 규모다. 평상시 함께 이동하고 식량을 얻고 나누는 무리(최소 무리, minimal band)는 15-30명 정도라고 보는 것이 합리적이다. 물론 이 사람들이 고립되어 있진 않다. 이 사람들은 계절에 따라 주기적으로 더 큰 집단을 이뤄 살기도 했고, 그 단위는 150명 정도가 된다.

최소 무리는 가장 오래 유지되는 사회 단위로서 구성원 사이에 협력, 그리고 성과 나이에 따른 분업, 식량과 자원의 공유를 할 수 있을 만큼 커야 한다. 한편으로 국지적 식량자원의 부족과 고갈에 이르지 않기 위해서, 그리고 한정된 자원을 두고 지나친 경쟁을 막기 위해선 너무 커서도 안 된다. 최소 무리는 몇 가족으로 이뤄진다. 몇 가족은 적어도 일 년 중 일부를 같이 보내면서 기본적으로 생계를 같이하고 부모 세대에서 자식 세대로 이어지는 문화전수의 기본 단위를 이룬다. 더 생산성이 높은 지점(patch)이 있다고 해도 집단 사이에 사회적으로 용인하는 경계(social boundary)가 있기 마련이라서 마음대로 식량을 얻을 수 있는 것은 아니다. 그러니 무리의 위치는 자연환경뿐 아니라 사회적 환경과 맥락 안에 자리를 잡고 움직이는 것이다. 아메리카처럼 전인미답의 새로운 대륙으로 들어간다 해도 이주와 확산은 모험이나 탐험과는 달라서 한 세대에 이뤄질 수 있는 것이 아니다.

이런 사정을 고려할 때 최소 무리와 최대 무리의 크기, 그리고 유동적인 영역성을 바탕으로 한 영역의 크기를 시뮬레이션할 수 있다.

무리의 크기는 이미 1966년 시카고에서 열린 "맨 더 헌터(Man the hunter)" 학회 이후 널리 받아들여졌다. 1974년 마틴 웝스트(Martin Wobst)는 민족지 사례를 바탕으로 시뮬레이션해 구석기시대 수렵채집민의 인구와 사회구성을 복원하면서, 다음과 같은 몇 가지 가정을 제시했다. 첫째, 구석기시대 수렵채집민은 무리를 이뤄 이동하며 산다. 둘째, 무리는 어느 정도 사회적 요인에 따라 여러 집단이 동의하고 인지하는 영역 안팎에서 이동한다. 셋째, 그렇게 활동하는 영역은 대체로 육각형에 가까운 모형으로 표현할 수 있다. 넷째, 무리의 규모는 식량 획득 전략, 혼인체계, 인구의 성비, 사망률, 출생률 등에서 균형을 맞춰 평형상태를 유지한다. 웝스트는 아프리카와 알래스카, 오스트레일리아 등 다양한 지역의 민족지 사례를 바탕으로 25명을 최소 무리의 평균 크기로 삼았다. 이 25명이야말로 수렵채집민이 식량 획득과 분배, 소비 같은 경제적 필요에 따라, 그리고 출산율과 사망률 사이에 단기간 예측할 수 없는 변동을 맞더라도, 규모를 유지할 수 있는 충분히 작은 수다. 다시 말해 이동하는 무리는 자원의 급격한 고갈이나 예상치 못한 자연재해 등이 닥칠 때 서로 도움을 줄 수 있는 최소 단위다.

최소 무리의 크기는 연구자마다 조금 다르다. 루이스 빈포드는 2001년 발간한 책에서 339개 수렵채집 집단 민족지를 종합해 본거지에 사는 집단의 크기는 10-18명이라고 했다. 레이턴 등이 27개 수렵채집 집단을 조사한 바에 따르면 30-35명으로 구성된다고 한다(Layton et al. 2012: 1226). 핫자족을 연구한 말로는 평균 30명으로 추산했고(Marlow 2005), 힐 등은 32개 수렵채집 집단을 연구해 28명이라는 평균에 이르렀다(Hill et al. 2011). 이렇게 연구자들의 추산을 보면 25명 정도가 되는데, 연구자들은 이것을 마치 매직넘버처럼 받아들이기도 한다(켈리 2014). 이 최소 무리 규모가 연중 그대로 유지되는 것

표 11.1 수렵채집민의 사회 단위의 규모와 집단의 성격

사회 단위의 규모(명)	수렵채집 집단의 성격	민족지와 집단의 성격
5	가족	가족
15	일상의 수렵채집 무리	흩어진 무리
50	본거지 무리	계절에 따라 결합한 무리
150	빈번한 교류 집단	주기적 회합
500	최대 무리	족외혼인망
1,500	민족지 부족	언어 부족

출처: 성춘택 2019: 29, 표 2(Binford 2001, Hamilton et al. 2007, Pearce and Moutsiou 2014, Zhou et al. 2005를 바탕으로 작성)

은 아니며, 계절에 따라 이합집산을 반복한다. 25명, 조금 느슨하게 잡으면 15명에서 30명 정도는 국지적 환경의 악화와 호전, 출생률과 사망률에 따른 인구변동에도 집단의 안정과 존속을 유지할 수 있는 최소한의 크기라 할 수 있다.

아프리카와 아마존, 오스트레일리아, 알래스카, 동남아시아의 수렵채집 집단을 보면 다양한 환경에 살면서도 놀랄 만큼 인구와 사회 구성에서 일정한 공통성이 있다(Binford 2001; Hamilton et al. 2007; Zhou et al. 2005). 2007년 해밀턴 등은 문헌에 기록된 1,189개 수렵채집 집단의 사례를 연구해 패턴을 찾았다(Hamilton et al. 2007). 이에 따르면 가족은 오늘날과도 비슷하게 흔히 4-5명으로 이뤄지고, 여기에 4를 곱하는 방식으로 집단의 규모가 커진다고 한다. 그렇게 4-5인 가족 넷 정도가 모여 공동으로 식량을 획득, 소비하고 이동하는 무리를 구성하는데, 대체로 15-20명 정도이다. 이 최소 무리는 계절에 따라 집합하기도 하는데, 규모는 50명에 이른다(표 11.1 참조).

열대에서 아열대, 아한대까지 다양한 환경의 수렵채집 무리가 이처럼 비슷한 특성이 있음을 생각하면 이는 인류 공통의 원칙이라고도 할 수 있다. 다시 말해 후기 구석기시대 호모 사피엔스의 인구 역시 현존 수렵채집민과 비슷한 방식으로 구성되었을 것이다. 거꾸로

말하면 지금의 수렵채집민과 모든 인류는 후기 구석기 수렵채집민의 생물학적 토대뿐 아니라 행위·문화적 유산까지 물려받았다고 말할 수 있다.

수렵채집사회의 공간구조

이처럼 무리는 식량자원의 고갈을 막고 경쟁을 누그러뜨리고, 나아가 다른 집단과의 긴장과 충돌을 피하기 위해선 충분히 작은 규모와 낮은 인구밀도를 유지해야 한다. 다른 한편으로 식량자원의 부족을 해결하고, 혼인 상대를 찾는 등 집단의 장기 존속을 위해선 다른 집단과의 상시적 접촉과 교류가 반드시 있어야 한다. 최소 무리는 자급자족의 단위가 될 수는 있지만, 자원 및 성비의 불균형, 혼인, 나아가 생물학적 장기 존속을 고려할 때 그 자체로 고립되어선 살아남을 수 없는 것이다. 무리는 다른 무리와, 아마도 계절에 따라 정기적으로, 만난다. 특히 고위도에서는 계절에 따라 얻을 수 있는 식량자원의 밀도가 매우 달라지기에 다른 집단과 정보를 나누고 서로 의지하는 것이 중요하다.

따라서 무리 주변에는 이동하면서 직접 대면하고 교류하는 권역이 있어야 한다. 계절에 따라 여러 무리가 합쳐 더 큰 집단이 되기도 하고, 다시 흩어지기도 한다. 이렇게 주호안시족의 흑사로처럼 직접 선물과 도움을 주고받는 최대 무리(maximal band)를 설정할 수 있다. 무리는 다른 무리와 만나 서로의 존재를 인지할 뿐 아니라 정보를 교환하고, 어려운 시기 도움을 받을 관계, 곧 일종의 동맹을 만든다. 이 관계는 그대로 인적 교류의 대상이 된다. 음식을 공유하고 희소한 물품을 교환하기 위해 다른 무리를 찾는(방문하는) 일은 동맹, 특히 혼인 관계를 맺는 일이기도 하다(Whallon 2006).

거의 모든 수렵채집 집단에서 근친교배를 피하는 풍습이 있다.

진화과정에서 가까운 친척 사이 혼인을 피하는 것은 자연스럽다. 거꾸로 말하면 먼 곳의 사람과 관계를 돈독히 하는 일이 필요하다. 이렇게 최대 무리, 다시 말해 통혼권이 생긴다. 최대 무리는 여러 무리가 느슨하게 연결된 관계망이다. 아마도 소통과 교환을 넘어 공동체로서 연대감을 고취하는 의례를 통해 관계망을 세우고 관리했을 것이다. 무리는 주변 무리와 직접 마주하면서 더 크고 안전한 네트워크를 구성한다.

이미 1950년대에 버드셀은 오스트레일리아 원주민의 사례를 바탕으로 최대교류 무리의 크기를 175명에서 1,000명까지로 설정한 바 있다(켈리 2014: 341). 웝스트의 논의 역시 이런 민족지 사례를 바탕으로 했다(Wobst 1974). 무리가 재생산하고 장기 존속하기 위한 상시적 혼인망의 크기는 최소 175명에서 최대 475명에 이르며, 실제론 후자에 더 가까울 것이라 평가했다. 최대 무리, 곧 본거지 집단을 떠나 주기적으로 회합하고, 서로 알고 지내는 사람은 대략 150명 정도이다. 다시 말해 25명 무리를 중심으로 지리 공간에서 육각형 구조를 생각하면 25명에 7을 곱한 수는 175가 되는데, 이 수와 대략 비슷하다. 수렵채집민은 주기적으로 회합을 가져 집단의식을 공고히 하기도 하는데, 이렇게 모인 집합체가 150-180명 정도이다. 이 사람들이 일 년 내내 같이 지내지는 않으나 서로를 가까운 사람이라 인식하고, 또 만나고 싶어 하는 관계를 맺는 것이다. 이 수는 로빈 던바가 말하는 호모 사피엔스가 친구를 인지하고, 가까이 지낼 수 있는 최대의 수와 비슷하다(Dunbar 1992; 1998[2023]).

그런데 이 무리가 한곳에 머물지 않고 이동하면서 대면한다고 생각하면, 무리가 직접 접촉할 수 있는 주변 무리는 이보다 많다. 다시 말해 이동하는 무리의 공간적 유동성을 고려하면 육각형 구조의 한 꺼풀을 덧댄 구조가 현실적으로 통혼권, 곧 혼인망을 구성한다. 이렇게 25에 19를 곱하면 475명이 된다(그림 11.1). 웝스트 역시 기후와 자연환경의 변화와 재생산의 관계를 시뮬레이션한 결과 출산율과 사망률, 성비, 혼인율 등 복잡한 변수를 고려할 때 475명이야말로 집단이 장기 존속하기 위해 가장 현실적인 인구 규모라고 보았다. 레이턴 등이 27개 수렵채집민의 사례를 종합한 바에 따르면, 30-35명 정도로 구성된 최소 무리 17-18개가 모여 혼인관계망, 곧 공동체를 구성하는데, 대체로 방언을 같이하는 500명 정도가 된다(Layton et al. 2012). 이렇게 여러 민족지 사례와 시뮬레이션에서 혼인관계를 구성하는 데 475-500명 정도를 상정한다(Whallon 2006). 이것이 어떤 권역의 수렵채집민이 장기적으로 존속하기 위한 인구 규모라 할 수 있다.

수렵채집민은 이동하면서 다른 집단과 접촉하는데, 접촉하는 무리가 이동하면 범위가 매우 커진다. 그런데 민족지에 기록된 수많은 족속은 자신들의 "나라"를 더 큰 범위로 인식한다(켈리 2014; Pearce and Moutsiou 2014). 이는 730명에서 900명에 이르며, 환경 및 생업 조건에 따라 1,500명에서 3,000명 정도로 추산하기도 한다. 이 정도 범위가 서로를 같은 족속, 또는 부족으로 인식하는데, 같은 언어를 사용하는 집단(ethnolinguistic tribe)일 것이다.

이렇게 가까운 친연관계가 아닌 사람들도 정보와 물자를 나누고, 인적 교류를 한다(Dyble et al. 2016). 아무리 그동안 사람이 살지 않던 새로운 지역이 있어 그쪽으로 확산한다 해도 용감한 사람들 몇이, 한 무리만이 개척할 수는 없는 노릇이다. 성공적 확산과 장기 존속을 위해선 이 정도 인구가 지속적으로 교류하면서 생활 범위를 넓혀야 한다. 다시 말해 아메리카대륙으로 새로운 수렵민이 확산한다고 하더라도 그저 용감한 몇 명이, 아니면 한 무리 25명이 멀리까지 탐험을 떠나서는, 식량을 충분히 얻는다고 하더라도, 특히 족내혼만으로, 장기 존속할 수 없다. 25명이 아니라 그 뒤를 다른 이동하는 여러 무리

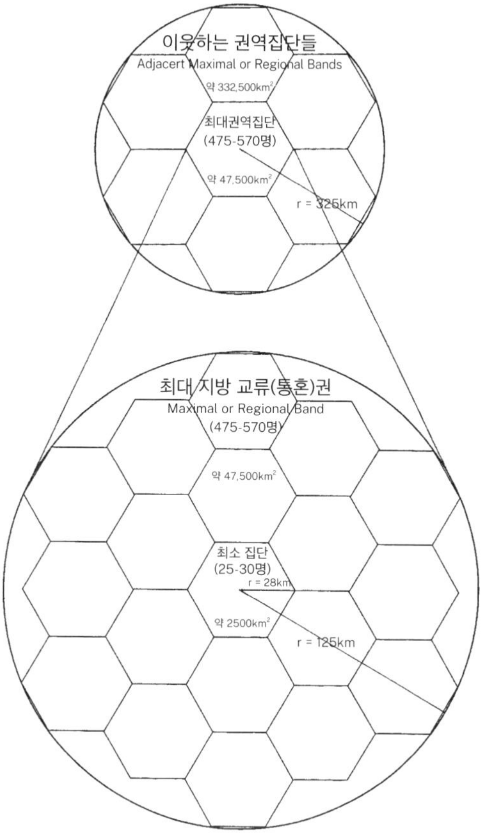

그림 11.1 웰런이 북유럽 플라이스토세 말 후빙기 이동하는 수렵채집 무리의 활동 영역(작은 육각형 구조)과 최대교류권(통혼권, 아래 반지름 125km)을 도식화한 그림(Whallon 2006: 267, Fig. 4). (출처: 성춘택 2009: 20, 그림 2)

가 따라야 하고, 다시 또 새로운 집단이 들어와야만 하는 일이다. 새로운 환경과 대륙으로의 확산을 몇몇 수렵민의 모험에서 비롯되었다고 생각하면 안 된다. 이렇게 상호부조의 행위를 토대로 광범위한 사회네트워크가 확립되었다.

광역교류네트워크

중심지 모델(central place theory)은 지리학에서 마을과 도시의 분포, 그리고 장시의 위치를 비롯한 교류권의 양태를 파악하고 예측하는 데 쓰인다. 물론 이동 수렵채집민의 양상과 똑같지 않다. 그래서 모델은 그 자체로 자료와 일치한다고 생각하기보다 해석과 연구의 장치 정도로 보는 것이 옳다. 또 바다는 물론이고 큰 강이나 산맥 같은 지형지물에 따라 교류의 패턴과 집단의 분포 양상은 얼마든지 달라질 수 있다.

2006년 미시간대학의 고고학자 로버트 왤런(Robert Whallon)은 웝스트의 생각을 발전시켜 북유럽의 후기 구석기시대 말에서 중석기시대 수렵채집민의 인구 규모를 추정한 모델을 제시했다. 왤런은 최소 무리가 연중 이동하며 생활하는 영역의 크기를 반경 28km 정도, 곧 2,500km^2 정도로 상정했다. 서울의 네 배 크기이고, 면적이 1,830km^2 정도인 제주도보다 더 큰 범위에서 25명 정도가 무리를 이뤄 이동하며 생활했다는 것이다. 이것을 벌집 모양 육각형 구조로 연결하면 주변에 6개 무리와 직접 맞닿아 접촉하는 공간구조를 그릴 수 있다. 175명 정도 규모인데, 계절에 따라 모일 수 있는 최대 크기일 것이다. 알래스카 이누이트족이 겨울에 바다사자 사냥을 위해 모였을 때가 50-200명 정도라고 한다(Layton et al. 2012: 1222).

그림 11.1에 제시했듯이 수렵채집민이 직접 교류하는 양상을 여기에 한 꺼풀 더 씌워 최소 무리 19개를 상정하고, 475명 정도가 최대 교류권, 곧 통혼권을 구성하는 모델을 만들 수 있다. 이 규모는 반경 125km에 이르고, 면적으론 47,500km^2 정도이다. 현재 한반도 남부가 100,000km^2 정도임을 생각하면 그 안에 기껏 두 개 정도 최대교류권을 상정할 수 있을 뿐이다. 물론 후기 구석기시대 동안 서해는 육지로 노출되어 있었기에 현재 한반도 안팎에는 더 많은 무리가 이동하며 살았을 것이다.

연구자에 따라 추산이나 내용은 다를 수 있다. 특히 자원의 밀도가 떨어진 고위도지방에서는 무리가 활동하는 영역이 더 큰 경향이 있고, 식물의 생산성이 높은 저위도지방은 인구밀도가 높아 더 조밀할 수 있다. 여기서 더 나아가 웰런의 모델에서는 3,500명 정도가 흩어져 330,000km^{2}에 사는 규모를 민족지에 기록된 부족으로 상정했다. 이는 한반도 전체보다도 규모가 크다. 이 모델에 따라 역산하면, 한반도 정도의 규모에 5,000명이 안 되는 인구가 흩어져 교류하며 살았다고 하겠다.

이 정도 규모의 교류권을 어떻게 확인할 수 있을까? 고고학에서 가장 흔한 자료가 바로 석기이다. 석기는 되도록 치밀한 재질의 암석을 써야 더 정교하게 만들 수 있다. 돌날이나 슴베찌르개 같은 후기 구석기시대 석기는 비교적 정질의 암석을 사용해 만든 정형화한 유물이다. 또 30,000년 전 즈음 등장하는 잔돌날은 이런 돌날이 더 작아진 것이다. 큰 돌날은 길이 20cm가 넘는 것도 있지만, 잔돌날은 대부분 너비 1cm가 안 되는 매우 작은 석기이다. 어른 엄지손톱만한 크기의 몸돌에서 너비 3mm, 길이 1.5-2cm 정도의 잔돌날을 떼어내기도 한다. 이런 잔돌날을 나무나 뿔, 뼈에 홈을 내 동물의 힘줄이나 기름으로 아교칠을 하고 끼우고 박으면 훌륭한 칼이나 찌르개로 쓸 수 있다. 그런데, 잔석기가 등장할 무렵 우리나라에서는 흑요석도 잔석기를 비롯해 밀개와 새기개, 뚜르개 같은 작고 정교한 석기를 만드는 데 쓰이기 시작한다. 구석기시대 후기로 갈수록 정질의 암석은 더 멀리 이동한다. 서유럽에서는 200km 정도 먼 곳에서 원석이 이동한 사례가 빈번하며, 동유럽에서는 600km까지 이동한 사례도 알려져 있다(Féblot-Augustrins 2009: 28; Gamble 1999). 바닷조개와 이것으로 만든 구슬 같은 상징물의 이동은 이보다 더 크다.

그러니 흑요석이야말로 이런 광역 규모의 교류(간접교류)를 보여주는 증거다. 전술했듯 분석에 따르면 한국 유적에서 나온 흑요석 대다수는 백두산이 원산지다. 한반도 남부를 터전으로 삼아 이동하며 살던 후기 구석기시대 수렵채집민이 직접 백두산 근처까지 가서 흑요석을 가져왔을 리 만무하다. 다시 말해 흑요석은 교류의 산물이다. 위에서 논의했듯이 수렵채집 무리는 주기적으로 계절에 따라 이동하며 주변 집단과 이합집산하면서 정보와 물자를 나누고 혼인관계를 맺는다. 웰런 모델에서 통혼권의 규모는 반경 125km, 면적으론 거의 5,000km^{2}에 가깝다. 그렇지라도 백두산에서 흑요석을 채석한 집단과 직접 교류하는 범위에는 미치지 못한다. 이 모델을 받아들인다면, 직접교류권을 넘어서는 간접교류의 네트워크가 그만큼 컸다고 할 수 있다.

최후빙하극성기 동안 서해는 노출되어 있었고, 남해도 대부분 육지였다. 그러나 대한해협 수심은 깊은 곳이 200m나 된다. 해수면이 가장 낮았던 23,000년 전 즈음에도 한국과 일본열도 사이엔 약 15-20km 폭의 좁은 해협이 있었다. 물살이 빨랐을 테지만, 드물게나마 규슈산 흑요석이 남부지방까지 들어왔다. 규슈와 일본 서부에도 우리나라의 슴베찌르개와 거의 같은 모습의 유물이 보인다. 이처럼 제한적이었겠지만, 어쨌든 교류의 흔적이 있다.

이러하기에 수렵채집민의 교류를 식량만을 찾아 아무렇게나 움직이는 무작위행보(random walk)라 보긴 힘들다. 다시 말해 아무렇게나 걸어 식량을 찾고 마주치는 무리와 대면하는 식의 이동은 아니었다는 말이다. 피어스의 연구에 따르면 북위 40도가 넘는 고위도에서는 무작위행보만으로 집단의 장기 존속에 필요한 400-500명 정도의 사람을 대면하기 어렵다고 한다(Pearce 2014; Pearce and Moutsiou 2014). 거꾸로 이웃 집단, 그리고 더 먼 곳에 있는 집단과 마주하기 위해서 이동을 계획해야 했을 것이다. 먼 곳까지 이동해 주변 집단과 교류망을 세우고 주기적으로 관리했던 집단이 최후빙하극성기와 이후

기후변동과 환경변화의 시기에 살아남았을 것이다.

이동 수렵채집민에게 주변 집단과의 네트워크는 선택이 아니라 필수다. 그런데 한 무리가 주변 생계자원의 고갈이라는 어려움을 겪을 때 주변, 그리고 먼 다른 집단도 같은 위기에 처했다면 어떨까? 거꾸로 환경의 변화로 생산성이 높은 지역이 새로이 등장하면서 기존에 점유하지 않던 먼 곳까지 이동하는 집단이 있다면 어떨까? 거대한 교류권에서 특정 집단이 멀리까지 이동해 새로운 환경으로 들어간다면 다른 집단은 어떻게 해야 하는가?

후기 구석기-신석기시대 초 인구변동

한국고고학에는 오랜 숙제가 있다. 플라이스토세가 끝나고 신석기시대가 시작하기까지 몇천 년 동안 인류 점유의 흔적, 곧 유적이 거의 없다. 이 문제는 이미 지난 세기부터 여러 연구자가 알고 있었다. 그리고 막연하지만, 구석기시대 사람들은 이동하는 동물을 따라 북으로 떠났으며, 한반도에는 신석기시대의 시작과 함께 북방에서 고아시아족이라는 새로운 집단이 이주해 들어왔다고 생각했다. 한국고고학의 토대를 놓았던 김원용(1922-1993)은 『한국고고학개설』에서 다음과 같이 썼다(김원용 1986: 22).

> 우리나라 구석기인들은 그 자리에 머물며 새로운 환경에 대응하는 새로운 중석기문화를 발전시키지 않고 한대동물을 따라 북쪽으로 이동해 간 것처럼 생각된다. 따라서 후빙기 초의 적어도 약 2,000-3,000년 사이에 우리나라는 무인지대였던 것 같으며, 이 기간에 해당되는 유적유물은 … 아직 확인되지 못하고 있다.

구석기시대와 신석기시대의 문화 단절은 물론이고, 주민 자체가 달랐다는 생각이 20세기 내내 한국고고학의 정설이었다고 해야겠다.

후빙기 해수면 상승으로 서해 밑에 이 시기 유적이 잠겼다고 여기는 사람도 많다. 100m 넘는 해수면 상승으로 바닷물이 들어왔으니 당연한 가정이라 하겠다. 바다 밑을 발굴할 수도 없는 노릇이고, 갯벌 퇴적층의 두께도 엄청나다. 이런 생각은 검증할 수 없어 적절한 가설이라고 말할 수 없다. 분명 현재 바다 밑에는 이 시기뿐 아니라 상당한 선사시대 자료가 묻혀 있을 것이다. 구석기시대 황해분지를 삶의 터전으로 삼았던 사람들의 흔적도 두꺼운 갯벌 퇴적층 아래 묻혀 있을 것이다. 문제는 그렇다고 해서 현재 한반도 안에 왜 후빙기 유적이 없는지를 설명하진 않는다는 사실이다. 이 시기 대륙붕에만 사람이 살았고, 한반도 안에는 살지 않았다고 할 수도 없는 노릇이기 때문이다. 그럴 리가 없지만, 만약 그렇다면 그것 역시 답해야 할 매우 어려운 문제이다. 어쨌든 현재 한반도 남쪽에는 해당 시기 유적이 거의 없는 것이 사실이다. 이동하는 수렵채집민이 떠났다고 한다면 이유가 있었을 것이다. 이것을 푸는 것이 고고학이어야 한다.

1990년대 이후 한국고고학은 해마다 수백 개 유적을 발굴하면서 자료의 양은 세계 어느 지역보다 조밀하다고 알려져 있다. 그럼에도 아직 플라이스토세가 끝나 후빙기로 가는 시기의 자료는 거의 없다. 제주 고산리 유적이 있지만, 이것도 후빙기가 시작되고 한참 지난 기원전 8,500년 정도부터 점유가 시작된 유적이다. 사실 고산리는 남쪽 바다 섬에 있어 엄밀히 얘기하면 당시 한반도의 상황을 말해준다고 할 수도 없다. 동해안과 남해안의 신석기시대 초 유적, 그러니까 고성 문암리와 양양 오산리, 여수 안도, 창녕 비봉리 등지의 연대는 기원전 6,500년을 넘지 못한다. 구석기시대는 기원전 9,600년에 끝났다고 할 때 어쨌든 김원용(1986)이 말했던 몇천 년의 공백, 또는 자료의 희소함은 지금도 있는 것이다.

도대체 이 문제를 어떻게 풀 수 있을까? 날씨가 따뜻해지면서 한대동물이 북으로 이동해 사람도 같이 떠났다는 생각은 지나치게 단순하다. 따뜻한 곳에 사람이 얼마나 많은가? 기온이 오른 것은 오히려 동식물, 그리고 인간에게 좋은 환경이라 볼 수도 있다. 이제 어떻게든 이 문제를 풀 실마리를 찾아야 한다. 글쓴이가 주목한 것은 당시 수렵채집민의 인구 규모는 매우 작았고, 환경변화에 민감했으며, 국지적 환경변화를 맞아 매우 넓은 사회교류의 네트워크를 지녔다는 사실이다. 온난화로 북쪽의 환경 생산성이 높아지면서 그쪽에서 생활 터전을 삼고 있던 집단은 더 멀리까지 올라가 활동했을 것이다. 그 집단 주변 남쪽의 무리도 집단과 집단 사이의 네트워크를 유지하기 위해 북으로 더 멀리 이동했고, 이런 이동은 광역의 최대교류권 전체에 영향을 미쳤을 것이다. 한반도에 있던 수렵채집민은 한대동물의 이동을 따라간 것이 아니라 이동하는 무리와 사회관계를 유지하기 위해 옮길 수밖에 없었다. 동식물자원이 부족했다는 증거는 없기에 다른 집단과 관계가 우선이었다(성춘택 2009).

글쓴이는 2019년 세계제4기학회의 토기 등장과 관련한 국제학술회의에서 한국의 사례를 김장석 교수와 공동으로 발표했다. 주지하듯이 토기는 이미 플라이스토세 말에 등장한다. 특히 남중국과 북중국, 아무르강 유역의 러시아 연해주, 일본에서는 세계에서 가장 이른 시기 토기가 잘 알려져 있다(14장 참조). 여러 유적에서 플라이스토세가 끝나갈 무렵 수렵채집민이 토기를 만들어 썼음이 드러났다. 그런데 정작 이 최초의 토기 분포 한가운데 있는 한국에서는 플라이스토세 토기 자료가 없다. 왜 그럴까? 글쓴이는 토기가 없는 것은 그 자체로 문제라기보다는 이 시기 유적 자체가 희소하다는 것으로 설명할 수 있는 현상이라고 본다. 플라이스토세 말 토기가 없는 것은 이 시기 유적, 곧 점유의 증거자료가 희소한 현상의 일부일 뿐이다. 유적이 희소한 이유는 바로 광역의 사회네트워크 때문이다. 영어로 논문을 써 제4기학회 학술지인 『*Quaternary International*』에 게재했다(Kim and Seong 2022).

1990년대 이후 매장문화유산 발굴이 크게 늘면서 선사시대 방사성탄소연대도 급증해 오늘날 17,000건에 이른다(김장석 외 2018). 탄소연대는 유적에 사람이 언제 살았는지를 말해준다. 물론 나무가 언제 쓰러졌는지를 측정하기에 유적 점유의 시기를 알기 위해서 고고학자는 측정연대를 평가하고 해석해야 한다. 그런데 수백, 수천 건 연대를 그래프로 그려 늘어세우면 어떨까? 특정한 시점에는 많을 것이고, 어떤 시기에는 적기도 할 것이다. 이런 등락이 나타내는 바는 무엇일까? 탄소연대는 선사시대 특정 지역의 점유밀도, 곧 인구변동을 말해주는 지표가 될 수 있다. 다시 말해 선사시대 인구밀도를 직접 알 수 없으니 이를 대용하는 지표로 탄소연대의 분포를 사용한다. 한 나라의 국력이나 경제력을 평가하는 데 국내총생산(GDP)을 대용지표로 삼는 것과 같은 이치다. 탄소연대는 그 자체로 점유 시기를 추정하는 근거이지만, 이제 세계의 수많은 연구자는 방사성탄소연대의 분포를 바탕으로 선사시대 인구 점유밀도까지 구성한다.

글쓴이는 2004년, 2006년에 발표한 논문부터 구석기시대 방사성탄소연대를 받아들여 해석하고자 했다. 한국에서 자료의 수가 많음에 착안해 2011년 구석기시대 방사성탄소연대를 종합하고 평가하는 글을 국제학술지에 발표했다. 그러면서 최후빙하극성기 즈음 많은 방사성탄소연대가 알려졌지만, 19,000년 전 이후에는 희소함을 지적했다. 이를 바탕으로 후기 구석기시대 점유밀도의 등락을 구성하면 매우 흥미로울 것임을 밝혔다. 특히 최후빙하극성기에 시베리아와 중국 서북부에서는 인구급감이 잘 알려져 있기에 우리와는 대조를 이룸에 주목했다(Seong 2011: 110).

이 생각을 강연을 통해서도 밝혔고, 2015년 학술회의에서 발표하면서 시베리아, 중국 서북부 등지의 사례와 우리나라의 변동은 상반된다는 증거를 제시했다. 구석기시대 말 수렵채집민의 인구변동을 다루면서 대륙의 규모를 논했다는 점에서 다른 고고학자들이 어떻게 생각하는지 궁금했다. 북중국과 시베리아까지 너무 큰 규모라 힐난을 받을 줄 알았는데, 그 자리에 있던 사람들은 매우 재미있는 생각이라고 말해줬다. 글쓴이 역시 아직 자료가 불충분하니 더 기다려 논문을 쓰고 싶다고 했다.

그 뒤 새로운 자료와 주변 지역의 연구 성과를 더 알아가면서, 변모하는 환경이라는 무대에서 도전을 맞은 수렵채집민의 무리 구성과 영역의 유동성에 주목해 논지를 풀어갈 수 있겠다는 생각을 굳혔다. 작은 규모 수렵채집사회는 사망률과 출생률의 변동, 기후와 환경의 변화, 주변 집단의 상황 등 여러 요인에 따라 인구 증감을 겪는다(Belowsky 1988; Dyble et al. 2016). 적절한 규모를 유지하는 일은 쉽지 않다. 인구 모델에 따르면 작은 무리는 절멸에 취약하다(Hamilton and Walker 2018). 성비의 불균형 같은 집단의 내부와 외부의 작은 변화에도 인구가 감소하고, 결국 시간이 흘러 절멸에 이를 수 있다. 그렇기에 작은 집단은 고립되어선 안 되고, 주변 무리와 반드시 교류해야 한다. 그렇지 않은 집단은 장기적으로 존속할 수 없다.

그런데 우리나라의 상황은 환경변화와 직결하기엔 참으로 흥미롭다. 오히려 혹심했던 최후빙하극성기에 가장 높은 인구밀도를 보이고, 막상 기온이 올라가 따뜻해진 시기에 점유의 증거가 급감한다. 그리고 플라이스토세가 끝나갈 무렵, 그러니까 영거드라이어스기 즈음 몇 개 자료가 있다가 구석기시대의 종말과 함께 사라지고 몇천 년 공백에 들어간다. 그런 뒤 기원전 6,200년, 8.2 ka event라 알려진 냉한기를 맞아 다시 동해안과 남해안을 중심으로 신석기시대 해양적응이 꽃을 피운다.

이는 고위도 다른 지역과는 반대 현상이다(d'Alpoim Guedes et al. 2016). 시베리아, 그리고 중국 서북부에서 연구가 많이 이뤄진 다디완(大地灣), 수이둥거우(水洞溝) 유적에서는 최후빙하극성기 때 인구감소가 확연하다(Barton et al. 2007; Pei et al. 2012). 몽골에서도 최후빙하극성기가 정점에 이르렀을 때 점유 증거가 희소하다(Rybin et al. 2016). 이 고위도에서는 최후빙하극성기가 끝나는 20,000년 전 즈음부터 갑자기 점유의 증거가 늘어난다. 다시 말해 떠났던 수렵채집민이 혹심한 기후조건이 끝나고 다시 찾아온 것이다. 우리나라는 최후빙하극성기에 가장 밀도가 높다가 기온상승을 맞아 급감하는 정반대 패턴이다(그림 11.2).

글쓴이는 2022년 다시 김장석 교수와 『*Journal of Anthropological Archaeology*』라는 고고학 국제학술지에 논문을 발표했다(Seong and Kim 2022). 논문에서는 수렵채집민이 작은 규모를 유지하면서 이동하며 식량을 얻기 위해선 주변 무리와 적절한 거리를 두며 경쟁을 피해야 하고, 다른 무리의 도움을 받고 관계를 유지하기 위해서는 지나치게 멀리 떨어져서도 안 된다는 두 가지 대조된 전략을 개괄했다. 이를 바탕으로 수렵채집민은 다른 집단과 적절한 거리와 관계를 유지하는 일이 생존, 장기 존속에 필수임을 되짚었다. 그런 다음 수렵채집민의 점유밀도를 논하기 위해선 주변 동아시아까지 살펴야 함을 주장했다. 수렵채집민은 광역, 그리고 이를 넘어선 초광역의 네트워크 안에서 활동한다. 환경변화에 따라 일상적 이동 범위를 넘어서는 새로운 자원 패치의 등장과 이용이 네트워크 안에서 연쇄이동을 낳을 수 있다. 거대한 네트워크 차원에서 변화를 이해하는 일이 중요한 것이다.

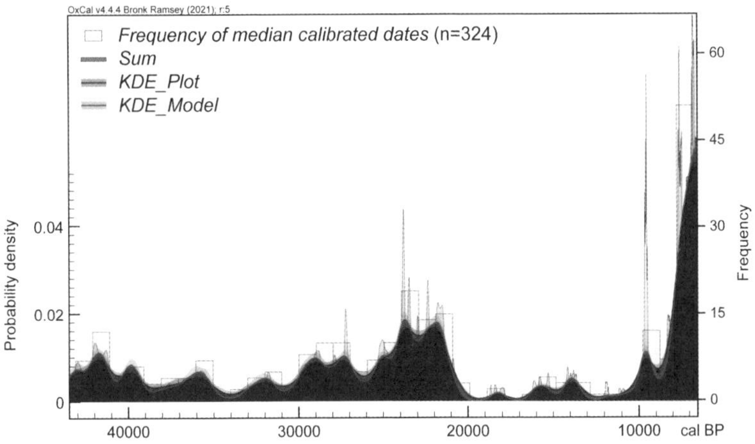

그림 11.2 구석기시대에서 이른 신석기시대까지 신뢰할 만한 방사성탄소연대의 분포를 도해한 그림(n=324). 막대그래프(히스토그램)는 연대의 중간값을 이용해 표현한 것이며, 회색은 흔히 SPD라 불리는 합산확률분포(summed probability distribution)이고, 검은 색으로 표시한 KDE란 확률분포를 더 부드러운 곡선으로 표현해 가시성을 높인 것이다. 이렇게 몇 가지 방식이 있지만, 모두 점유(인구)밀도가 등락하는 양상을 잘 말해준다. 가장 중요한 패턴은 최후빙하극성기(LGM) 동안 밀도가 높다가 20,000년 전 즈음 급락했고, 구석기시대가 끝나갈 무렵 몇 개가 있다가 다시 후빙기에 거의 공백이다시피 연대자료가 없고, 8,000년 전 즈음 급증한다는 것이다. LGM 증가와 LGM 이후 급락은 시베리아 남부와 북중국, 몽골 등의 상황과 정반대 현상이다(그림 정동희, 성춘택).

반도환경의 도래와 연어효과

거대한 네트워크 차원의 변화를 이해하기 위해선 환경변화, 곧 반도환경의 도래가 극적이었음을 알아야 한다. 최후빙하극성기 해수면은 지금보다 무려 130m 정도 아래에 있었다. 그러던 것이 20,000년 전 이후 고위도 빙상이 녹기 시작하며 해수면도 오른다. 그런데 이 과정이 일률적이었던 것은 아니고, 급상승했다가 한동안 정체하는 양상을 반복했다. 그래서 연구자들은 해빙수진동(Meltwater Pluse, MWP)이라는 개념을 쓴다. 첫 번째 해빙수진동은 뵐링-알러뢰드(Bølling-Allerød Interstadial, 14,700-12,900년 전)라 불리는 온난기에 있었다. 이미 해수면은 상승하고 있었지만, 온난기를 맞아 더 빠르게 올랐다.

해빙수진동 1단계(MWP 1A)는 14,650-14,310년 전에 있었다(Cronin 2012; Blanchon 2011; Deschamps et al. 2012). 연구자에 따라 추산은 조금씩 다르지만, 불과 300년이 안 되는 시간 동안 16m 상승이, 그리고 400-500년 사이에 16-25m 정도 해수면이 올랐다고 한다(Hanebuth et al. 2000: 1035). 연구에 따르면 한반도 주변 대륙붕은 이미 14,000년 전이면 바닷물에 잠긴다. 과거 연구에서는 플라이스토세가 끝나고서야 급격한 해수면 상승이 있었으리라 보았지만, 이미 뵐링-알러뢰드 온난기의 일이었다. 서해 역시 이때 이미 남쪽에서 시작해 현재 황해도 앞까지 길게 바닷물이 들어와 어느 정도 반도의 형체를 갖춘다. 1단계 300년 동안 해수면 상승은 연구자마다 추산은 조금씩 다르지만, 1년에 작게는 2.6cm(Stanford et al. 2011)에서 크게는 4cm(Deschampes et al. 2012), 또는 3-6cm(Cronin 2012)까지 엄청난 속도였다.

여기에 조수간만의 차도 고려해야 한다. 조차는 깊은 만에서 클 수밖에 없는데, 현재 한반도의 서해가 그러하다. 현재 아산만 근처의 조차는 대략 8.5m 정도인데, 급격한 해수면 상승과 함께 조차까지 고려한다면 바닷물의 유입은 무서운 속도였을 것임을 짐작하고도 남는다. 300년도 안 되는 시간 동안 노출된 황해분지는 빠르게 바닷물에 잠겼다.

황해분지는 매우 크고 생산성이 높은 저지대였을 것이다. 대체로 건조한 초원환경이 지배하는 곳이었지만(d'Alpoim Guedes et al. 2016), 압록강과 한강, 황허와 양쯔강이 흐르는 땅이었고, 곳곳에 호수와 습지가 있었을 것이다. 지금도 그렇듯이 이런 곳에 다양한 식물자원이 있고, 철새와 동물도 찾아온다. 최후빙하극성기 이후 환경변화로 산림이 늘어났고, 수렵채집민도 이곳을 터전 삼아 이동하며 여러 동식물자원을 이용했음이 분명하다. 그런데 불과 몇 세대 만에 이 터전은 물에 잠겼다. 아마도 조상 때부터 살았던 생활 터전에 바닷물이 들어와 더는 조상이 있는 땅에 갈 수 없다고 탄식했을지도 모를 일이다.

황해분지를 터전으로 삼았던 수렵채집민은 넓은 교류망을 가졌

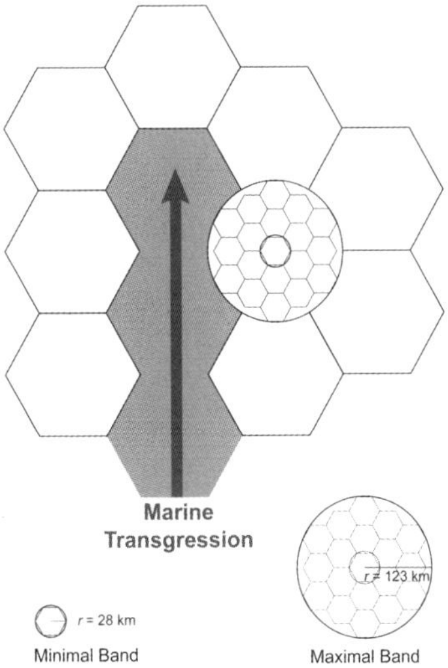

그림 11.3 14.6-14.3 ka의 1차 해빙수진동(Meltwater Pulse 1A)에 따라 황해분지가 침수되고 한반도가 형성되는 과정을 도식화한 그림. 육각형구조는 이동 수렵채집 무리의 활동 영역을 나타내며, 반경 123km는 최대교류권, 곧 통혼권을 모델화한 것이다. 갑작스러운 해수면 상승으로 노출된 저지대에 남북방향으로 길게 바닷물이 들어차면서 동서교류의 축이 무너지는 과정을 그렸다. (출처: Seong and Kim 2022, Fig 6a[정동희 도움])

을 것이다. 황해분지 저지대의 환경과 현재 한반도의 고지대 환경은 달랐을 것이기에 다양한 자원을 이용하면서 교류도 매우 활발했으리라 짐작할 수 있다. 그런데 이런 동서교류의 틀이 300년이라는 짧은 세월을 겪으며 더는 작동할 수 없게 되었다. 이곳의 수렵채집민은 서쪽 대륙으로, 동쪽 한반도로 이동하는 수밖에 없었고, 더는 서로 만날 수 없었다(그림 11.3).

더 중요한 것은 북쪽 무리와의 관계였을 것이다. 최후빙하극성기가 끝나면서 아무르강 유역과 같은 곳에선 새롭고도 매우 생산성이 높은 환경이 만들어진다. 오늘날 아무르강 유역에는 5만 개가 넘는 호수가 있다. 바로 이 시기에 해수면 상승과 더불어 이런 습지 환경이 도래했으니, 수렵채집민에게 매우 호의적인 환경이었을 것이다. 해마다 가을이면 강을 거슬러 올라와 지류로 들어오는 연어는 육식동물은 물론 사람에게 좋은 식량이었다.

연어는 매우 중요했던 것 같다. 최후빙하극성기가 끝나고 해수면이 상승하면서 세계 곳곳에서 회귀하는 연어과 물고기가 식량자원으로서 중요해졌다. 스페인의 엘핀달(El Pindal)과 티토부스티요(Tito Bustillo)동굴에는 연어(또는 참치의 일종)를 그려놓기도 했다. 플라이스토세가 끝나갈 무렵 알래스카와 아메리카대륙 서북부의 여러 유적에선 연어 물고기뼈가 흔하게 나온다. 새로운 환경에서 연어가 강을 거슬러 올라오고, 이것이 동물과 사람들을 자석처럼 끌어들이는 효과를 냈다. 글쓴이는 이를 "연어효과"라 부르고 싶다.

연어효과는 특히 아무르강 유역에서 두드러진다. 최후빙하극성기 이후, 16,000-9,000년 전의 우스티노프카(Ustinovka)문화에는 나무를 가공하는 데 쓰인 돌도끼가 많다. 이는 아마도 막집을 짓거나 강을 거슬러 올라오는 연어를 잡기 위한 둑이나 덫을 만드는 도구였을 것이다(Tabarev 2011). 토기는 바로 이런 수생자원을 이용하는 과정에서 등장해 발전했다. 토기 내벽에 남은 잔존물(지질)을 분석한 바에 따르면 지질은 민물 또는 해양유기물을 끓인 데서 온 것이라고 한다(Craig et al. 2013). 아무르강 유역의 플라이스토세 말 토기 분석에서도 이런 흔적(잔존물)이 나왔다(Shoda et al. 2020). 식량자원으로서 연어의 중요성이 확인된 것이다.

이렇게 빙하가 물러가며 고위도지방과 아무르강 유역에 새로운 환경이 도래하자 동물과 새, 그리고 사람들이 찾아왔다. 현재의 습지 환경은 이 시기부터 만들어진 것이다. 뵐링-알러뢰드 온난기에 아무르강 유역의 인구밀도는 상당했던 것 같다. 연어가 회귀하는 여러 길목에선 자리를 두고 경쟁도 있었을 것이다. 토기는 바로 한정된 수생자원을 가장 효율적이고도 집중적으로 이용한 기술혁신이었다(14장 참조).

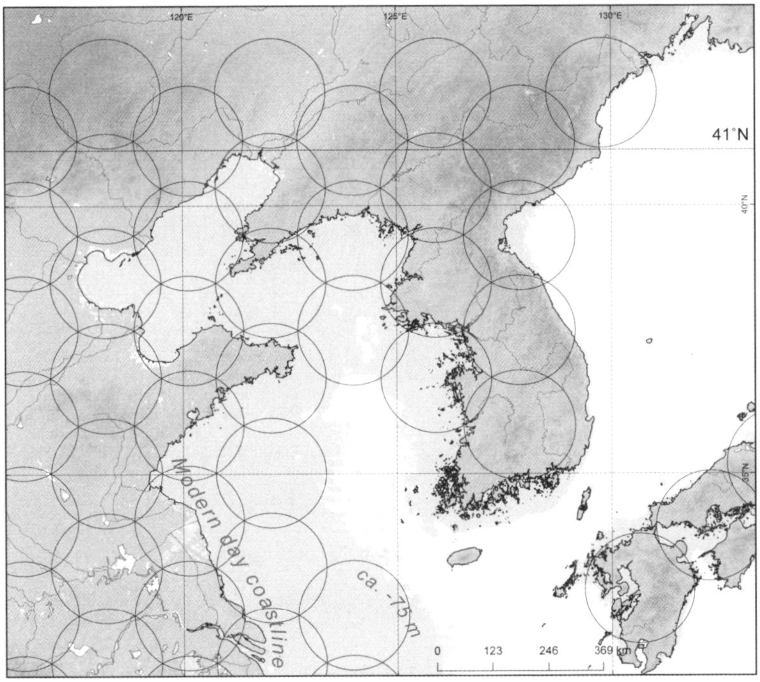

그림 11.4 14 ka 즈음 한반도 주변. 이미 제주도는 한반도에서 떨어져 섬이 되었고, 황해도 앞까지 길게 바닷물이 들어왔다. 여기에 조차까지 고려한다면 한반도는 매우 빠른 속도로 형성되었고, 이것이 미는 요인(push factor)이 되어 수렵채집민은 조상으로부터 내려온 삶의 터전을 잃었다. 이뿐 아니라 남북 교류의 축이 더 중요해지면서 북으로 끌어당기는 요인(pull factor)이 작용했을 것이다. (출처: Seong and Kim 2022, Fig 6b)

이렇게 새로이 조성된 생산성 높은 북쪽 환경에 들어간 수렵채집민은 결국 거대한 광역, 초광역 네트워크에도 변화를 일으킨다. 북위 40도 위에서 터전을 잡던 수렵민이 아무르강 유역까지 올라가면, 거대한 교류권에서 연쇄이동이 일어날 수밖에 없다. 게다가 서해의 침수로 남쪽에서 북쪽으로 밀어내는 요인(push factor)이 강해졌다. 이것이 거대 교류권의 북쪽에 새로운 풍부한 생산성을 지닌 환경으로 끌어들이는 요인(pull factor)과 결합한다. 이렇게 매우 짧은 시간 안에 한반도 안에 수렵채집민은 북으로 이동하고 만 것이다(그림 11.4).

물론 한반도가 살 수 없을 만큼 척박한 환경이었다는 것은 아니다. 수렵민의 이동은 한반도 안의 환경변화 때문만이 아니다. 수렵민이 떠난 것은 현재 한반도의 생산성이 낮아져서가 아닐 것이다. 오히려 거대한 교류권의 연동에 관한 문제였고, 교류권 자체가 북쪽으로 옮겨졌다는 것이다. 한반도는 아마도 겨울과 같은 계절에 일시적으로 생계활동을 위해 단기간 찾고 머물다 떠난 지역이었을 가능성이 크다. 그렇기에 유적으로 남을 가능성은 그만큼 낮을 것이다. 이 모델은 우리와 비슷한 환경변화를 겪은 다른 지역에서도 적용할 수 있으리라 기대한다.

최후빙하극성기, 그리고 그 이후 지구온난화의 시기는 변화하는 환경에 적응하고 이동하는 양상이 매우 활발했던 때다. 수렵채집민은 환경변화에 적응해야 했고, 새로운 지역을 찾아 떠나기도 했다. 모든 이동이 단순히 환경과 식량자원 문제 때문만은 아니다. 작은 무리를 이뤄 이동생활을 하는 수렵채집민에게 식량보다 더 중요한 것이 바로 다른 무리와의 관계다. 서로 만나 교류하면서 안전망을 만들고, 먼 곳에서 파트너를 찾아 혼인망을 세우고 유지했던 집단만이 장기 존속했다. 그렇지 않은 무리라면 세대를 이어 존속할 수가 없다. 그러니 다른 무리와의 관계로 뒷받침되지 않는다면 확산은 성공할 수 없고, 그 무리는 곧 절멸에 이를 것이다. 아메리카처럼 새로운 대륙으로 들어갈 수 있었던 것도 튼튼한 사회교류망 덕분이다.

Box 11.1

해빙

The Great Thaw

약 27,000년 전에서 20,000년 전 최후빙하극성기 동안 빙하는 육지의 25%를 덮고 있었고, 약 22,000년 전 해수면은 지금보다 130m 아래에 있었다. 그러다

20,000년 전 즈음 빙상이 물러나기 시작한다. 그런데 일방적으로 기온이 상승하기만 한 것은 아니었다. 천년, 혹은 몇천 년 동안 기온이 상승하다, 다시 정체, 그리고 상승하기를 반복했다. 기온상승이 정체된 시기를 연구자들은 드라이어스(Dryas)라는 이름으로 부르는데, 16,500-14,700년 전이 올디스트드라이어스(Oldest Dryas)기이다. 그런 다음 대체로 12,900년 전까지 온난기가 이어지는데, 이때를 뵐링-알러뢰드 온난기(Bølling-Allerød oscillation)라 한다.

고위도 빙상이 물러나기 시작하자 급격한 해빙수 유입으로 해수면이 상승한다. 14,600-14,300년 전(14.6-14.3 ka)을 첫 번째 해빙수진동(MWP 1A)이라 부르는데, 불과 300년 동안 20m 정도 바다 높이가 올랐다. 해마다 3-6cm가 오른 셈이다. 이렇게 대략 14,000년 전이면 지구온난화가 상당히 진전한 상태였다. 캐나다에 높이 솟았던 코딜러란과 로렌타이드 빙상은 최후빙하극성기에는 서로 이어져 있었지만, 녹기 시작하면서 두 빙상 사이에 얼음이 없는 통로가 생겼다. 이렇게 사냥꾼이 알래스카에서 북아메리카로 들어올 길이 열렸다. 물론 그 이전부터 이미 얼음이 없는 해안을 따라 수렵채집민이 들어오기도 했을 것이다.

우리나라에도 이때가 되면 서해의 넓은 분지에 빠르게 물이 차기 시작한다. 1차 해빙수진동 때 대략 지금의 황해도 근처까지 깊숙이 바닷물이 무섭게 들어왔다 빠지길 반복하며 해수면이 상승했다. 조수간만의 차까지 생각하면 바닷물이 엄청나게 빠른 속도로 육지를 집어삼켰다고 해야겠다. 이곳을 터전으로 삼았던 수렵채집민은 다른 곳으로 이주할 수밖에 없었다. 그만큼 새로운 환경의 도래는 수렵채집민에게는 커다란 도전이었다. 길게 바닷물이 들어차면서 이곳에 살던 수렵채집민의 동쪽과 서쪽의 네트워크는 끊겼으니 남북의 네트워크가 그만큼 중요해졌을 것이다. 이 와중에 북쪽의 수렵채집 집단은 환경변화로 고위도의 생산성이 높아지면서 더 북쪽으로 이동했으니 한반도 남쪽에 머물던 수렵채집민은 이동하지 않을 수 없었을 것이다. 광역네트워크에서 연쇄이동을 낳은 것이다.

온난기의 도래로 빙하시대, 곧 플라이스토세는 끝날 것처럼 보였다. 하지만, 수만 년을 이어온 빙하기는 그리 만만히 물러나지 않았다. 12,900년 전(기원전 10,900년) 즈음 영거드라이어스(Younger Dryas, YD)라는 냉한기가 갑자기 찾아와 11,700년 전까지 천년 넘도록 이어진다. YD의 시작과 끝은 매우 뚜렷했다. 그리고 북아메리카와 동아시아 등 전 세계에 흔적을 남겼다. 고위도지방에는 기온이 2-6℃가 떨어져 다시 빙하가 성장하는 곳도 있었다. 해수면은 계속 상승하다가 현재보다 60-70m 아래에서 주춤한다.

영거드라이어스기 동안 대체로 해수면 상승은 정체했다. 하지만, 11,700년 전 급격하게 지구온난화가 시작되면서 해수면은 다시 빠르게 오른다(MWP 1B). 해수면은 160년 동안 무려 7.5m가 오를 만큼 빠르게 대륙붕과 해안을 삼켰다. 이때 이미 현재 발해만까지도 바닷물이 들어갔다.

후빙기 기온상승은 믿기지 않을 정도였다. 지역에 따라서는 사람이 태어나 죽을 때까지 경험할 수 있는 시간에도 환경변화를 실감할 수 있을 정도였다. 연구에 따르면 그린란드에서는 50년 동안 무려 10±4℃의 기온상승이 있었다고 한다(Borzenkova et al. 2015; Grachev and Severinghaus 2005). 고위도지방에서는 100년 만에 자그마치 12-15℃ 정도가 오를 만큼 대단했고(Alley 2000; Gosnold et al. 2011), 대체로 5-10℃ 정도 올랐을 것이다(Amstrong et al. 2019). 이렇게 영거드라이어스기가 끝나고, 갑자기 찾아온 기온상승으로 플라이스토세, 곧 빙하시대와 구석기시대도 막을 내리고 만다.

곳곳에서 재앙이 벌어졌다. 높이 솟아 있던 빙상이 급격하게 녹으면서 엄청난 민물이 바다로 흘러 들어갔다. 아니 몇몇 지역에서는 얼음이 녹은 물이 바다로 가지 못하고 커다란 호수를 만들었다. 그런데 계속된 기온상승으로 더 많은 민물이 유입되자 호수가 범람했다. 지금의 북아메리카 오대호지방에는 다섯 호수를 합친 것보다 큰 규모로 빙상이 녹아 형성된 아가시즈호(Lake Agassiz)가 자리 잡고 있었다. 가장 넓었을 때는 한반도 면적의 두 배인 440,000km^2 넓이로 지금의 몬태나, 미네소타, 온타리오 등지를 덮고 있었다. 그러나 빙상이 녹고 호수 수위가 올라가면서 물을 틀어막던 둑이 무너졌고, 물은 남쪽으로 엄청나게 넘치면서 결국 미시시피강으로 빠져나갔다(마이든 2019). 약 8,200년 전 호수의 물이 완전히 빠져나갔을 때 전 세계 바다의 해수면이 최소 1m, 최대 2.8m까지 상승했다고 한다.

이렇게 수천 년 동안 해수면이 상승해 대륙붕을 집어삼킨다. 그리고 나선 약 8,200년 전 다시 200-400년 동안 냉한기가 찾아왔다. 이것을 연구자들은 8,200년 전 사건(8.2 ka event)이라 부른다. 영거드라이어스가 끝나면서 시작된 지구 온난화는 급격하게 세상을 바꿔 놓았고, 그 뒤 이른바 홀로세기후최적기(Holocene climate optimum)에 들어가 오늘날 해수면에 도달한다. 영거드라이어스기 동안 서아시아의 수렵채집민은 이동 생활을 멈추고 야생정원을 가꾸고, 이후 밀 같은 곡식의 씨앗을 뿌리고 가꾸기 시작했다. 어린 산양을 잡아 기르기도 했다.

유럽에서도 최후빙하극성기 이후 석기는 아주 작아져 잔석기화(microlithization)하고, 뼈로 만든 작살이나 찌르개가 중요한 도구가 되는 문화변화가 나타난다. 이 시기를 막달레니안기(Magdalenian)라 부른다. 이후 중석기시대에 접어들고, 기원전 6,000년 즈음 발칸반도에서 서아시아로부터 새로이 확산하는 신석기시대 농경문화가 자리를 잡는다.

동아시아에서는 최후빙하극성기 이후 수렵채집민이 곳곳에서 토기를 만들어 쓰기 시작했다. 곡식을 수확한 것이 아니라 수렵채집사회의 맥락에서 물고기 같은 식량자원을 최대한 이용하기 위해 새로운 발명을 한 것이다. 우리나라에서도 8.2 ka event 즈음부터 동해안과 남해안을 중심으로 해안 신석기 문화가 꽃을 피운다(Kim and Seong 2022).

3부

적응과 순응

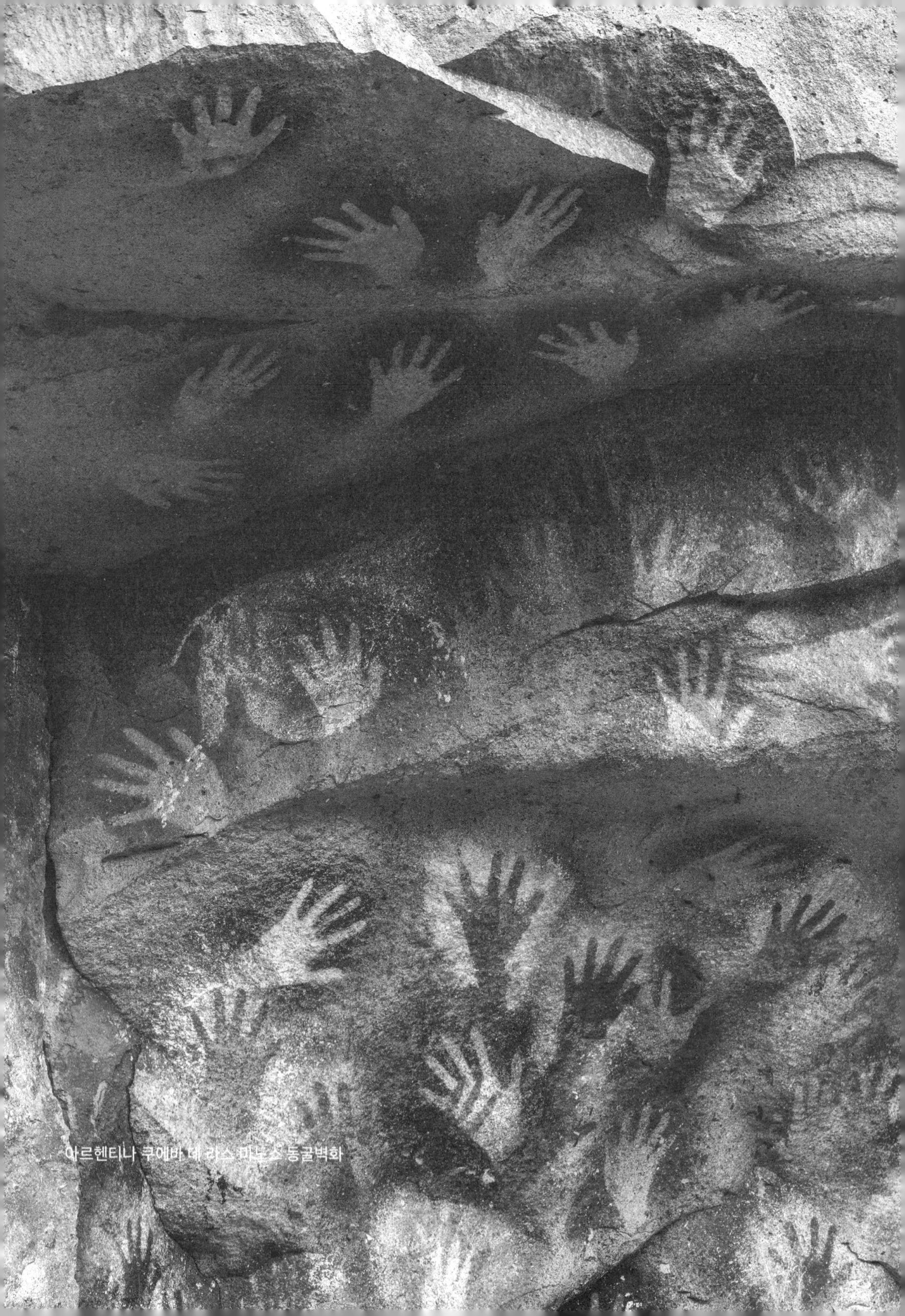
아르헨티나 쿠에바 데 라스 마노스 동굴벽화

12 베린지아를 넘어 아메리카로

클로비스문화와 몬테베르데

구석기시대 동남아시아는 지금과 다른 모습이었다. 동남아시아의 반도에서 보르네오까지 순다(Sunda)라는 거대한 땅이 드러나 있었고, 오스트레일리아와 파푸아뉴기니 사이 대륙붕도 육지로 연결되어 있었다. 65,000만 년 전 호모 사피엔스는 순다에서 바다를 건너 사훌(Sahul)을 향하고, 오늘날 오스트레일리아까지 들어갔다(5장 참조).

고위도지방에 들어온 현생인류의 행적도 극적이었다. 빙하시대, 곧 플라이스토세가 끝나기 전 육지였던 베린지아(Beringia, 베링기아), 곧 지금의 베링해 동쪽에 머물던 수렵채집민은 아메리카대륙에 들어갔다. 드디어 현재의 전 세계에 단일한 생물 종 사피엔스가 자리를 잡았다. 이 모든 이주를 모험심이라 미화할 필요는 없다. 새로운 서식지로 확산하는 것은 다른 동물도 마찬가지다. 다만 사람은 놀랍도록 빠르게, 그리고 다양한 환경에 들어가, 적응하는 데 성공했다는 것이 중요하다. 빙하시대 끝자락 구석기시대 수렵채집민의 성취라 할 만하다.

빙하시대 동안 베린지아는 땅이었지만, 현재 캐나다 동쪽과 서쪽에는 거대한 빙상이 자리 잡았다. 최후빙하극성기가 끝나면서 빙상 사이에 생긴 통로를 따라, 그리고 얼음이 없거나 얕은 해안을 따라 사냥꾼이 들어왔다. 이 사람들을 클로비스(Clovis) 사냥꾼이라 부른다. 그런데 이 클로비스사람들이 최초의 아메리카인이었을까? 이전엔 사람이 살지 않았을까? 기존 정설을 바꿔야 할 새로운 자료가 나오고 있다.

구대륙과 신대륙의 연륙교, 베린지아

강한 바람과 높은 파도, 대구와 킹크랩을 잡는 곳으로 유명한 베링해의 동북쪽 대륙붕은 최후빙하극성기 동안 육지(베린지아)로 드러나 있었다. 그러니 알래스카는 정확히 말해 아시아의 일부였다고 해야겠다. 현재의 캐나다에는 로키산맥을 중심으로 서쪽으로 코딜러란(Cordilleran)빙상이, 그리고 동쪽에는 거대한 로렌타이드(Laurentide)빙상이 3,000m 높이로 솟아 있었다. 바다보다 더한 지리적 장벽이니, 빙하시대 알래스카는 구대륙의 동쪽 끝이었고, 신대륙은 지금의 미국부터였다.

알래스카는 위도가 높은 곳(대략 북위 60-70°)이지만, 놀랍게도 최후빙하극성기에도 빙상이 없는 곳이 펼쳐져 있었다. 특히 알래스카 중부는 해발고도가 낮았으며, 매머드 같은 대형 초식동물이 먹이로 삼을 풀밭이 넓었다. 그러다 플라이스토세가 끝나면서 급격히 찾아온 지구온난화는 세상을 바꿔 놓는다. 기원전 9,700년, 영거드라이어스 냉한기가 끝나자 빠르게 기온이 오른다. 그린란드에서는 50년 동안 무려 10°C가 오를 만큼 무섭게 상승했다. 이런 지구온난화는 이곳에 살던 동물과 인간에게 커다란 도전이었다. 고위도의 만년설이 녹으면서 21,000년 전 최후빙하극성기 130m 아래에 있던 바다는 빠르게 수위가 오르며 대륙붕을 집어삼킨다. 낮은 해발고도로 스텝환경이었던 베린지아는 바다에 잠긴다. 이렇게 바다는 시베리아 동부와 알래스카를 갈라놓는다.

플라이스토세가 끝날 무렵 알래스카에는 시베리아와 비슷한 문화가 자리 잡고 있었다. 드라이크릭(Dry Creek) 같은 유적에서는 시베리아, 몽골, 북중국, 한국, 일본 등 동북아시아와 마찬가지의 잔석기(세석기)가 특징인데, 이를 드날리유형(Denali Complex)이라 부른다. 그리고 느나나유형(Nenana Complex)에 속하는 유적에서는 길쭉하게 양면으로 잔손질한 찌르개가 나온다(Hoffecker et al. 1993). 연구자에 따라선 이른 고인디언(Paleoindian)문화에 메사유형(Mesa Complex)을 덧붙이기도 한다(Kunz and Reanier 1994).[1]

옛사람이 남긴 흔적을 찾고 연구하는 고고학은 우리가 알고 싶어 하는 문제에 쉬운 답을 주지 않는다. 새로운 증거가 나오고 그것이 인정되기까지도 꽤 시간이 걸린다. 19세기 고고학 선구자들 가운데 아메리카대륙에 구석기시대부터 사람들이 들어왔으리라 생각하는 사람도 있었지만, 학계의 권위자 다수는 이에 반대했다. 원주민의 역사가 그렇게 오랠 수 없다는 백인 이주민의 바람이었을지도 모른다. 그러다 1927년 폴섬에서 멸종된 들소의 뼈 사이에서 찌르개가 나오고서야 학계에서 인정받았다.

폴섬에서 나온 찌르개는 양면을 정교하게 잔손질해 아래, 곧 기부를 얇게 조정해 창이나 다트에 결박한 것이다. 이보다 시기가 조금 앞선 것이 클로비스찌르개다. 더 길고 역시 기부를 홈조정(flute)한 양면찌르개(bifacial point)가 특징인 클로비스문화가 맨 처음 아메리카인의 자취라고 믿는 학자들이 많다. 이렇듯 학계의 분위기는 다소 보수적이다. 그럼에도 최근 클로비스 이전의 유적이 상당히 발견되고 또 보고되고 있다. 이제 클로비스 이전에 사람이 들어왔다는 사실을 부인하기 어렵게 됐다. 도대체 언제 이곳에 처음으로 사람이 들어왔을까?

Box 12.1

안직 클로비스 무덤

1961년 몬태나주 중부 윌솔(Willsall)에 있는 안직(Anzick) 가문의 땅에서 건설 공사 도중 붉은 안료에 덮인 양면찌르개가 드러났다. 몇 년이 흘러 같은 곳에서 어린아이의 뼈도 나왔다. 무려 100점이 넘는 석기와 뿔로 만든 유물도 있었는데, 모두 붉은 안료에 덮였으니 무덤임을 알 수 있다. 유물은 모두 창에 장착되는 기부를 떼어내 얇게 만든 홈조정 클로비스찌르개가 중심이었고 가장 큰 것은 길이 15cm 정도였다. 완성된 클로비스찌르개가 8점, 큰 양면찌르개가 50점 정도가 나왔다.

인골은 땅 소유주의 이름을 따 안직 소년이라 불린다. 뼈를 직접 방사성탄소연대측정한 결과 10,705±35 BP, 보정하면 기원전 10,600년경으로, 영거드라이어스기, 고고학으로는 클로비스 시기의 매장 유적임이 드러났다. 2014년 2월 클로비스 인골로는 처음으로 DNA 분석이 이뤄졌고, 1-2세 정도의 남아임이 드러났다. 나아가 말타를 비롯한 시베리아의 후기 구석기시대 집단과 관련성이 높았고, 현재 중앙아메리카와 남아메리카 원주민과도 밀접했다. 다만, 현재 알래스카와 캐나다 북부의 원주민과는 거리가 있었다. 이로써 대중서에서 유행하고 몇몇 공상가들이 품었던 최후빙하극성기 말 유럽의 솔뤼트레안(22,000-17,000년 전) 수렵민이 북극과 그린란드를 가로질러 신대륙에 들어왔으리라는 학설은 전혀 근거가 없음이 드러났다(Rasmussen et al. 2014).

현미경으로 분석해 보니 대부분 석기에는 사용흔이 남아 있었다고 한다. 무덤에 부장하기 위해 만든 석기가 아니라 사냥을 비롯한 다른 용도로 썼던 석기를 아이와 함께 묻었다. 뼈로 만든 도구도 나왔다. 알려지지 않은 동물 뼈를 이용해 길쭉한 도구를 만든 것인데, 길이는 22cm, 28cm 정도이다. 한쪽 끝은 비스듬히 깎았는데, 이 부분에 송진 같은 것이 묻어 검게 되어 있다. 아마도 찌르개나 다트(아틀라틀)에 무엇인가 매달기 위해서일 것이다.

이 연구가 발표된 해 인골은 다시 원래 있던 자리에 묻혔다. 1990년 부시 정부 시절 과거 미국에서 수많은 원주민 무덤에서 파헤쳐 온 인골과 부장품을 되돌려줘야 한다는 법(NAGPRA)이 통과되었기 때문이다.

마지막 확산의 증거, 클로비스

1932년 뉴멕시코주 클로비스라는 마을 인근에서는 독특한 생김새를 가진 찌르개가 나왔다. 긴 돌날을 손질한 것인데, 타원형에 좌우대칭이면서 양면을 눌러떼기로 매우 정교하고도 얇게 만든 찌르개였다. 특히 찌르개를 나무 창에 장착하는 부위, 곧 기부(base)는 약간 오목하게 들어가 있었다. 찌르개 전체를 눌러떼기로 정교하게 잔손질한 다음 최종적으로 기부에서 길게 격지를 떼어내어 나무창 끝(또는 다트의 날아가는 부위)에 꽂는 부위를 더 얇게 만든 것이다. 이를 플루트(flute), 곧 홈조정이라 부른다. 매우 정교하기에 대단한 손재주가 있어야 하는 기술이다. 보통 이런 찌르개를 만들기 위해선 처트(chert)라는 정질의 돌감(석재)이 있어야 하는데, 경우에 따라선 100km가 넘는 먼 곳에서 가져오기도 했다. 보석으로 가공하기도 하는, 벽옥 같은 정질 암석으로도 만든다.

이후 이런 유물을 클로비스찌르개라 불렀는데, 길이가 5cm에서 10cm 정도이며, 20cm에 이르는 큰 것도 있다. 클로비스찌르개는 거의 북아메리카 전역에서 나온다. 시간적으로도 플라이스토세, 곧 빙하시대가 끝나갈 무렵에 집중되어 있다. 게다가 클로비스찌르개는 이후 북아메리카 여러 지방에서 수천 년 동안 이어진 다양한 찌르개 전통의 원조이기도 하다. 클로비스를 뒤이어 더 작지만 홈조정 전통을 이어받은 폴섬찌르개를 포함해 여러 형식의 찌르개가 발달했다.

이처럼 클로비스찌르개는 아메리카대륙의 고고학에서 매우 중요한 자료다. 특히 이런 찌르개가 나오는 유적을 고고학에서는 첫 유적 이름을 따서 "클로비스문화"라 부르는데, 북아메리카에 처음 들어온 사람들, 곧 클로비스 사냥꾼의 문화로 알려져 있다. 물론 클로비스 이전의 유적도 몇 개 조사되었고, 끊임없이 클로비스 이전 시기의 것으로 보이는 유적이 등장하지만, 학계에서 널리 인정되는 북아

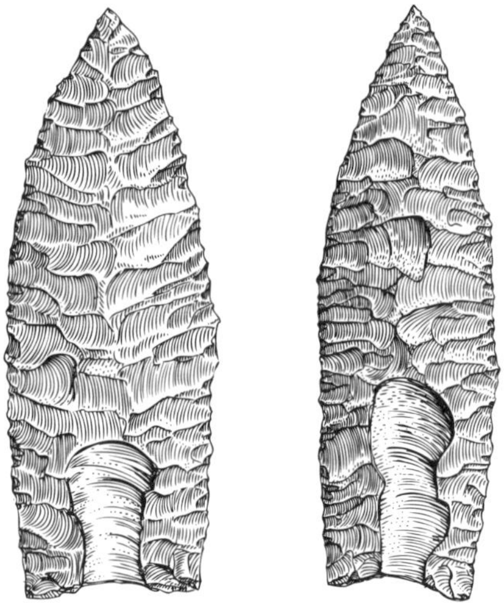

그림 12.1 클로비스 찌르개. 창에 장착하는 부위(기부)를 얇게 한 홈조정(flute)이 보인다. (출처: shutterstock)

메리카 최초의 문화는 바로 클로비스문화였다. 더 정확히 클로비스 문화는 대략 13,100년 전부터 영거드라이어스 냉한기(12,900-11,700년 전)가 시작되는 시점까지 북아메리카대륙에 확산한 문화를 말한다(Jennings and Smallwood 2019; Waters et al. 2020). 300-400년 정도의 시간대를 가질 뿐이지만, 북아메리카대륙에 광범위하게 나타난다. 고고학적으로 클로비스문화는 기부가 오목하면서 얇게 홈조정된 창끝찌르개가 특징이다. 플라이스토세 끝자락이며, 매머드 같은 대형동물의 멸종 시점과도 겹친다.

1950년대 애리조나의 나코(Naco)에선 매머드 뼈와 함께 클로비스찌르개 8점이 나왔고, 그 주변 레너랜치(Lehner Ranch)에서도 매머드 8마리 주변에서 클로비스찌르개 12점이 나왔다. 이렇게 클로비스 사람들은 매머드 같은 큰 동물을 사냥했던 용감한 사람들이라는 인식이 자리를 잡았다. 1970년대 클로비스문화와 관련해 방사성탄소연대측정이 이뤄지면서 플라이스토세 말, 매머드가 멸종한 때의 문화임이 잘 드러났다. 사람들은 클로비스문화 이전에도 아메리카대륙에 사람이 있었다고 생각하면서도 분명한 증거를 찾지 못했다. 그 어느 유적에서도 클로비스문화를 넘어서는 연대가 확실하게 나오지 않은 것이다. 용감한 클로비스 사냥꾼이 대륙을 횡단해 매머드를 사냥하면서 신대륙을 개척했다는 인식이 자리를 잡았다. 사냥꾼의 성공과 매머드 같은 동물의 멸종을 연결하기도 했다. 이런 생각을 대중은 마치 미국의 근대화 과정과도 어울린 것처럼 받아들이는 듯했다.

물론 클로비스문화 이전의 증거를 찾았다는 주장이 없지는 않았다. 이전 2만 년 전, 4만 년 전, 심지어 그 이전의 증거가 있다는 주장도 있었다. 알래스카의 블루피시동굴 유적이 25,000년 전까지 올라간다는 주장이 있지만, 논란거리다(Morlan 1988). 이런 논란에 탄자니아의 올두바이고지(Olduvai Gorge)를 발굴해 인류의 기원을 200만 년 전 무렵까지 끌어올렸던 유명한 인류학자 루이스 리키(Louis Leakey)까지 가세했다. 리키는 모하비사막의 캘리코힐스(Calico Hills)란 데서 수많은 뗀석기를 찾았다고 하면서 수십만 년 전 이곳에 살던 인류가 남긴 것이라 주장했다. 말년의 리키는 이렇게 위험하고도 무리한 주장을 하고 말았다. 1972년 리키가 세상을 뜬 뒤 지질고고학자 밴스 헤인스(Vance Haynes)는 몇 차례 유적을 찾아 실제 관찰한 뒤 사람이 깬 '유물'이 아니라는 결론을 내렸다. 십만 년 전 이곳에 인류가 살았던 증거가 아니라 그저 자연의 힘으로 깨진 것들이었다. 역시 유명한 고고학자였던 메리 리키는 남편이 생애 끝자락 이런 일에 휘말려 아프리카에서 쌓았던 훌륭한 업적마저 훼손된 일을 매우 안타까워했다.

펜실베이니아주의 메도크로프트 바위그늘(Meadowcroft Rockshelter)은 북아메리카에 클로비스 사람들이 들어오기 전 증거로 가장 널리 알려진 유적일 것이다. 1970년대부터 피츠버그대학의 제임스 애더베이시오(James N. Adovasio)가 발굴을 주도했다. 유적의 퇴적층은 3m 이상 깊이로 쌓여 있는데, 여기서 기부 홈조정된 찌르개, 양면찌르개, 심지어 바구니 조각 같은 것을 비롯해 수많은 유물을 수습했다. 방사성탄소연대측정 결과 하층은 놀랍게도 16,000년 전에서 19,000년 전까지 올라갔다. 그대로 받아들인다면 클로비스문화보다 몇천 년을 앞선다. 이때부터 논란이 일었다. 여러 연구자가 연대측정 시료가 지하수에 오염되었을 수 있음을 지적했다. 주변 석탄층에서 석탄 가루가 동굴에 날아 들어왔을 가능성을 말하기도 했다. 애더베이시오는 시료로 쓰이는 숯을 검증하고, 더 많은 방사성탄소연대측정을 하면서 시료 오염이 없음을 주장했다. 그럼에도 학계의 여러 권위자는 메도크로프트 바위그늘 유적의 연대를 신뢰하지 않았다. 새로운 증거는 늘 검증을 거쳐야 하고, 이렇듯 "클로비스가 처음"이라는 학설은 쉽게 깨지지 않았다.

더 남쪽 브라질 동북부 페드라푸라다(Pedra Furada)에서는 바위그늘 유적을 조사하는 과정에서 40,000년 전 유물을 찾았다는 주장도 있었다. 그래서 데이비드 멜처(David Meltzer), 애더베이시오, 톰 딜러헤이(Tom Dillehay) 등 고인디언문화를 연구하는 여러 고고학자가 유적에 찾아와 발굴을 검증했다. 그런데 발굴은 이미 끝난 상태였고, 유물이 나왔다는 층에는 자연과정으로 깨진 돌이 많았다. 석기라고 보여준 것도 사람이 깨뜨린 유물이 아닐 가능성이 크다고 보았다. 연대측정에 쓰인 숯은 아마도 사람의 활동과는 상관없이 자연 화재의 결과였을 것이다. 유물임을 주장하는 발굴자와 검증하러 온 연구자 사이에 갈등이 있었음은 짐작하고도 남는다.

이렇게 되자 클로비스가 첫 아메리카 원주민이었다는 생각은 더 굳어졌다. 북아메리카에서 고인디언시대, 곧 미국의 구석기시대를 클로비스 사냥꾼의 시대로 생각할 만큼 클로비스의 인지도가 높다. 20

세기 후반까지 클로비스문화보다 빠르다는 유적이 적지 않게 알려졌지만, 주장일 뿐, 어느 것도 학계 일반의 지지를 받지 못했다. 클로비스가 아메리카대륙에 처음 들어왔다는 학설(Clovis first hypothesis)은 학계에서 폭넓은 지지를 받았다. 곧 매머드를 사냥한 클로비스사람들이 시베리아에서 베린지아에 들어와 한동안 머물다 최후빙하극성기가 끝나고 남쪽으로 들어왔다는 학설이다. 지금의 캐나다 땅의 서쪽과 동쪽을 누르고 있던 코딜러란과 로렌타이드빙상이 빠르게 녹으며 사이에 생긴 통로를 따라 클로비스 사냥꾼이 북아메리카에 들어왔고, 한 번 새로운 땅에 들어온 사냥꾼은 식량으로 매머드 같은 큰 동물에 의존하면서 아무도 살지 않던 넓은 대륙에 급속히 확산했다고 설명한다.

클로비스문화는 약 13,100년 전부터 시작해서 영거드라이어스기가 시작하는 12,900년 전 즈음 폴섬이나 다른 고인디언문화로 이어진다. 비교적 짧게 존속한 문화이지만, 아메리카대륙 거의 전역에서 폭넓게 분포한다. 특징적인 기부 홈조정 찌르개가 그러하고, 매머드 사냥꾼으로서 갖는 이미지도 크다. 이 가운데 가장 큰 것은 역시 아메리카대륙에 가장 처음 들어온 사냥꾼이라는 가설이다. 클로비스보다 확실히 시기가 앞선 유적이 나올 때까지는 그러했다.

다시 뒤집힌 마지막 확산, 몬테베르데

1927년 여름날 뉴멕시코주 폴섬(Folsom)에 고고학자 몇이 모였다. 멸종한 들소 갈비뼈 옆에서 찌르개가 발견되었다는 보고를 접하고 학계 권위자 앨프리드 키더(Alfred Kidder)를 비롯한 여러 연구자가 증거를 확인하고자 했다. 모인 사람들은 고개를 끄덕이며 들소 뼈와 찌르개가 함께 출토되었다는 사실을 인정한다(마이든 2019). 빙하시대에 살던 멸종된 들소의 갈비뼈 사이에서 정교하게 만들어진 찌르개가 나온 것이다. 당시 고고학자들은 빙하시대 동안 아메리카대륙에 사람이 들어왔다는 사실을 믿으려 하지 않았다. 몇몇이 그런 주장을 했지만, 나중에 검토를 거쳐 잘못임이 드러나기도 했다. 당시 미국국립박물관(오늘의 스미소니언박물관)의 학예관이었던 알레스 허들리치카(Aleš Hrdlička)라는 명망 있고 엄격하기로 소문난 인류학자는 신대륙에서 사람의 역사는 3,000년을 넘을 수 없다고 단정했다. 유럽에서 온 이주민들은 역사도 얼마 되지 않은 인디언이 거주하던 땅에 들어왔음을 오히려 다행으로 여기던 시절이었다.

그렇기에 발굴자였던 덴버박물관의 제시 히긴스(Jesse Higgins)는 들소 뼈와 유물을 그 자리에 그대로 뒀고, 전문가를 불러 현장을 공개했다. 이렇게 모인 학자들은 동물 뼈와 유물이 "공반"했다는 데 동의했다. 이렇게 고고학이 세상의 인식을 바꿨다. 멸종한 빙하시대 들소 갈비뼈 사이에서 매우 치밀한 돌감을 뾰족한 뿔 같은 도구를 이용해 양면을 정교하게 잔손질(눌러떼기)해 만든 찌르개가 나왔으니 의심할 여지가 없었다. 빙하시대 사냥꾼이 들소를 사냥했고, 그 증거가 그대로 보존되어 있었다. 이후 같은 뉴멕시코주 클로비스(Clovis)에서도 유사한 홈조정 찌르개와 매머드뼈가 알려졌다. 클로비스 유적은 폴섬보다 더 이른 것이었다. 이렇게 폴섬과 클로비스의 증거를 바탕으로 빙하시대가 끝날 무렵 아메리카대륙에 사람이 살았음을 학계에서 공식 인정했다.

폴섬 발굴로부터 70년이 흐른 뒤 비슷한 일이 벌어졌다. 고고학계의 저명한 인사 12명이 칠레의 몬테베르데(Monte Verde)라는 곳에 모였다. 이곳에선 북아메리카 최초의 사냥꾼인 클로비스 수렵채집민(13,000년 전)보다 더 이른 14,500년 전 유적을 발굴하고 있었다. 연구자들은 발굴 현장에 모여 정말 유물과 마스토돈 같은 멸종 동물의 뼈가 제대로 된 층에서 공반한 것인지, 연대측정을 위해 채집한 시료가 정확한 퇴적층에서 나온 것인지, 지하수나 다른 오염 가능성은 없는지 면밀하게 검토했다. 당시 모인 연구자들은 발굴 책임자 딜러헤이의 주장을 받아들인다. 알래스카와 북아메리카의 어떤 유적보다 이른 고인디언시대 유적이 멀리 남아메리카에서 학계에서 인정받는 순간이었다.

클로비스 이전 시기 증거가 논란거리였던 상황에서 학계는 클로비스사람들이 처음 캐나다 동쪽(로렌타이드)과 서쪽(코딜러란)에 거대하게 자리 잡은 빙상 사이로 난 통로를 따라 북아메리카에 들어왔다는 것을 정설로 받아들였다. 때는 북아메리카의 클로비스문화보다 1,000년 이상 앞선 증거가 북아메리카도 아니고 칠레 남부(남위 41도)에서 나왔다니 놀라지 않을 수 없었다. 아무리 클로비스 사냥꾼이 매머드 같은 큰 동물을 사냥하며 빠르게 남쪽으로 이동했다고 해도 시간을 거스를 수는 없는 일이다. 몬테베르데의 고고학 증거는 분명 북아메리카의 클로비스 이전에 남아메리카에 사람들이 들어왔음을 가리킨다. 이렇게 보면 내륙의 빙상 없는 통로가 아니라 해안을 이용해 이동했을 수도 있겠다.

딜러헤이는 연구를 위해 칠레에 머물고 있었는데, 1975년 수의학을 공부하는 학생이 몬테베르데를 찾았다가 친치우아피(Chinchiuapi)강 주변에서 찾았다는 커다란 뼈를 보았다. 처음엔 소뼈로 생각했지만, 또 다른 멸종 장비(長鼻)류 동물인 곰포데어(gomphothere)의 것으로 밝혀졌다. 뼈를 본 딜러헤이는 유적을 찾았고, 1977년부터 발굴조사에 들어갔다.

유적은 해안에서 60km 정도 내륙에 있다. 친치우아피강 습지에 둘러싸여 있기에 뼈와 나무 등 유기물이 잘 보존될 수 있었다. 1982년 처음 공개된 방사성탄소연대는 14,800년 전(보정연대) 즈음이었다. 사람들은 믿으려 하지 않았다. 북아메리카의 어느 클로비스문화

유적보다 1,000년 이상 빠른 연대를 받아들일 순 없었다. 그리고 15년이 흘러 1997년 더 많은 연대와 유물이 알려지면서 논란을 끝내기 위해 학계 권위자들이 모여 발굴을 참관했고, 연대를 신뢰할 만하다고 결론 내렸다. 이곳에 어떻게 사람이 들어오게 되었는지는 확실하지 않지만, 유적 자체가 그만큼 오래되었다는 것은 학계에서 인정된 셈이다. 사실 유적에서 이보다 훨씬 오랜 연대도 몇 개가 더 있다. 몬테베르데의 주된 점유층, 곧 14,500년 전 층보다 아래에서는 약 33,000년 전에 타다 남은 나무가 나오기도 했다. 그러나 이 오랜 연대에 대해선 딜러헤이 자신도 비판적이다(Dillehay et al. 2008; 2015).

유적에서는 당시 사람들이 옮겨 구조물로 사용한 통나무와 함께 여러 동물 뼈가 나왔다. 딜러헤이는 20-30명 정도가 길이 6m쯤 되는 통나무를 이용해 야영했을 것으로 본다. 통나무 위에 작은 나뭇가지를 세우고 동물 가죽으로 덮고, 갈대를 세우고 묶어 가죽을 고정했을 것이다. 야영지 밖에서는 모닥불을 피운 자리도 두 개가 확인되었다. 사람들은 이곳에서 도구를 만들고 수선했을 것이다. 노지를 돌아가며 수많은 석기와 씨앗, 견과류 유체가 나왔는데, 심지어 야생 감자도 있었다. 연구에 따르면 유적에서 나온 먹을 수 있는 식물성 자원만 45개 종에 이른다고 한다.

이 가운데는 마스토돈 뼈도 있었다. 마스토돈은 빙하시대 북아메리카와 남아메리카를 어슬렁거렸던 멸종 동물이다. 매머드와 사촌이라 할 만한데, 다리가 조금 짧다. 북아메리카대륙에 살았던 콜롬비아매머드는 서로 교차하는 긴 상아를 뽐냈지만, 마스토돈은 나란하게 밖으로 휜 상아를 가지고 있었고 크기도 매머드보다 작았다. 매머드가 어깨가 높고 뒷다리로 가면서 낮아지는 모습이지만, 마스토돈은 비교적 등이 수평을 이루고 있다. 마스토돈 역시 매머드처럼 빙하시대가 끝나면서 아메리카대륙에서 사라진다.

1970년대 말 미국 서북부 워싱턴주 매니스(Manis) 유적에서는 마스토돈 뼈가 나왔다. 그리고 마스토돈 갈비뼈에는 찌르개가 박힌 흔적도 있었는데, 정작 찌르개는 다른 지점에서 발견되었기 때문에 정확한 맥락을 알기 어려웠다. 2011년 연구자들은 뼈를 CT 스캔한 결과 뼈 찌르개가 2.15cm 깊이로 박힌 흔적을 정확히 찾았다. 찌르개는 털과 살까지 30cm 정도를 뚫고 들어갔고, 상처 주변에 회복된 흔적이 없는 것으로 보아 이 짐승은 창에 맞아 죽었다. 갈비뼈 콜라겐을 방사성탄소 질량분석기(AMS) 연대측정한 결과 13,800년 전 즈음에 있었던 일이었다(Waters et al. 2011). 클로비스 사냥꾼이 들어오기 전 이곳에서 큰 대형동물을 사냥한 증거인 것이다. 위스콘신주의 다른 두 유적(Schaefer, Hebior 유적)에서도 찌르개는 아니지만 뗀석기와 함께 매머드 뼈가 나온 바 있으며, 14,800-14,000년 전 즈음의 연대를 얻었다. 그러니 분명 클로비스 사냥꾼이 들어오기 전 이미 아메리카 대륙에는 대형동물을 사냥했던 수렵민이 있었다.

클로비스 사냥꾼이 들어오기 전

최근 DNA 연구가 일반인의 관심을 받는다. 자료 형성의 과정을 고민하고 복잡한 문화와 행위 맥락을 중시하는 고고학과 달리 매우 분명하고도 과감한 결론에 이르기도 한다. 북아메리카대륙 원주민의 DNA 연구에 따르면, 시베리아에서 약 2만 년 전, 또는 이보다 조금 늦은 시기에 확산이 있었다고 한다. 고고 자료가 시사하는 것보다 더 빠르다. 그런데 2만 년 전이면 캐나다에 거대한 빙상이 높게 솟아 있을 때이니 페레고 등은 이보다 시기가 조금 늦을 것으로 본다(Perego et al. 2009). 그리고 두 번에 걸친 확산의 물결이 있었다고 하는데, 모두 18,700년 전에서 14,200년 전에 일어났다고 본다.

그런데 이것은 어디까지나 현재의 DNA 분석을 증거로 삼은 가설일 뿐이다. 증명할 길은 고고학밖에 없다. 현재로선 칠레의 몬테베르데 유적이야말로 아메리카대륙에는 클로비스 사냥꾼 이전에 이미 다른 수렵채집민이 들어왔다는 확실한 증거다. 알고 있는 그 어느 클로비스문화의 유적보다 무려 1,000년 빠른 연대가 확인되었다. 남아메리카 칠레에서 이렇게 이른 증거가 나왔으니, 북아메리카에는 더 이른 시점에 확산의 물결이 있었을 것이다.

그럴지라도 코딜러란과 로렌타이드빙상 사이에 얼음 없는 통로가 그렇게 이른 시점에 열렸을지는 의문이다. 그런 통로가 아니었다면, 어떻게 들어왔을까? 연구자들은 여기서 해안루트를 떠올린다.

1979년 플래드마크(Knut.R. Fladmark)가 제안한 이후 연구자들은 해안이 육지와 달리 빙상이 바다 위까지 덮고 있지 않았을 터이니 충분히 확산의 통로가 될 수 있다고 생각한다. 플래드마크는 당시에도 북아메리카에서 나온 이른 고인디언시대 유적이 북에서 남으로 시간에 따라 순차적 분포하고 있지 않기에 육로로 들어왔을 가능성은 작다고 보았다. 그 대신 해안을 따라 남쪽으로, 그런 다음 동쪽으로 확산했다고 생각했다. 빙상이 녹으면서 드러난 해안에는 사람들이 식량으로 얻을 수 있는 자원이 있었고, 이곳을 따라 캐나다 서해안과 미국 서해안을 타고 사람들이 들어오면서, 큰 강과 바다가 만나는 연안에 터전을 잡았으리라 생각했다.

알래스카는 빙상이 없는 저지대가 넓게 펼쳐 있었다. 툰드라에는 목초지가 있어 매머드 같은 대형동물이 풀을 뜯고 있었을 것이다. 그리고 남쪽으로 캐나다 서부 브리티시컬럼비아 해안을 따라 수렵채집민이 남쪽으로 내려올 수 있었다. 다만, 이것은 가설일 뿐 아직 물적 증거로 검증되었다고 할 수 없다. 해안으로 내려왔다손 치더라도 어떻게든 곳곳에 캠프를 차리고 사냥이든, 고기잡이든, 조개를 캐든, 과일과 열매를 따든 먹을 것을 찾아야 했을 것이다. 아직 클로비스 이전의 사람들이 이곳에 남긴 유적이 충분히 알려지지 않았다.

약 19,000년 전 길고도 혹심했던 최후빙하극성기(LGM)가 끝나면서 고위도지방에 발달했던 빙상은 물러나기 시작했다. LGM 동안 빙상은 바로 바다에 닿아 있을 만큼 대단한 기세였다. 그러던 얼음덩어리가 물러나기 시작했고 17,000년 전 즈음이면 해안지방에서도 충분히 사람이 이동할 수 있는 길이 열렸다(Perego et al. 2009: 5).

클로비스문화가 북아메리카대륙의 북쪽에서 시작해 남쪽으로 확산했다는 기존 생각에 반대하는 연구도 있다. 벡과 존스는 콜린스(Collins 1999)를 인용하며 클로비스문화가 북아메리카대륙 전체에 걸쳐 있으면서도 지역에 따라 유물 구성과 편년에 차이가 있다는 점에 주목한다(Beck and Jones 2010). 다시 말해 클로비스문화에서도 돌날을 제작하는 기술이 보이는데, 특히 남부(서남부와 중남부, 동남부)에서 그렇다. 이처럼 클로비스 분포권의 남쪽에서는 돌날이 매우 중요하다고 본다(Beck and Jones 2010: 88). 그런데 북쪽에서 이런 돌날과 돌날몸돌은 별로 보이지 않는다. 만약 클로비스 사냥꾼이 빙상과 빙상 사이 얼음 없는 통로를 따라 남으로 내려왔다면 왜 알래스카에서 돌날과 잔돌날 기법을 가지고 오지 않았을까? 오히려 이런 유물은 더 나중에 나타난다(Beck and Jones 2010: 89).

클로비스문화는 존속 시간이 비교적 짧으면서도 분포 범위는 대륙을 가로질러 매우 넓다. 그 이유를 빠르게 이동하는 대형동물을 사냥하면서 북에서 남으로 확산한 탓이라 설명하기도 했지만, 오히려 거꾸로 볼 수도 있다. 이미 수렵채집민이 들어와 있었고, 대평원 남쪽에서 클로비스 기술과 문화가 기원해 빠르게 북쪽과 서쪽으로 확산했을 수 있는 것이다. 이동하는 수렵채집민이 서로 교류하면서 기술이 빠르게 퍼졌을 수 있다. 짧은 지속시간을 보면 매우 급격하게 확산했음을 알 수 있는데, 이는 주민의 이주라기보다 기술의 확산, 곧 이미 북아메리카대륙에 살고 있던 기존 수렵채집민에게 클로비스문화가 확산한 것으로 볼 수 있다.

다시 말해 클로비스문화가 확산할 때 대륙에는 이미 수렵채집민이 들어와 살고 있었다. 그 증거는 칠레의 몬테베르데에서 볼 수 있고, 북아메리카에서도 몇 유적이 확인되고 있다. 또 그동안 증거가 나올 때마다 학계에서 비판하고 부정했지만, 여러 유적에서 이미 알려져 있는지도 모른다. 최근 오리건주 중부 페이슬리동굴(Paisely Caves)에서 이뤄진 필드스쿨(고고학 현장조사 교육) 과정에서 유기물을 수습했는데, DNA 분석해 보니 사람 똥이었다. 유기물을 방사성탄소연대 측정한 결과 보정해 약 14,400년 전이라고 한다. 클로비스문화 이전의 사람들이 남긴 것이다. 자세한 분석 결과 이 사람들은 다양한 식물과 씨앗, 설치류와 물고기 같은 작은 동물과 곤충까지 먹었음이 드러났다(Beck and Jones 2010: 110).

더 최근에는 텍사스주 버터밀크크릭(Buttermilk Creek) 주변 발굴조사에서 클로비스 이전의 유물이 확인되었다(Waters et al. 2018). 데브라 프리드킨(Debra L. Friedkin) 유적에서는 폴섬문화층과 클로비스문화층을 거쳐 그 아래에서도 유물이 발견되었다. 아래층에서는 찌르개를 만들기 위해 미리 모양을 만든 선형(preforms)과 원반형 몸돌, 돌날과 잔돌날, 그리고 긁개와 새기개 등 다양한 뗀석기가 나왔다. 텍사스A&M대학의 마이클 워터스(Michael Waters)는 지질고고학자로서 매우 세심하게 발굴한다. 폴섬층과 클로비스층은 약 12.5cm 두께인데, 이 가운데 클로비스 유물은 폴섬문화층 아래 32b층에서 약 2.5cm 두께에 분포하고 있다고 한다(Jennings and Waters 2014: 28). 클로비스문화층 밑 약 20cm 두께 층에서 유물이 나오는데, 고고학에서 버터밀크크릭 유형(Buttermilk Creek Complex)이라 부르는 유물들이다. 이곳은 물의 흐름으로 쌓인 층이기에 방사성탄소연대측정에 필요한 유기물 시료를 찾을 수 없었다. 대신 절대연대측정(OSL)을 근거로 문화층이 15,500-14,000년 전, 곧 클로비스 이전으로 올라간다고 주장했다.

나아가 발굴단은 클로비스문화가 버터밀크크릭 유형으로부터 기원했을 수 있다고 주장한다(Waters et al. 2018). 다시 말해 시베리아나 베린지아에서 직접 남쪽으로 내려온 수렵민의 문화가 아니라 북아메리카대륙 안에서 자체 기원한 문화라는 것이다(Beck and Jones 2010). 특히 기부를 홈조정하지 않은 찌르개가 클로비스 이전에 출현했다고 한다. 유적에서도 클로비스문화층 아래에서 삼각형 찌르개가 나오는데, 14,000년 전 이전으로 추정된다. 워터스 등은 이런 길쭉하고 뾰족한 찌르개(lanceolate points)에서 클로비스찌르개가 기원했으리라 본다.

새로운 집단의 이주와 문화의 확산 과정은 이제 미지의 땅에 들어와 매머드 같은 대형동물을 사냥하며 급속히 확산했다는 예전의 단순한 시각보다 더 복잡했던 것 같다. 새로운 가설에 따르면, 이미 16,000-14,000년 전 알래스카에서 해안을 따라 들어온 여러 수렵채집민 집단이 북아메리카, 그리고 남아메리카까지 들어와 이동하며 살고 있었다. 양면을 떼어내 만든 찌르개를 만들고, 다양한 동식물 자원을 식량으로 삼아 아마도 매우 인구밀도가 낮은 상태에서 존속했다. 그러다가 대평원 남부에서 클로비스라는 기술혁신이 이뤄졌고, 빠르게 북쪽으로, 서쪽으로, 그리고 동쪽으로 확산했다고 한다. 비슷한 클로비스찌르개를 북아메리카 전역에서 만들고 쓴 것이다. 이 가운데 매머드를 사냥하기 위한 무기도 있었고, 마침 이때 매머드는 멸종에 이른다. 지구온난화는 더욱 빨라져 캐나다를 가로막던 빙상과 빙상 사이에 제법 넓은 통로가 생겨 또 다른 수렵채집민이 대륙에 새로 들어왔다.

이처럼 빠른 확산을 보면 호모 사피엔스의 큰 특징 중 하나가 다양한 환경에 잘 적응한다는 것임을 다시 한번 알 수 있다. 새로운 대륙은 거대하기도 하지만, 엄청난 생태적 다양성을 지니고 있다. 고위도지방에 들어와 성공적으로 적응한 현생인류는 다시 해안과 숲, 초원을 가로질러 남으로 확산해 들어갔다.

13 매머드는 왜 사라졌을까?

플라이스토세 대형동물의 멸종

매머드는 빙하시대하면 떠오르는 동물이다. 어깨까지 높이가 4m에 이르고 커다란 상아를 뽐내고 눈 덮인 산을 뒤로 하고 찬 바람에 긴 털을 날리며 풀을 뜯으러 어슬렁거렸을 것이다. 매머드를 사냥하기란 쉬운 일이 아니다. 그럼에도 매머드 뼈에 박힌 클로비스찌르개가 나온 유적이 몇 곳 있다. 왜 그토록 큰 매머드를 사냥했을까? 왜 사람들은 매머드 같은 큰 동물에 집착했을까? 왜 매머드 같은 수많은 동물은 멸종에 이르고 말았을까?

몇몇 연구자는 대형동물이야말로 새로운 대륙에 들어온 수렵채집민에게 가장 적합한 식량자원이었다고 주장한다. 그런데 매머드를 비롯한 여러 대형동물이 빙하시대 끝자락에 멸종을 맞는다. 게다가 생존을 위협하는 경쟁자가 나타났다. 매머드로선 전혀 경험하지 못한 사나운 사냥꾼이 들이닥치면서 갑자기 사라졌다는 주장도 받아들여지고 있다. 그 동안 여러 연구자는 이 가설을 검증하려고 애썼다. 만족스럽지는 못하지만, 이제 어느 정도 답에 가까워지고 있다.

코스텐키와 메지리치 유적지

빙하시대 유라시아와 북아메리카대륙에는 지금은 사라진 큰 포유동물들이 살고 있었다. 고위도의 스텝(steppe)을 긴 털을 휘날리며 어슬렁거렸던 매머드. 여러 종이 있지만, 가장 컸던 북아메리카의 컬럼비아매머드(Columbian mammoth)는 수컷의 키(어깨높이)가 4m에 이르는 거구였다. 유럽의 고위도지방을 터전으로 삼았던 털매머드(woolly mammoth)는 지금의 아프리카코끼리와 비슷한 크기로 수컷의 키가 2.7m에서 3.3m에 이른다. 동유럽과 북아메리카에 살던 사냥꾼은 매머드를 좋아한 것 같다. 사냥하기 어려웠지만, 성공한다면 엄청난 고기를 얻을 수 있었다. 매머드 뼈는 또 다른 쓸모가 있었다.

2020년 3월 16일 미국에서 발간되는 학술교양지 『스미스소니언 매거진』은 러시아 코스텐키 유적에서 25,000년 전 매머드의 뼈로 지은 구석기시대 구조물 발굴 소식을 전했다. 최후빙하극성기를 살던 수렵민이 한두 마리도 아니고 턱뼈가 51개, 머리뼈가 60개가 넘는 수십 마리 매머드 뼈를 이용해 집과 같은 구조물을 만들었다니 놀랍지 않을 수 없다. 매머드가 가장 많지만, 사슴과 말, 여우, 늑대 뼈도 나왔다. 주변이 큰 웅덩이로 둘러싸여 있었으며, 땔감으로 썼을 법한 숯과 다른 식물 조직의 흔적도 나왔다. 강에서 가까운 곳에 물이 나는 샘이 있었고, 그 주변에 매머드, 그리고 사냥꾼들이 모여들었을 것이다. 최후빙하극성기에 이곳 고위도는 혹독하게 추웠다.

강은 예나 지금이나 북에서 남으로 흘러 아조프해와 흑해로 들어간다. 북위 50도가 넘는 러시아 돈강 유역의 평원에는 살을 에는 바람이 분다. 그래도 여름엔 서늘하고 초원엔 풀도 많아서 남쪽에서 매머드와 사슴, 그리고 말 같은 초식동물들이 많이 찾아온다. 그 뒤를 늑대와 여우도 쫓고, 마침내 사냥꾼도 따라간다. 유적에 남은 모든 매머

그림 13.1 미국 자연사박물관에 전시돼 있는 컬럼비아매머드 화석. (출처: wikimedia commons, Columbian mammoth)

드를 사냥했을 리는 없다. 습지에 모여든 매머드 가운데 수렁에서 빠져나가지 못하고 죽은 개체를 취했을 수 있겠다.

코스텐키엔 매머드 뼈가 많이 남아 있었다. 이미 300년 전에도 기록이 있을 정도다. 네덜란드 여행가 더브라윈(Cornelis de Bruijn)은 이곳에 왔다가 코끼리 이빨을 여러 개 주웠다고 한다. 표트르 1세는 이 소식을 듣고 알렉산드로스왕이 돈강을 건너 코스텐키(코스톤키) 마을에 이르렀을 때 들여온 코끼리라 말했다고 한다(wikipedia, Kostenki). 이렇게 알려진 유적은 1879년부터 발굴이 시작됐고, 1920년대 들어서는 체계적 발굴도 이뤄져, 층에 따라 코스텐키 1부터 21, 그리고 보르쇼보(Borshchevo) 1부터 5에 이르는 여러 유적이 알려지고 조사되었다. 코스텐키 12에서는 사람 뼈가 나왔는데, 타원형 무덤에서 산화철 붉은 안료에 덮여 있었다. 대략 25,000-20,000년 전 최후 빙하극성기 이곳에 살던 수렵민 남자였다.

이곳에서 더 남쪽으로 북위 50도가 조금 안 되는 우크라이나의 메지리치(Mezhyrich)에서 1965년 한 농부가 매머드 아래턱뼈를 찾았다. 조사해 보니 다른 아래턱뼈 위에 마치 블록을 쌓듯이 거꾸로 놓여 있었다. 그리고 아래턱뼈를 서로 결구하듯이 둥그렇게 돌린 구조물이 드러났다. 무려 149개 매머드 뼈를 둥그렇게 돌려 벽을 세웠음이 분명한 집 세 채가 나왔다. 지름이 대체로 4-5m에 이르는 원형 구조물이었다. 복원한 바에 따르면 거대한 매머드 상아를 세워 아치를 만들어 지붕을 이었다고 한다. 적어도 매머드 95마리 뼈를 이용해 움막 같은 것을 만들었다. 이 가운데 육식동물의 이빨 자국이 있는 뼈가 있는 것으로 보아 이미 고기는 다 없어진 상태에서 수렵민이 와 뼈를 주워간 것으로 보인다. 하지만, 이렇게 무거운 뼈를 운반하는 일 역시 대단한 작업이었을 것이다. 안에서는 호박으로 만든 장식품과 조개도 나왔는데, 350-500km 멀리에서 건너왔다고 한다.

빙하가 녹으며 해수면도 상승하고 있던 약 15,000년 전의 일이다. 심지어 총을 이용한다고 해도 60마리가 넘는 매머드를 한번에 사냥하기는 어려운 일이다. 따라서 모든 매머드를 사냥했다고 볼 수는 없다. 자연사한 매머드 사체를 옮기는 것 역시 엄청난 노동이 드는 일이다. 가죽이나 근육, 힘줄이 붙어 있기도 했을 것인데, 그 무거운 사체를 어찌 옮겼을까?

수렵민은 늑대나 여우 같은 포식자가 다가오기 전, 아니면 그런 포식자와 싸워 동물 사체를 얻고, 안전한 곳에 옮겨야 했다. 다시 쓰기 위해 사체를 한데 모아 쌓아뒀다고 생각할 수도 있지만, 둥그런 구조물을 보면 분명 구덩이를 파고, 매머드 뼈를 하나하나 쌓고, 불을 땐 흔적도 나타난다. 이런 캠프 흔적은 북위 53도 정도의 바이칼호 인근 말타(Mal'ta) 유적에서도 보인다. 이곳에서는 땅을 어느 정도 파고 거대한 동물의 뼈를 세워 벽체를 고정한 뒤 순록의 뿔을 올리고 동물 가죽을 덮었다.

코스텐키 11지점이나 메지리치에서 사냥꾼들이 어떤 목적에서 커다란 원형 구조물을 지었는지는 분명하지 않다. 매머드 뼈를 이용한 구조물은 빙하시대 사냥꾼의 집이었을까? 이곳에 몇 해에 걸쳐 되풀이 찾아와 눈바람을 피했을까? 그랬을 수도 있다. 그런데 이런 기능적 이유가 아니라 의례용이었을 가능성도 생각해야 한다. 말하자면 이 시기 이런 구조물은 후일 고인돌 같은 역할을 했을지도 모를 일이다. 사냥감이었던 매머드 뼈를 쌓아놓고 그곳을 찾고, 드나들면서 의례를 하고 무리의 단합과 조상의 도움을 빌었을지도 모른다.

민족지 자료를 보면 여러 수렵채집민은 계절에 따라 이합집산을 되풀이하면서 모였을 때 축제와 의례행사를 벌인다. 웬그로와 그래이브너에 따르면, 대평원의 샤이엔(Cheyenne)과 라코타(Lakota)족은 작은 무리로 흩어져 있다가 늦여름에 큰 집단을 만들어 회합한다(Wengrow and Graebner 2015). 이렇게 모여 버팔로를 사냥할 준비를 하고 의례를 거행한다. 이누이트 역시 여름에는 무리가 흩어져 있다가 겨울에는 여러 무리가 한데 모인다(Layton et al. 2012). 큰 집단을 구성할 때는 집단 안에는 어느 정도 불평등성이 드러난다. 이렇게 모였을 땐 상당한 규모였을 텐데, 이때 어느 정도 사회질서가 형성되었을 수 있다. 그런 다음 다시 흩어지면서 평등사회로 돌아간다는 것이다. 이런 구조물은 집합의 시기에 집단의 안녕을 도모하고 축제와 의례를 벌였던 흔적일 수 있다.

나코 매머드 사냥 유적

지금은 사라진 매머드 뼈 사이에 박힌 찌르개를 발굴한 사람은 별로 없다. 그것도 같은 해 두 개 유적에서 이런 발굴을 했다면 대단한 행운이라 하겠다. 에밀 하우리(Emil Haury, 1905-1992)는 애리조나 대학에서 고고학 프로그램을 일으킨 사람이다. 1937년 인류학과 학과장을 맡았으며, 곧이어 애리조나주립박물관장에 취임해 1964년까지 재직했다. 그러면서 여러 유적 발굴을 주도했으며 여러 다음 세대 고고학자를 길러냈다.

1951년 9월 애리조나주 동남부의 조그만 마을인 나코(Naco)에서 매머드 뼈와 클로비스찌르개가 나왔다는 소식이 애리조나주립박물관에 전해졌다. 내버릿(Fred Navarrete)이라는 사람은 이곳에 매머드 뼈가 있음을 알고 지켜보던 중 홍수로 계곡에 침식이 일어나자 흙을 헤치고 뼈를 노출시켰다. 그러자 커다란 머리뼈와 이빨, 그리고 상아가 나왔고, 놀랍게도 머리뼈를 둘러싼 교란되지 않은 퇴적물에서 커다란 찌르개를 찾았다. 프레드는 아들 마크와 함께 흙을 계속 파 다리뼈와 앞다리뼈, 어깨뼈(견갑골) 등 매머드 한 마리의 뼈를 드러냈다. 그리고 또다시 어깨뼈 근처와 원 퇴적층 안에서 찌르개를 발견했다. 그러자 내버릿 부자는 유적이 중요함을 깨닫고 발견된 유물과 뼈를 그대로 둔 채 애리조나주립박물관에 신고했다.

이듬해부터 하우리는 유적 발굴에 나섰다. 유적에서는 거대한 컬럼비아매머드 한 마리 뼈에 클로비스찌르개가 무려 5개가 박힌 모습이 그대로 드러났다. 그때까지 북아메리카의 구석기시대 사람들, 곧 고인디언이 매머드를 사냥했음을 의심하는 사람은 없었지만, 분명한 물증이 없던 상황이었다. 이런 터에 여러 찌르개가 매머드 갈비뼈에 박힌 채로 확인된 것이다. 찌르개 3점은 이미 내버릿 부자가 수습한 뒤였다. 이렇게 노출된 상황 그대로 박물관으로 옮겼고 오늘날에도 뼈 사이에 찌르개가 박힌 채 전시되어 있다.

사실 클로비스 사냥꾼이 매머드를 사냥했다손 치더라도 쓸 만한 찌르개를 그대로 버렸을 가능성은 크지 않았다. 그만큼 힘들여 만든 찌르개를 창에 매달아 사냥한 터였기에 다시 재가공해 썼을 것이다. 그러니 부러지지 않은 찌르개가 매머드 갈비뼈에 박힌 채 나온 것도 놀라운 일이다. 아마도 사냥꾼은 커다란 매머드에 깊이 박힌 찌르개를 회수할 수 없었을지도 모른다. 사냥꾼은 도살을 채 마치기도 전 어떤 이유에서든 떠났던지, 아니면 매머드가 피를 흘리며 도망쳤을 수도 있다.

같은 해 나코에서 매머드 뼈 유적 발굴을 구경했던 레너(Lehner)라는 사람이 근처 자신의 농장에서 비슷한 매머드 뼈와 찌르개를 발견한 뒤 애리조나주립박물관에 신고한다. 하우리를 비롯한 박물관 조사단은 레너랜치(Lehner Ranch)라 불리는 유적에서 발굴을 시작했다. 놀랍게도 어린 매머드 13마리 뼈와 함께 클로비스찌르개가 나왔다. 그리고 연대측정을 위한 숯도 찾았다. 그 즈음 막 고고학에 쓰이기 시작한 방사성탄소연대측정법을 적용한 결과 13,000-12,000년 전의 유적임이 드러났다.

이렇게 클로비스찌르개와 매머드 뼈가 공반된 증거가 알려지자 곧 다른 유적들도 나타났다. 애리조나주 머리스프링스(Murray Springs)에서는 도살된 매머드 뼈와 함께 들소 뼈, 클로비스찌르개 16점(대부분 깨진 채)이 나왔다. 클로비스 사냥꾼이 거대한 몸집을 가진 매머드를 사냥했다는 것은 움직일 수 없는 사실이 되었다. 주지하듯 매머드는 빙하시대가 막을 내리면서 종말을 맞았다. 클로비스문화가 확산하는 시기에 사라지고 만다. 그렇다면 매머드는 사람이 무자비하게 사냥해서 멸종된 것일까?

Box 13.1

매머드

Mammoth

매머드는 빙하시대에 살았던 이미 멸종한 코끼리류, 곧 장비류 동물 가운데 하나이다. 여러 종이 있지만, 모두 긴 상아를 가지고 주로 구대륙과 신대륙의 고위도지방에서 살았다. 여러 종 가운데 털로 덮인 매머드(그래서 북한에서는 털코끼리라 부른다)는 플라이스토세 시베리아를 중심으로 번성했다. 실제로 시베리아 횡단철도 공사 중 털이 그대로 보존된 매머드 사체가 나오기도 했다. 털은 약간 곱슬한데 길이가 30cm 정도였다. 추운 기후에 적응한 산물임을 알 수 있다.

가장 큰 컬럼비아매머드는 어깨까지 높이가 4m, 몸무게는 8톤에 이르는 거구였고, 커다란 수컷이라면 10톤이 넘었다. 만약 사람이 그 앞에 선다면 매머드 앞다리보다도 작을 것이다. 거대한 컬럼비아매머드는 북아메리카대륙 곳곳에서 풀을 뜯었으며, X자로 교차하는 긴 상아를 뽐냈다. 아시아의 매머드는 이보다 작은 크기였는데, 어깨높이가 2.7-3.3m 정도, 몸무게는 5톤 정도로 추정된다. 오늘날 아프리카코끼리와 크기가 비슷했다.

긴 털을 휘날리며 유라시아대륙을 어슬렁거리던 매머드는 12,000년 전 플라이스토세가 끝나면서 멸종한다. 연구에 따르면 10,000년 전까지도 몇 개체가 살아남았다고는 하지만, 빙하시대가 끝나면서 시작된 엄청난 지구온난화, 그리고 환경변화를 이기지 못하고 결국은 자취를 감췄다. 털매머드는 베린지아가 육로로 연결되어 있던 덕분에 아무런 지리적 장벽도 없이 알래스카의 낮은 평지를 배회했다. 알래스카에서도 매머드는 플라이스토세가 끝나갈 무렵 멸종을 겪는다. 그러나 축치해와 북극해 사이의 브랑겔(Wrangel)섬에서는 약 4,000년 전까지도 지금의 코끼리보다 작은 몸집의 매머드 변이가 존속한 증거가 있다. 북부의 섬에서 5,000년 이상 고립되어 몸집도 매우 작아졌다.

매머드는 동굴벽화에도 묘사되어 있다. 말과 들소 다음으로 벽화에 그려진 빈도가 높다. 후기 구석기시대를 살았던 호모 사피엔스는 털매머드를 조각으로도 묘사했다. 그만큼 매머드가 구석기시대 수렵채집사회에서 가졌던 의미는 남

달랐던 것으로 보인다. 매머드 상아를 이용해 수많은 조각품도 남겼다.

컬럼비아매머드는 약 150만 년 전 북아메리카에 들어와서 진화했다. 컬럼비아매머드 역시 털을 가졌을 것이지만, 실물 자료가 없는 상태이기에 어떤 모습이었는지 확신할 수 없다. 털매머드와 컬럼비아매머드는 북아메리카에서 공존했는데, 최근 DNA연구에 따르면 둘은 교배해 생식력이 있는 자손을 가질 수 있었다고 한다. 그러나 교배는 일상적이지 않았다. 네안데르탈인과 현생인류도 마찬가지였겠지만 말이다(3장 참고).

매머드는 현재의 코끼리처럼 사회적인 동물이었다. 실제 콜로라도(Dent)와 텍사스(Waco) 등 몇 유적에선 매머드가 무리를 이뤄 다녔을 모습을 추측할 수 있는 몰살 흔적도 나온다. 웨이코에서는 어린 암컷으로만 구성된 컬럼비아매머드 15개체분이 나왔다. 암컷이 주도했던 매머드 무리였는데, 가뭄을 맞아 수원지를 찾다가 한꺼번에 목숨을 잃은 것으로 보인다.

매머드와 비슷한 장비목의 동물로 마스토돈(mastodon)이 있다. 주로 목이 긴 초식동물처럼 나뭇잎이나 과실, 관목의 순 등을 주로 따먹었다(browsing)고 하는데, 매머드가 주로 땅 위의 풀을 뜯는 것(grazing)과 대조를 이뤘다. 모습은 오늘날 아시아코끼리와 흡사했으며, 매머드와 비교해 다리가 짧고 몸은 길었다. 상아는 앞으로 휘어 있고 수컷이 더 크고 휜 정도가 심하다. 매머드와 마찬가지로 플라이스토세 말, 그리고 이후 지구온난화를 맞아 절멸했다.

클로비스 사냥꾼의 신화

고인디언이 대형동물 사냥꾼이었음을 체계적으로 논한 사람은 와이오밍대학의 로버트 켈리다. 켈리의 『수렵채집사회』는 선사시대든, 현존 수렵채집사회든 이 분야를 연구하는 사람들에게 가장 널리 읽히는 책이다. 1995년 초판이 나와 널리 읽혔고, 2013년 개정판이 나왔으며, 이듬해 글쓴이가 한국어로 번역했다(사회평론아카데미).

1988년 켈리는 로런스 토드(Lawrence Todd)라는 연구자와 함께 매우 흥미로운 논문을 발표했다. 이 논문은 흔히 고인디언시대, 곧 북아메리카의 플라이스토세 말 수렵채집민 고고학에서 가장 널리 인용되는 논문이 되었다. 두 연구자는 먼저 고인디언 유적에 몇 가지 공통점이 있음을 주목한다. 고고학적으로 정질의 돌감(암석)으로 양면을 정교하게 잔손질한 찌르개가 특징인데, 존속기간은 짧은데 북아메리카 전역에서 매우 넓은 분포를 보인다. 고인디언 사냥꾼이 넓은 지역에 매우 빠르게 확산했음을 알 수 있다. 광대한 지역에서 나온 찌르개에는 공통으로 오목한 모양의 기부에서 뾰족한 끝 방향으로 격지를 떼어낸 흔적이 있었다. 기부를 얇게 조정해 창이나 다트 끝에 매달기 위한 것인데, 매우 어려운 기술이다. 대륙은 매우 넓고 환경도 다양했음에도 플라이스토세 말 고인디언의 행위와 문화는 비슷했음을 알 수 있는 것이다.

켈리와 토드는 사람이 살지 않았던 대륙에 들어왔고, 인구밀도가 지극히 낮은 상황에서 이동하는 수렵민이 의지할 자원은 바로 큰 동물이었다고 본다. 지금의 캐나다에 거대하게 솟아 있었던 빙상 사이로 열린 통로를 타고 수렵민이 들어왔다는 가설을 받아들인다면, 그 이유는 대형동물을 사냥해서였을 것이다. 새로운 땅에 어떤 식물성 식량자원이 있는지 찾기란 여간 어려운 일이 아니다. 이런 점에서 대형동물은 훨씬 더 쉽게 어디에 있는지 찾아 사냥할 수 있다. 식물성 식량은 계절에 따라 가변적이지만, 동물은 그렇지 않다. 물론 계절에 따라 살이 찌고 빠지는 차이는 있겠지만, 이와 무관하게 연중 내내 사냥할 수 있다. 만약 사냥꾼이 매머드나 들소를 사냥할 수 있었다면, 새로운 땅에서 마주친 카리부나 머스콕스, 말 같은 동물도 마찬가지였을 것이다. 도토리 같은 식물성 식량도 얻을 수 있겠지만, 사실 특정한 철에만 따거나 주울 수 있고, 또 타닌을 제거해야 하는 복잡하고 시간이 걸리는 작업이 필요하다. 그렇다고 식물성 식량을 먹지 않았을 가능성은 없다. 다만, 고인디언 사냥꾼에게 대형동물이야말로 가장 믿을 만한 식량이었을 것이며, 또 새로운 대륙에서 유일하게 의지할 수 있는 자원이었다는 것이 주장의 골자다(Kelly and Todd 1988).[2]

만약 고인디언(Paleoindian)이 대형동물에 치중했다면, 이동하는 큰 동물을 따라 새로운 땅에 들어가고, 대형동물이 분포하는 넓은 지역에 확산하면서 주기적인 식량자원의 변동에 적응했을 것이다. 플라이스토세 말 변화하는 기후변동과 환경변화를 맞아 대형동물 자원 역시 지역에 따라 변동이 심했을텐데, 동물 사냥에 대한 의존도가 높은 수렵채집민은 그렇지 않은 수렵민보다 이동성이 높다. 고인디언은 현대 수렵채집민보다 훨씬 더 먼 거리까지 본거지를 옮기거나 조달이동에 나서야 했을 것이며, 이로써 더 광역의 이동성을 지녔을 것이다. 다시 말해 수렵채집민 무리가 늘 이동하며 그 영역이나 권역도 옮겼다.

넓은 지역을 무대로 큰 동물을 사냥할 수 있었던 것은 높은 수준의 석기기술 덕분이었다. 정질의 돌감을 이용해 독특하면서도 정연한 형태를 갖춘 찌르개는 이 시기 고고 자료의 큰 특징이다. 이 찌르개는 정교하게 양면으로 떼어내어 눌러떼기로 잔손질해 만들었다. 기부에 홈조정까지 해서 나무에 장착했을 때 얇아진 효과를 내기도 했다. 고인디언은 양면을 잔손질한 찌르개를 매단 창으로 사냥도 하고, 사냥한 동물을 해체해 살을 발라내기도 했다. 그러니 고인디언 무리는 어떤 특정한 공간에 얽매여 있던 수렵민이 아니라 매우 정교한 기술을 바탕으로 넓은 지역을 무대로 활동했던 사람들이었다.

이렇게 이동하다 보니 고인디언은 아마도 한 지역의 식량자원, 특히 식물성 자원에 대해 깊은 지식을 얻을 수 없었을 것이다. 현대의 수렵채집민은 주변 환경에 대해 놀랍도록 해박한 지식을 갖고 있는데, 켈리와 토드의 가설에 따르면 고인디언 사냥꾼 무리가 한곳에 머문 기간은 짧았으며, 다시 방문하지도 않았다. 당시 수렵채집민이 불과 몇 년 동안만 한 지점을 중심으로 머물렀으며, 동굴 같은 곳도 잘 이용하지 않았다는 것이다(Kelly and Todd 1988: 235). 그렇기에 고고유적으로 남을 확률도 낮다고 본다. 대형동물 자원은 국지적으로 편차가 심했을 것이기에 고인디언 사냥꾼으로선 자원을 저장할 필요도 별로 없었다.

켈리와 토드는 미지의 대륙에 들어온 사냥꾼이 식물보다는 큰 동물 사냥에 치중하면서 더 멀리까지 이동했다고 본다. 그렇다면 정말 클로비스사람들은 생계를 대형동물에 치중했을까? 이를 어떻게 검증할 수 있을까?

이런 고민에 대답하기 위해 최적수렵모델(optimal foraging model)의 전제와 방법을 빌려오는 연구자도 있다. 이미 10장에서 살폈듯이 최적수렵모델은 본래 생태학에서 출발한 연구방법이자 전략인데, 1970년대 말부터 여러 고고학자와 인류학자가 수렵채집사회 연구에 폭넓게 적용했다. 특정한 환경의 수렵채집민이 어떤 생계자원을 중시할지 모델을 개발했고, 개별 사례에 성공적으로 적용해왔다. 켈리와 토드 역시 최적수렵모델을 이용해 대형동물 사냥의 중요성을 강조한다. 모델에 따르면 큰 사냥감 같은 상위자원의 분포야말로 수렵채집민이 사냥에 나설지, 아니면 다른 생계전략을 찾을지를 결정하는 데 가장 중요한 변수이다. 어디 있는지 알 수 있고 사냥할 수 있는 큰 동물이 있다면 굳이 가공하는 데 비용이 많이 드는 작은 동물이나 식물성 식량자원은 선호하지 않는 하위자원이 된다.

클로비스사람들은 정말 대형동물에 집중한 사냥꾼이었을까? 우리는 마치 시나리오 같은 "클로비스신화"를 사실인 양 믿고 있는 것은 아닐까? 클로비스 사냥꾼이 용감하게 미지의 세계에 들어와 거대한 동물과 싸워 새로운 대륙의 주인이 되었다는 신화 말이다. 이미 살폈듯이 클로비스 사냥꾼 이전에 아메리카대륙에 사람이 들어왔다. 물론 증거가 그리 많지는 않다. 공상만으로 과거를 그려선 안 된다. 고고학이라면 분명한 물적 증거를 바탕으로 체계적으로 추론해야 한다. 클로비스사람들이 대형동물 사냥꾼이었다면 이 사람들이 남긴 유적엔 그 증거가 일관되게 많아야 한다. 과연 그럴까?

매머드는 남획으로 멸종했다?

매머드는 아메리카대륙에 들어온 클로비스 사냥꾼의 남획으로 멸종했다는 생각을 본격적으로 주장한 사람은 폴 마틴(Paul S. Martin)이다. 1957년 애리조나대학 교수로 부임해 1989년 은퇴할 때까지 남획가설을 주장했다. 마틴은 플라이스토세가 끝나기 전 북아메리카에 들어온 사냥꾼은 매머드를 비롯해 땅늘보, 낙타, 마스토돈 같은 큰 동물을 사냥해 멸종의 벼랑에 떨어뜨렸다고 보았다. 그리고 팔순을 바라보던 2005년 『*Twilight of the Mammoths*』라는 책을 써 선사시대 매머드 사냥을 생생히 묘사하면서 어떻게 동물을 멸종에 빠뜨렸는지 이야기를 구성했다.

북아메리카에서는 매머드와 함께 마스토돈, 말, 낙타, 테이퍼, 땅늘보, 검치호 같은 큰 동물이 사라졌다. 다만, 이 모든 종이 홀로세에 들어서까지 존속하진 않았다 해도 플라이스토세 말 한꺼번에 멸종했는지는 분명하지 않다. 마틴은 급격한 기후변동이 원인이었다는 비판에도 그런 멸종이 북아메리카에서 두드러졌다는 것은 플라이스토세 끝자락에 사냥꾼이 등장했다는 변수를 빼고는 설명할 수 없다고 본다. 사실 유럽과 오스트레일리아 등 다른 대륙에서도 대형동물 멸종이 있었다. 하지만, 이들 지역에서 사람의 남획으로 멸종했다는 설은 힘을 잃었다(Grayson and Meltzer 2003).

이전 장에서 살폈듯이 플라이스토세 말 북아메리카에서는 넓은 대륙 서쪽에서 동쪽까지 클로비스 유적이 크게 늘었다. 남아메리카에서 마스토돈을 사냥했던 몬테베르데 사람들을 보더라도 인구는 급격히 늘었고, 빠르게 확산했다. 마틴이 주목한 것은 바로 아메리카대륙에 사람이 살지 않았다가 플라이스토세 말 사냥꾼이 들어왔다는 점이다. 다시 말해 넓은 대륙에는 포식자가 적었고, 특히 사냥꾼이라는 절대 포식자가 없었다. 그러니 매머드로서는 그동안 접해본 적이 없는 새롭고도 압도적인 포식자를 만난 셈이다. 마틴은 이 점에서 실제 사냥 유적의 수가 극히 적은 이유를 찾을 수 있다고 한다. 매머드는 사냥꾼을 만난 적이 없었고, 사냥감으로서는 새로운 사냥꾼을 맞아 방어적 행동을 갖출 여유도 없었다고 한다. 사냥꾼으로서도 굳이 수십 마리 사냥감을 벼랑으로 몰 필요도 없었다. 순진한 대형동물은 사냥꾼에겐 손쉬운 사냥감이었다. 느리게 움직였기에 사냥하기에도 어렵지 않았다. 엄청나게 큰 동물은 그만큼 큰 식량을 줬다. 켈리와 토드가 잘 설명했듯이, 새로운 대륙이라는 전혀 알지 못하는 땅에 들어온 사냥꾼으로선 작은 동물이나 식물성 식량보다는 일 년 내내 얻을 수 있는 대형동물에 집중하는 것이 유리했을 것이다.

마틴에 따르면 멸종은 순식간에 일어났다. 플라이스토세가 끝나면서 기온이 상승하고 지금의 캐나다를 덮고 있던 거대한 빙상이 물러나면서 거대 빙상 사이로 난 통로를 따라 클로비스 사냥꾼 수십 명, 아니 수백 명이 들어오면서 대평원에서 풀을 뜯으며 어슬렁거리던 이 "순진한" 거대 동물도 최후를 맞았다는 것이다. 사냥꾼들에게 자연보호란 있을 수 없었다. 가능하면 최대한 많은 매머드를 사냥했다(Martin 1973: 972). 이렇게 새로운 세계에서 느리게 움직이고, 아무런 방비도 갖추지 못한 동물은 거대한 고깃덩어리가 되었다. 사냥의 성공으로 클로비스 사냥꾼의 인구도 급증했고, 빠른 이동성 덕분에 새로운 대륙 전역으로 확산했다(Meltzer 2015; Kelly and Todd 1988). 마틴의 생각에 사냥은 너무 빨리 일어났기 때문에 사냥터 유적이 제대로 흙에 묻혀 쌓일 틈도 없었다. 고고학, 고생물학 유적으로 남을 가시성은 떨어질 수밖에 없다(Martin 1973; 1990). 그런 큰 동물은 식량이 없어서 멸종한 것이 아니라 사람이라는 새로운 포식자의 식량이 되었기에 사라졌다는 것이다. 마틴은 불과 1,000년도 되지 않는 짧은 시간 안에 수많은 대형동물이 멸종했다고 본다.

실제 몇 종이나 멸종을 맞았는지, 그리고 클로비스 사냥꾼이 들어온 시점에 멸종했는지는 따져볼 일이다.

사라진 대형동물

지구온난화, 인류세와 더불어 대멸종(mass extinction 또는 major extinction event)에 관심이 커졌다. 대멸종이란 지구상 생물의 다수가 사라진 사건을 말하는데, 이것이 지질학 자료로 기록처럼 남아 있기에 지질시대 구분에 쓰인다. 2억 5,000만 년 전 고생대 페름기 대멸종에서는 해양 생물종의 96%, 육상 척추동물의 70%가 멸종했다고 한다. 이로써 중생대 공룡의 시대가 시작했으나 이것도 영원하지 않았다. 6,500만 년 전 유카탄반도에 지름 180km가 넘는 거대한 운석이 떨어져 유황 수천억 톤이 분출되었다. 이 공룡의 시대를 끝낸 사건까지를 일컬어 5대 멸종이라 한다. 여기에 6번째 곧 홀로세(Holocene) 멸종도 이 목록에 넣기도 한다. 그리고 다시 홀로세가 시작된 지 11,700년 인류세를 맞아 지구상 생물은 또 다른 대멸종의 위기에 처해 있다.

플라이스토세가 끝나면서 더는 아메리카대륙에서 볼 수 없게 된 대형동물 37종(속) 가운데 30종은 초식동물이었고, 7종이 육식동물이었다. 멸종한 종 가운데 많은 동물이 매머드와 마스토돈처럼 거대한 몸집을 가졌다. 물론 큰 동물이 모두 절멸한 것은 아니다. 대형동물 가운데 새로이 들어온 사냥꾼과 플라이스토세가 끝나면서 찾아온 기후변화를 이기고 살아남은 종도 9종이나 있었다(Meltzer 2015: 36). 큰뿔양(bighorn sheep)과 가지뿔영양(pronghorn), 산양, 사슴, 카리부, 사향소, 엘크, 무스, 들소는 분명 사냥꾼이 좋아하는 동물이었지만, 살아남았다. 마틴은 들소는 약삭빠르게 사냥꾼을 피했고, 다른 종들은 구대륙에서 사람에 익숙해졌기 때문이라고 둘러댔다(Martin 2005: 141-155; Meltzer 2015: 38에서 재인용). 이런 행위적이고 생태적인 이점 탓에 사람의 사냥을 견디고 살아남았다는 것이다.

사냥꾼의 남획으로 대형동물이 멸종했다는 가설에는 문제가 하나 있다. 사람이 들어와 동물을 과도하게 사냥해서 멸종에 빠뜨렸다면 두 시점이 서로 같아야 한다. 그러나 사라진 동물이 모두 같은 때에 절멸했다는 증거는 없다. 사실 멸종 시점의 편년은 아직 잘 수립돼 있지도 않다. 다시 말해 마틴의 주장대로 플라이스토세 말에 사라졌을 수도 있지만, 최후빙하극성기 이후 빙상이 녹기 시작하면서 서서히 멸종에 이르렀을 가능성이 크다. 다시 말해 아메리카대륙에 사람이 들어오기 전 이미 사라졌을 수 있다.

남획으로 절멸을 맞았다는 가설을 사실 과학적으로, 증거를 토대로 검증할 수 있는지도 의문이다. 그러나 이 가설을 선호하는 사람들은 남획으로 인한 멸종이었다 해도, 그 증거가 잘 남지 않을 수 있다고 말한다. 남획의 물적 증거는 희소할 것임을 예견하는 것이다. 물적 증거가 거의 없는 상황에서 남획으로 대형동물이 어쩔 수 없는 막다른 길에 들어선 것임을 보이기 위해 시뮬레이션을 돌리기도 한다. 사실 시뮬레이션은 컴퓨터 프로그램이라는 과학기술을 동원해 시나리오 같은 그림을 제시하는 것일 뿐이다. 그 자체로 "그럴듯한 이야기"에 지나지 않는다. 여기에는 몇 가지 주요 변수를 집어넣어야 한다. 거의 모든 시뮬레이션은 대형동물이 남획에 취약하고, 사냥꾼이 가장 좋아하는 사냥감이라 가정하고 들어간다. 그리고 동물의 수와 성장률, 최초의 인구, 인구성장률, 사냥의 정도 등 핵심 변수를 제시하고, 조작한다. 사실 이런 변수를 실제 그대로 적용할 수 있는지는 검증된 바 없다. 기후변화로 수가 줄어든 상황에서 사냥꾼이 들어와 겁도 없이 학살하기 시작하자 대형동물은 막다른 골목에 처했다는 것이 시뮬레이션 해석의 골자다. 시뮬레이션은 지역이나 권역의 복잡한 식생과 동물 개체군이 어떻게 기후변화나 외부의 변수에 저항해 회복하는지도 적절히 고려하지 않는다(Meltzer 2015: 40). 사실 대부분 시뮬레이션은 생태계 안에서 여러 변수가 평형상태에 놓여 있음을 가정하고, 무자비한 사냥꾼이라는 새로운 변수를 집어넣는다. 그러니 시뮬레이션이란 남획을 가정하고 들어가 그럴듯한 그림을 그리고자 하는 것이다. 역동적이고 이해할 수 있는 그림을 주기에 솔깃하지만, 과연 사실을 그대로 묘사하고 있는지 결국 자료로 검증해야 할 문제이다.

고고학은 과거의 흔적을 찾아 인간행위와 문화를 복원하는 학문이다. 그레이슨과 멜처의 연구에 따르면, 실제 사냥의 증거, 곧 고고유적에서 사람이 만든 사냥도구와 동물의 뼈가 함께 나온, 곧 공반한 증거는 그리 많지 않다. 이 가운데 매머드 뼈와 찌르개가 같이 나온 사례가 가장 많으며, 이밖에도 매머드의 사촌이라 할 마스토돈과 곰포데어 그리고 말, 낙타가 있을 뿐이다(Grayson and Meltzer 2015). 그런데 실제 플라이스토세가 끝나갈 무렵 사냥터 유적에서 알려진 동물, 곧 주요 사냥감 가운데는 역사시대까지 생존한 종도 많다(Cannon and Meltzer 2004). 들소와 엘크, 무스, 카리부, 사슴, 산양, 머스콕스, 가지뿔영양은 사냥감이었지만, 멸종에 이르진 않았다.

이 가운데 특히 들소의 경우 사냥의 증거가 비교적 빈번하게 나오며 낭떠러지에 몰아넣은 집단 학살의 자료도 있다. 들소는 사냥꾼을 약삭빠르게 피했던 것이 아니다. 들소는 클로비스 사냥꾼 이후 1만 년 이상 그렇게 사냥을 당했지만, 살아남았다. 16세기까지도 북아메리카에는 대략 3,000만 마리가 있었다고 한다. 들소(버팔로)는 백인이 들어온 뒤 멸종 위기를 맞았다. 19세기 유럽에서 들어온 사람들은 가죽, 그리고 혀를 얻기 위해 엄청나게 많은 들소를 도살했고, 19세기 말 수백 마리 수준까지 떨어져 거의 멸종할 뻔했지만 어쨌든 살아남았다. 그리고 플라이스토세 멸종한 동물도 모두 사냥의 증거가 있는 것이 아니다. 놀랍게도 멸종한 종 가운데 무려 30개 종에서 사냥한 증거가 나오지 않는다.

클로비스사람들은 대형동물 전문 사냥꾼인가?

클로비스 사냥꾼은 분명 매머드 같은 거대한 동물을 사냥했다. 만약 클로비스 사냥꾼의 인구밀도가 극히 낮았고, 고도로 이동성이 높았고, 대형동물 사냥을 중심으로 생계를 꾸려나갔으며, 제대로 고기를 저장할 수도 없었다고 한다면, 분명 고고학자가 분석할 사냥의 증거가 많이 남아 있어야 한다. 그러나 그렇지 않다. 멸종의 주된 원인은 사냥이 아니라고 할 수밖에 없다.

마틴 등이 제시한 남획가설은 거대한 매머드와 싸우는 용감하면서도 무자비한 사냥꾼을 떠올리기에 대중에게 매력적이었다. 그래서인지 가설이 제시된 지 반백 년이 흘렀는데도 여전히 사람들은 좋아한다. 일반인뿐만이 아니다. 학계에서도 여러 연구자가 없는 증거를 보완하고자 남획과 멸종의 모델을 만들고, 논쟁이 벌어지고 이어졌다. 남획가설을 가장 앞장서서 비판했던 그레이슨과 멜처는 남획가설에 "장송곡"을 울리는 논문을 쓰기도 했지만(Grayson and Meltzer 2003), 그 뒤에도 마틴을 잇는 연구자들이 나왔다.

37개 대형동물 종의 절멸에 사람이 어떤 역할을 했는지를 질문하는 것은 옳은 일이다. 다만, 그 질문에 대답하는 방식은 학문적이어야 한다. 다시 말해 물적 증거에 토대를 둬야 한다. 지금까지 여러 연구자는 나코 같은 몇몇 인상적 사냥터 유적의 사례에 지나치게 경도된 나머지 남획을 가정하고 마치 영화의 시나리오처럼 가설을 구상해왔다. 물적 증거가 없는 정황에서는 시뮬레이션도 시나리오와 마찬가지이다.

클로비스 사냥꾼이 대형동물 전문 사냥꾼이었는지를 검증하는 일은 그리 어렵지 않다. 북아메리카 전역의 클로비스 유적에서 나온 각종 생계 관련 자료를 종합하면 될 일이다. 대형동물 사냥꾼이라는 가정은 나코 같은 몇 개 유적에서 눈에 띄는 사냥의 흔적 탓에 과장되었을 수 있기에 작은 흔적이나 유적 하나하나를 종합해 검증할 필요가 있다. 그러나 이 일은 그리 쉽지 않다. 유적도 많고 자료도 복잡하다. 의심스러운 자료도 많기에 제대로 평가해야 한다. 2004년 캐넌과 멜처는 바로 이런 연구 결과를 발표했다(Cannon and Meltzer 2004).[3]

사실 이전에도 대륙 전역에서 나오는 사냥 관련 고고 자료를 종합한 사례가 있긴 하다. 그러나 유적에서 동물 뼈가 나온다고 해서 사냥을 말해주는 것은 아니다. 동물 뼈는 여러 이유로 유적에 들어갈 수 있는 것이다. 따라서 유적을 하나하나 어떤 과정에서 형성되었는지, 화석형성학(taphonomy)적 평가를 해야 한다. 캐넌과 멜처는 이렇게 분석해 여러 연구자의 생각과는 달리 고인디언의 생계자원이 훨씬 다양했음을 밝혔다.

물론 캐넌과 멜처 역시 상위자원을 선호한다는 최적수렵모델의 원칙을 인정하고, 개별 사례에 적용된 연구도 받아들인다. 수렵이론은 생계행위에서 나타나는 변이는 주어진 생태 조건에서 수렵채집민이 비용과 효과의 측면에서 최적의 선택을 취한 경향을 잘 비춰준다고 본다. 최적수렵모델을 따른다 해도 수렵민이 모든 상황에서 매머드 같은 큰 동물만을 쫓지는 않았을 것이다. 오히려 다양한 환경조건에서 다양한 생계행위의 패턴이 나타나는 것은 당연한 일이다. 그것이야말로 주기적 자원의 등락을 맞아 생계의 안정성을 꾀하는 길이기도 하다.

북아메리카는 땅덩어리가 넓고, 또 환경도 다양하다. 캐넌과 멜처의 분석에 따르면 환경조건의 차이에 따라 다양한 생계방식이 있었으며, 특히 동북지방에서는 사슴 같은 중간 크기 동물이 더 많았다. 그리고 실제 대형동물만이 나온 유적보다는 소형동물이 중심인 유적이 더 많았다고 한다. 설치류와 새, 심지어 물고기 뼈도 곧잘 나왔다. 그러니 클로비스사람들이 대형동물만을 전문으로 사냥했으리라는 인식은 나코와 레너, 머리스프링스 같은 몇몇 인상적 유적 탓에 심어진 환상일 수 있다.

분명 클로비스사람들은 매머드를 비롯한 큰 동물을 사냥했다. 그때 이미 매머드 개체수는 줄어들어 돌이킬 수 없는 상황에 이르렀는지 모른다. 그리고 영거드라이어스 냉한기가 끝나면서 당혹스러울 정도로 찾아온 지구온난화로 매머드는 멸종의 길에 들어섰다. 아마도 사냥꾼은 그런 사라져가는 매머드에게 마지막 일격을 날렸을 수 있다. 거대한 몸집을 가진 매머드는 플라이스토세 말 이미 개체수도 많이 줄어든 상태였다. 몸집이 큰 데다 출산율도 낮았기에 어떤 환경변화로 개체수가 급감했을 때 회복하기 쉽지 않은 점도 고려해야 한다.

이 와중에 클로비스사람들이 대형동물을 사냥했다. 그러나 당시 사람들이 모두 대형동물에 의존하는 생계방식을 가졌다는 것은 고고자료를 토대로 지지할 수 없다. 캐넌과 멜처의 연구에 따르면, 고인디언의 식단은 어떤 특정 사냥감에 특화했다기보다는 여러 자원을 이용했다고 보는 것이 합리적이다(Cannon and Meltzer 2004). 오히려 드넓은 대륙에 다양한 환경을 생각할 때 복합적인 생계를 가졌다고 보는 것이 더 자료에 부합한다. 북아메리카 서부와 대평원에서는 특정 자원에 치중하는 경향이 있으나, 더 세밀하고 지역에 따라 이질적인 환경을 가진 동부에서는 여러 동물 뼈 자료가 포괄되어 있다.

매머드는 사냥했을 경우 많은 고기를 얻을 수 있기에 매력적인 사냥감이었을 것이다. 그러나 고기를 저장하는 일은 그리 일반적이지 않았을 것이고, 실제 사냥하고서도 사체의 일부만을 취했을 가능성이 크다(Fagan 1987: 178). 나머지는 그저 버리고 말았을 것이다. 매머드 사냥은 몇몇 북아메리카의 고위도 지역에서 중요했을 수 있지만, 북아메리카 전역을 가로질러 환경은 달랐고, 매머드의 중요성도 달랐다(Meltzer 1989: 477).

그레이슨과 멜처에 따르면 직접 사냥의 증거는 그리 많지 않다. 그렇다면 초기 고인디언은 어떤 생계 자원을 이용했단 말인가? 유적에서 나온 자료도 지표 수습된 유물이기에 층위적 판단을 할 수 없는 것들이 많다(Grayson 1993). 직접 클로비스찌르개와 동물 뼈가 함께 나와 사냥을 인정할 수 있는 유적은 그리 많지 않다.

실제 플라이스토세 말 유적에서 동물 뼈를 면밀하게 조사해 보면 말뼈가 44.9%로 가장 높은 빈도를 차지하며, 그 뒤를 매머드와 낙타가 잇는다(Grayson 1991: 213; 1993: 73). 그런데 말과 낙타가 사냥의 증거와 결합한 사례는 매우 적다. 낙타와 말도 사냥으로 사라졌단 말인가? 마틴은 이런 문제에 관해서는 대답하지 않고, 매머드가 매력적인 사냥감이었음을 강조할 뿐이다. 그러나 인간 사냥으로 인한 멸종이란 설명을 입증하기 위해선 이런 이슈에도 답을 할 수 있어야 한다.

그레이슨에 따르면 클로비스찌르개는 매머드 뼈와 함께 나오지만, 폴섬찌르개는 들소 뼈와, 그리고 다른 수많은 형식의 찌르개도 다른 종류 동물 뼈와 같이 나온다. 다시 말하면 양면으로 정교하게 잔손질해 만든 찌르개 전통이 지속되었지만, 매머드 사냥만 끊겼다. 클로비스 사람들이 매머드 사냥에 전적으로 의존한 생계경제를 가졌다면, 매머드가 멸종해 극적인 식량자원의 변화가 있었을 텐데, 실제 문화적으론 그리 큰 변화를 찾을 수 없다는 것은 이해하기 힘들다(Grayson 1988: 115). 이렇게 후대 찌르개를 만들었던 사람들이 대형동물 사냥에만 의지하지 않았다면, 플루트가 있는(홈조정) 찌르개(클로비스와 폴섬)를 만들었던 사람들도 마찬가지였을 것이다.

약 11,700년 전 영거드라이어스기의 종말로 시작된 기온상승과 환경변화는 급격했다. 현재 지구온난화를 겪고 있는 우리가 상상하기 어려울 규모였다. 생태환경은 곳곳에서 커다란 위기에 봉착했고, 새로운 식생이 도래했다. 이런 상황에서 초식동물이 그리고 대형동물이 가장 먼저 타격을 입는다. 특히 매머드 같은 큰 동물은 새끼를 많이 낳지 않기 때문에 개체수가 급감했을 때 바로 회복하기 어려운 약점이 있다. 만약 이런 상황에서 사냥이 이뤄졌다면 치명적이었을 테지만, 사실 매머드를 멸종으로 몰아넣은 것은 사냥이 아니라 기온상승과 환경변화라 말하는 것이 옳다. 사냥은 절멸로 가는 불길에 그저 작은 부채질 정도였을 것이다. 이 시기를 살았던 수렵채집민은 다양한 생계자원을 이용했다. 심지어 최근 발굴에선 낚싯바늘이 나오기도 했다. 멕시코 이슬라 케드로스(Isla Cedros)에선 조개로 만든 낚싯바늘이 나왔는데, 방사성탄소연대로 볼 때 11,000-9,000년 전 후빙기 초의 유물이다. 여러 물고기 뼈도 나왔는데, 이 가운데는 깊은 바다에 사는 종도 있어 배를 타고 낚시에 나섰음을 알 수 있다(Des Lauriers et al. 2017).

14 농경은 세상을 바꿨을까?

정주 농경마을의 등장

플라이스토세, 곧 빙하시대가 끝나면서 기온은 급격히 오른다. 온난하고 풍족한 환경이 도래하면서 수렵채집민 가운데는 더는 이동하지 않고 한곳에 머물러 사는 사람들도 생긴다. 고고학자 고든 차일드는 신석기시대 들어 마을을 이뤄 살며 식물을 재배하고 동물을 기르고 간석기로 곡물을 가공하고 토기를 만들어 썼다고 하면서 신석기혁명, 곧 농업혁명이라는 개념을 제창했다.

그런데 변화가 동시에 이뤄졌을까? 그렇지 않다. 20세기 후반 세계 각지에서 고고학 증거가 나오면서 "혁명"이라 불렀던 변화는 한꺼번에 찾아온 것이 아님이 드러났다. 신석기혁명의 여러 요소는 기실 후기 구석기시대에 시작했다. 최후빙하극성기가 끝나고 찾아온 지구 온난화의 시기 동아시아 여러 지역의 수렵채집민은 토기를 빚어 구운 다음 무엇인가를 끓여 먹었다. 구석기 끝자락의 일이다. 서아시아의 후기 구석기 수렵채집민은 풍족한 환경에서 더는 이동하지 않고 한곳에 정주했다. 그리고 여러 지역의 수렵채집민은 이미 최후빙하극성기 때부터 다양한 식량자원을 이용했다. 모든 변화가 구석기시대 수렵채집민의 손에서 이뤄졌다. 그러니 굳이 혁명이라 부른다면 "사피엔스혁명"일 것이다.

토기의 등장

흙으로 빚어 불에 구운 유물 가운데 지금까지 알려진 가장 오랜 자료는 체코의 돌니베스토니체 유적에서 나온 것이다. 약 26,000년 전 흙을 빚어 구운 '비너스상'이다. 그런데 토제품이긴 하지만, 그릇은 아니다.

토기, 곧 흙을 빚어 구운 그릇의 기원을 찾는 일은 쉽지 않다. 흙을 뭉쳐 모닥불에 던지다 단단해지는 것을 알았을 테고, 그렇게 장난감 같은 것을 만들었다가 예술품으로 발전했을 수도 있고, 거기서 다시 그릇으로 진전했을 수도 있다. 무엇의 기원을 아는 것은 그만큼 어렵다. 그리고 이런 식의 토제품, 나아가 토기는 한 번 발명되어 전 세계로 전파된 것이 아니라 여러 지역에서 여러 시점에 등장했다.

세계에서 가장 이른 토기는 동아시아 여러 유적에서 알려졌다. 지금까지 학계에 보고된 가장 오랜 토기는 남중국에서 나왔다. 중국 장시성 셴런둥(仙人洞)동굴에서 나온 토기 조각인데, 방사성탄소연대로 19,000년 전 정도가 된다. 거의 최후빙하극성기가 끝나갈 무렵 이곳을 찾은 수렵채집민이 토기를 만들어 썼다. 토기 조각에는 눌어붙고 그을린 자국이 있어 음식을 조리하는 데 썼다고 추정한다. 발굴자는 유적에서 사슴 뼈가 많은 것으로 보아 뼈를 끓여 골수와 지방을 추출했으리라 본다(Wu et al. 2012). 발굴은 1960년대, 그리고 1999년에서 2000년까지 이뤄졌는데, 당시 방사성탄소연대는 17,000년 전 정도였다. 그러다가 2009년 다시 이곳에서 연대측정을 위한 시료를 채집해 여러 연대를 얻었는데, 보정한 연대는 21,000년 전부터

17,000년 전까지에 이른다. 연대폭이 넓은 데다 석회암동굴에서는 방사성탄소연대가 실제보다 올라갈 수 있다는 점을 들어 연대의 신뢰성에 의문을 던지는 사람도 있다(Iizuka 2019: 47-48).

중국의 후난성 위찬옌(玉蟾岩)동굴에서도 토기가 나오는 층에 대한 방사성탄소연대측정이 이뤄졌다. 보고에 따르면 숯과 뼈를 측정한 결과 21,000년 전에서 13,800년 전까지의 여러 연대가 있는데, 토기 자체는 18,300년 전에서 15,430년 전(cal BP)[4]까지라고 한다(Boaretto et al. 2009). 이 연대 역시 비판적으로 보는 시각이 있다(Iizuka 2019). 그럼에도 중국을 비롯한 동아시아의 여러 지역에서 플라이스토세가 끝나기 전 수렵채집민이 토기를 만들고 사용한 증거는 늘어나고 있다.

중국과 러시아에서 플라이스토세 말 토기가 알려지기 전 사실 세계에서 가장 오랜 토기는 일본 조몬토기였다. 이미 1970년대부터 후쿠이(福井)동굴과 센푸쿠지(泉福寺) 유적 등에서 플라이스토세 말로 올라가는 연대가 알려졌다. 처음엔 학계에 회의적 시각이 많았지만, 비슷한 시기 토기 자료가 여러 유적에서 알려지면서 널리 인정을 받았다.

현재 일본에서 가장 연대가 올라가는 유적은 혼슈 북쪽 아오모리현에 있는 오다이야마모토(大平山元 I)이다. 가니타강의 왼쪽 오다이 단구 끝에 있는 이곳에서 후기 구석기시대의 초창기 조몬시대 유적이 발굴되었다. 유물 가운데 석기와 함께 토기 조각 46점을 수습했는데, 연대측정 결과 16,000년 전 즈음으로 알려졌다. 비슷한 연대를 가진 다른 유적도 꽤 있다. 규슈 북부의 후쿠이동굴 역시 최근 재발굴에서 토기 벽에 눌은 잔존물을 측정해 15,210-14,800 cal BP와 14,990-14,270 cal BP의 결과를 얻었다.

러시아 아무르강 중하류에서도 플라이스토세 말 토기 유적이 드물지 않다. 하바롭스크에서 멀지 않은 가샤(Gasya) 유적은 이미 1960년대부터 알려졌고, 발굴조사에 따르면 아래층에서 나온 숯의 연대측정 결과 15,880-15,150 cal BP까지 올라간다(Buvit and Terry 2011). 이곳에서는 흙에 풀을 넣어 빚은 뒤 바깥에서 불을 피워 낮은 온도(400-500℃)에서 구운 두꺼운 토기가 양면을 정교하게 잔손질한 찌르개, 자귀, 돌날 등과 함께 나왔다. 가샤 유적과 가까운 곤차르카(Goncharka)에서도, 하류의 훔미(Khummi)에서도 비슷한 시기의, 역시 모래와 식물을 혼입해 만든 플라이스토세 말 토기편이 나왔다. 아무르강을 거슬러 올라 중류의 그로마투하(Gromatukha)에서도 플라이스토세 말의 토기가 있다. 마찬가지로 바이칼호 서쪽의 여러 유적에서도 빙하시대가 끝나는 시기의 토기 사례가 잘 알려져 있다.

플라이스토세 최말기 수렵채집민은 토기를 어떤 목적으로 이용했을까? 요크대학의 크레이그 등은 초창기 조몬(뵐링-알러뢰드 온난기와 영거드라이어스 냉한기, 약 15,000-10,800년 전)의 토기 조각 101개에서 잔존물을 분석해 지질(脂質)을 추출했다(Craig et al. 2013). 분석에 따르면 지질은 민물 또는 해양 유기물을 끓인 데서 유래했다고 한다. 이처럼 초기 토기, 적어도 일본 초창기 조몬토기는 수생자원을 이용한 증거라고 본다.

수생자원을 이용한 증거는 아무르강 유역에서 나온 플라이스토세 말 토기 잔존물분석에서도 다시 확인되었다(Shoda et al. 2020). 훔미, 가샤, 곤차르카, 그로마투하에서 나온 토기 28개를 역시 요크대학에서 분석한 결과이다. 분석자들은 그로마투하 토기에서는 반추동물에서 나온 지질이 확인되지만, 아무르강 하류의 여러 유적에서 나온 토기에서는 주로 연어 같은 물고기를 끓인 흔적이라고 한다. 최후빙하극성기가 끝나 빙상이 녹고 바다 수위가 오르면서 연안에는 생산성 높은 환경이 조성된다. 해마다 강을 거슬러 올라오는 수천, 수만 마리 연어는 동물과 사람을 자석처럼 끌어들였다. "연어효과"로 수렵채집민이 모여들어 인구가 많아지자 좋은 지점을 두고 경쟁도 생겼을 것이다(11장 참조). 이 과정에서 토기는 한정된 수생자원에서 최대한 열량을 끌어내는 기술혁신이었다.

구석기시대 말 아무르강 유역, 그리고 같은 시기 초창기 조몬토기가 주로 물고기 같은 수생자원을 최대한 이용하기 위함이라는 분석 결과는 흥미롭다. 다만, 잔존물분석은 아직 고고학에서 더 발전이 필요한 분야이다. 석기 등 도구에 남은 사용흔과 마찬가지로 잔존물의 형성을 고고학의 맥락에서 해석해야 하는 복잡한 이슈가 있기도 하다. 예컨대 지금도 부엌에서 채소와 고기, 생선을 구분해 칼과 그릇을 쓰는 집이 얼마나 있을까? 가공하고 요리할 도구와 재료를 엄격하게 구분했을까? 일상생활에서 여러 도구의 기능과 쓰임새를 정확히 알기는 어렵다. 그러니 앞으로 사용흔과 잔존물을 포함한 과학적 분석과 더불어 유물이 어디에서, 어떻게 나왔는지 출토맥락에 대한 엄밀한 고고학적 평가가 이뤄져야 한다.

한 가지 유념해야 할 것이 있다. 커다란 잉어와 송어 수백 마리가 헤엄치고 있다고 해서 그냥 잡을 수 있는 것은 아니다. 그럴 수 있는 기술이 있어야 한다. 맨손으로 할 수 없는 일이다. 알을 낳기 위해 강을 거슬러 오는 연어를 잡는 일에서 맨손만을 쓴다면 사람은 곰보다 못할 것이다. 낚시든, 작살이든, 그물이든, 어살이든 적절한 도구가 있어야 한다. 도구를 이용해 잡은 다음에야 불을 피워 구워 먹을 수 있다. 그리고 계절에 따라 충분히 소비하고도 남을 만큼 잡는다면 어떻게 할까? 내장을 빼내 저장하든, 말리든, 아니면 다른 식으로 요리하든, 그런 과정이 필요할 것이다.

어쨌든 후기 구석기 수렵채집민이 민물이든 바닷물이든 수생자원을 이용해 식량자원의 폭을 넓혔다는 사실이 중요하다. 그렇게 환경변화에서 오는 불확실성과 위험부담을 누그러뜨릴 수 있었다. 그리고 어떤 집단이 새로운 자원을 이용하면 그것은 주변 무리에게 빠르게 확산할 것이다.

광범위 식량자원 확장

고든 차일드가 제시하고, 지금까지도 여러 역사교과서를 비롯해 일반적으로 받아들이고 있는 신석기혁명(농업혁명)이란 신석기시대에 들어서 수렵채집민이 한곳에 머물며 간석기와 토기를 사용하고 곡물을 재배하고 동물을 사육함으로써 돌이킬 수 없는 인류사의 전환, 곧 혁명과도 같은 변화를 몰고 왔음을 강조하는 개념이다. 그런데 정주와 농경, 토기, 간석기 같은 중요한 "신석기 요소"가 실제론 한꺼번에 등장한 것도, 신석기시대에 시작된 것도 아니다. 우선 한국의 후기 구석기시대 유적(진주 집현, 대전 용호동, 장흥 신북, 전주 재경들 등)에서는 간석기가 드물지 않다. 또 주변 동아시아에서는 후기 구석기시대에 토기가 나오는 유적이 꽤 있다. 서아시아에서는 구석기시대가 끝나갈 무렵 수렵채집민은 이동생활을 멈추고 정주에 들어갔다. 기실 시작은 후기 구석기시대로 올라간다. 나아가 지역에 따라 선사문화의 전개 과정은 다양하다. 그러니 신석기혁명이란 용어를 그대로 쓰는 것은 문제가 있다.

고고학자 켄트 플래너리(Kent V. Flannery)는 일찍이 서아시아에서 신석기시대의 시작과 더불어 식량자원의 이용에서 광범위한 확장이 이뤄졌다고 주장했다(Flannery 1969; 1973). 이것을 광범위혁명(Broad-Spectrum Revolution, BSR)이라 부른다. 비교적 단조롭던 수렵채집민의 식단에 다양한 식물성 자원이 추가되었으며, 이로써 환경이 수용할 수 있는 인구, 곧 수용력(carrying capacity)이 커지고 농경으로 가는 토대가 놓였다고 한다. 비록 신석기혁명이란 개념과 비교를 위해 혁명이라는 용어를 썼지만, 내용상 점진적 변화를 강조한다. 플래너리의 주장은 사실 농경의 등장이 한순간의 사건이나 혁명이 아니었으며, 수렵채집민이 상당한 시간 동안 식량자원의 폭을 넓혀 이전에는 등한시했던 식물자원을 적극 이용했다는 것이다.

진화생태학의 견지에서 열량을 계산해 보면 큰 동물 같은 사냥감은 가공에 필요한 시간과 노동을 생각할 때 사람들이 선호하는 상위의 자원이다. 상위자원을 이용할 수 있다면 굳이 작은 동물을 사냥하거나 씨앗을 따 껍질을 벗기고 갈아 요리하는 번거로움은 달갑지 않을 것이다. 거꾸로 그런 하위자원이 식단에 고루 이용되었다면 환경변화 같은 이유로 선호하는 식량자원, 곧 상위자원 이용이 여의찮았음을 짐작할 수 있다. 인간행동생태학의 최적수렵채집모델에 따르면 식단폭을 넓히는 일, 곧 다양한 식량자원을 이용하는 것은 환경변화에서 오는 위험부담을 줄여 안정적으로 식량을 확보할 수 있게 돕는다. 주어진 환경 안에서 인구가 늘어나 경쟁이 치열해지면서 기존에 무시했던 자원을 적극 이용하기 시작했을 수도 있다.

식단폭을 넓히는 일은 특정한 상위자원에 치중했을 경우 닥칠 위험부담을 낮추는 장점이 있다. 스타이너의 연구처럼 후기 구석기시대 동안 인류는 작은 동물을 더 많이 사냥하게 되었다(Stiner et al. 1999; Stiner and Munro 2002). 소형동물 자체는 큰 동물에 비해 분명 하위자원이지만, 수로 보면 더 많다. 만약 기술이 발달해 작고 빠른 동물을 더 많이 잡을 수만 있다면, 계절에 따라 이동하는 경향이 강하고, 집단 사이에 경쟁이 있는 대형동물을 사냥하는 것보다 안정적으로 식량자원을 확보할 수 있다. 후기 구석기시대 말 투사(투창기) 기술의 발달, 그리고 결국 활과 화살의 등장은 소형동물이 식단에서 중요해진 상황을 비춰주고 있다. 중기 구석기시대 동물상에서 토끼목은 거의 포함되어 있지 않았다. 그러나 후기 구석기시대에 토끼는 상당수 유적에서 보이며, 구석기시대가 끝난 뒤엔 매우 빈번한 사냥감이 되었다(Stiner et al. 1999). 이렇게 후기 구석기시대 수렵채집민은 작은 동물까지 식량자원으로 폭넓게 이용했다. 식물성 식량은 어떨까?

오할로 II는 흔히 "바다"라고도 불리는 이스라엘의 갈릴리호 서남안에 있는 대략 23,000년 전 최후빙하극성기의 유적이다. 사람들이 주거 공간으로 이용했던, 나뭇가지가 둥그렇게 둘린 야영지 역시 잘 보존돼 있었는데, 지금까지 알려진 관목으로 만든 주거지 중 가장 이른 것이다. 집터가 나온 층에서 무려 55,000개 씨앗과 과실 유체가 확인되었다(Snir et al. 2015).

유적이 이처럼 잘 보존된 이유는 식물 유체가 거의 모두 불에 탔고, 사람들이 떠나자마자 호수 수위가 높아져 유적을 덮었기 때문이다(Weiss et al. 2008: 2400-2414). 화재 뒤 홍수가 나 고운 모래와 진흙이 사람들이 살던 흔적을 덮었고 유적이 물속에 잠김으로써 마치 밀봉한 듯이 보존되었다. 유기물이 불에 타고 물에 잠겨 결과적으로 박테리아의 활동이 억제되었기 때문이다. 고의로 불을 질렀는지, 아니면 사고로 불에 탔는지는 알 수 없지만, 이런 자연재해 는 가끔 이런 훌륭한 고고 자료를 준다. 그리고 1989년 가뭄이 이어져 수위가 9m나 내려가면서 2만 년이 넘은 수렵채집민의 흔적이 드러났다(그림 14.1).

나무와 줄기, 뿔 같은 것으로 만든 도구가 많았을 과거 유적에서 유기물이 보존된 경우는 거의 없다. 특히 대부분 야외 유적인 한국의 경우 유기물은 빠르게 부식된다. 따라서 거의 모든 선사시대 유적에서 석기와 토기가 주된 자료로 쓰이는 것이다. 유기물은 동토나 건조한 사막, 아니면 물에 흠뻑 젖은 저습지, 그리고 동굴이나 패총 같은 유적에서 잘 보존된다.

1989년 오할로에서 발굴이 시작되었지만, 2년 뒤 다시 물이 불어나면서 유적은 10년 동안이나 또 호수에 잠긴다. 유적 발굴에서는 야

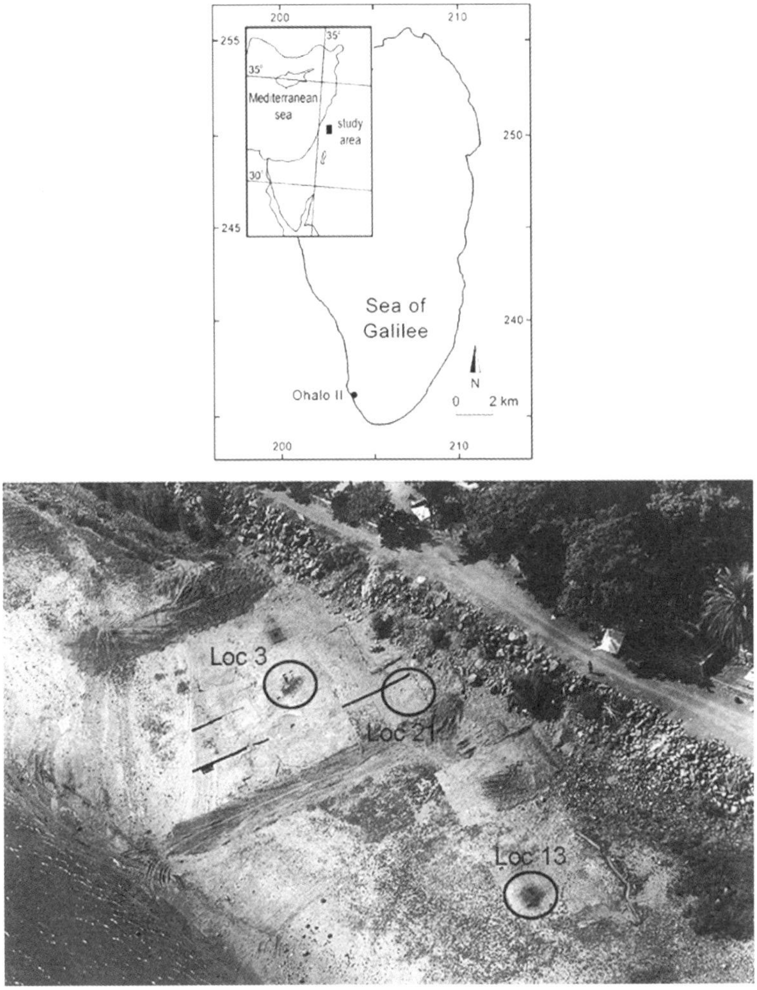

그림 14.1 이스라엘의 오할로 II 유적을 공중에서 내려본 모습. (출처: wikimedia commons, Ohalo II)

영지가 드러났다. 놀랍게도 이 야영지 내부 한쪽에서 갈돌과 갈판이 놓여 있었고, 다른 편에선 플린트로 석기를 만들었던 흔적이 드러났다. 다시 말하면 야영지 안에서 식물을 가공하고, 석기를 만들었던 공간이 나뉘어 있었다(Weiss et al. 2008). 물론 이것 자체로 성별 분업을 말할 순 없겠다.

발굴조사로 최후빙하극성기 이곳에 살던 사람들의 삶이 잘 드러났다. 한 연구에 따르면, 사람들은 식량을 야생 식물과 수생자원에 의존했다(Weiss et al. 2004; 2008). 야영지에서는 씨앗이 9만 점이나 수습되었는데, 당시 사람들이 식물성 식량을 가공했을 것으로 짐작할 수 있다. 야생보리뿐 아니라 다른 여러 작은 씨앗도 이용했으며, 산딸기 씨앗도 많았다. 야영지 한쪽 씨앗이 많이 드러난 곳에선 길이 40cm의 갈판이 있었다. 갈판에 잔존한 녹말을 분석한 결과 씨앗류를 가는 데 썼음이 드러났다. 씨앗류만이 아니다. 유적 조사에선 현재 호수에 사는 19개 물고기 종 가운데 8개 종을 확인했는데, 이 가운데 잉어류(Cyprinidae)와 베드로물고기(Cichlidae, St. Peter fish)는 민물고기다. 연구에 따르면 이곳 주민은 계절마다 돌아가며 여러 물고기 자원을 이용했다고 한다(Zohar et al. 2018).

이처럼 23,000년 전 최후빙하극성기 오할로에 살던 수렵채집민은 이미 광범위한 식량자원을 먹었고, 특히 식물성 자원을 폭넓게 이용했다. 흔히 플라이스토세가 끝나면서 식물성 자원이 중요해졌다고 생각하지만, 이보다 무려 10,000년도 전에 그런 변화가 일어난 것이다. 다시 말하면 광범위혁명이라 불리는 변화가 이미 최후빙하극성기에 시작된 것이다. 흥미롭게도 이런 작은 씨앗식물은 이후 15,000년 동안 점점 식단에서 사라지고 밀과 보리 같은 곡물이 그 자리를 차지했다.

그러니 농경으로 가는 변화의 시작을 언제부터로 설정할지는 연구자마다 다를 수밖에 없다. 그러나 최소한 플래너리가 말하는 광범위한 식량자원 이용을 중시한다면, 최후빙하극성기를 살았던 구석기시대 수렵채집민에 주목해야 할 때다. 동아시아에서도 플라이스토세 말 수렵민은 주변에서 얻을 수 있는 자원을 더 폭넓게 이용하기 시작한다(Liu et al. 2012). 식물 씨앗을 뿌리고 어린싹을 가꾸고 김을 매 곡물을 수확하고 저장하는 농경이 시작되기 훨씬 전부터 사람은 식물

자원과 더 깊은 관련을 맺기 시작했다.

이렇게 보면 농경이란 식량자원의 폭이 확대되는 양상, 곧 식단 폭 확대와 함께 특정 식량자원에 집중하는 집약화 또한 중요하다. 그러다가 인간이 주변 생태에서 더 많은 자원을 집중적으로 얻기 위해 환경에 더 개입했을 것이고, 이 과정이 바로 순화와 농경으로 가는 길이었을지도 모른다. 그렇게 최적수렵채집모델보다는 생태적소구성모델(niche construction theory)에 더 주목하는 연구자도 있다(Zeder 2012). 인간이 환경에서 더 효율적이고도 집약적으로 생산성을 높이기 위해 생태계를 관리하고 조작하는데, 그 일부가 바로 인간일 수 있는 것이다.

나투피안, 이동하지 않는 수렵채집민

후기 구석기시대 문화는 아프리카에서 확산하는 현생인류가 담당했기에 어느 정도 일반성이 있다. 특히 정교한 뗀석기를 만드는 높은 수준의 기술은 아시아와 신대륙 여러 지역에서 확인할 수 있다. "공통 토대의 시기"라 할 만하다. 확산한 현생인류는 열대는 물론이고, 추운 고위도지방, 건조한 지역과 고산지대까지 다양한 환경에 적응했다. 시간이 흐르면서 환경이 다양한 만큼 지역적 특성도 두드러진다. "다양화의 시기"라 부를 법하다. 오늘날 인간의 토대를 닦은 현생인류는 각자의 환경에서 서로 다른 방향으로 문화를 발전시킨다. 토기와 농경에서도 지역 다양성이 커진다. 토기는 동아시아에서 플라이스토세 말에 등장하지만, 이는 수렵채집민이 만들고 사용한 것이다. 서아시아에서는 수렵채집민이 더는 이동하지 않고 한곳에 정주하면서도 토기는 만들지 않았다. 이곳 고고학자들은 구석기시대가 끝나고 이어진 토기 없는 신석기시대를 가리켜 선토기신석기시대(Pre-Pottery Neolithic, PPN)라 부른다.

서아시아에서 신석기시대로 들어가기 전 후기 구석기시대 마지막은 나투피안문화(Natufian culture)이다. 15,000년 전에서 11,500년 전까지, 기후 시기로는 뵐링-알러뢰드 온난기와 영거드라이어스 냉한기를 포괄한다. 이 시기 정주, 또는 반(半)정주의 수렵채집문화가 발달해 이후 농경으로 가는 길목이 되었다. 집은 수혈(반지하)식으로 땅을 파고 돌을 돌려 벽을 쌓은 구조다.

나투피안기의 대표 유적인 이스라엘 북부 구릉지대에 있는 아인말라하(Ain Malaha)를 보자(마이든 2019, 4장). 약 14,000년 전부터 영거드라이어스기가 끝나는 11,700년 전(9,700 BC)까지 이곳은 참나무, 그리고 아몬드와 피스타치오 나무가 많은 숲이었다. 수렵채집하는 사람들이었으나 풍부한 환경을 바탕으로 떠나지 않고 연중 내내 거주했다. 플린트로 만든 돌날을 뼈나 나무에 홈을 파고 끼워 낫으로 만들어 야생 보리와 밀 이삭을 땄다. 아몬드와 피스타치오 열매도 채집했다. 그리고 가젤과 함께, 다마사슴(fallow deer), 멧돼지, 붉은사슴, 노루, 토끼를 사냥하고, 호수에서 여러 물고기도 잡았다. 채집한 식물을 가공하기 위해 갈판과 갈돌 같은 간석기도 많이 만들었다.

수렵채집민이 더는 이동하지 않고 정주했음을 어떻게 알 수 있을까? 고고학자는 쥐 뼈와 동물 이빨을 연구해 대답을 찾는다. 가젤 이빨의 백악질은 계절에 따라 층이 생기는데, 이것을 분석한 결과 가젤이 네 계절 모두 사냥되었음을 알 수 있다. 땅을 파고 돌을 돌려 집을 만들었다는 것을 봐도 이동보다는 한곳에 거주했음을 짐작할 수 있다. 쥐와 참새 뼈도 많이 나왔다. 사람이 사는 마을에 기생하는 동물이다. 쿠치 등의 연구에 따르면 15,000년 전 레반트지방의 나투피안 유적에서 나온 쥐 이빨은 모두 들쥐가 아닌 집쥐의 것이었다고 한다(Cucchi et al. 2020). 아인말라하에서는 또 이미 순화된 개 뼈도 나왔다. 심지어 사람과 함께 묻혀 있었다. 개는 사냥에 도움을 줄 뿐 아니라 마을을 지키는 데도 중요한 역할을 했을 것이다. 마을엔 100명에서 150명 정도 사람이 살면서 주변에 "야생정원"을 관리했던 것으로 보인다.

초기 나투피안 사람들은 수렵채집민이었지만, 풍족한 식량자원을 바탕으로 정주하기 시작하면서 음식물 쓰레기를 집 주변에 남겼고, 여기에 집쥐가 들어와 살았다. 그러나 13,000년 전이 되면 구조물의 크기가 더 작아지고 이로부터 나오는 쥐 이빨도 다시 들쥐 것으로 바뀐다. 다시 12,000년 전이 되면 집쥐가 80%를 차지한 것으로 보아 사람들은 더는 이동하지 않고 한곳에 머물러 마을을 이룬 것으로 보인다. 이때가 서아시아에서 신석기시대가 시작된 시점이다.

Box 14.1

아부후레이라

아부후레이라(Abu Hureyra)는 시리아의 구릉지대에 있는, 플라이스토세 끝자락에서 홀로세 초에 이르는 유적이다. 이른바 비옥한 초승달지대의 북쪽 언저리, 유프라테스강 남안에 있다. 유적에선 곡물이 재배종이 되는 과정이 잘 드러난다(마이든 2019, 5장). 아부후레이라 마을 사람들은 수렵채집으로 시작했지만, 나중엔 호밀(rye)을 재배함으로써 지금까지 알려진 최초의 농경마을에 살았다. 이 변화는 어떤 극적인 단절보다는 연속적인 과정이었다. 이렇게 시작한 호밀 재배는 영거드라이어스 냉한기, 그러니까 구석기시대가 끝날 무렵까지 올라간다.

수렵채집민이 처음 이곳에 자리 잡은 것은 영거드라이어스기 전이다. 사람들은 필요한 식량을 채집해 소비했을 뿐 아니라 땅을 파서 만든 저장고에 모아두고 연중 거주했다. 마을 주변 야생정원에서 아인콘밀(einkorn wheat)과 에머밀(emmer wheat), 그리고 호밀을 가꾸고 수확했다. 야생종이었다. 주변 구릉지대에서는 가젤 떼가 이동하는 여름에 공동으로 사냥해 가죽을 벗기고 고기를 말려 저장했다. 야생 양과 염소, 그리고 여우와 토끼도 사냥했고, 이로부터 가죽과 털을 얻었다. 마을 사람들이 당장 필요한 것보다 훨씬 많은 식량을 얻었고, 사람들은 이곳을 떠나지 않고 저장고에 식량을 보관했다.

그러다 12,900년 전 영거드라이어스 냉한기가 찾아와 천년이 넘게 이어진다. 건조했고 해마다 떼를 지어 이동하는 가젤도 많이 줄었다. 아부후레이라 사람들은 다시 이동하는 수렵채집민이 되어 이곳을 떠나기도 했다. 이 시점 유프라테스강 건너 무레이벳(Mureybet) 유적이 더 커졌다. 사람들은 더 많은 식량을 얻기 위해 잡초를 뽑으며 야생정원을 가꿨다. 그래도 여전히 식물은 야생종이었다.

11,700년 전 영거드라이어스기가 끝나고 후빙기 환경이 도래하면서 아부후레이라에 사람들이 다시 찾아왔다. 주민은 이제 야생종이 아니라 재배종 밀을 심고 가꾸기 시작했다. 그리고 흙벽돌로 집을 지었다. 다시 가젤 사냥도 했다. 그러다가 아마도 남획으로 가젤 사냥이 여의찮게 되자 염소와 양을 기르기 시작했다. 집을 짓고, 무너뜨린 뒤 그 자리에 다시 흙벽돌로 집을 지었다. 마을은 갈수록 더 높은 둔덕(마운드, 이곳 사람들은 텔[Tell]이라 부른다) 위에 들어서 기원전 7,000년까지 2,000년 넘게 이어졌다. 몇백 명이 모여 시작한 마을은 가장 컸을 때 수천 명이 사는 소도시로 발전했다. 사람들은 이제 농경민으로서 호밀과 아인콘밀, 렌틸콩, 에머밀, 보리, 콩을 재배하고, 가축도 길렀다.

아인말라하, 아부후레이라에서 가젤을 사냥하고, 야생정원에서 다양한 식물자원을 이용한 플라이스토세 말 나투피안 사람들은 상당히 건강한 상태였다. 이 사람들이 이동생활을 멈추고 한곳에 정주한 것은 인구가 늘어서가 아니라 풍족한 환경에서 이동할 필요를 느끼지 못해서였다. 연구에 따르면 인골과 치아에서는 식량부족을 겪었던 증거가 별로 없다. 오히려 초기 농경민의 치아는 심하게 닳아 있었다. 식물성 자원에 더욱 의존하면서 치아는 더 빨리 닳았다(마이든 2019: 71). 갈판에 곡물을 올리고 갈돌을 위아래로 움직여 껍질을 벗기고 가는 행위는 무릎과 발가락, 허리에 무리를 준다. 초기 농경민의 인골에는 이런 스트레스의 흔적이 보인다.

식물재배의 시작과 빙하시대의 종말

최후빙하극성기 이후 고위도 빙상은 빠르게 녹았다. 특히 북아메리카에서 코딜러란과 로렌타이드빙상이 녹는 속도는 시간이 흐르며 더 빨라졌다. 23,000년 전 최후빙하극성기에 지금보다 130m 아래에 있던 해수면은 급상승해 뵐링-알러뢰드 온난기(14,700-12,900년 전)에는 70m 아래까지 이르렀다. 빙하시대가 끝나는 듯 보였다. 캐나다를 짓누르던 만년설이 녹으며 엄청나게 큰 호수가 생겼다. 아가시즈호의 차가운 물은 결국 오늘날 허드슨만이라 불리는 바다로 들어갈 운명이었다. 얼음이 녹아 물은 계속 차오르고 호수를 가로막은 댐이 터져 엄청난 물이 쏟아졌다. 차가운 물이 해류의 흐름을 바꿔 놓으면서 기온은 다시 급격히 낮아졌다. 이런 이유로 12,900년 전 영거드라이어스 냉한기가 닥쳤을 것이다. 1,000년 넘게 냉한기와 가뭄이 이어지다가 11,700년 전 갑자기 지구 온도가 뜨거워지기 시작한다. 플라이스토세는 완전히 끝을 맺고, 기온과 해수면은 다시 급상승하면서 후빙기가 시작한다. 급작스러운 기온상승은 지구온난화라 부를 만큼 극적이었다.

서아시아의 레반트지방에서는 "천년의 가뭄"(마이든 2019)이라 불릴 만큼 기후와 환경조건이 나빠졌다. 야생으로 얻을 수 있는 식물자원의 양은 줄어들었다. 나투피안사람들은 2,000년 가까운 세월 동안 풍족한 환경을 바탕으로 이동생활을 멈추고 정주했지만, 냉한기와 가뭄이 이어지면서 다시 흩어졌다.

그런데 정주생활의 유산은 남았다. 아이를 업거나 안고 이동하는 생활보다 한곳에 모여 살면 출산과 양육이 더 자유롭기에 인구가 늘어날 것이다. 오랫동안 정주하면서 이미 인구는 불어 있었다. 인구를 부양하기 위해 더 많은 가젤을 사냥해야 했다. 이 가운데 덩치가 큰 수컷을 더 많이 사냥했다. 개체수를 관리하는 듯했지만, 이는 장기적으로 잘못된 결과를 낳을 수밖에 없었다. 큰 수컷 개체를 집중해 잡았다면 암컷은 더 작은 수컷과 번식할 수밖에 없었을 것이다. 세대가 흐르며 가젤의 크기는 작아졌다(마이든 2019: 76). 그리고 주변에서 얻을 수 있는 식물성 식량 또한 과도하게 이용하면서 식량은 더 부족해졌고, 주민의 건강도 해치는 결과를 낳았다. 마을은 해체되고, 사람들은 다시 흩어져 이동생활에 들어갔다.

어떻게 재배종이 등장했는지를 정확히 알 수는 없다. 아마도 사람들은 영거드라이어스 냉한기를 맞아 야생종의 생산성이 떨어지면서 선호하는 변이를 찾아 씨앗을 심고 가꿨을 것이다. 야생정원에서 잡초를 뽑아야 할 뿐 아니라 싹이 나와 뭉쳐 있는 것을 다른 데 옮겨 심어주기도, 가끔 물을 주기도 했을 것이다. 그렇다고 이런 식물이 재배종이 되는 것은 아니다. 재배종이 되기 위해선 의도적으로 씨앗을 뿌리고 가꾸는 과정이 되풀이되어야 한다. 특히 야생종은 씨앗을 맺고 익으면 바로 바람에 떨어져 발아할 준비에 들어간다. 땅에 떨어진 낟알을 줍기란 번거롭기 짝이 없다. 따라서 중요한 것은 탈립이 잘 안 되는 변이를 찾아 씨앗을 심고 가꾸는 일이다. 사람이 와서 플린트 잔돌날이 박힌 낫을 이용해 수확할 때까지 고개를 숙이고 있어야 한다. 이런 재배종화는 종자를 골라 심고 가꾸는 과정이었다.

아부후레이라 유적에서 고식물 자료를 연구한 고든 힐먼(Gordon Hillman) 등은 13,000년 전 즈음(기원전 11,000년에서 10,500년) 야생종에서 재배종으로 전이하는 과정의 낟알 몇 개를 찾았다고 한다(Hillman et al. 2001). 이곳 사람들은 무의식적으로 수확 과정에 이런 변이를 찾아 가꿨다. 이런 실험을 시행착오와 함께 되풀이했을 것이다. 또 갑작스럽게 찾아온 영거드라이어스기의 춥고 건조한 환경을 맞아 야생 식물의 생산성이 감소하면서 다시 흩어지기도 했고(마이든 2019: 82), 호밀 재배 같은 새로운 대안을 찾기도 했다. 야생종에서 재배종으로의 전환은 매우 오랜 세월이 필요한 일이다. 이렇게 후빙기 지구온난화 시기 서아시아에서는 농경 마을이 나타난다. 이 시기 습윤한 환경이 도래하면서 숲이 넓어지고, 다시 풍족한 조건이 찾아온다. 호수의 수위가 높아지고, 동물도 더 많아졌다. 신석기시대에 접어든 것이다.

양과 염소 사육의 시작

동물사육이 가장 먼저 일어난 곳도 서아시아다. 서아시아의 몇 지역에서 가축화는 야생종을 사냥해 바로 소비하지 않고 한동안 먹이를 줘 기른 다음 잡는 과정을 밟았다. 여러 연구자는 가축으로 기르는 양의 조상으로 서아시아 일대에 자생하는 야생 무플론(mouflon)을 꼽는다. 주로 야생의 어린 새끼 무플론을 잡아 기르다가 적당한 때 도축해 고기를 이용하고, 가죽도 부산물로 사용했을 것이다. 나중엔 암컷한테서 나오는 젖도 이용하고, 시간이 흘러 기원전 6,000년 즈음이면 털까지 얻는 본격 사육이 시작된 것으로 보인다.

튀르키예(옛 터키)의 아나톨리지방 아시클리회위크(Aşıklı Höyük) 유적은 과거 연구자들이 강조했던 비옥한 초승달지대에선 벗어난 곳이지만, 이런 순화의 과정이 잘 드러나는 유적이다. 최근 메리 스타이너 등이 동물 뼈 자료를 분석한 바에 따르면, 이 과정은 기원전 8,400년(10,400년 전)부터 세 단계로 나눌 수 있다(Stiner et al. 2022). 첫 번째는 광범위 식량 획득전략으로 고기를 저장하고, 주변 고지대에서 야생의 새끼 양을 잡아 몇 달을 기른 뒤 도축하는 것이다. 두 번째는 어린 양을 잡아 기르는 전략을 계속하면서도 마을 안에서 어느 정도 번식이 이뤄지는 것을 가리킨다. 세 번째는 새끼도 잡지만, 생식 능력이 있는 성년 개체를 많이 잡아 기르는 것이다. 이렇게 양과 염소 사육의 과정은 매우 점진적이었다.

스타이너 등의 연구에 따르면, 아시클리회위크에서 첫 번째 단계에선 렌틸콩과 견과류를 이미 재배하고 있었고, 산양과 들소, 사슴뿐 아니라 토끼와 거북, 물고기 같은 동물도 잡았다(Stiner et al. 2022). 이 가운데 가장 흔한 동물 뼈는 역시 양의 것이었고 대략 50% 정도를 차지한다. 그런 뒤 어린 개체의 뼈는 줄고 양 뼈는 계속 늘어나, 기원전 7,500년이면 양이 동물 뼈에서 거의 90%를 차지했다. 자연 상태의 무리에서 산양은 암컷과 수컷이 비슷한 수지만, 이때가 되면 생후 6-7개월 이전에 죽은 암컷은 11%인데 비해 수컷은 58%가 된다. 농경민이 이미 새끼를 낳을 수 있는 암컷을 선호했음을 잘 보여준다.

어린 개체를 잡아 마을 안에서 길렀음을 어떻게 알 수 있을까? 발굴로 얻은 자료는 놀라웠다. 집과 집 사이 아마도 울타리로 쓰였을 공간에 양의 똥이 두껍게 쌓여 있었다. 유적에서 나온 양 뼈의 생김새로 보아 야생이었지만, 마을 안에서 풀을 먹이로 주고 길렀을 것이다. 사람들은 멜렌디즈강(Melendiz River)가의 비옥한 곳에 자리를 잡고 곡물을 재배하며, 풍부한 주변 환경에서 산양을 사냥했다. 다만, 동식물 자원의 생산성이 연중 내내 일정하지는 않았을 것이고, 이런 환경에서 식량 확보와 축제 등 여러 요인에 따라 장기간의 과정을 거치면서 가축화에 이르렀을 것이다.

공진화 모델: 재배, 인간과 식물의 새로운 관계

1980년대 고고학자이자 식물학자 데이비드 린도스(David Rindos, 1947-1996)[5]는 생물진화에서 흔하게 보이는 생물 종 사이의 공진화(coevolution)라는 개념으로 순화(domestication)와 농경의 등장과 성립을 설명했다. 지금도 그러하지만, 그때까지 농경은 수렵채집과 비교해 우월한 생업 방식이라는 인식이 일반적이었다. 사람이 시행착오를 거듭해 씨앗을 뿌리고 가꾸면서 생산성이 높아지고, 잉여산물을 바탕으로 더 풍요로워지니 자연스럽게 문명사회로 진전했다는 것이 일반적 서사였다.

신석기혁명이라는 개념을 제안한 고든 차일드도 마찬가지다. 신석기시대에 들며 식물재배와 동물사육, 정주마을, 토기와 간석기가 한꺼번에 인류사에 '혁명' 같은 전환을 불러왔다고 평가했다. 이후 연구자들은 환경변화와 인구압에 주목하기도 했지만, 결국 인간의 의도와 성취를 강조하기는 마찬가지였다.

그런데 린도스는 순화(식물의 작물화[재배종화]와 동물의 가축화)라는 개념을 농경체계 등장 이전, 사람과 식물 사이에 일어난 공진화 과정이라고 정의했다. 사람과 식물 사이 상호협력의 과정은 다른 식물, 그러니까 잡초를 뽑는 일에서 시작한다. 농경은 여기서 더 나아가 체계적으로 환경을 이용하고 조작하는 일련의 활동을 말한다. 농경이란 오랜 순화 과정에서 기원한 것이고, 이는 동물과 식물 사이 공진화로 자리 잡았다는 것이다. 개미와 나무처럼 동식물 사이 공진화 사례는 수없이 많다. 이렇게 동물과 식물, 사람과 재배 곡물, 가축은 서로 도움을 주고받는 오랜 관계를 세웠다. 그러니 농경이란 생업체계는 사실 서로의 생존을 위해 의존하는 관계라고도 볼 수 있다.

1980년과 1984년에 나온 『커런트 앤스로폴로지 *Current Anthropology*』에는 린도스의 논문과 함께 여러 연구자의 논평, 그리고 대답이 실렸다. 논평자 다수는 린도스의 공진화 모델을 불편해했다. 어떻게 사람을 개미 같은 동물과 비교할 수 있는가? 사람이 밀이나 쌀을 재배한 것이니 사람이 식물을 이용한 것이지, 반대로 식물이 사람에 다가서고 이용했다고 할 수 있는가? 여러 인류학자와 고고학자는 인간의 의도를 배제하고는 농경을 설명할 수 없다는 견해를 내세웠다. 동물과 식물에서는 의도를 찾을 수 없기에 생물의 공진화 과정을 농경의 기원을 설명하는 토대로 삼는 것은 잘못이라고 했다.

예를 들어 코헨은 린도스가 인간의 의도성이나 발명을 무시하는 것은 잘못이라고 비판했다(M. Cohen in Rindos 1980: 766). 이렇게 농경은 인류사를 바꾼 위대한 발명이고, 발명은 인간의 의도성과 창의성 위에서 탄생했다는 생각이 지배적이었다. 반면, 린도스의 입장을 두둔한 로버트 더넬은 진화이론에 입각해 사람을 포함해 살아 있는 모든 생명체의 행위와 진화를 설명한다(Dunnell in Rindos 1984: 326). 사람과 자연을 구분하는 오랜 관습을 버리고 과학적인 설명을 도모해야 함을 주장한다. 물론 인간의 의도성도 변화에 중요한 역할을 하지만, 과학에서 의도란 사실 설명을 할 수 있는 주제가 아니다. 새로운 변이의 생성에 역할을 할 뿐이다.

린도스는 1981년 코넬대학에서 박사학위를 받고 1984년 『농경의 기원 *The Origins of Agriculture*』이라는 책을 발간한다. 지난 세기 린도스의 모델은 인문사회과학 주류에선 받아들일 수 없는 것이었다. 특히 1980년대 이후 고고학에는 탈과정주의(Postprocessualism)라 부르는 흐름이 나타나 기존의 실증을 중시하고 과학적 접근을 선호하는 과정고고학(Processual archaeology)을 비판했다. 탈과정고고학은 객관성보다는 주관성을 중시하고, 과학적 설명보다 해석을 강조했다. 이런 유행을 주도한 사람은 스탠퍼드대학의 고고학자 이안 호더(Ian Hodder)였다. 호더는 빈포드를 비롯한 과정고고학자의 프로그램을 비판하고 상징과 맥락을 강조했다. 특히 더넬과 린도스 등의 진화고고학 접근은 지나치게 과학과 실증을 추구했다는 점을 비판하고, 에이전시와 개인성(personhood), 기억과 주관성 같은 용어를 고고학에 도입한 것으로 유명하다.

그런데 21세기 들어서며 학계에도 변화가 생겼다. 호더의 입장도 크게 변했다(Hodder 2011). 호더는 유명한 차탈회위크(Çatalhöyük)

그림 14.2 괴베클리테페 유적지. (출처: shutterstock)

유적을 20년 넘도록 발굴하면서 거의 2,000년 동안이나 마을이 어떻게 유지되고 변모했는지 설명하기 위해 진화이론에 의지했다. 호더는 더넬 등의 주장에 귀를 기울여야 한다고 하면서 유물 자체의 관점에서 문화와 사람의 역사를 볼 필요가 있다고 한다. 사람은 사물에 의존하고, 사물은 사람에 의존한다고 말한다(Hodder 2011: 165).

괴베클리테페와 차탈회위크 유적지

공동생활에는 긴장이 따를 수밖에 없다. 공동체의 안녕이 필요하고, 자원의 고갈에 대비도 해야 하기 때문이다. 특히 풍부한 환경을 바탕으로 이동성을 떨어뜨리든지, 나아가 더는 이동하지 않고 한곳에 정주한다면, 수렵채집민으로선 어떻게든 긴장을 누그러뜨리고 공동체의 화합과 단결을 고취할 기제가 필요하다. 튀르키예 남부의 괴베클리테페(Göbekli Tepe)는 바로 그런 유적이다.

1994년 독일 고고학자 클라우스 슈미트(Klaus Schmidt, 1953-

2014)는 석회암으로 이뤄진 낮은 산 정상부를 발굴하기 시작했다. 이미 1960년대 플린트 유물과 토루 같은 유구가 드러났지만, 사람들이 잊고 있던 유적이었다. 슈미트는 이곳에서 수렵채집민이 석회암을 깎아 세워놓은 커다란 비석 같은 것을 찾았다. 영거드라이어스기가 끝난 시점부터 후빙기까지의 유구로 지금까지 알려진 가장 이른 거석기념물이다. 슈미트는 이를 두고 세계 최초의 성소(sanctuary)라고 부른다.

돌기둥 기념물은 드러난 석회암 바위를 알파벳 T 모양으로 2m 넘는 높이로 깎은 것이다. 산정에 있어 마치 땅속에 기둥을 박아놓은 듯하다. 그리곤 주변에 둥그렇게 돌을 돌렸다. 돌기둥에는 부조로 두루미와 곰, 들소, 여우, 뱀, 가젤을 표현했다. 주변에 흩어져 있는 플린트 돌조각을 이용해 석회암을 깎았을 것이다(마이든 2019: 97).

슈미트에 따르면, 이곳에 주거지 흔적은 없었다. 건축물은 주거보다는 어떤 의례의 성격을 가진 것으로 보인다. 발굴에서는 수많은 플린트 조각과 함께 동물 뼈와 식물 유체가 나왔다. 동물과 식물은 모두 야생종이었다. 슈미트는 주변 먼 곳에서부터 여러 수렵채집 무리가 찾아와 회합하고 의식을 거행했던 곳으로 보았다. 다시 말해 세계 최초의 종교의례가 벌어졌던 곳이라고 한다.

슈미트는 2014년 한창 활동할 예순 나이에 심장마비로 세상을 떠났다. 이후 튀르키예의 네즈미 카룰(Necmi Karul) 주도 아래 독일고고학연구소(German Archaeological Institute)의 리 클레어(Lee Clare) 등이 연합으로 유적을 조사하고 있다(Clare 2020). 2015년과 이듬해엔 유적 서북부 발굴에서 둥그런 구조물과 함께 일련의 노지와 뼈로 만든 도구들이 확인되었다. 그리고 다음 해 발굴에서는 서쪽 경사면에서 둥그런 집으로 보이는 구조가 드러났다. 이 구조물은 서아시아 선사시대 편년에서 선토기신석기시대(9,700-8,700 BC)에 속한다.

슈미트는 주거지가 아니라 사람들이 해마다 특정한 시점에 모여 종교적 의례를 거행했던 곳이라고 해석했다. 그러나 이후 발굴에선 주거지의 가능성도 부인할 수 없다고 한다(Clare 2020). 이렇듯 세계 최초 수렵채집민의 성소라는 해석은 추가 조사와 연구로 검증을 받고 있다.

차탈회위크는 튀르키에 남부에 있는 유명한 신석기시대 유적이다. 약 기원전 7,500년부터 거의 2,000년 동안 존속했던 신석기시대 마을이다. 유적은 전적으로 주거지로만 이뤄졌다. 사람들은 점토벽돌을 만들어 사각형의 집을 짓고, 다시 그 옆에 똑같은 크기와 형태의 집을 덧붙여 마을은 더욱 커졌다. 전성기엔 5,000명이 넘었다는 추산도 있는데, 최근엔 더 낮춰 보는 것 같다(Kuijt and Marciniak 2024). 벽돌로 만든 집이 지속해서 추가되었는데, 마을 안엔 분명한 길도 없었고, 집엔 문도 없었다. 통로는 지붕뿐이었다. 사다리나 계단을 타고 지붕으로 올라가 지붕을 가로질러 다시 사다리를 타고 집으로 내려갔다. 지붕이 곧 길이었다. 심지어 공동체 모임도 지붕에서 했을 것이다.

사다리를 타고 집 안에 내려오면 부엌이 있다. 거기서 요리도 하고, 주변에서 작업도 하고 잠도 잤다. 그런데 벽에는 황소 머리가 매달려 있다. 한 마리도 아니고 세 마리씩 층층이 긴 뿔을 가지고 방 안을 노려보고 있다. 이곳엔 사람들이 죽으면 집 안 바닥에 구덩이를 파고 묻었다. 침상으로 생각되는 곳 아래에 구덩이가 있고, 조상의 시신을 묻었다. 그리고 다시 죽음이 있으면 무덤을 파고 한꺼번에 되묻었다. 집의 안과 밖 벽에는 하얀색 회를 칠한 뒤 붉은색으로 그림을 그렸다. 들소와 황소, 사슴 그리고 독수리도 그려놓았다. 사람들은 밀과 보리를 심고 가꿨으며, 아몬드와 피스타치오도 수확했다. 양을 키웠다. 그러면서도 사냥을 통해 주된 단백질 자원을 얻었다.

2018년 차탈회위크를 오랫동안 발굴한 고고학자 호더가 한국에왔다. 1시간 넘는 강연이 끝나고 글쓴이는 질의응답 시간에 손을 들어 조금 엉뚱한 질문을 했다. "지붕을 타고 사람들이 건너와 자기 집 구멍을 찾아 다시 사다리를 타고 내려오면 아마도 매우 어두운 공간에서 불을 피웠을 것이다. 벽에는 긴 뿔을 한 황소가 노려보고, 바닥엔 시신이 잠들어 있다. 뿔에 받힐 수 있고, 분위기가 매우 으스스하다. 그런데도 차탈회위크 마을, 아니 소도시 사람들의 삶은 2,000년 가까이 이어졌다. 지금 내가 느낀 공포를 생각하면 마을이 그토록 오래 이어진 이유가 궁금하다."

호더는 이 질문을 매우 흥미 있다고 하면서 길게 답했다. 첫째, 오랫동안 발굴했지만, 폭력의 흔적은 거의 없었다고 한다. 이 사람들의 삶과 죽음이 모두 평화로웠단 얘기다. 둘째, 무덤이 집 안에 있어 무서울 것이란 느낌은 아마 우리들의 생각일 뿐이다. 이 사람들은 조상이 현세를 지켜준다고 생각했을 수 있다. 그러니 삶과 죽음이 얽혀서 같이 하던 공간이었다. 셋째, 무덤과 집도 크기와 부장품에서 차별을 볼 수 없다고 한다. 그만큼 평등을 지향한 삶이 오랫동안 유지되었다고 한다. 공공건물도 없었다. 이런 질서가 아마도 성공적 존속의 배경이지 않았겠냐고 했다.

발굴을 해보니 집 안은 깨끗했다. 쓰레기는 바깥으로 치웠다. 이런 식으로 위생을 관리했을 것이다. 위생적인 삶도 오랜 존속에 이바지했을지 모른다. 모여 사는 공간에서 전염병이 퍼진다면 재앙으로 이어질 수 있기 때문이다. 사실 1,000명이 넘는 소도시에서 사회 위계가 없다는 것도 쉽게 이해할 수 있는 현상은 아니다. 위계가 오히려 자연스러운 현상이기 때문이다. 그렇기에 사회 위계가 질서를 해친다는 믿음으로 어떻게든 위계화를 막기 위한 메커니즘이 있었을 것이다. 차탈회위크에는 방어벽도 없었다. 외부 침입의 흔적도 없었다.

농경의 뿌리는 수렵채집사회

이렇듯 농경으로의 전환은 혁명 같은 사건이 아니라 매우 오랜 과정이었다. 혁명이라는 것은 인류사에 그만큼 지대한 영향을 미쳤음을 비유적으로 표현한 것일 뿐이다. 차일드가 제시한 신석기혁명의 요소, 곧 식물재배와 동물사육, 정주마을, 토기, 간석기는 플라이스토세가 끝나면서 동시에 등장한 것이 아니다. 지금까지 보았듯이 거의 모든 요소의 등장은 후기 구석기 수렵채집사회까지 올라간다.

여러 지역의 후기 구석기시대 수렵채집민은 최후빙하극성기와 이후 급격한 환경변화를 맞아 광범위한 식량자원을 이용해 위험부담을 줄였다. 이스라엘 오할로 II 유적에서 드러났듯이 이미 20,000년 전이면 여러 씨앗류 곡물과 견과류, 덩이줄기를 식량으로 삼았다. 더러는 주변 야생정원에서 잡초를 매며 후일 수확할 식물을 관리했다. 이렇게 사람과 식물의 공진화 과정이 오랫동안 이어졌다. 이것을 마치 실험과도 같은 시행착오의 과정이라 묘사할지도 모른다. 새로운 삶이 시작한 듯하다가도 이내 과거 방식으로 돌아가기도 했다. 이처럼 긴 변화의 과정에서 새로운 요소는 드나들기를 반복했다. 이것을 실패라고 부른다면, 실패와 시행착오를 거듭하며 농경이라는 변화로 나아갔던 것이다. 긴 드나드는 과정(coming and going process)이야말로 새로운 변화로 가는 가장 중요한 특징이다.

농경이 생각만큼 풍요와 안전을 가져다주지 않았다(고일홍 2011). 농사를 짓기 시작한 초기 농경민은 여유와 윤택은 고사하고, 고달픈 삶을 살았다. 여러 과학 분석에 따르면 초기 농경민은 수렵채집민보다 육체적 스트레스에 시달렸으며, 건강상태도 더 안 좋았던 것 같다. 뜨거운 뙤약볕에서 흙을 갈고 씨를 뿌리고, 풀을 뽑으며 일해야 했고, 곤충과 싸우고, 가뭄이 들면 어떻게든 물을 대야 했다. 힘들게 수확한 다음에도 곡식을 말리고, 갈판 위에 올린 다음 종일 갈돌로 갈아야 했다. 무릎을 꿇고 허리를 굽히고 펴기를 반복하거나 힘들게 빻아야 했다. 일은 몸에 큰 스트레스를 줬고, 이런 사정은 인골에도 그대로 드러난다(Eshed et al. 2004). 그러니 하라리는 『사피엔스』에서 역사상 최대의 사기라고 일갈하기까지 한다.

영양 역시 불균형하기 십상이다. 밀이나 옥수수 같은 특정 곡물에 의존함으로써 단백질과 지방, 무기질, 섬유질이 부족해질 수 있다. 단백질 부족은 특히 성장기 어린이와 사춘기에 영양실조로 이어질 수 있다. 이빨 역시 법랑질(enamel) 형성이 제대로 되지 않아 충치에 걸리기 쉽고, 이빨을 마치 세 번째 손처럼 거칠게 이용한 흔적도 많다고 한다(Eshed et al. 2006). 수렵채집민보다 훨씬 많은 시간을 일해야 했지만, 평균수명도, 신체 발육도 좋지 않았다. 서아시아의 영거드라이어스기 나투피안 수렵채집민과 이후 신석기시대 인골을 비교한 연구에 따르면, 농경으로 질병도 늘었다고 한다. 신석기시대 인골에는 병변이 훨씬 많은데, 이는 전염병의 피해가 가혹했음을 말해준다(Eshed et al. 2010).

농사를 짓는다는 것은 하늘을 쳐다보는 일이 많아진다는 말과도 같다. 식물의 성장을 위해선 햇볕도 충분해야 하고, 때맞춰 비가 내려줘야 하며, 장마가 길어도, 홍수가 나도 농사를 망치기 십상이다. 그러니 초기 농경민은 계절에 따라 식량 수급에 차이를 겪을 수밖에 없다. 반면, 수렵채집민은 계절에 따라 다양한 동식물 자원을 이용하기에 식단의 폭이 훨씬 넓다고 할 수 있다. 이는 균형 있는 영양을 얻을 뿐 아니라 생계에서도 위험부담을 낮출 수 있다.

그렇기에 초기 농경민은 수렵채집 방식을 완전히 버릴 수 없었다. 다만, 더 많은 인구가 빽빽하게 들어찬 마을과 소도시에 살았기에 질병에 노출되는 빈도는 높았을 것이다. 인구밀도의 증가는 전염병의 증가를 부를 수밖에 없다. 정주농경민은 양과 염소, 소, 돼지, 닭 같은 가축이 가져온 병원체에 노출되었다. 가뭄이 이어졌을 때 동물과 사람이 오염된 물을 함께 마신다면 질병 감염의 개연성은 더 높아진다. 물론 거꾸로 사람이 가축에 질병을 옮기기도 했다. 그렇게 살모넬라균이 돼지로 옮겨갔다(Wells and Stock 2020). 작은 수렵채집민은 이동 생활을 통해 이런 위험에서 벗어날 수 있었다.

그럼에도 시간이 흐르면서 면역력이 높아진 것은 『총, 균, 쇠』에서 다이아몬드가 지적하듯이 중요한 진전이었다. 창고를 짓고 농사가 잘되었을 때 곡물을 저장함으로써 계절에 따라 생계의 안정성을 높이기도 했다. 이제 더는 완전한 수렵채집민으로 돌아갈 수도 없었다. 정주하면서 출생률이 높아져 인구는 이미 늘었고, 수렵과 채집만으로 살기엔 주변 환경도 변화했다. 오히려 수렵채집을 주로 하는 집단과 교류를 늘리는 편이 나았다. 마을과 소도시는 서로 연결되었고, 역사의 수레바퀴는 굴렀다.

긴 역사의 과정에서 수렵민과 농경민을 이분법적으로 나눠 비용과 효과를 견주는 일이 바람직한지 의문이다. 수렵채집민은 주변 환경에 해박한 지식을 지니고 있다. 씨앗이 발아해 곡물이 된다는 사실을 모르는 수렵채집민은 없다. 이것을 안다는 것이 무슨 대단한 발견이라 할 수도 없다. 그러니 어떤 변화가 시작한 시점과 지점을 찾는 일은 허황하기도, 사실 불가능한 일이기도 하다. 고고학을 기원 찾기 학문이라 말하기도 하지만, 맨 처음을 찾는 시도는 늘 실패해왔다. 오히려 고고학은 변화의 과정을 탐색하는 데 기여한 학문이다. 어떤 변이의 생성, 곧 기원은 대체로 결과를 알고 의도해 만들어낸 것이 아니다. 만약 결과를 의도했다면 엄청난 시행착오를 겪은 초기 농경민은 다시 수렵채집민으로 돌아가고 말았을 것이다. 긴 드나드는 과정을 겪으며, 변화의 수레바퀴가 무겁게 구르면서 이제 돌이킬 수가 없었다. 이들이 살았던 환경이라는 무대 역시 이미 변화했으니 돌아갈 길은 없었다.

환경의 무대와 인간의 상호작용과 사회 여건에서 변이는 선택이라는 과정을 거쳐 자리를 잡는다. 이렇게 오랜 변화를 진화과정으로 설명할 수 있다면, '혁명'이라는 것은 그저 인류사에 커다란 전환이 되었음을 평가하는 개념일 뿐이다. 사피엔스혁명도 마찬가지다. 그리고 변화는, 아니 진화이론에서 변이는 기존 토대 위에서 나온다. 농경의 여러 요소의 기원은 사실 수렵채집이다. 정주(정착)든, 토기든, 간석기든, 인구증가든 거의 모든 요소가 후기 구석기시대 수렵채집민에서 시작했다. 이제 이 수렵채집민에게 영광을 돌릴 때다.

15 수렵채집사회를 찾아서

공유와 협력 그리고 평등 지향

수렵채집민은 문명과 야만의 이분법에서 한쪽 끝에 서 있는 듯하다. 교육받지 못하고, 그래서 지혜롭지도 않으며, 감정에 치우치고, 온갖 비도덕적 관습에 얽매인, 매우 가난한 사회로 생각하는 사람들이 많다. 집단 사이의 갈등과 함께 살인과 납치, 유아살해 같은 것을 두드러지게 묘사한 기록도 있다. 19세기 후반 단선진화론자 존 러복이 『선사시대』에서 수렵채집민을 어린아이 정도로 감정에 휘둘린다고 묘사했듯이 말이다.

이에 반해 매머드를 절멸의 낭떠러지로 떠민 사나운 사냥꾼이란 이미지도 있다. 오늘날 관광객을 위해서 옛날식 삶을 보여주는 사람도, 한편으로 정부의 간섭에서 벗어나 전통을 지키고자 애쓰는 사람들도 있다. 그렇다고 자본주의 세계화에 물든 사람들이라 치부하는 것도 지나치다.

수렵채집민의 이미지는 실제와는 달리 왜곡된 것 같다. 수렵과 채집으로 살아가는 사람들은 그만한 이유가 있다. 하지만 수렵채집사회가 후기 구석기시대의 삶을 그대로 유지하고 있다는 생각은 잘못이다. 문명사회에 산다는 오늘의 우리와 수렵채집민은 모두 후기 구석기시대 수렵채집사회의 후손이다. 몇 가지 사례를 들어보자.

슬기로운 호모 사피엔스?

스스로 슬기롭다는 사피엔스. 만물의 영장으로 군림한 것은 자연을 "길들일" 줄 알았기 때문이라고 한다. 자연을 길들여 그로부터 식량을 얻는 일이 곧 농경이다. 동물을 기르고, 식물을 가꾸는 일이다. 그래서 동물과 식물을 "순화"시킨다고 한다. 우리 인간의 필요와 목적에 부합하도록 길들인단 뜻이다.

반대로 자연 그대로, 곧 야생에서 식량을 얻는 사회를 수렵채집사회라 부른다. 여러 수렵채집사회에서 사냥꾼은 동물을 잡아 고기를 취하면서도 늘 사냥감에 경의를 표하는 것을 잊지 않는다. 사냥의 성공은 사냥꾼이 위대해서가 아니다. 영양이든, 순록이든, 버펄로든 사냥감이 허락했기 때문이라 여긴다. 죄 없는 동물을 죽이는 일은 자연과 그 동물의 허락을 받아야만 하는 일이고, 그래야지만 또다시 사냥할 수 있다고 믿는다. 그렇기에 사람들은 생존에 필요한 만큼만 사냥한다. 만약 그것을 넘어 과도하게 사냥한다면, 미래에 굶어 죽을 수도 있기 때문이다. 자연에 대한 존중은 결국 인간 사회의 장기간 존속을 도모하는 일이다.

사냥과 관련해 자연을 존중하는 사고와 관습은 수렵채집사회에서 널리 보인다. 흔히 부시먼이라 불리는 칼라하리사막의 수렵채집민은 일랜드영양을 사냥하면서 의식을 행한다. 사냥꾼은 영양이 독화살을 맞고 쓰러져 고통 속에 죽는 동안 스스로 화살을 맞은 동물인 양 쓰러진다. 그저 사냥꾼의 자비로움이라기보다 독이 퍼지길 기다리는 것이며, 그래서 사냥감이 준비되었는지를 파악하는 일이기도 하다. 사냥한 뒤에는 동물에게 미안함과 어쩔 수 없었음을 표해야 하며, 이렇게 동물 스스로 사냥을 허락했음을 밝히는 것이다.

알래스카에서 애서배스카(Atapascas)어를 쓰는 부족 가운데 가장 널리 퍼져 사는 코유콘사람들은 동물이 사람과 똑같은 성품을 지닌다고 생각한다. 동물이 감정을 가져 사람이 무슨 말을 하는지 알아듣고 사람의 행동도 이해할 수 있다고 믿는다. 동물은 사람의 행동을 지켜보면서 터부를 깨는 것 같은 행위를 못하게 한다. 사람들은 동물을 해치지 않기 위해 조심하며 손가락으로 가리키지 않는다. 그렇기에 사냥할 때도 존중하고 고마움을 느껴야 한다. 사냥한 동물을 자극하지 않기 위해 재주나 기술을 자랑하지도 않는다. 이렇게 사람들은 자연 세계, 그리고 영적 세계가 연결된 세상에서 동물과 더불어 살아간다(Kerstetter 2015). 코유콘사람들은 먼 과거에 동물들이 사람의 모습으로 인간 사회에서 살았다고 여긴다. 신화에 따르면 까마귀가 과거 세상을 만들었고, 다스렸다. 거대한 홍수가 난 뒤 동물은 사람처럼 행동할 수 없게 되었고, 그때 사람은 모두 죽었고, 그 뒤 까마귀가 다시 사람을 창조했다고 한다(Kerstetter 2015). 인간사회와 자연 세계는 나뉘지 않으며, 인간은 오히려 자연의 작은 일부이다. 따라서 수렵채집인은 사냥과 채집을 일방적으로 환경을 이용, 곧 착취하는 것이 아니라 인간과 자연 사이에 대화하는 일로 인식했을 것이다. 만약 적절한 방식으로 동물을 대하지 않는다면 후일 인과응보를 당할 수 있다고 믿는다.

알래스카의 틀링깃족은 모든 생명이 영혼을 갖고 있다고 믿는다. 사람들은 생명체와 조화를 이루기 위해 서로 존중해야 한다. 터부를 피하는 것, 그리고 고마움과 존중을 보이는 것은 다시 영적 세계로부터 도움을 받는 길이기도 하다. 틀링깃 샤먼은 아픈 사람을 치료하고 날씨를 바꿀 수 있으며, 사냥을 성공으로 이끈다(Kerstetter 2015).

이런 수렵채집민의 생각과 믿음, 윤리를 이해하기 위해선 먼저 생태환경의 배경을 알아야 한다. 코유콘 애서배스카인의 아북극 아한대림 생태계에서 얻을 수 있는 동물 식량자원은 무리를 이루지 않고 국지적인 경향이 있다. 그러니 개체수와 빈도가 일정하지 않다. 사람들은 생애 동안, 그리고 세대를 거치며 이런 동물자원의 등락을 몇 번씩 경험했고, 이를 통해 나름의 지식과 경험을 얻어 행동 패턴도 자리 잡는다. 그렇기에 코유콘 같은 사회에서 보이는 자연 보전 행위나 윤리는 일차적으로 아한대지방 생태계의 특징에서 기인한다고 이해할 수 있다.

이렇듯 수렵채집사회에서 인간은 자연의 지배자라기보단 일부임을 강조하는 듯하다. 다만 이런 인식을 너무 낭만적이거나 도덕적 관점에서 보는 것은 금물이다. 대부분 수렵채집사회에서 자연 속에서 더불어 사는 관습이 자리 잡았지만, 그렇다고 사람들이 결코 풍족하고 평온하기만 한 삶을 사는 것은 아니다. 갈등도 있고, 폭력도 있다. 수렵채집민은 그저 우리랑 똑같은 인간일 뿐이다.

Box 15.1

샤머니즘과 수렵채집사회의 종교

종교와 의례, 상징체계는 복잡하게 얽혀 있다(Schulting 2015: 1236). 수렵채집사회의 인지와 상징, 의례 역시 후기 구석기시대든, 현재 세계든 다양하고, 생태환경과 우주론에 이르기까지 폭넓고도 복합적인 요인이 얽혀 있다. 여러 연구에서 수렵채집사회 종교의 형태로 샤머니즘을 든다. 7장에서 살폈듯이 동굴벽화를 샤머니즘의 시각에서 그렸다고 보는 연구자도 많다.

아프리카, 아시아는 물론, 아메리카대륙에서도 샤머니즘의 흔적과 증거는 흔하다. 다만 세계의 환경만큼이나 샤머니즘의 형태에는 다양함이 있다. 연구자들은 수렵채집사회의 종교를 주로 샤머니즘과 토테미즘의 시각에서 접근하고 분류해 왔다. 오스트레일리아 원주민의 경우 일반적으로 토테미즘적이라고 본다.

여기서 "샤먼"이란 적어도 부업으로나마 영적 세계와 상호작용하는 의식을 주관하는 사람을 말한다. 대체로 몰입해 변성의식상태(altered state of consciousness, ASC)에 이르는 사람으로 알려져 있다. 예컨대 남부 아프리카의 산(San)족(부시먼)의 샤먼처럼 동물의 영혼을 빌려 몰입의 상태에 빠지기도 한다. 이 사회에서는 심지어 남자의 50%, 여자의 5%가 샤먼이라고 한다. 캘리포니아 인디언의 경우에는 2-4%가 샤먼이라고 한다(Katz 1976; Schulting 2015에서 재인용). 노래를 지속해서 중얼거리거나 북을 두드리고 몰입의 춤을 추면서 감정의 상태가 바뀐다. 루이스-윌리엄스는 산족의 바위그림을 자신이 말하는 신경심리학 모델로 풀 수 있다고 주장한다(Lewis-Williams 2002). 이를 바탕으로 유럽 후기 구석기시대 동굴벽화의 기원을 샤머니즘의 모델로 설명하는 것이다. 샤먼의 몰입(trance) 상태에서 보이는 이미지를 그렸다는 것이다.

우리나라 전통사회의 무당은 샤머니즘의 전형으로 자주 언급된다. 그러나 현재 시베리아 여러 부족에서 보이는 샤머니즘 관습은 신석기시대 말이나 청동기시대 초로 대략 4,000년 정도밖에 안 된 것이라고 한다(Devlet 2001; Jacobson 2001; Rozwadowski 2001; 2004; Rozwadowski and Kosko 2002 in Schulting 2015: 1236). 다시 말해 현재의 자료가 후기 구석기시대의 양상을 그대로 간직하고 있다고 말할 수 없다.

수렵채집사회의 공유와 협력

문화인류학자 리처드 리(Richard Lee)는 남아프리카 칼라하리사막에서 3년 동안 원주민(주호안시)과 같이 살면서 현지조사했다. 마지막 해 크리스마스를 맞아 그동안 감사함을 표하려 황소를 잡아 원주민과 축제를 벌이기로 했다(한국문화인류학회 2006; Lee 1969). 크리스마스는 선교사들이 들어오면서부터 이미 100년의 역사가 있었고,

1930년대부터는 소를 잡는 일이 연례행사가 되었다. 인류학자로서 수렵채집을 제외한 생계에 간여하지 않아야 했지만, 리는 크고 살진 소를 잡기로 했다.

크리스마스 열흘 전 덩치가 큰 검은 황소 한 마리를 샀고, 이 소문은 원주민 사이에 퍼졌다. 그런데 이때부터 알고 지내던 원주민들이 온타(ontah, 흰둥이라는 뜻을 지닌 말로 원주민이 리를 부르는 말)를 찾아와 하나 같이 "그렇게 늙고 마른 소를 잡으면 누구 입에 풀칠하겠냐?"고 놀려댔다. 끔찍한 크리스마스를 보낼 것이라며 혀를 차는 이도 있었다. 3년이나 원주민과 같이 생활했으면서도 살진 소가 어떤 것인지 몰랐느냐고 구박도 했다.

분명 살집이 좋은 소였다. 리는 발끈했지만, 여전히 원주민들은 병들어 거의 죽은 소라면서 웃을 뿐이었다. 사실 이것은 모두 농담이었다. 원주민들은 살진 소를 며칠 동안 배불리 먹고 큰 솥에 뼈와 고기를 끓여 먹었다. 그러면서도 온타가 아직도 제대로 된 생각이 없다면서 키득거렸다.

도대체 원주민은 왜 리를 그토록 약 올렸던 것일까? 리는 친하게 지내는 원주민에게 이유를 물어봤다. 교만 때문이라는 답을 들었다. 어떤 사람이 사냥을 독점하면 무슨 추장이나 되는 양 착각할 수 있기에 반드시 그것을 막아야 한다는 것이다. 자만하면 언젠가는 누군가에게 해를 끼칠 수 있는 것이다. 그렇게 관습이 자리 잡았고, 사냥꾼도 그런 말에 발끈하지 않고 다음엔 잘하겠노라고 웃어넘긴다. 결국 원주민은 교만에 물든 온타에게 겸손함이 무엇인지 가르치기 위해 농담과 조롱을 한 것이다(Lee 1969).

원주민은 늘 사냥을 잘하는 사람에게 농담을 잊지 않는다. 사냥한 사람도 자신이 너무 작고 보잘것없는 짐승을 잡았다면서 다음엔 더 잘하겠다고 머리를 긁적인다. 사냥한 짐승을 해체하고 고기를 나누면서도 이 보잘것없는 짐승 탓에 하루를 꼬박 날린다며 불평을 해댄다. 간이나 먹고 나머지 볼품없는 것은 하이에나에게나 줘버려야겠다고도 한다.

이렇게 부시먼(주호안시) 사회는 어떤 사냥꾼이 사냥에 성공한다고 해서 지나치게 환영하거나 높이 추켜세우지 않는다. 사람들은 고기를 공평하게 나누기 위해 설왕설래하며 시간을 보낸다. 원주민사회가 주변 농경사회와 접하면서도 오랫동안 문화와 전통을 지킬 수 있었던 것은 이렇게 공유하고 평등한 관계를 유지하는 농담과 조롱의 기제 덕분이다.

물론 부시먼 사회가 몇천 년 동안 전통을 그대로 지켰던 것은 아니다. 주변 사회와 접촉하면서 변화했음도 사실이다. 이보다 인구도 많고 세습 계급도 있는, 북아메리카 서북부같이 풍족한 환경(해마다 강을 거슬러 올라오는 수십만 마리 연어를 생각해 보라)에 사는 (복합)수렵채집사회도 있다. 그러나 부시먼을 비롯해 작은 무리를 이뤄 이동하며 사는 대부분 수렵채집사회에는 '공유'의 메커니즘이 있다. 지나치게 한두 사냥꾼의 힘이 강해지도록 내버려두지 않는다. 어떤 사람이 더 많은 사냥과 채집을 한다는 것은 집단 전체에게 부담이자 재앙으로 되돌아올 것이다. 다른 사람보다 일을 더 많이 하는 수렵채집민은 국지적 척도에서 자원의 고갈을 일으킬 수 있고, 자기 유전자를 더 많이 퍼뜨린다면 다른 사람들의 불만을 가져와 결국 파국을 몰고 올 수 있다(Kelly 1995: 20).

주호안시 아이들은 식량자원을 공유하고 선물을 주고받는 법을 배운다. 사냥한 고기를 나누는 행위, 그리고 관대함은 고위도와 저위도의 거의 모든 수렵채집사회에서 보인다. 이렇게 관대함을 칭송하고, 반대로 인색함과 자랑질을 경계한다. 관대함과 공유에 즉각 보답이 있는 것도 아니다. 물론 장기적으로 수렵채집민의 건강과 신망, 그리고 심지어 이성을 만날 기회에서 이득이 있음도 무시할 수는 없다.

'공유'는 수렵채집사회에서 폭넓게 보이는 행위이자 관습이다. 다만, 실제 수렵채집민은 우리와 똑같이 공유 행위를 그리 달가워하지 않는 경우도 많다. 음식 나눠준다고 고마움을 표하는 것을 기대하지 않으며, 어쩔 수 없는 일로 여기기도 한다. 공유는 따라야 할 도덕적 질서이지, 당장 어떤 대가나 사회적 존중 같은 것을 기대하고 하는 행위가 아니다.

그러니 수렵채집민이 인색하다는 것도, 본래 따뜻한 마음씨를 지녔다는 것도 아니다. 우리와 똑같아서 실제 직접 사냥한 사람과 그 가족이 더 많은 고기나 좋은 부위를 가져가기도 한다(표 15.1). 예컨대 오스트레일리아의 군윙구족에서 사냥한 사람과 사냥에 참여한 사람은 심장과 간, 내장을 가져간다(켈리 2014: 284). 지방이 많은 부위는 주로 남자들이 차지하는데, 주호안시와 핫자족에서도 사냥꾼이 먼저 맛있는 부위를 먹는다. 이런 행위에 대해선 켈리가 잘 정리한 바 있다(켈리 2014: 285-286, 표 6-1). 분명 사냥한 고기를 공유하지만, 그렇다고 해서 산술적으로 완전히 공평하게 분배하는 것은 아니다. 완전하게 평화로운 사회는 현실 세계에서 존재할 순 없을 것이다. 다만, 거의 모든 수렵채집사회에서 공유와 분배를 강조하는 사회적 관습이 있고 거기엔 융통성도 있다.

공유 행위에는 다양성이 있다. 고기를 나눔으로써 사회적 위신과 신망을 얻을 수도 있다. 파라과이 아체족에서 훌륭한 사냥꾼은 자기 능력을 과시한다. 그리하여 혼인 상대에게 주목을 받고 실제 더 많은 상대를 찾아 결국 자손을 늘리기도 한다. 과시 행위는 적응도를 높이는 진화적 함의도 가지고 있는 것이다(Schulting 2015: 1271).

또 세상에 전혀 이득을 기대하지 않는 "공짜 선물이란 없다 해도 지나친 말이 아니"라고 한다(켈리 2014: 287; Burch 1988: 109). 어떤 이

표 15.1 수렵채집사회에서 고기를 공유하는 방식

사회	지역	고기 공유 방식
아체(Ache)	파라과이	사냥한 사람의 가족이 고기 10%를 갖는다. 가까운 친척이나 나중에 고기로 보답할 사람이 더 많이 가져가는 경향이 있다.
마마인데(Mamainde)	브라질 아마존	고기는 가족 수에 따라 조정한 뒤 가족별로 동등하게 나눈다.
야노마미(Yanomami)	아마존 원경민(베네수엘라, 브라질)	사냥꾼 가족이 다른 사람보다 두 배 정도를 가져간다. 고기 분배에 친족 편향이 강하고, 소형동물보다 대형동물의 고기를 더 잘 공유한다.
요라(Yora)	페루 아마존	사냥꾼은 가족을 위해 자기가 잡은 고기의 40% 정도를 가져간다.
히위(Hiwi)	콜롬비아	작은 동물은 60% 정도를, 중간 크기 동물은 40% 정도, 대형동물의 경우는 20% 정도를 가족이 가진다. 가까운 친척이 더 많이 가져간다.
군윙구(Gunwinggu)	오스트레일리아	사냥꾼이 가족 몫으로 1/3 정도를 갖는다.
핫자(Hadza)	탄자니아	캠프의 가족들에게 동등하게 분배되는데, 사냥꾼 가족에게 대략 두 배 정도가 돌아간다. 연장자가 특정한 장기와 선호하는 부위를 먹는다.
유키(Yuqui)	캘리포니아	사냥꾼 가족이 사냥한 고기의 70% 정도를 가져간다.

출처: 켈리 2014: 285-286, 표 6-1을 수정, 편집

누이트 남자는 퉁명스럽게 "채찍질로 개를 길들이듯 선물은 (사람을) 노예로 만든다."고 투덜거렸다고 한다(Feuchen 1961: 109). 이뉴피아크족은 "감춰놓는 것보다 차라리 나눠줌으로써 감사의 빚을 주는 것이 낫다."고도 한다(Burch 2006: 316; 켈리 2014: 287에서 재인용).

수렵채집민이 오늘날 도시에 사는 사람보다 더 착하고 정직하다고 말할 순 없다. 기술문명을 누리고 번잡한 도시에 사는 사람이나, 건조한 사막과 극지방에 사는 수렵민이나 인간의 심리와 행동은 같다. 다만, 삶의 환경과 방식이 매우 다를 뿐이다. 작은 규모의 사회에 사는 수렵채집민은 도시문명의 담에 둘러싸인 우리보다 다른 사람과 더 호

의적 관계 속에 살아간다. 바라보는 눈이 많다는 것도 이유일 수 있다. 수렵민이 도시인보다 특별히 마음씨가 곱다는 말은 잘못이다.

루이스 등의 연구에 따르면 공유를 요구하는 사회규범이 진화한 평등 수렵채집사회가 그렇지 않은 집단보다 예측할 수 없는 환경에서 생존할 확률이 높다(Lewis et al. 2014). 수렵과 채집을 하는 사람들이 자연에서 얻는 식량은 매일 일정하지 않다. 저장한다 해도 최소한만이다. 가뭄과 장마 같은 날씨나 환경의 변화 같은 변수에 식량자원의 수익률이 들쭉날쭉할 수 있기에 잉여물을 교환하거나 다른 집단과 공유관계를 맺음으로써 어려운 시기를 넘어가려 한다. 주호안시족 남자는 고기를 나눔으로써 나중에 늙었을 때 혜택을 볼 수 있는 사회관계를 세운다고 한다(Wiessner 2002; 켈리 2014: 306에서 재인용). 실제 수렵에 참여하지 않고 여기저기 집단을 돌아다니며 '전리품'만을 취하는 무임승차자를 허용하는 집단이 그렇지 않은 집단보다 환경변화에서 오는 압박을 견디고 오래 존속할 가능성이 크다는 것이다.

수렵채집민이 늘 온순하고, 다른 사람이나 무리와 좋은 관계만 맺는 건 아니다. 수렵채집민은 원시인, 야만인이라는 고정관념의 잘못을 드러내기 위해 거꾸로 자연을 존중하고 서로 나누는 삶을 산다며 넘치는 표현을 하는 글이나 책도 있다. 그러나 이것도 지나치다. 너무 당연한 말이지만, 이들은 우리와 똑같은 사람이다. 이기심과 욕심도 있고, 사람과 사람 사이, 무리와 무리 사이에 갈등과 충돌이 없을 수 없다. 한두 사례만을 이야기하면서 일반화할 일은 아니다. 실제 여러 자료에 보면 수렵채집사회에서 폭력도 무시할 수 없을 만큼 나타난다.

민족지에 기록된 수렵채집사회의 살인율은 매우 다양하지만, 평균으로 보면 10만 명당 100명이 넘는다. 1990년대 미국의 5.5명과 비교하면 엄청난 비율이다. 그러나 현대 미국의 높은 의료 수준과 베트남전이나 이라크전에서의 사망이 포함되지 않은 점을 고려하면 이런 계산을 표면적으로 비교하는 것은 무리다. 탄자니아 핫자족의 경우에는 살인율이 10만 명당 6.6명에 불과하다. 20세기 말 미국과 별반 차이가 없는 것이 된다. 또 작은 수렵채집 무리에서 일어나는 사건은 수십 년을 기록한다 해도 표본이 적기 때문에 일반화하기 어렵다(켈리 2014: 396-400).

폭력성은 인류학과 사회학, 심리학, 그리고 진화생물학에 이르기까지 여러 학문에서 연구하는 주제이기에 글쓴이의 역량을 벗어나는 일이고, 한두 문단으로 요약하는 것은 불가능하다. 수렵채집민이 우리와 달리 범죄가 없는 평화로운 사회에 살았다는 것은 환상일 뿐이다. 개인 사이 폭력과 집단 사이 충돌은 상징적 사고와 복합 인지능력을 가진 호모 사피엔스의 본성이라고도 할 수 있다(Kissel and Kim 2019). 진화심리학자 가운데는 남성성의 맥락에서 내재한 폭력성을 보려는 사람도 많다. 거꾸로 말하면 수렵채집민이 더 야만적이고 폭력적이었으리라는 생각도 우리의 편견이다. 폭력성이 본성에 내재한 것이라 하더라도 오래 지속된 공동체는 개인 사이의 경쟁과 갈등을 누그러뜨리고 '평화'를 유지하는 기제를 지니고 있다.

Box 15.2

선사 수렵채집사회의 폭력

네안데르탈인의 식인 풍습에 관해선 관심도, 논의도 많다. 머리뼈에 치명상을 입은 사례도 있고, 날카로운 도구로 살을 발라낸 흔적도 있다. 그렇지만, 장례의 일부로 시신을 의도적으로 훼손했을 수 있음도 고려해야 한다(길렌·자미트 2020). 민족지에 따르면 살을 발라내고 뼈를 부러뜨려 짐승들의 먹이가 되게 하는 장례가 있다. 네안데르탈인을 곁에 있던 사람을 잡아먹는 식인종 취급하는 것은 현재로선 근거가 없거나 부족하다.

살라 등이 중기 플라이스토세의 자료를 종합한 것을 보아도 69개 화석 사례에서 치명상을 입은 것은 3개에 불과했다(Sala et al. 2015). 그럼에도 몇 개 눈에 띄는 사례가 있다. 스페인의 아타푸에르카(Atapuerca)에서 나온 시마 데 로스우에소스(Sima de los Huesos) 머리뼈 17호의 경우 강한 둔기로 두 차례에 걸쳐 머리를 맞아 깨진 흔적이 뚜렷한데, 이것이 죽음의 직접 원인이었다. 그만큼 살해까지 부르는 폭력의 연원은 오래다. 그런데, 우 등이 유럽과 서아시아에서 나온 최후빙하극성기(LGM) 이전 화석을 목록화해 작성한 것을 보면 상처가 있는 79개 화석 가운데 단 한 가지 사례(Sunghir 1)를 빼고는 모두 치유된 흔적이 있었다(Wu et al. 2011). 폭력이든, 상해든, 다쳤지만 어떻게든 견뎌냈다는 것이다. 이렇듯 이 시기 폭력은 조직적이지 않았다.

1964년 고고학자 프레드 웬더프(Fred Wendorf)가 찾아 조사한 나일강 상류 수단의 제벨사하바(Jebel Sahaba)는 선사시대 수렵채집사회 폭력, 나아가 가장 이른 전쟁의 사례로 인용되곤 한다(Keeley 1996; 길렌·자미트 2020). 2021년 다시 분석한 결과에 따르면 플라이스토세가 끝나갈 무렵의 61구 시신 가운데 26%에서 무력 충돌로 숨진 흔적이 나타났다(Crevecoeur et al. 2021). 주로 창이나 화살에 맞아 치명상을 입었다고 한다. 애초 집단 학살이 있던 전쟁터 같은 유적으로 생각했지만, 상처가 치유된 흔적도 있기에 집단 간 전면전보다는 산발적 급습 같은 상황과 어울리는 것 같다. 앞으로 검증과 추가 연구를 기대할 일이다.

케냐의 투르카나호 서변 나타룩(Nataruk)에서 확인된 후빙기의 인골 12개체 가운데 10개체에서 폭력사의 흔적이 나왔다(Lahr et al. 2016). 시신은 매장 흔적이 없는 것으로 보아 죽은 뒤 그대로 방치되었을 것이다. 발굴자는 선사시대 수렵채집민 사이에 자원을 두고 경쟁하다 조직적 폭력, 곧 전쟁에 이르렀다고 결론을 내린다. 석기는 131점뿐이었는데, 머리(정수리뼈)에 흑요석 돌날(찌르개)이 박혀 있거나 골반이나 목 주변 등 몸에 잔석기(초승달 모양 세석기) 조각이 발견되기도 했다. 분명 이런 상처는 치명상이었을 것이다. 방사성탄소연대와

OSL연대 등을 고려할 때 대략 10,000-9,000년 전의 후빙기 유적으로 보인다. 이 시기 투르카나호는 지금보다 30km 정도 훨씬 넓게 펴져 있었고, 매우 풍부한 자원을 얻을 수 있는 곳이었다. 이미 토기가 쓰이고 있었고, 이로 미뤄 보건대 수렵채집민의 이동성은 구석기시대에 비해 매우 낮았을 것이다.

나타룩뿐 아니라 제벨사하바 유적마저도 구석기시대가 끝날 무렵 수렵채집민이 나일강에 오래 머물거나 정주하면서 풍족한 자원과 영유권을 두고 경쟁하면서 벌어진 분쟁과 충돌이 일어난 증거로 보기도 한다(길렌·자미트 2020: 134). 그러니 대부분 조직적 폭력과 전쟁은 이동 수렵채집사회의 맥락보다 이동성이 현저히 줄어들고 자원을 두고 경쟁이 치열해진 조건이거나 농경사회 이후의 일이다. 그리고 군장사회와 국가에서는 전쟁이 빈번하고 규모도 크다(Keeley 2014). 농경민과 수렵채집민이 긴장과 협력관계로 공존하는 사례에서도 조직적 폭력의 모습이 드러난다. 프라이와 쇠더버그의 연구에 따르면, 수렵채집사회의 폭력은 주로 개인 간, 우발적 사건이라고 한다(Fry and Söderberg 2013). 특히 치명적인 상해를 입힌 사례를 조사해 보니 전쟁과 같은 조직적 폭력보다는 우발적 사건, 개인 및 가족 간 분쟁, 여성을 두고 벌어진 경쟁 등에 따른 것이라고 한다.

복합수렵채집사회

1966년 리처드 리와 어븐 드보어(Irven DeVore)의 주도로 시카고에서 열린 '맨 더 헌터' 학회는 수렵채집사회 연구의 전환점이었다. 학회에 모인 사람들은 토론하면서 아프리카와 오스트레일리아, 한대와 극지방, 아메리카대륙의 다양한 환경에서 사는 수렵채집사회에는 매우 중요한 특성이 있음을 알게 되었다. 평등을 지향하며, 인구밀도도 낮고, 배타적인 영역성이 없으며, 식량 저장도 거의 없고, 인구구성도 유동성이 있다는 것이다(켈리 2014: 38-48). 이로써 일반 수렵채집사회 모델이 자리 잡았다.

학회를 하기 전 수렵채집민의 이미지는 궁핍하게 무리를 이뤄 고단한 이동생활을 이어가는 진화의 패배자 정도였다. 그러나 이제 원풍요사회(Original Affluent Society)라는 개념이 나올 정도로, 수렵채집민을 필요한 것만 얻기 위해 최소한의 일을 하며 나머지 시간은 쉬거나 사회화 활동에 보내는 사람들로 보기 시작했다. 민족지 연구에 따르면 주호안시족은 주당 기껏 12-19시간 일한다니 그럴 법도 하다. 그러나 이 계산은 엄밀히 말하면 잘못이다. 이후 연구에 따르면 실제 작업에 들어가기 전 도구를 만들고 수선하는 일, 육아, 청소, 땔감을 모으는 일 등이 빠져 있다고 한다. 위에 개괄한 공유와 협력의 사례와 더불어 그저 훈훈한 이야기 정도로 입에 올리는 것은 바람직하지 않다. 수렵채집민이 풍요로운 삶을 누린다는 것은 지나치게 낭만주의적 생각에 가깝다(켈리 2014: 44-47).

그런데 민족지에 따르면 풍부한 자원환경을 배경으로 정주마을을 이루며 저장을 활발하게 하고, 경쟁축제를 벌이면서, 심지어 사회위계가 발달한 사례도 알려져 있다. 맨 더 헌터 학회에서 나온 일반수렵채집사회 모델에 어긋나는 사회이다. 인류학 문헌을 어느 정도 읽은 사람이라면 포틀래치(potlatch)라는 의례를 알 것이다. 경쟁 관계에 있는 무리를 초대해 배불리 먹이고 선물을 가득 주어 손님에게 갚아야 할 빚을 안기는 축제로 유명하다. 북미대륙 서북부 해안의 원주민은 풍요로운 환경에서 해마다 강을 따라 거슬러 올라오는 연어를 잡는 등 수렵채집에 의존하면서도 마을을 이루고 살고, 사회 위계가 발달해 엘리트는 노예까지 거느린다. 먹다 남은 음식과 재물을 버리기도 하고 불에 태우기도 하면서 풍요로움을 과시한다. 식량은 수렵과 채집에 의존하지만, 사회 위계가 발달한 것이다. 이런 사회를 복합수렵채집사회라고 한다.

1980년대 이후 복합수렵채집사회 개념이 주목받았다(Jordan and

표 15.2 단순수렵채집사회와 복합수렵채집사회 비교

	단순수렵채집사회	복합수렵채집사회
환경, 생산성	다양	예측 가능하고 생산성 높은 해양자원
인구	작은 규모, 낮은 밀도	큰 규모, 높은 밀도
이동성	빈번한 조달 및 본거지 이동	정주, 또는 매우 낮은 이동성
저장	거의 없음	광범위한 저장
사회정치구조	평등 지향	부와 출계에 따른 위계
전쟁, 노예	없음	빈번함
사회 경쟁	경쟁을 막아 평등 유지	빈번하고 긴장이 높음(경쟁 축제)

출처: Arnold et al. 2016; Jordan and Cummings 2014; 성춘택 2023b: 50 참조

Cummings 2014; Price and Brown 1985). 복합수렵채집사회의 특징을 단순수렵채집사회와 비교하면 표 15.2와 같다.

복합수렵채집사회는 문화인류학에서 기존 일반수렵채집 모델에 어긋나는 사례로 주목받았다. 나아가 1980년대 이후 고고학자들은 이 개념을 선사시대까지 적용하기에 이른다. 특히 북유럽의 중석기시대 사회에서 사회복합화의 진전을 논할 때 복합수렵채집사회 개념을 쓰기도 한다. 예를 들어 스웨덴의 스카트홀름(Skateholm)에서 확인된 대규모 공동묘지나 다뉴브강 연안에 있는 레핀스키비르(Lepinski Vir) 유적에서 그런 증거가 나타난다(마이든 2019; Jordan and Cummings 2014). 스칸디나비아 남부의 에르테뵐(Ertebølle) 패총은 풍부한 해양자원을 이용해 사회복합화가 진전된 사례라고 한다(Cummings 2014: 449-450). 그런데 이런 사회는 신석기 농경민이 들어오면서 해체되고 만다.

그러면서 과연 복합수렵채집사회라는 개념을 선사시대까지 적용하는 것이 옳은지에 대해 비판적인 논의와 검토가 나오기도 했다(Jordan and Cummings 2014; 성춘택 2023b). 북유럽의 중석기시대 문

화는 환경조건에 힘입어 독특한 양상으로 진화한 사회의 모습을 보여준다. 이것을 다시 전 세계 여러 지역의 수렵채집사회에 적용하는 일은 지나친 것 같다. 아놀드와 월시의 논의에 따르면 추마시족을 비롯한 캘리포니아의 여러 복합수렵채집사회의 형성은 기실 몇백 년도 되지 않았다고 한다(Arnold and Walsh 2010). 그러니 복합수렵채집사회란 진화의 일반적 단계라고 생각하면 안 된다. 이제 사회불평등의 등장과 이것이 사회 내부에 구조화하는 과정을 생각해 보자.

사회불평등의 등장

현생인류, 행위적 현생성의 핵심은 광범위한 상징행위다(5장, Henshilwood and Marean 2003). 옛인류와 달리 현생인류가 추상적 사고력과 그것을 상징적으로 표현할 능력을 지녔다는 것을 논외로 치더라도, 후기 구석기 수렵채집민 행위에 상징과 상징물은 만연해 있었다. 그런데 상징물을 사회의 모든 사람이 이용했을까? 논란의 여지가 있고 상반된 입장이 있다. 곧, 당시 사회가 불평등하고 위계가 두드러진 사회라고 주장하는 사람도 있고, 대체로 평등을 지향한 사회였다고 생각하는 견해도 있다. 몇 가지 사례를 살펴보자.

수천 개 상아를 갈아 만든 구슬로 화려하게 치장한 러시아 순기르(Sungir)의 무덤을 보면 약 30,000년 전 후기 구석기시대에도 부유하고 지위가 높은 사람이 있었음을 떠올리지 않을 수 없다. 화이트 같은 사람은 이를 근거로 사회 위계가 대물림되었을 것이라 해석하기도 하고(White 1999), 여기서 더 나아가 이곳 사냥꾼들이 계급사회에 살았다고 쓰기도 한다(하라리 2015: 94-95). 이렇게 후기 구석기시대에도 사회 구성원이 평등했던 것이 아니라 역할이 달랐을 뿐 아니라 높은 지위를 가진 사람도 있다는 견해도 있다. 조상을 경배하는 의례를 거행하는 것은 단지 공동체의 단합을 위한 것이 아니라 특정한 집안

(가문)이 부와 지위를 타고났음을 확인하는 행동이라고 본다.

그런데 글쓴이의 생각에 이런 해석은 지나치다. 부장품을 근거로 피장자의 사회적 지위를 추정하는 데도 엄밀한 비교와 분석이 필요한 일인데, 한발 더 나아가 가문과 세습까지 말하고 있으니 말이다. 실제 최근 더 면밀하고 종합적인 분석에 따르면, 순기르 무덤에서 상징물은 양적으로 놀라운 것일 뿐, 그 자체로 지위보다는 종교적 역할이나 장례와 관련되었을 가능성이 더 크다고 한다(Trinkaus and Buzhilova 2018).

이렇게 화려하게 치장된 후기 구석기시대 무덤 사례는 또 있다. 프랑스 서남부의 생제르맹 라리비에르(Saint-Germain-la-Riviere) 무덤에서는 붉은사슴의 이빨에 구멍을 뚫어 만든 장신구가 많이 나왔다. 막달레니안기 초인 약 18,000년 전(15,570±200 BP) 유적인데, 주변 유적에서는 붉은사슴이 거의 없는 것을 보면, 사슴 이빨은 매우 먼 곳에서 교역해 들여온 것이다. 무덤에 묻힌 사람의 위신과 사회적 지위를 가리키는 위신재 또는 위세품(prestige goods)으로 쓰였을 가능성이 있다(Vanhaeren and d'Errico 2005).

유명한 마들렌(La Madeleine) 유적의 무덤에선 세 살 아이의 인골과 함께 조개로 만든 구슬이 1,500여 점 나왔다. 방사성탄소연대로 10,190±100 BP 정도, 곧 구석기시대가 끝나갈 시점이다. 구슬은 대서양 연안, 그러니까 유적에서 200km 거리에서 채집된 것이다. 그러니 이 아이가 어떤 특별한 사회적 지위를 얻었음을 말해준다고 해석하기도 한다(Vanhaeren and d'Errico 2005: 131). 그러나 아직 이런 해석은 본격적 자료의 종합과 비교분석을 거친 결론이라기보다는 그저 상상의 수준에 그친다는 한계가 있다.

그러면 후기 구석기시대에도 복합수렵채집사회를 상정할 수 있을까? 캐나다 사이먼프레이저대학의 브라이언 헤이든(Brian

Hayden)은 조상숭배 의례 같은 사례를 공동체의 안녕과 연대를 위한 것이라고 보는 일은 지나치게 순진하다고 비판한다(Hayden 2021). 멀리서 들여온 희귀한 원재료와 장식품 같은 것은 사회의 모든 구성원이 공유하지는 않았을 것이며, 동물을 바치는 등 값비싼 대가를 치르고서야 이러한 자원과 사회적 지위에 대한 권리를 추구할 수 있었으리라 본다. 헤이든은 북아메리카 서북부 포틀래치 의례에서 두드러지듯이 후기 구석기시대 사회도 집단의 구성원을 접대하면서 빚을 지워 불평등을 받아들이게 하는 메커니즘(기제)이 있었다고 본다.

사례를 더 구체적으로 들여다보자. 후기 구석기시대는 인구밀도가 매우 낮았으나 프랑스 중남부의 마시프상트랄(Massif Central) 같은 몇몇 풍부한 환경에서는 꽤 높은 편이다. 상징물은 600km 멀리서 들어왔다. 헤이든은 이를 바탕으로 상당한 수준의 잉여가 있었다고 보고, 풍부한 환경에 살던 공동체는 복합수렵채집사회의 성격을 지녔다고 평가한다. 가지고 다닐 수 있는 위세품과 동굴벽화, 제한된 수지만 부장품이 많은 무덤의 존재를 보면 분명 몇 지점은 특별한 의미가 있었을 것이며, 심지어 코스텐키나 메지리치 같은 고위도지방에서 보이는 매머드 뼈로 만든 기념건축물이야말로 특정한 의례를 거행했음을 보여주는 증거라는 것이다(Hayden 2021). 이렇게 헤이든은 후기 구석기시대를 이동하는 작은 평등사회의 관점에서 해석하는 기존 관행을 지양해야 한다고 주장한다.

대학에서 은퇴한 헤이든은 최근 이런 내용을 스케치한 소설까지 썼다(Hayden 2022). 『표범의 눈 *The Eyes of the Leopard*』이란 제목의 소설은 후기 구석기시대 프랑스 서남부 레제지에서 벌어졌음 직한 이야기를 구성한 것이다. 세브(Sev)라는 13세 소년을 주인공으로 친구들과의 갈등과 우애, 사랑을 그렸다. 유명한 후기 구석기 유적이 많은 프랑스 서남부 베제르강을 건너는 순록 떼를 사냥하고, 금기시된 어두운 동굴에 들어가 벽에 그려진 사나운 짐승을 보고 표범이 자신을 노려보는 영적 체험을 한다. 용감하게 늑대를 사냥하고, 성인식을 치르고 먼 곳에서 온 사람과 혼인관계를 맺는다. 긴 격지나 돌날의 양면을 정교하게 잔손질해 만든 솔뤼트레안(Solutrean) 찌르개는 세브 가족에게 전세해 내려온 상징물이었다. 이렇게 헤이든은 이 사회, 곧 최후빙하극성기 끝자락의 문화를 사회적 존중과 권위를 찾기 위해 경쟁하는 개인과 집안 사이에 갈등이 팽배했던 것처럼 그렸다. 소설가는 이것이 어떤 특정한 고고학 사실에 근거하지 않았다고 말한다. 하지만, 헤이든은 오랜 민족지와 선사시대 연구를 토대로 사회 갈등과 분화, 경쟁은 인간사회에 만연해 있고, 이것이야말로 상징물과 토기, 경쟁축제, 사회계급과 같은 물질문화와 더 크고 복합화한 사회가 진화하는 토대였다고 주장한다. 이런 생각을 더 많은 사람에게 피력하기 위해 딱딱한 논문으로는 부족함을 느끼고 소설까지 쓴 것이다.

소설이 흥미롭긴 하지만, 과연 당시 사회의 사정과 맞닿아 있을까? 헤이든이 지적한 대로 후기 구석기 사회의 구성원이 모두 평등했다고 생각하는 것은 잘못일지도 모른다. 그러나 사회불평등 고착화의 맥락에서 보는 것은 섣부르다. 켄 에임스(Ken Ames)는 불평등이나 위계보다는 우월행위(dominance behavior), 곧 동물의 세계에서 보듯이 개체(개인) 간 경쟁에서 나오는 즉흥적, 일시적인 충돌과 우월적 지위 확보가 더 일반적이었으리라 본다(Ames 2010). 그것을 위계와 불평등으로 해석하는 일은 지나치게 역사시대의 사례를 선사시대에까지 주입하는 일일 수 있다.

이런 설명은 수렵채집사회에서 공유와 협력, 그리고 평등을 지향하는 관습이 일반적으로 보인다는 사실과 부합하지 않는다. 전술했듯이 다양한 환경에 사는 여러 수렵채집사회에서는 공유를 미덕으로 여기고, 부와 권력이 한 개인에게 쏠리는 것을 막는 기제가 두드러진다. 이러하기에 자연 세계에서와 마찬가지로 값비싼 신호(costly signaling) 행위 정도가 만연했다고 보는 것은 어떨까? 서로 협력해 사냥하고 채집한 식량을 공유하고 나눈다고 해서 완전한 공평분배를 이룩할 순 없다. 사냥을 잘하는 사람은 자기 가족에게 용인할 수 있는 범위에서 더 많은 고기를 가져오고, 나머지를 다른 이에게 줌으로써 위신과 함께 이성을 만날 기회도 더 얻었을 수 있다. 다만, 주호안시족의 사례에서 보았듯이 사회적 위신이 지나치게 성장하는 것을 막는 기제가 있다. 나아가 위신을 대물림하진 않았을 것이다.

순기르와 마들렌 무덤의 부장품을 토대로 사회적 지위와 위계, 대물림을 말하는 것은 지나치다. 3만 년 전 비슷한 시기 주변 지역의 다른 여러 유적과 비교함으로써 맥락적 증거를 바탕으로 논해야 하지만, 그저 한두 사례를 바탕으로 주장을 제시하는 것은 바람직하지 않다. 분명 후기 구석기 유적을 보면 화려한 부장품이 많은 무덤은 흔하지 않다.

최근 연구에 따르면 부장품은 사회위계가 아니라 평범하지 않은 죽음과 연관되어 있다고 한다(Baker et al. 2024; Petru 2018). 장례의 맥락에서 볼 때 갑자기 죽거나 큰 부상이나 병을 얻은 사람에게 치장함으로써 살아 있는 사람들과 관계를 끊거나 마무리 짓는 행위였으리라는 것이다. 나아가 장애를 앓았던 사람들에게 더 많은 치장을 한 사례는 순기르 1, 3뿐 아니라 돌니베스토니체 3, 15, 16(체코), 말타 1(러시아), 파토 1(Pataud 1, 프랑스), 크로마뇽 1(프랑스), 바르마 그란데 2(Barma Grande 2, 이탈리아)에서 보듯이 상당수 잘 보존된 후기 구석기시대 무덤에서 보인다(Trinkaus and Buzhilova 2018: 17).

나아가 러시아 코스텐키와 우크라이나 메지리치에서 보듯이 수십 마리 매머드 뼈를 차곡차곡 쌓아 만든 구조는 단순한 주거라기보다 의례행사가 있었음을 가리키는 것 같다. 특정 계절에 이동하는 무리가 모여 더 큰 집단을 이루는 것은 수렵채집사회의 특징이기도 하다(Wengrow and Graebner 2015). 회합을 축하하고 공동체 의식을 다지는 의례를 하지 않았을까? 큰 집단을 이뤘을 땐 질서를 강조할 수밖에 없고, 불평등성이 드러나기도 했을 것이다. 그런 다음 무리는 다시 흩어져 평등사회로 돌아가기를 반복했을 것이다(13장 참조). 무리는 이합집산을 반복하고, 불평등성도 오랜 진화의 역사 동안 "드나드는 과정"을 되풀이했을 것이다.

기본적으로 어느 사회나 지도자가 있고, 어느 정도 서열도 있지만, 그것이 사회구조로 고착되었다는 것은 별개 문제다. 공동체 사이의 구조적인 폭력을 전쟁이라고 할 때 몇몇 수렵채집사회에도 그런 전쟁이 있다. 그런데 대부분 불평등 사회에서 흔하다(켈리 2014, 7장). 작은 규모의 이동 수렵채집민은 구조적 폭력에 잘 휘말리지 않는다. 전쟁이 있다면 가장 큰 원인은 서식지를 두고 벌어질 텐데, 무리 구성이 유동적이고, 본거지를 옮긴다면 그런 일이 일어나지 않을 것이다. 대다수 전쟁은 더는 이동하지 않는 불평등 수렵채집민에서 벌어진다. 대부분 사회에서 사회불평등의 구조화는 정주, 농경과 함께 인구가 늘고 마을이 커지면서 자라나고 자리 잡았다.

혼합 사회구성과 평등 지향

사람과 가장 가깝다는 침팬지사회는 전혀 평등하지 않다. 다 자란 수컷은 늘 긴장 속에서 산다. 알파메일이 되어 더 많은 짝짓기 기회를 얻든지, 아니면 알파메일을 추종하든지, 분란이 생길 때 기회를 노려야 한다. 암컷은 가끔 다른 수컷을 받아들임으로써 더 많은 짝짓기 기회를 얻는다. 침팬지는 매우 영역적인 동물이어서 다른 무리 침팬지를 죽이기도 한다. 영역을 지키기 위해 보초를 서고 순찰을 하기도 한다. 큰 무리는 작은 무리의 영역에 들어가 식량을 뺏고 암컷을 취하고 살해도 서슴지 않는다. 집단과 집단 사이에 폭력과 살해가 가장 많은데, 주로 수컷들 사이에서 일어난다(Wilson et al. 2014).

사람 역시 영장류로서 불평등을 넘어 서열이 분명한 집단 구성을 추구하는 생물학적 토대가 있는지도 모른다. 다시 말해 평등 지향은 자연세계의 일반성과 맞지 않다. 그럼에도 이동하는 작은 수렵채집사회에서 평등을 지향하는 습속이 있다. 모든 수렵채집사회가 일률적이고 기계적 평등을 추구하는 것은 아니라 해도, 공유행위가 널리 퍼져 있다는 것은 중요한 논점이다.

침팬지 사례를 보면, 평등을 지향하는 것은 진화적 맥락에서 놀라운 일이다. 북아메리카 서북부의 자원이 풍부한 환경에 사는 높은 인구밀도를 가진 정주 수렵채집사회 같은 예외적 사례, 곧 복합수렵채집사회를 제외하고 대다수 수렵채집사회에는 세습 지도자가 없다. 자연 세계에 비춰보면 평등은 인간 본성이 아니다. 그러니 계급의 발생과 엘리트의 등장을 설명하는 것보다 왜 평등적인지를 설명하는 일이 더 어렵다.

적응과 생존, 번식의 관점에서 보면 이기적 성품은 타고난 것이다. 이기적임을 감추고 이타성을 드러내는 일은 쉽지 않다. 그래서 대다수 수렵채집사회에는 이기심, 나아가 남 위에 서려는 욕망을 억누르는 사회적 기제가 있다. 이것을 죄수의 딜레마 같은 모델을 동원해 설명하기도 한다(최정규 2009). 모델에서는 협력하는 사람이 그렇지 않은 사람보다 결과적으로 더 많은 사회적 도움을 얻을 수 있음을 강조한다. 작은 규모 사회에서는 장기적으로 무임승차하는 사람은 실체가 드러나는 경우가 많다. 물론 무임승차를 완벽하게 막을 순 없고, 사냥한 고기의 공유 사례에서 보듯이 사냥꾼에게 어느 정도 혜택이 돌아가기도 한다. 어디에서나 다른 사람 위에 서고자 하는 사람이 있을 테지만, 대부분 수렵채집사회에서는 그런 개인을 억누르는 방식이 오랜 관습으로 자리를 잡았다.

지금까지 이뤄진 수많은 연구에 따르면 현존 수렵채집사회는 열대우림과 극지방 등 엄청나게 다양한 환경조건에도 불구하고 공통의 특성이 있다(켈리 2013; Hill et al. 2011; Marlowe 2005). 19세기부터 축적된 여러 민족지와 고고학 사례에 따르면 이동 수렵채집사회에는 어느 정도 공통성, 일반성이 있어 다음과 같이 정리할 수 있다.

① 15명에서 50명 정도가 무리를 이뤄 이동하며 식량을 얻고 나눈다.
② 무리는 먼 친척이나 혈연관계가 아닌 사람들로 구성한다.
③ 상호 공유와 협력이 중요한 덕목이며, 지위 상승과 부 축적을 막는 사회 기제가 있다.
④ 이웃 무리와 물자와 정보를 나누고, 먼 곳에서 혼인 및 상호협력관계를 맺는다.
⑤ 남녀 사이에 분업이 있어 육아와 채집은 여성이, 사냥은 주로 남성이 담당한다.

『수렵채집사회』에서 켈리는 민족지에 기록된 수렵채집민의 행동패턴을 후기 구석기시대로까지 소급시킬 수 있다는 데 동의하지 않는다. 그러면서도 과거 수렵민이든, 현존 사냥꾼이든 주어진 환경조건에서 식량자원을 찾아 떠나야 하고, 경험과 지식을 바탕으로 찾거나 마주친 식량자원(큰 동물이든, 아니면 도토리와 밤 같은 식물성자원이든)을 획득할 것인지를 선택해야 하는 상황은 마찬가지였음을 지적한다. 나아가 과거로까지 끌어올릴 수 있는 패턴으로 두 가지를 든다. 여러 환경조건에서 수렵민의 삶에서 공통으로 나타나는 15-30명으로 이뤄진 유동적인 무리 구성과 남녀 사이 분업은 아마도 구석기시대 수렵채집민에게도 공통이었을 것이다.

수렵채집사회 대다수는 공유를 사회규범으로 여긴다. 이런 사회는 흔히 유동적인 사회구성을 갖는다. 사람의 협력은 단순히 가까운 친족에 그치지 않는다. 사람, 사피엔스가 이렇게 성공적으로 넓고 다양한 환경에 확산해 오래 이어가고 있는 것은 협력 덕분인지도 모른다. 힐 등이 현존 32개 수렵채집 무리를 비교한 결과, 식량자원의 획득과 소비에서 공유행위가 흔하며 공동육아와 교육도 일반적이었다(Hill et al. 2011). 무리는 대부분 먼 친족으로 구성되어 있고, 서로 관계가 없는 사람과 혼인관계를 맺는다. 무리의 구성원은 매우 먼 곳에 있는 사람이나 다른 무리와 협력한다. 이래야 국지적인 환경변화로 어려운 시기가 닥쳤을 때 (그런 어려움을 겪지 않은) 먼 곳의 사회관계를 토대로 극복할 수 있기 때문이다.

이렇게 보면 수렵채집사회에서 널리 알려진 협력의 메커니즘은 바로 여러 부류의 사람이 섞이는 것이다. 곧 혼합(assortment) 사회구성을 통해 야영하는 사람들 사이에 어느 정도 긴장을 유지한다(Marlowe 2005; Smith et al. 2018). 11장에서도 언급했지만, 탄자니아 핫자족은 캠프 파트너를 자주 바꾸는데, 이들은 가까운 친연관계가 아니라 서로 협력할 대상을 선호한다. 스미스 등이 캠프 56개(총 383명)의 구성을 연구한 바에 따르면, 섞임, 곧 혼합의 메커니즘을 통해 캠프 내의 긴장과 함께 협력관계를 유지한다고 한다(Smith et al. 2018). 필리핀 아그타족의 협력관계 역시 캠프가 자리를 잡은 환경과 자원에 따라 상당한 차이가 있지만, 캠프 내의 협력관계는 상당히 일정한데 그것은 핫자족과 마찬가지로 상호호혜에 따라 캠프구성원을 찾기 때문이다(Smith et al. 2016).

던바는 언어 역시 사회관계의 맥락에서 발달했다고 본다(Dunbar

1998). 침팬지는 한가한 시간에 다른 이의 털을 고르고 다듬어 주는 행동으로 친밀함을 유지하는데, 사람에겐 말(언어)이라는 값싼 소셜 그루밍(social grooming) 수단이 있다는 것이다. 여러 사람이 협력해 사냥하는 과정에서 언어가 진화했다는 것은 지나치게 기능주의적이기도 하고, 사실에도 맞지 않을 것이다. 오히려 수다와 농담이야말로 서로의 존재를 확인하고 사회유대를 지키는 방식이다. 노래와 춤 그리고 그림 같은 예술도 마찬가지다.

다이블 등은 수렵채집민 무리에서 흔하게 보이는 캠프 내의 매우 약한 친연관계와 넓은 혼인망의 바탕에는 남녀 사이의 성적 평등성이 있다고 주장한다(Dyble et al. 2015). 남녀가 동등하게 캠프구성원을 선택할 수 있을 때 캠프 안 무리 사이에 친연관계가 누그러진다는 것이다. 이런 식으로 이성의 두 사람이 평등하고 가까운 관계를 맺는 관습(pair-bonding)이 진화하는 토대가 되었다.

남녀 사이 불평등은 아마도 농경, 그리고 유목사회가 시작되면서 두드러진 것 같다. 영역성이 뚜렷해지면서 생산성 높은 땅을 두고 경쟁이 벌어진다. 저장한 식량을 지키기도 해야 한다. 땅과 가축 같은 대물림할 자원과 재산이 생김으로써 세대 간 관계를 더 공고히 하려는 바탕에서 불평등이 고착화한다는 것이다(Kuhn and Stiner 2006: 959). 동물의 세계, 특히 침팬지사회를 보더라도 서열, 나아가 불평등은 오히려 자연스러운 것이다.

물적 증거를 수집하고, 그 자료로 삼아 분석하는 고고학의 시각에선 후기 구석기시대 사회에서 사회불평등과 위계의 증거는 빈약하다고 해야겠다. 화려한 치장을 한 사람이 무덤에 묻힌 놀라운 사례를 들어 위계를 논하는 시각도 있지만, 이는 장례와 연관되었을 가능성이 크다. 심지어 신석기시대 차탈회위크 정주 농경마을에서도 위계화의 증거는 찾기 힘들다. 오히려 평등을 지향하고, 평화를 유지하는 사회였기에 그렇게 오래 이어졌을 것이다. 이렇듯 수많은 사례에서 수렵채집민의 공유와 협력의 증거가 위계와 불평등의 구조화를 압도한다. 동굴벽화의 맥락, 공동체 의례는 집단의 단합뿐 아니라 평화와 안녕을 위한 행사였다고 보는 것이 옳을 것이다. 지도자가 있더라도 지위는 세습되지 않았을 것이다. 그리고 조상을 숭배했다. 다시 말해 오랜 역사와 집단의 연원을 강조했다. 오늘날 세계가 오랜 역사의 연장선에 있듯이 말이다.

맺으며 인류의 가장 빛나는 이력

고고학의 위기

고고학은 19세기 초 어떤 문헌에도 기록되어 있지 않은 선사시대를 연구하는 학문으로 등장했다. 구대륙과 신대륙 가릴 것 없이 세계 여러 곳에서 상상하지 못했던 선사시대를 확인하고 엄청난 시간의 깊이를 가진 인류문화의 과정을 찾은 것은 고고학의 큰 성취라 하겠다. 이제 어느 누구도 고고학과 선사시대를 거론하지 않고 인류의 긴 역사를 말할 수 없다. 고고학도 지난 200년 동안 크고 작은 변화를 겪었다. 오늘날 학문에서 융합이나 다학문, 또는 간학문적 접근은 도움 정도가 아니라 필수가 되었다. 거꾸로 생각하면 어떤 학문의 고유한 영역이란 점점 낡은 것이 되고 있다. 선사시대를 연구하는 유일한 인문사회과학으로서 고고학의 고유성만을 강조할 수 없게 되었다. 이제 더 다양한 시각과 접근으로 선사시대를 들여다본다.

고고학은 인간 행위의 물질 자료를 수집하고 분류, 분석해 과거 문화와 인간을 탐구하고 이해하는 학문이다. 물질 증거를 강조하기에 그저 상상이나 논변만을 가지고 대답을 찾지 않는다. 인간을 이해하고자 하는 목표를 지닌 학문이니 인문학이라 하겠다. 그렇다고 고고학의 접근법이 모두 인문학적인 것은 아니다. 물질 증거를 찾고 분석하는 데 수많은 과학적 방법을 동원하고, 인간 행위와 과거 사회문화를 이해하는 데 사회과학적 방법을 쓴다. 다만, 이것을 인간 이해라는 인문학적 목표에 수렴시킨다. 고고학은 굳이 말하지 않아도 본래 융합적 학문이다.

오늘날 자연과학의 발달은 눈부시다. 과학과 분석기술은 놀라운 연구 결과를 쏟아낸다. 결과물은 다른 연구자의 검증을 거쳐 받아들이지 않을 수 없는 사실이 된다. 고고학자가 평생 매달렸던 문제가 과학분석 하나로 실마리가 풀리는 시대다. 예컨대 최근 리자디스 등은 유럽 중석기시대에서 신석기시대에 이르는 화석에서 추출한 DNA를 현생인류와 비교, 분석해 오늘날 유럽인(주류 유럽인이라 해야겠다)의 형성을 논한다(Lizardis et al. 2014). 이에 따르면 유럽인의 조상은 주로 서유럽의 수렵채집민으로, 이 유전자의 토대 위에 동쪽으로부터 온 북유라시아인(시베리아 후기 구석기 수렵채집민과 밀접하다)과 서아시아에서 들어온 초기 농경민의 유전자가 결합되었다고 한다. 고고학자는 오랜 세월 석기와 토기, 청동기 같은 유물과 선사시대 주거지와 무덤을 찾고, 형식 변이를 면밀히 분석해 편년도 하면서 장기간 문화변화의 흐름을 파악해 왔지만, 이 정도로 대담하고 큰 그림을 쉽게 내놓지 못했다. 그런데 유전자 분석으로 더 단순하면서도 가시적인 시나리오가 나온다. 연구결과는 유명학술지에 실릴 뿐 아니라 일반인의 관심도 크기에 여러 미디어에서도 보도한다. 이에 반해 엄청난 양의 유적과 유물을 다루는 고고학은 느리고, 물질 자료는 아무 말도 하지 않기에 연구논문의 기조는 조심스럽고, 한편으로 모호하기도 하다. 이러하니 고고학은 위기를 맞았다고 해야겠다.

고고학의 위기는 사실 과학분석과 긴밀히 결합해 발달한 학문으로서의 숙명일 수도 있다. 대부분 자연과학자는 자신의 연구결과가 인간사회를 이해하는 데 어떤 함의가 있는지 궁금해한다. 생물학이든, 지질학이든 그 분야에서 인정받는 연구자일수록, 연륜이 쌓이면서 자신의 연구가 인간 세계를 이해하는 데 어떤 함의가 있는지 궁금해 하는 경향이 있는 것 같다. 유전자를 연구하는 사람은 인간의 행동에 어떤 유전적 바탕이 있는지 궁구하고, 개미나 철새를 연구하는 사람도 그로부터 인간사회를 보려 한다. 과거 환경을 연구하는 사람은 환경과 인간의 관계에 대해 말하고 싶어 한다. 그런데 사회와 문화의 형성과 변화란 비단 환경에만 영향을 받지 않는다. 환경이 생활의 무대이고 매우 중요한 토대변수인 것은 맞지만, 그것만으로 인간의 진화와 문명의 성장과 몰락과 같은 것을 설명할 수는 없다. 그러니 선사시대의 중요한 변화를 모두 환경의 탓에 돌리는 시도는 경계해야 한다. 그 어느 사회문화도 주어진 환경의 토대 위에서 모습을 갖추고 변화하는 것이 당연한 일이지만, 인간사회는 환경변화에 대응하는 나름의 지식과 경험이 있을 것이기 때문이다.

6장에서 살폈지만, 과거와 현재 사회의 흥망성쇠를 기후와 환경의 탓으로 돌리는 것을 기후환경결정론이라고 한다. "저위도 사람들은 따뜻한 기후조건 아래 더 높은 생산성을 지닌 환경에서 살기에 삶의 조건을 개선할 필요를 느끼지 못한다."는 식의 공상은 어처구니없다. 고도의 문명이 발달하지 못했다는 설명은 자민족중심을 넘어 인종주의라 할 만하다. 그런 주장은 이미 20세기 전반, 특히 나치의 몰락과 더불어 학문 세계에서 퇴장한 듯했다. 그런데 변화가 생겼다.

과학기술의 발달은 놀랍고, 돌이킬 수도 없다. 이제 현 세계의 다양한 환경뿐 아니라 과거의 환경까지도 매우 정확하고도 세밀하게 복원한다. 그러자 인문사회 현상에 어떤 영향을 미쳤는지 다시 들여다보기 시작했다. 대표적인 사람이 재러드 다이아몬드다. 뉴기니 원주민 친구가 "당신네 백인은 그런 화물을 만들어냈는데, 왜 우리 흑인은 그러지 못했는가?"(19쪽)라는 물음에 답을 하면서 쓴 책이 바로 『총, 균, 쇠』라고 한다. 부제가 "인간사회의 운명"이다. 주지하듯이 다이아몬드는 역사의 운명을 인종별 능력의 차이가 아니라 지리와 기후환경 요인에서 찾는다. 그 논지가 얼마나 많은 사람에게 영향을 미치는지는 굳이 말할 필요 없을 것이다. 다이아몬드는 본래 뉴기니를 중심으로 새를 관찰하며 생태 다양성을 연구하는 생물지리학자였지만, 문화지리학에까지 관심사를 넓히고, 이제 인간의 역사까지 섭렵한다. 그 토대는 생태지리적 전문지식과 안목이다. 이렇게 기후환경의 중요성은 다시 인문사회 학문에 폭넓게 스몄다. 한편으로 고고학자보다 훨씬 간명한 논리와 근거로 인류의 선사와 역사시대의 전개를 풀어낸다.

어떤 학문도 고유성만을 고집한다면 시들 수밖에 없다. 선사시대 문화를 연구하는 유일한 학문으로서 고고학은 새로운 도전과 위기를 맞았다. 과거 여러 과학적 분석은 고고학자들의 해석에 도움을 주는 정도였지만, 이제 과학자가 직접 과거를 해석하는 사례가 늘었다. 고DNA 분석, 그리고 이것이 인류 진화와 계통에 어떤 함의가 있는지는 복잡하지만, 학계와 일반의 관심이 집중된 주제이다. 그리고 이런 과학분석의 결과를 선사시대 사람의 생물 및 문화진화와 연관짓기 위해선 다양한 분야의 전문지식을 섭렵해야 한다. 거기에 고고학의 역할이 있다. 과학분석을 지난 200년 동안 쌓아온 선사시대 사회문화에 대한 지식의 맥락과 연결 지어야(또는 통섭해야) 한다. 자연과학 분석 자체는 선사시대의 인문사회 현상의 관계를 직접 설명해 주지 않기 때문이다. 인간과 사회의 맥락에서 해석이 필요하다. 그동안 고고학은 과학분석의 결과를 균형 있게 해석하는 데 주도적 역할을 했고, 앞으로도 해야 한다.

고고학은 흙 속에서 먼 과거 사람의 흔적을 찾아 문화를 복원하고 변화를 설명하는 독특한 학문 영역을 개척했다. 다른 학문과는 매우 다른 접근이야말로 흥미뿐 아니라 고고학이 학문으로서 독자적 영역을 가지고 발달한 배경이기도 하다. 그런데 여느 학문과 달리 고고학은 행위를 남긴 과거 사람에게 직접 다가갈 수 없다. 그저 뗀석기와 토기 조각이 어지러이 흩어져 있을 뿐, 유적에 살던 사람들은 이미 사라진 지 오래고, 어떤 이들이었는지, 어떻게 쓰고 버렸는지 속 시원한 대답을 주지 않는다. 길고 넓은 시공간에서 세부 문화의 양상을 잘 모르고, 새로운 자료가 나와 기존 가설의 잘못이 드러날 수 있으니 고고학자는 늘 조심스럽다. 말하지 않는 자료의 독특함만을 부각하고 그것을 남긴 사람에 대해 이야기하는 것을 꺼리는 데서 고고학의 위기가 오는지도 모른다. 먼 선사시대 자료를 다룬다고 해서 현실에 초연함만을 내세우지 말고, 세계가 어떤 과정으로 오늘에 이르렀는지 학문적 서사를 위해 나설 필요가 있다.

그러기 위해선 융합과 다학문 접근에 적극 나설 뿐 아니라 연구할 만한 주제를 던지고, 고고학의 맥락에서 풀어내는 연구과제를 주도해야 한다. 사실 고고학은 본래부터 융합학문이었다. 유적을 찾고 발굴하고, 유물의 특성을 분석하는 데 과학적 기법과 지식이 필수이며, 인간 행위를 복원하고 문화변화를 설명하는 데 사회과학적 접근 역시 중요한 역할을 한다. 이를 바탕으로 인간의 역사, 그리고 인간의 정체성을 이해하는 목적을 지닌 인문학으로 성장해 왔다. 앞으로도 고고학을 접점으로 여러 분야 지식이 결합하고, 협력할 것이다.

과거를 아는 일은 매우 흥미로울 뿐 아니라 나름의 가치가 있음은 두말할 나위 없다. 다만, 여기서 더 나아가 과거의 경험과 과정에서 현재의 여러 현안에 대안을 찾는 노력도 필요하다. 굳이 학문이 지닌 현재성(presentism)의 그림자를 지우려 애쓸 이유도 없다. 고고학은 과거 자료가 어떻게 형성되었는지를 밝히고, 과거 인간과 행위, 문화에 더 철저하고 분석적으로 접근하면서도, 한편으로 현재 세계가 부딪히고 있는 큰 문제를 더 큰 맥락에서 생각하고 통찰을 줄 필요가 있다.

농업혁명과 사피엔스혁명

농경이 얼마나 풍요로운 삶을 가져다줬는지는 논란의 여지가 있다. 초기 농경민의 삶은 우리의 이상과는 너무도 다르다. 특정 작물에 의존함으로써 가뭄으로 농사가 뜻대로 되지 않을 때 굶주림에 내몰리고 영양불균형에 시달리기도 했다. 잡초를 뽑고, 메뚜기를 몰아내고, 물을 대거나 길어다 붓고, 뜨거운 햇볕 아래 고된 일을 해야 했다. 수확한 뒤에도 곡물을 볕에 말리고, 갈돌과 갈판으로 껍질을 벗기고 갈면서 종일 노동에 시달려야 했다. 먹을 것도 부족한 형편에 가축까지 돌봐야 했다. 게다가 정주마을에 인구가 늘면서 전염병의 위협은 더 커졌다. 이렇게 농업혁명은 인류에게 풍요로운 삶만을 가져다준 것은 아니었다. 오히려 소수의 엘리트 계급이 자라날 토양이 되었다. 그래서인지 하라리는 농업혁명을 "역사상 최대의 사기"라 부른다(하라리 2015: 120).

초기 농경민의 삶을 미시적으로 들여다보면 어두운 측면이 있다. 결과를 알았다면 이 사람들은 아마 다시 수렵채집민으로 돌아갔을지도 모른다. 아니 새로운 변화는 '긴 드나드는 과정'을 겪은 것이다. 인류사의 틀로 본다면 분명 농사는 거대한 수레바퀴와도 같은 것이었다. 그 위에서 오늘날 세상으로 가는 역사의 수레가 굴렀다(마이든 2019). 다이아몬드는 오늘날 불평등한 세계 관계의 기원, 곧 왜 유럽, 백인이 세계를 지배하게 되었는지를 찾아 농경의 기원 시점까지 거슬러 올라갔다(다이아몬드 2015). 유럽과 미국, 곧 서양이 정치, 군사, 경제, 사회, 문화 등 거의 모든 영역에서 세계의 표준이 된 것은 지리상의 발견, 대항해시대, 그리고 제국주의 같은 근대세계의 형성에서 균형추가 한쪽으로 기울었기 때문인지 모른다. 다이아몬드는 근대세계로 가는 과정에서 지리적 특성과 생태환경, 작물과 가축 등에서 드러난 불균형에서 연원을 찾는다.

그런데 이는 농경을 하지 않은 여러 지역을 빼고 오늘날 세계의 형성을 말하는 것이다. 동남아시아와 오스트레일리아, 아메리카대륙에서는 수없이 많은 사람이 여전히 수렵과 채집을 이어갔다. 인류사의 가장 큰 전환을 말하면서 농경과 문명, 그리고 그 이후의 전환만을 다룬다면, 본뜻은 그렇지 않겠지만, 수렵채집민을 배제하게 된다. 농업의 시작과 마을의 등장은 인류 역사의 전환에서 매우 중요하다는 데 이의를 달 수 없지만, 전 세계 모든 인류의 연원은 기실 빙하시대 수렵채집민까지 거슬러 올라가야 한다.

오늘날 세계는 후기 구석기시대 수렵채집민이 토대를 놓았다고 하면 과장이라 생각할 수 있다. 끝없이 펼쳐진 타이가 침엽수림이나 툰드라, 원시림으로 덮인 아마존, 티베트 고원을 보고 아직 사람의 손길이 닿지 않은 미지의 땅이라 감탄하는 사람도 있겠다. 헛된 생각일 뿐이다. 이미 까마득한 빙하시대 수렵채집민이 이곳에 들어왔다. 아프리카에서 기원한 현생인류가 여러 번 확산의 물결을 타고 동쪽으로 혹은 북쪽으로 나아갔다. 동남쪽으로는 이미 6만 년 전이면 통나무나 뗏목을 이용해 오늘날 오스트레일리아까지 들어갔다(물론 유적에서 이 뗏목이나 통나무배를 찾을 수는 없을 것이다). 그리고 아시아를 가로질러 고위도 아한대, 한대 환경에 적응하고, 결국 최후빙하극성기가 끝나면서 아메리카대륙에까지 들어갔다. 말 그대로 전 세계에 사람이 살게 되었다. 모두 빙하시대 끝자락 수렵채집민이 이룬 성취다.

그렇게 전 세계에 단일한 생물종 호모 사피엔스가 자리를 잡았다. 열대림이든, 아한대, 한대지방이든, 건조한 환경이든, 고산지대든, 그 환경에 적응한 생물, 그리고 동물이 있기 마련이다. 그러나 이 모든 다양한 환경에 적응한 것은 호모 사피엔스뿐이다. 이는 근대 과학기술 위에 모험이나 탐험 덕분이 아니라 빙하시대 끝자락 수렵채집민 덕분이다. 그러니 오늘날 전 세계 인류는 후기 구석기시대 수렵채집민이 놓은 토대 위에 있다는 말은 과장이 아닐 것이다. 굳이 세계의 역사를 성공과 실패의 맥락에서 판단할 필요는 없다. 이후 역사의 흐름은 냉혹했을지라도, 지구상에 사는 80억 인류 누구에게나 성취라는 뿌듯함을 주는 것은 바로 이때였다. 그때나 지금이나 호모 사피엔스는 현생인류(modern human)이다.

그렇게 다양한 환경에 적응해 자리를 잡은 다음 사피엔스는 지역 문화를 발전시켰다. 환경에 따라 수렵채집생활을 이어가기도 했고, 식물을 가꾸고 동물을 기르며 농경이란 새로운 사회에 접어들기도 했다. 따라서 후기 구석기시대까지를 "공통 토대(common ground)의 시기"라 부른다면(갬블 2013), 이제 지역 "다양화(diversification)의 시기"라 할 만하다.

무엇인가 정점에 이른다는 것은 또 다른 변화의 시작이기도 하다. 후기 구석기시대는 수렵채집사회의 삶이 정점에 이르렀던 때였던 것 같다. 그리고 새로운 변화의 시작이기도 했다. 빙하시대 끝자락 동아시아의 수렵채집민은 토기를 만들어 쓰면서 더 효율적으로 칼로리를 얻었다. 서아시아의 호의적 환경에서 수렵채집민은 더는 이동하지 않고 한곳에 머무르기도 했다. 계절에 따라 집중적으로 수확하는 몇 가지 식물 주변에 잡초를 뽑고 물을 주면서 야생정원을 가꾸기도 했다. 어린 동물을 사냥해 마을에 묶어 두고 먹이를 주어 기른 다음 적당한 때 잡아 축제를 벌였다. 이런 과정을 누대에 걸쳐 되풀이하면서 식량을 안정적으로 확보하면서 마을은 더 커졌다. 조상에 감사하는 마음을 지녔고, 공동 의례를 하고 역할을 달리하면서도 지위를 세습하지는 않았다. 그러다 더 큰 마을을 이뤄 사회가 복잡해지면서 우리가 문명, 또는 복합사회라 부르는 계단에 성큼 올라섰다. 그렇게 기술문명이라는 또다른 토대를 만들었다.

인류 공통의 경험과 역사의 진화

긴 안목에서 역사란 진화와 다름이 없는 것 같다. 진화는 변화와 지속의 과정이고 결과이다. 생물진화에서 셀 수 없이 많은 변이는 후세를 남기지 못하고 사라졌다. 남은 것도 환경과 상호작용하면서 자연선택과 수많은 우연한 변이의 연쇄를 거친다. 애초에 더 좋은 방향이란 건 있지도 않았다. 그것은 우리의 주관적 인식이고 평가일 뿐이다.

지난 수천 년 동안 문화, 아니 역사는 놀랍도록 다양하고 큰 변화를 겪었지만, 사람, 정확히 사람의 몸은 빙하시대 이후 별다른 변화를 겪지 않았다. 물론 머리나 피부색, 그리고 잘 알려졌듯 유당분해효소 같은 적응이 있긴 했다. 그러나 우리 종의 가장 큰 특징이라 할 큰 뇌와 긴 수명, 오랜 양육, 그리고 세대를 넘어 자손을 돌보는 일은 기실 농경 이전의 후기 구석기시대 수렵채집민의 특징이기도 하다(Gurven and Kaplan 2007; Kaplan et al. 2001). 인간의 몸과 삶을 결정짓는 특성은 이미 빙하시대 끝자락에 정돈이 되었다. 그러니 오늘날 우리 인류의 토대를 놓은 영예는 이름 모를 빙하시대 수렵채집민에게 돌려야겠다.

그렇다고 수렵과 채집, 그리고 수렵채집사회를 이상으로 생각하자는 것은 아니다. 매우 적은 사람들이 풍요로운 자연 속에서 이곳저곳 여행하며 서로를 위해주며 평온한 삶을 누렸다는 것도 아니다. 이 사람들이 지금 우리보다 더 건강하고, 더 도덕적이고, 더 자연주의적이었으며, 더 여유와 풍요로운 삶을 누렸다는 것이 아니다. 그런 서사가 있긴 하지만, 이는 야만과 미개를 경시하는 풍조를 비판하며 나온 과장된 표현과 진술이다. 현재의 물질적 풍요를 거부하고 자연으로 돌아가자는 말도 아니다. 그런 낭만적인 생각을 말하는 것이 아니다. 대신, 우리 문화의 연원은 수렵채집생활에 있는 것이고, 인류의 공통 토대는 빙하시대 말 수렵채집민에서 찾을 수 있다는 것이다. 더 정확히 표현하면 당시, 그리고 지금의 수렵채집민은 우리와 다름이 없음을 강조하고자 한다.

빙하시대의 수렵채집민은 우리와 똑같았다. 우리에게 있는 욕심과 폭력성이 수렵채집민에게 없을 수가 없다. 폭력성, 더 나아가 전쟁은 오히려 호모 사피엔스의 본성일지도 모른다(Kissel and Kim 2019). 다만, 수렵채집민이 결코 게을러서 수렵과 채집을 지속했다는 생각, 그리고 우리보다 더 멍청하고 더 야만스럽다는 생각은 잘못이다. 수렵채집민에게 덮어씌운 야만과 궁핍이라는 굴레와 이미지는 옳지 않다. 이는 모든 인간사회에 내재해 있는 것이다. 기술문명사회에서도 온갖 야만적 행위를 서슴지 않았고, 지금도 궁핍함을 호소하는 사람들이 세계 도처에, 우리 주변에도 많다.

구석기시대가 우리가 추억해야 할 과거는 아니다. 인간의 뿌리와 현재 우리 마음과 행위의 토대를 생각할 뿐이다. 이 사람들이 우리와 똑같았다는 당연하고도 '무미건조함'을 넘어 무언가 선사시대의 삶에서 배울 만한 것은 없을까? 흙 속에서 너무나도 낯선 과거의 흔적을 찾는 흥미를 넘어서 지금 우리가 직면한 문제를 푸는 데 무슨 교훈을 얻을 순 없을까? 비약일망정, 그로부터 오래 지속 가능한 실마리 같은 것을 얻을 순 없을까?

오늘날 우리는 지구온난화라는 기후환경 위기에 직면했다. 팬데믹의 혼란을 겪고 또 더 큰 위기가 찾아올 것이라는 두려움이 있다.

한국 사회에서는 인구절벽이라는 절망적 현실을 대하고, 또 다문화라는 대안을 찾기도 한다. 선사시대를 알아가는 일은 분명 이런 문제와 새로운 도전에 직접 해답을 찾기 위함은 아닐 것이다. 그럴지라도 지난 200년 동안 여러 연구자가 이룩한 학문의 성취로부터 오늘의 우리를 돌아보고 비춰볼 수 있다. 과거는 현재를 이해하는 열쇠이니 그로부터 무엇인지 배울 수 있다면 좋은 것이다. 가깝고 먼 인간의 역사에는 늘 우리가 되새길 교훈이 있다. 보는 관점에 따라 복잡하고 어려운 문제를 푸는 데 조금이라도 새로운 시각과 정보를 줄 수 있다.

먼저 지금까지 논의했듯이 선사시대에서 인류의 삶과 관련한 키워드를 생각해 보자. 구석기시대 수렵채집사회의 특징으로 공유와 협력, 교류를 들 수 있다. 신석기시대 사회는 생업과 문화의 다양화, 공동체 정신, 평등 지향의 공간과 기제 등을 생각할 수 있다. 그러다 청동기시대가 되면 농경의 집약화와 함께 집단 이기주의, 방어와 습격, 사회구조화, 위계화를 떠올린다. 다른 사회와 경쟁하고, 더 크고 위계화한 구조를 가진 사회가 전쟁에서 이겨 살아남았기 때문이라 하겠다. 권력과 위계는 사실 자연 세계에서 흔한 현상이다.

17세기 중반 홉스는 『리바이어던』의 첫 문장에서 "자연은 인간이 육체적, 정신적 측면에서 평등하도록 되어 있다(창조했다)."고 했다. 물론 이 언급의 참뜻을 파악하기 위해선 문맥을 잘 살펴야 한다. 홉스는 능력의 평등 탓에 희망의 평등을 꿈꾸고, 욕망과 경쟁, 그리고 파괴와 정복(만인 대 만인의 전쟁)이 불가피해짐을 주장하고자 했다. 그리하여 국가는 자연 상태의 산물이 아니라 인간 의지에 의한 사회계약의 결과임을 강조하기 위해 그런 말을 했다. 인간 이기심의 욕망과 폭력성을 누르기 위해 국가가 나서 무질서와 투쟁을 통제해야 한다는 것이다.

침팬지는 강자가 약자에게 폭력을 쓰고, 경우에 따라선 살해까지 서슴지 않는, 엄격한 서열사회에 산다. 침팬지가 우리를 거울처럼 비춰준다면, 이것이 우리의 본성일지도 모른다. 인간의 본성이란 것이 있다면, 그것을 찾을 수 있다면 그럴지도 모르겠다. 그러나 본성을 말하는 것은 결국 사색과 논변으로 끝날 수도 있다. 어쨌든 우리 호모 사피엔스는 지구에서 '국가 없이도' 수만 년 동안 성공적으로 살아왔다.

유명한 심리학자 스티븐 핑커(Steven Pinker)는 2011년 『우리 본성의 선한 천사 *The Better Angels of Our Nature*』(우리말 번역서는 2014년)라는 책에서 폭력은 수렵채집사회와 군장사회(chiefdom), 역사시대를 거치며 지속해서 줄어들었음을 주장했다. 역사시대에 전쟁을 일삼은 나라라고 한들 폭력의 빈도는 수렵채집사회와 부족사회에 비해 낮다고 했다. 그렇게 국가가 탄생한 배경을 설명한 홉스의 주장을 뒷받침한다. 그러나 현존 수렵채집사회에서 폭력의 비율이 구석기시대의 그것을 그대로 비춰준다는 데엔 동의하기 어렵다(Fry and Söderberg 2013). 왜냐하면 현재의 원주민은 제한된 영역에 살면서 집단 사이에 생기는 갈등과 스트레스의 요인이 크기 때문이다. 나아가 식민 사회와 접하면서 경쟁, 갈등과 전쟁의 강도가 더 높아졌기 때문일 것이다(Bowles 2009). 수렵과 채집 생활과 인구구성 등에선 분명 일반성이 있지만, 외부 세계와 교류의 양태, 영역성과 경쟁, 전쟁은 과장된 측면이 있는 것 같다.

2016년 진화생태학자 고메즈 등은 『네이처』에 발표한 글에서 핑커의 논지와는 매우 다른 증거를 제시한다(Gómez et al. 2016). 고메즈 등에 따르면 폭력의 증거는 정주사회와 군장사회, 그리고 뒤이은 고대국가와 제국의 시기에 매우 높은 비율로 나타난다. 그러다 약 500년 전부터 폭력으로 인한 사망률이 줄어들기 시작해 100년 전쯤 2% 즈음에 이른다. 2%라는 폭력사 비율은 포유동물 세계에서도 흔하기에 우리 진화의 불가피한 산물이라고 한다. 고메즈 등에 따르면

이는 구석기시대 수렵채집사회에서와도 비슷한 빈도이다. 다시 말해 정주 농경으로 인구가 급증하고, 고대와 중세를 거치며 폭력이 급속히 증가하다가 근래 들어서야 다시 구석기시대의 빈도로 돌아갔다는 것이다.

동물의 세계와 주변에서 일어나는 온갖 경쟁을 보면 삶과 생존을 위한 투쟁은 당연한 듯 보일 수도 있다. 호모 사피엔스가 단일 생물종으로 가장 성공적인 진화의 역사를 가진 배경에는 불평등보다는 평등을 추구한 습속과 사회 기제가 있었다. 장기간의 선사시대를 보면 적어도 평등과 협력, 평화를 지향했던 사회가 세대와 세대를 이어 오래 살아남았다. 현생인류는 아프리카에서 기원해 그토록 다양하고 힘든 환경을 넘어 성공적으로 확산하면서 공유와 협력을 더욱 중시했던 것 같다. 여러 선사시대 유적에서 보듯이 매우 오랫동안 지나친 불평등을 몰아낼 기제가 충분히 효과적으로 작동했다. 이렇게 현생인류는 수만 년 동안 성공적으로 자연 세계에서 흔한 위계와 불평등의 흐름을 거스를 수 있었다.

빙하시대가 끝나면서 호의적인 환경에서 더 많은 사람이 모여 농사를 짓고 마을과 도시를 이루고 살면서 땅을 두고 경쟁하고 사회 위계가 진전하고 구조화했다. 그럼에도 조직화한 복합사회가 등장하기 전까지 불평등, 그리고 사회 위계의 고착화는 그리 뚜렷하지 않았다. 그러다 더 많은 사람이 살고 경쟁이 더 치열해지면서 조직화한 폭력이 늘어나고 더 크고 강한 위계사회가 다른 사회를 더 먼 곳으로 밀어낸다. 고대문명과 국가가 핵심지대를 중심으로 자리 잡고 하늘 높이 피라미드를 쌓고 제국이 되어 영역을 더 넓혔다. 이후의 역사는 빙하시대 수렵채집민이 놓은 토대 위에 수레바퀴가 구르듯 흘렀다면 지나친 말일까?

미래를 예측하는 학문은 없다고 해야겠다. 진화나 역사도 지금까지 과정을 풀어내는 학문이지 앞으로 변화를 예측한다고 할 순 없다. 다만 과거의 과정으로부터 가까운 미래를 넘겨보면서, 그것을 대비하는 일종의 교훈을 얻고 안도할 수 있다. 지금까지의 과정은 앞으로, 적어도 가까운 미래에, 어떤 일이 벌어질지 내다보는 중요한 발자취다. 굳이 먼 미래를 얘기하지 않아도 앞으로 과학기술문명은 더 발달할 것이다. 물질적 풍요로움과 수명의 증가에서 분명 우리는 진전하고 있다. 그럼에도 과거의 문제와 그동안 겪었던 과정은 되풀이될 것이다. UN의 예측모델에 따라 인구는 100억을 넘어선 다음 정체를 맞을지 모른다. 교류의 빈도와 규모가 커지겠지만, 코로나바이러스 창궐에서 보듯이 한 지역의 문제는 이제 전 인류의 문제가 될 수 있다. 또 기후나 환경 위기가 심각해질 것이다. 풍요로운 삶 속에서 전쟁과 기아, 분규는 수천 년 동안 인류 곁을 떠나지 않았다. 세상은 더 복잡해지고 문제는 그리 단순하지 않지만, 오늘과 내일 우리가 마주할 문제는 과거 이미 우리를 괴롭혔던 것일 수 있다. 해결책도 그리 단순하진 않지만, 빙하시대 끝자락 수렵채집민의 삶에서 희미하게나마 우리의 모습과 흔적을 본다.

현생인류의 기원을 찾아서 떠나는 여행은 그저 흥밋거리만이 아니며 오늘날 우리에게 귀중한 메시지를 준다. 오늘날 세계화의 물결 속에, 다시 국수주의와 민족주의, 자문화중심주의가 자라나는 현실 속에 지구상 인류가 모두 한 뿌리, 한 토대임을 인식하는 것이 필요하다. 나아가 지나친 개발과 자연 파괴, 기후변동의 시대에 과거 인류의 역사에서 현명한 대답을 찾을 수도 있다. 까마득한 먼 과거에서 우리의 미래를 본다면 과한 표현일까?

어린 시절 자라난 환경과 경험, 기억은 한 사람의 인성을 만든다. 평생 그것에서 벗어날 수 있는 사람이 있을까. 물론 다 커서도, 늙어서도 변화를 겪지만, 인성이란 측면에서 어린 시절은 가장 중요하다.

인류 역사를 한 사람의 탄생과 성장에 비유해도 마찬가지다. 오늘날 세계가 형성되는 데 20세기가 중요했을 수도, 산업혁명을 강조할 수도, 고대문명의 성취를 높이 살 수도 있겠다. 그러나 개인사로 비유할 때 어린 시절만큼 중요한 것이 있을까? 우리가 기억하기도 힘든 어렸을 적 배경이야말로 우리 인간의 마음과 행동의 근원이다. 후기 구석기시대는 지구상 80억 인류의 어린 시절 같은 것이다. 아무도 기억하지 못하는, 그 어느 문헌에도 기록되어 있지 않은 때지만, 인류의 마음과 행동의 토대를 놓은 때 말이다. 인류에겐 수만 년 동안 성공적으로, 또는 여러 환경에서 그럭저럭 충분히 성공적으로 살아온 공통의 경험이 있다. 우리 인간의 이력서에서 가장 빛나는 경력이라 하겠다.

주

1부

1 리처드 클라인(Richard Klein)은 구석기고고학 및 고인류학의 권위자이며, 『*The Human Career: Human biological and cultural origins*(1989 초판, 2009 3판)』의 저자이다. 1960년대 프랑스에서 프랑수아 보르드와 연구한 바도 있으며, 주로 아프리카 남부에서 야외조사를 했다. 미국 시카고대학을 거쳐 현재 스탠퍼드대학 교수로 재직하고 있다. 행위적 현생성과 후기 구석기 문화로의 전이가 장기간 점진적 진화의 결과라기보다 50,000-45,000년 전 즈음 우연한 돌연변이로 신경학적 변화가 일어나 현대적 능력을 갖추게 되었다는 가설을 제시한다.

2 로버트 더넬(Robert Dunnell, 1942-2010)은 미국 워싱턴대학에서 오랫동안 재직한 고고학자이다. 진화와 진화이론은 고고학을 비롯한 인문사회과학 주변에 머물러 있었지만, 실제로 다위니즘에 입각한 진화이론을 제대로 이해하고 발전시키진 못했다고 주장했다. 자연선택이나 적응, 그리고 부동(drift) 같은 개념을 적절하게 적용하지는 못했다고 하면서 다윈진화고고학의 토대를 닦았으며, 이후 여러 제자와 연구자가 논의를 확장하고 사례연구를 냈다. 글쓴이는 1990년대 중후반 유학 시절 고고학 이론과 학사, 북아메리카 선사시대에 관한 강의를 수강하며 많은 도움을 받았다.

3 스반테 페보(Svante Pääbo)는 독일 라이프치히에 있는 막스플랑크진화인류학연구소(Max Planck Institute for Evolutionary Anthropology)의 소장이며, 현재 고(古)유전자(ancient DNA) 연구를 이끌어가는 사람이다. 여러 연구자와 함께 네안데르탈인의 뼈에서 DNA를 추출해 분석했고, 데니소바동굴에서 나온 손가락뼈에서 고DNA를 분석해 알려지지 않은 고인류 데니소바인의 존재를 발표하기도 했다. 본래 스웨덴의 웁살라대학에서 의학으로 박사학위를 받고 1997년부터 독일 막스플랑크연구소에서 고유전자를 분석했다. 2022년 노벨생리의학상을 단독 수상했다.

4 포지티브 피드백(positive feedback)은 체계이론(systems theory)에서 어떤 변화가 다른 부분에 연쇄 반응을 일으켜 새로운 결과를 가져오는 것을 말한다. 이와 반대로 네거티브 피드백(negative feedback)은 새로운 결과를 억제해 본래의 상태로 되돌아가는 과정을 가리킨다. 고고학에서도 문화를 하나의 체계로 보고, 환경과 식생활 등 여러 요인이 체계에 어떤 변화를 일으키는지 궁구하기도 한다.

5 대학시절 글쓴이의 지도교수이며, 2022년 서울대학교에서 정년퇴임했다. 글쓴이가 그 후임이기도 하다.

6 프랑수아 보르드(François Bordes, 1919-1981)는 프랑스 고고학자로서 보르도대학에 재직하면서 여러 유적을 조사하고, 구석기시대의 수많은 뗀석기를 직접 제작해 복원하면서 형식과 분류체계를 세웠다. 특히 콩 그레날(Combe Grenal)과 페슈 드라제(Pech de l'Azé) 같은 중기 구석기시대 유적의 유물군을 분석하고 해석했다. 프랑스를 넘어 미국에서도 강연과 연구 활동으로 다음 세대 연구자들에게 영향을 줬다.

7 루이스 빈포드(Lewis Binford, 1931-2011)는 미국의 고고학 이론가로서 신고고학, 곧 과정고고학 운동의 선구자로 고고학사에 큰 발자취를 남겼다. 실제 선사 유적보다는 알래스카 누나미우트 원주민의 삶에 들어가 현지조사하는 민족지고고학을 통해 유적이 어떤 행위 맥락에서 형성되었는지를 연구했다. 이를 통해 초기 인류의 사냥이나 구석기시대 수렵채집민의 행동 패턴 등에서 관행으로 받아들이는 여러 기존 학설에 문제를 제기하고 새로운 설명 대안을 제시했다.

8 75±0.9 ka와 73.88±0.32 ka라는 두 연대가 있다(Yost et al. 2018: 75). ka=1,000년 전.

9 흔히 해양산소동위원소 단계(Marine Isotope Stage), 곧 MIS 4기라 일컫는 빙하기로, 대략 71,000년 전에서 57,000년 전까지를 가리킨다.

10 브라이언 페이건(Brian Fagan)은 『고고학 개론』에서 『인류의 선사시대』, 『고고학사』 같은 대학 교재와 동물상과 기후변화 등 주제를 담은 대중서에 이르기까지 여러 저술을 남겼고, 몇 권은 베스트셀러로 꼽힌다. 글쓴이도 2019년 『고고학의 역사: 인류 역사의 발자취를 찾다』를 번역해 소개한 바 있다. 오랫동안 캘리포니아대학 샌터바버라에서 재직했으며, 은퇴한 뒤에도 왕성한 저술 활동을 이어가고 있다.

11 https://www.southampton.ac.uk/news/2018/02/neanderthals-art.page

12 랜들 화이트(Randall White, 1952-2022)는 오랫동안 뉴욕대학에 재직하면서 유럽 중기-후기 구석기시대 전이와 상징예술의 등장과 진화에 관해 많은 업적을 남겼고, 2022년 일흔 생일을 며칠 앞두고 갑자기 세상을 떠났다.

13 글쓴이는 가끔 지표조사에도, 발굴장에도 딸을 데리고 간 적이 있다. 재미있어 했고 돌을 주워 주먹도끼인지 물었다. 아니라고 집어 던지곤 했더니 실망을 거듭한 모양이다. 대학에 들어간 두 딸은 고고학에 아무런 관심도 없다. 그런데 어린 딸을 발굴 현장에 데리고 가 역사에 남는 발견을 한 사람도 있다. 아니 딸이 찾았다.

14 앙드레 르루아구랑(André Leroi- Gourhan, 1911-1986)은 프랑스 고고학자로, 팽스방 구석기 유적을 조사하고, 동굴벽화를 구조주의의 시각에서 해석한 업적을 남겼다. 나아가 기술과 미학을 고고학, 인류학의 시각과 이론으로 연구했으며, 유물의 제작과 사용, 폐기를 포괄하는 사회적 행동으로서 작업연쇄(chaîne opératoire)라는 개념을 창안하기도 했다. 기술과 언어, 몸짓에 대해서도 저술을 남겼으며, 프랑스 사상가 데리다와 들뢰즈, 가타리 등에게 영향을 줬다.

15 https://archeologie.culture.fr/lascaux/en/archaeology-cave-floors

16 다빈치와 벨, 에디슨은 난독증을 앓았다고 한다. 그러나 뛰어난 시각과 공간 인지력을 바탕으로 인류 역사에 큰 발자국을 남겼다(루버리 2024).

17 글쓴이도 오래전부터 그렇게 생각했으며, 강의 때 이런 생각을 말한 바 있다.

2부

1 폴 멜러스(Paul Mellars, 1939-2022)는 저명한 구석기고고학자로 『*The Neanderthal Legacy*(1995)』 같은 저술을 남겼다. 보르드와 빈포드의 무스테리안논쟁에도 참여해 유물군의 변이를 편년의 시각에서 해석했다. 다지역진화설에 반대하고 아프리카기원확산설의 입장에서 중기 구석기시대 무스테리안과 후기 구석기 문화를 대조시키고, 현생인류의 확

산이 네안데르탈인의 종말을 몰고 왔다고 설명했다. 케임브리지대학 고고학과에 오랫동안 재직했으며, 2022년 세상을 떠났다.

2 도널드 그레이슨(Donald Grayson)은 미국 워싱턴대학(Univ. of Washington) 인류학과에서 오래 재직했으며, 글쓴이의 박사학위 논문 심사를 맡기도 했다. 유럽 구석기시대와 미국 서부 선사시대 동물 뼈 자료에 대한 통계분석의 권위자이며, 자료를 종합하고 분석해 기존 가설을 검증하는 논문을 다수 발표했다. 플라이스토세 대형동물의 멸종에 관한 저서, 그리고『*The Desert's Past: A Natural Prehistory of the Great Basin*(1993)』같은 자연사와 문화변화 연구에 관한 저술이 많다.

3 쿤(Steven Kuhn)과 스타이너(Mary Stiner) 부부는 각각 석기분석과 동물 뼈 연구에서 왕성한 활동을 이어가는 고고학자이다. 뉴멕시코대학에서 빈포드를 사사했으며, 두 사람 모두 애리조나대학 인류학과에 재직하고 있다. 쿤은『*Mousterian Lithic Technology: An Ecological Perspective*(1995)』를, 스타이너는『*Honor among Thieves: A Zooarchaeological Study of Neanderthal Ecology*(1994)』를 프린스턴대학출판부에서 각각 발간했다.

3부

1 고인디언(Paleoindian)이란 플라이스토세 말, 곧 구석기시대 아메리카대륙의 문화를 일컫는 말이다. 이후 아케익(Archaic)문화로 이어진다.

2 10장에서도 살폈듯이 식물성 식량이야말로 가장 신뢰할 만한 자원이다. 그러나 식물자원의 분포를 경험하고 적절한 지식을 쌓고 이용하는 데는 매우 오랜 시간이 걸린다. 이 점에 착안해 켈리와 토드는 처음 아메리카대륙이라는 낯선 환경에 들어온 고인디언으로선 대형동물에 치중하는 전략을 취했으리라 보는 것이다.

3 마이클 캐넌과 글쓴이는 1994년 워싱턴대학 인류학과 대학원에서 고고학 과정을 같이 시작했고 같은 해(2001년) 박사학위를 받은 인연이 있다. 캐넌은 그레이슨 교수를 따라 동물고고학을 전공했으며, 인간행동생태학의 입장에서 선사시대 인류의 생업을 연구하고 있다.

4 'cal'이란 calibrated의 약자로, 보정된 방사성탄소연대를 가리킨다.

5 데이비드 린도스(David Rindos, 1947-1996)는 1989년 University of Western Australia의 고고학과 교수로 임용되었다. 그러나 정년보장(테뉴어) 심사에서 탈락했고, 재심사를 청원하는 문건에 글쓴이를 비롯한 여러 대학원생이 참여하기도 했다. 1996년 린도스는 젊은 나이에 심장마비로 세상을 떠났다.

참고문헌

갬블, 클라이브 (성춘택 옮김), 2013.『기원과 혁명: 휴머니티형성의 고고학』 사회평론아카데미.

고일홍, 2011. 문명 이전의 풍요로운 사회.『문명 밖으로』 서울대 문명공동연구 편, pp. 19-38. 한길사.

길렌, 장·장 자미트 (박성진 옮김), 2020.『전쟁고고학: 선사시대 폭력의 민낯』 사회평론아카데미.

김장석·황재훈·김준규·오용제·안승모·성춘택·최종택·이창희, 2018. 한국 방사성탄소연대 이상연대치의 선별과 검증.『한국고고학보』 107: 124-165.

김재원·윤무병, 1967.『한국지석묘 연구』 국립박물관.

김진경·김수정·유슬찬·유해수·임종덕·이상훈, 2012. 황해 상왕등도 주변 해저 표층에서 발견된 매머드의 어금니.『지질학회지』 48 (4): 341-350.

김태경, 2020. 밀개의 형태 분석과 감쇄 과정: 임진한탄강 상류 후기 구석기 유적 출토품을 중심으로.『한국고고학보』 114: 7-34.

김호동, 2010.『몽골과 세계사의 탄생』 돌베개.

남중국, 2021. 흑사병의 서유럽 전파에 관한 오해와 왜곡.『의사학』 30(3).

다윈, 찰스 (장대익 옮김), 2019.『종의 기원』 사이언스북스.

다윈, 찰스 (김관선 옮김), 2006.『인간의 유래』 한길사.

다이아몬드, 재러드 (김진준 옮김), 2005.『총, 균, 쇠』 문학사상.

도킨스, 리처드 (이용철 옮김), 2004.『눈먼 시계공』 사이언스북스.

로즈, 르원틴 등 (이상원 옮김), 2009.『우리 유전자 안에 없다』 한울.

루버리, 매슈 (장혜인 옮김), 2024.『읽지 못하는 사람들』 더퀘스트.

르원틴, 리처드 (김동광 옮김), 2001.『DNA 독트린』 궁리.

마이든, 스티븐 (성춘택 옮김), 2019.『빙하 이후: 수렵채집에서 농경으로, 20,000-5000 BC』 사회평론아카데미.

박상우, 2021. 이미지 문명과 이미지 문맹.『대학의 미래를 묻다』 서울대학교 인문대학 편, pp. 199-211. 서울대학교출판문화원.

박한선, 2023.『인간의 자리』 바다출판사.

박흥식, 2021. 기후변화, 흑사병 그리고 대전환.『역사학보』 252.

성춘택, 2006a. 한국 구석기시대 석기군 구성 양상과 진화 시론.『한국상고사학보』 51: 5-41.

성춘택, 2006b. 한국 후기구석기 문화유형론.『한국고고학보』 59: 4-37.

성춘택, 2009. 수렵채집민의 이동성과 한반도 남부의 플라이스토세 말-홀로세 초 문화변동의 이해.『한국고고학보』 72: 4-35.

성춘택, 2010. "후기구석기 혁명" 재고: 현생인류의 행위문화적 배경.『한국고고학보』 77: 191-221.

성춘택, 2017.『석기고고학』 사회평론아카데미.

성춘택, 2019. 수렵채집민의 광역네트워크와 한국 후기구석기시대 점유밀도의 변동.『한국고고학보』 112: 8-49.

성춘택, 2019. 구석기시대의 종말: 한국 구석기 퇴적층 최상부 “명갈색층” 재고. 『한국상고사학보』 103: 5-36.
성춘택, 2019. 수렵채집민의 광역교류네트워크와 한국 후기 구석기시대 점유밀도의 변동. 『한국고고학보』 112: 8-49.
성춘택, 2020. 역사의 서막을 열다. 『흙 속에서 찾은 역사』 pp. 6-19. 국립문화재연구소.
성춘택, 2021. 수렵채집사회의 인구구성, 공간구조와 후기 구석기시대에서 신석기시대 초 인구등락. <인구변동의 고고학> 중부고고학회 2021년 정기학술대회 발표문(6월 11일).
성춘택·성연빈·정동희, 2022. 제주 고산리 돌화살촉의 분류와 계통수 분석. 『한국상고사학보』 116: 5-33.
성춘택, 2021. 시간의 깊이와 공간의 넓이—『아시아의 인류 진화와 구석기문화』(배기동, 2021). 『한국고고학보』 121: 615-623.
성춘택, 2023a. 선사 수렵채집사회의 인구구성과 변동. 제66회 전국역사학대회 고고학분과 학술대회 발표논문집 pp. 1-15.
성춘택, 2023b. 한국 신석기시대 복합수렵채집사회론 검토. 『한국신석기연구』 46: 45-72.
소원주, 2010. 『백두산 대폭발의 비밀』 사이언스북스.
암스트롱, 카렌 (정영목 옮김), 2010. 『축의 시대: 종교의 탄생과 철학의 시작』 교양인.
우은진·정충원·조혜란, 2018. 『우리는 모두 2% 네안데르탈인이다』 뿌리와이파리.
이선복, 2016. 『인류의 기원과 진화』(제2판) 사회평론아카데미.
이선복·早田勉·新井房夫, 1998. 아이라 Tn 화산재(AT)의 신발견. 『대한지리학회지』 33: 447-454.
이현우, 2013. 얼음물 테러당한 하버드대 교수, ‘유전자결정론자’? https://www.pressian.com/pages/articles/68919#0DKU
임현수·남연정·이용일·김정빈·이선복·정철환·이헌종·윤호일, 2006. 테프라연대학의 원리와 응용: 한국에서 발견되는 AT(Aira-Tanzawa) 광역테프라. 『대한지질학회지』 42 (4): 645-656.
장용준·김종찬, 2019. 한반도 출토 선사시대 흑요석 원산지 연구. 『한국고고학보』 111: 8-45.
조태섭, 2012. 구석기시대 사람들의 사냥기술과 방법: 유럽의 예술품에 나타난 사냥의 증거. 『한국구석기학보』 25: 59-90.
조태섭, 2017. 유럽 후기구석기시대 여인상(비너스)을 통해 본 의생활. 『한국구석기학보』 35: 21-33.
주경철, 2008. 『대항해시대: 해상 팽창과 근대세계의 형성』 서울대학교출판부.
중앙일보, 합천 4km 분지의 비밀, 5만년 전 떨어진 운석. 2020년 12월 15일.
차일드, 고든 (고일홍 옮김), 2011. 『인류사의 사건들』 한길사.
최정규, 2009. 『이타적 인간의 출현』 뿌리와이파리.
콰멘, 데이비드 (이미경·김태완 옮김), 2020. 『진화를 묻다』 프리렉.
트리거, 브루스 (성춘택 옮김), 2019. 『고고학사』 사회평론아카데미.
켈리, 로버트 (성춘택 옮김), 2014. 『수렵채집사회: 고고학과 인류학』 사회평론아카데미.
페이건, 브라이언 (윤성옥 옮김), 2002. 『기후는 역사를 어떻게 만들었는가: 소빙하기 1300~1850』, 중심.
페이건, 브라이언 (남경태 옮김), 2013. 『기후, 문명의 지도를 바꾸다』 예지.

페이건, 브라이언 (김정은 옮김), 2016.『위대한 공존』, 반니.
페이건, 브라이언 (성춘택 옮김), 2019.『고고학의 역사』, 소소.
핑커, 스티븐 (김명남 옮김), 2014.『우리 본성의 선한 천사』. 사이언스북스.
하라리, 유발 (조현욱 옮김), 2015.『사피엔스』 김영사.
한국문화인류학회, 2006.『낯선 곳에서 나를 만나다』 pp. 33-46. 일조각.

Abadía, MO, E Palacio-Pérez, 2015. Rethinking the structural analysis of Palaeolithic art: new perspectives on Leroi-Gourhan's structuralism. *Cambridge Archaeological Journal* 25 (3): 657-672.
Adán, GE, D Álvarez-Lao, P Turrero, M Arbizu, E García-Vázquez, 2009. Fish as diet resource in north Spain during the Upper Paleolithic. *Journal of Archaeological Science* 36: 895-899.
Ambrose, SH, 1998. Late Pleistocene human population bottlenecks, volcanic winter, and differentiation of modern humans. *Journal of Human Evolution* 34 (6): 623-651. doi: 10.1006/jhev.1998.0219.
Ambrose, SH, 2003. Did the super-eruption of Toba cause a human population bottleneck? Reply to Gathorne-Hardy and Harcourt-Smith. *Journal of Human Evolution* 45 (3): 231-237.
Ames, K, 2010. On the Evolution of the Human Capacity for Inequality and/or Egalitarianism. In *Pathways to Power: Fundamental Issues in Archaeology*, Feinman and Price, eds., pp. 15-44. Springer, New York, NY.
Amstrong, E, PO Hopchroft, PJ Valdes, 2019. A simulated northern hemisphere terrestrial climate dataset for the past 60,000 years. *Scientific Data* 6: 265.
Arnold, J, MR Walsh, 2010. *California's ancient past: from the Pacific to the range of light*, Society for American Archaeology Press, Washington, DC.
Arnold, J, S Sunell, B Nigra, K Bishop, T Jones, J Bongers, 2016. Entrenched disbelief: complex hunter-gatherers and the case for inclusive cultural evolutionary thinking. *Journal of Archaeological Method Theory* 23: 448-499.
Arsuaga, JL, et al., 2014. Neandertal roots: Cranial and chronological evidence from Sima de los Huesos. *Science* 344: 1358-1363.
Aubert, M, et al., 2018. Palaeolithic cave art in Borneo. *Nature* 564: 254-257.
Audouze, F, JG Enloe, 1997. High resolution archaeology at Verberie: limits and interpretations. *World Archaeology* 29 (2): 195-207.
Bahn, P, 1997. *Journey Through the Ice Age*, University of California Press.
Baker, J, S Rigaud, D Pereira, et al., 2024. Evidence from personal ornaments suggest nine distinct cultural groups between 34,000 and 24,000 years ago in Europe. *Nature Human Behavior*, https://doi.org/10.1038/s41562-023-01803-6.
Barker, G, 1997. *The Agricultural Revolution in Prehistory: Why did foragers become farmers?*, Oxford University Press.
Barton, L, PJ Brantingham, D Ji, 2007. Late Pleistocene climate change and

paleolithic cultural evolution in northern China: implications from the last glacial Maximum. In *Late Quaternary Climate Change and Human Adaptation in Arid China*, D. Madsen, F. Chen, X. Gao, eds., pp. 105-128. Elsevier, Amsterdam.

Barras, C, 2020. Modern human get fertility boost from Neanderthal DNA. *New Scientist* 246 (3285): 12.

Bar-Yosef, O, et al., 1999. The Excavations in Kebara Cave, Mt. Carmel. *Current Anthropology* 33 (5): 497-550. doi: 10.1086/204112.

Beck, C, GT Jones, 2010. Clovis and Western Stemmed: Population Migration and the Meeting of Two Technologies in the Intermountain West. *American Antiquity* 75 (1): 81-116.

Baumhoff, MA, 1981. The Carrying Capacity of Hunter-Gatherers. In *Affluent Foragers*, S. Koyama, D.H. Thomas, eds., pp. 77-90. *Senri Ethnological Studies* 9, Osaka, Japan: National Museum of Ethnology.

Binford, LR, 1980. Willow smoke and dogs' tails: hunter-gatherer settlement systems and archaeological site formation. *American Antiquity* 45: 4-20.

Binford, LR, S Binford, 1966. A Preliminary Analysis of Functional Variability in the Mousterian of Levallois Facies. *American Anthropologist* 68 (2): 238-295.

Binford, LR, 1983. *In Pursuit of the Past: Decoding the archaeological record.* Thames & Hudson.

Binford, LR, 2001. *Constructing Frames of Reference: An Analytical Method for Archaeological Theory Building Using Ethnographic and Environmental Data Sets.* Berkeley: University of California Press.

Bird, DW, R Bliege Bird, BF Codding, DW Zeanah, 2019. Variability in the organization and size of hunter-gatherer groups: Foragers do not live in small-scale societies. *Journal of Human Evolution* 131: 96-108.

Birdsell, JB, 1958. On population structure generalized hunting and collecting populations. *Evolution* 12: 189-205.

Blanchon, P, 2011. Meltwater Pulses. In *Encyclopedia of Modern Coral Reefs: Structure, form and process.* D. Hopley, ed., pp. 683-690. Springer-Verlag Earth Science Series.

Bliege Bird, RL, DW Bird, 2008. Why women hunt: risk and contemporary foraging in a Western Desert Aboriginal community. *Current Anthropology* 49 (4): 655-693.

Boaretto, E, et al., 2009. Radiocarbon dating of charcoal and bone collagen associated with early pottery at Yuchanyan Cave, Hunan Province, China. *PNAS* 106 (24): 9537-9538.

Bordes, F, 1961. Mousterian Cultures in France: Artifacts from recent excavation dispel some popular misconceptions about Neanderthal man. *Science* 134: 803-810.

Bordes, F, 1972. *A Tale of Two Caves.* Jonna Cotler Books.

Bowler, James M, et al., 2003. New ages for human occupation and climatic change at Lake Mungo, Australia. *Nature* 421 (6925): 837-840. doi: 10.1038/nature01383.
Bowles, S, 2009. Did warfare among ancestral hunter-gatherers affect the evolution of human social behaviors? *Science* 324, 1293-1298.
Boyle, K, 2017. The zooarchaeology of complexity and specialization during the Upper Palaeolithic in Western Europe. In *The Oxford Handbook of Zooarchaeology*, Umberto, et al., eds. Oxford, UK: Oxford Univ. Press.
Brumm, A, et al., 2021. Oldest cave art found in Sulawesi. *Scientific Advances* 7 (3), doi: 10.1126/sciadv.abd4648.
Burkart, JM, 2014. The evolutionary origin of human hyper-cooperation. *Nature Communications* 5: 1-9.
Burke, A, 2012. Spatial abilities, cognition and the pattern of Neanderthal and modern human dispersals. *Quaternary International* 247 (1): 230-235.
Cannon MD, DJ Meltzer, 2004. Early Paleoindian foraging: examining the faunal evidence for large mammal specialization and regional variability in prey choice. *Quaternary Science Reviews* 23: 1955-87.
Cannon MD, DJ Meltzer, 2008. Exploring variability in Early Paleoindian foraging. *Quaternary International* 191: 5-17.
Caspari, R, 2011. The evolution of grandparents. *Scientific American* Aug 2011, 44-49.
Caspari, R, S Lee, 2006. Is human longevity a consequence of cultural change or modern biology? *American Journal of Physical anthropology* 129 (4): 512-517.
Cattelain, P, 1997. Hunting during the Upper Paleolithic: bow, spearthrower, or both? In *Projectile Technology*. H. Knetched, ed., pp. 213-240. Springer.
Chen, F, et al., 2019. A late Middle Pleistocene Denisovan mandible from the Tibetan Plateau. *Nature* 569 (7756): 409-412.
Childe, VG, 1936. *Man Makes Himself*. London: Watts and Co.
Childe, VG, 1942. *What Happened in History*. London: Penguin.
Choi, SJ, 2018. Review on the relative sea-level changes in the Yellow Sea during the Late Holocene. *Economic and Environmental Geology* 51 (5): 463-471. https://doi. org/10.9719/EEG.2018.51.5.463.
Clare, L, 2020. Göbekli Tepe, Turkey. A brief summary of research at a new World Heritage Site(2015-2019). e-Forschungsberichte.
Clark, PU, AS Dyke, JD Shakun, AE Carlson, J Clark, 2009. The Last Glacial Maximum. *Science* 325: 710-714.
Clark, JD, et al., 2003. Stratigraphic, chronological and behavioural contexts of Pleistocene Homo sapiens from Middle Awash, Ethiopia. *Nature* 423 (6941): 747-752.
Clarkson, C, et al. 2017. Human occupation of northern Australia by 65,000 years ago. *Nature* 547 (7663): 306-310.

Clottes, J, 2016. *What Is Paleolithic Art?: Cave Paintings and the Dawn of Human Creativity*. Chicago: Univ. of Chicago Press.

Collard, M, L Tarle, D Sandgathe, A Allan, 2016. Faunal evidence for a difference in clothing use between Neanderthals and early modern humans in Europe. *Journal of Anthropological Archaeology* 44: 235-246.

Conard, NJ, 2009. A female figurine from the basal Aurignacian of Hohle Fels Cave in southwestern Germany. *Nature* 459 (7244): 248-252. doi: 10.1038/nature07995. PMID 19444215.

Conde-Valverde, M, et al., 2021. Neanderthals and Homo sapiens had similar auditory and speech capacities. *Nature Ecology & Evolution* 5: 609-615.

Cordain, L, JB Miller, S Boyd Eaton, N Mann, S Holt, JD Speth, 2000. Plant-animal subsistence ratios and macronutrient energy estimations in worldwide hunter-gatherer diets. *The American Journal of Clinical Nutrition* 71 (3): 682-692.

Craig, OE, et al., 2013. Earliest evidence for the use of pottery. *Nature* 496: 351-354.

Crevecoeur, I, M Dias-Meirinho, A Zazzo, D Antoine, F Bon, 2021. New insights on interpersonal violence in the Late Pleistocene based on the Nile valley cemetery of Jebel Sahaba. *Scientific Reports*, 27 May 2021.

Cronin, TM, 2012. Rapid sea-level rise. *Quaternary Science Reviews* 56: 11-30.

Cucchi, T, et al. 2020. Tracking the Near Eastern origins and European dispersal of the western house mouse. *Scientific Reports* 8276. pp. 1-12. ISSN 2045-2322.

Cummings, V, 2013. *The Anthropology of Hunter-Gatherers: Key Themes for Archaeologists*. Routledge.

Currat, M, L Excoffier, 2004. Modern Humans Did Not Admix with Neanderthals during Their Range Expansion into Europe. *PLoS Biology* 2 (12): e421. doi: 10.1371/journal.pbio.0020421.

Currat, M, L Excoffier, 2011. Strong reproductive isolation between humans and Neanderthals inferred from observed patterns of introgression. *PNAS* 108 (37): 15129-15134.

Currier, RL, 2015. *Unbound: How Eight Technologies Made Us Human and Brought Our World to the Brink*. Arcade.

d'Alpoim Guedes, J, J Austermann, JX Mitrovica, 2016. Lost foraging opportunities for East Asian hunter-gatherers due to rising sea level since the Last Glacial Maximum. *Geoarchaeology*. 31: 155-166. doi: 10.1002/gea.21542.

Darwin, CR, 1958. *The Origin of Species*(mentor edition). Mentor Book.

d'Errico, F, CB Stringer, 2011. Evolution, revolution or saltation scenario for the emergence of modern cultures?. *Philosophical Transactions of the Royal Society B: Biological Sciences* 366 (1567): 1060-1069. doi: 10.1098/rstb.2010.0340.

d'Errico, F, AP Martí, C Shipton, E Le Vraux, E Ndiem, S Goldstein, MD Petraglia, N Boivinf, 2020. Trajectories of cultural innovation from the Middle to Later

Stone Age in Eastern Africa: Personal ornaments, bone artifacts, and ocher from Panga ya Saidi, Kenya. *Journal of Human Evolution* 141: 102737

d'Errico, F, L Doyon, I Colagé, A Queffelec, E Le Vraux, G Giacobini, B Vandermeersch, B Maureille, 2018. From number sense to number symbols. An archaeological perspective. *Philosophical Transactions of the Royal Society B: Biological Sciences*. 373 (1740): 20160518.

d'Errico, F, et al., 2017. Identifying early modern human ecological niche expansions and associated cultural dynamics in the South African Middle Stone Age. *PNAS* 114 (30): 7869-7876. doi: 10.1073/pnas.1620752114.

d'Errico, F, D Luc, S Zhang, M Baumann, M Lázničková-Galetová, X Gao, F Chen, Y Zhang, 2018. The origin and evolution of sewing technologies in Eurasia and North America. *Journal of Human Evolution* 125: 71-86. doi: 10.1016/j.jhevol.2018.10.004.

Deschamps, P, N Durand, E Bard, B Hamelin, G Camoin, AL Thomas, GM Henderson, J Okuno, Y Yokoyama, 2012. Ice-sheet collapse and sea-level rise at the Bølling warming 14,600 years ago. *Nature* 483, 559-564.

Des Lauriers, MR, LG Davis, J Turnbull, JR Southon, RE Taylor, 2017. The earliest shell fishhooks from the Americas reveal fhsing technology of Pleistocene maritime foragers. *American Antiquity* 82 (3): 498-516.

Dibble, HL, SJ Holdaway, SC Lin, DR Braun, MJ Douglass, R Iovita, SP McPherron, DI Olszewski, D Sandgathe, 2017. Major fallacies surrounding stone artifacts and assemblages. *Journal of Archaeological Method and Theory* 24: 813-851.

Dillehay TD, C Ramírez, M Pino, MB Collins, J Rossen, JD Pino-Navarro, 2008. Monte Verde: seaweed, food, medicine, and the peopling of South America. *Science*. 320 (5877): 784-6.

Dillehay, TD, C Ocampo, 2015. New Archaeological Evidence for an Early Human Presence at Monte Verde, Chile. *PloS One*. 10 (11): e0141923.

Douka, K, 2019. Age estimates for hominin fossils and the onset of the Upper Palaeolithic at Denisova Cave. *Nature* 565 (7741): 640-644.

Druzhkova, AS, et al., 2013. Ancient DNA analysis affirms that canid from Altai a primitive dog. *Plos One* March 6.

Dunbar, RIM, 1992. Neocortex size as a constraint on group size in primates. *Journal of Human Evolution* 22 (6): 469-493.

Dunbar, RIM., 1998. *Grooming, gossip, and the evolution of language*. Cambridge, MA: Harvard Univ. Press. (『그루밍, 가십, 그리고 언어의 진화』, [한형구 옮김], 2023. 강)

Dunnell, RC, 1982. Science, social science, and common sense: the agonizing dilemma of modern archaeology. *Journal of Anthropological Research* 38 (1): 1-25.

Dyble, M, J Thompson, D Smith, GD Salali, N Chaudhary, AE Page, L Vinicuis, R Mace, AB Migliano, 2016. Networks of food sharing reveal the functional significance of multilevel sociality in two hunter-gatherer groups. *Current Biology* 26: 2017-2021.

Dyble, M, GD Salali, N Chaudhary, A Page, D Smith, J Thompson, L Vinicius, R Mace, AB Migliano, 2015. Sex equality can explain the unique social structure of hunter-gatherer bands. *Science* 348 (6236): 796-798.

Eaton, B, M Konner, 1985. Paleolithic nutrition: a consideration of its nature and current implications. *New England Journal of Medicine* 312: 283-289.

Eaton, B, M Konner, 1997. Review paleolithic nutrition revisited: a twelve-year retrospective on its nature and implications. *European Journal of Clinical Nutrition* 51: 207-216.

Enard, D, DA Petrov, 2019. Evidence that RNA viruses drove adaptive introgression between Neanderthals and modern humans. *Cell* 175: 360-371.

Enloe, JG, 2003. Food sharing past and present: archaeological evidence for economic and social interactions. *Before Farming* 1 (1): 1-22.

Eren, MI ed., 2012. *Hunter-Gatherer Behavior: Human Responses during the Younger Dryas*. Walnut Creek, CA: Left Coast Press.

Eshed, V, A Gopher, E Galili, I Hershkovitz, 2004. Musculoskeletal stress markers in Natufian hunter-gatherers and Neolithic farmers in the Levant: The upper limb. *American Journal of Physical Anthropology* 123: 303-315.

Eshed, V, A Gopher, I Hershkovitz, 2006. Tooth wear and dental pathology at the advent of agriculture: New evidence from the Levant. *American Journal of Physical Anthropology* 130: 145-159.

Eshed, V, A Gopher, R Pinhasi, I Hershkovitz, 2010. Paleopathology and the origin of agriculture in the Levant. *American Journal of Physical Anthropology* 143: 121-133.

Fiedel, SJ, 2014. Did pre-Clovis people Inhabit the Paisley Caves (and Why Does It Matter)?. *Human Biology* 86 (1): 69-74. doi: 10.3378/027.086.0104.

Fladmark, KR, 1979. Routes: Alternate Migration Corridors for Early Man in North America. *American Antiquity* 44: 55-69.

Flannery, KV, 1973. The origins of agriculture. *Annual Review of Anthropology* 2: 271-310.

Flannery, KV, 1969. In *The Domestication and Exploitation of Plants and Animals*, P Ucko, GW Dimbleby, eds., pp. 73-100. Chicago: Aldine.

Flannery, KV, 1973. The origins of agriculture. *Annual Review of Anthropology* 2: 271-310.

French, JC, 2015. The demography of the Upper Palaeolithic hunter-gatherers of Southwestern France: a multi-proxy approach using archaeological data. *Journal of Anthropological Archaeology* 39: 193-209.

French, JC, C Collins, 2015. Upper Palaeolithic population histories of southwestern France: a comparison of the demographic signatures of 14C date distributions

and archaeological site counts. *Journal of Archaeological Science* 55: 122-134.
Fry, DP, P Söderberg, 2013. Lethal Aggression in Mobile Forager Bands and Implications for the Origins of War. *Science* 341 (6143): 270-273.
Fu, Q, et al., 2013. DNA analysis of an early modern human from Tianyuan Cave, China. *PNAS* 110 (6): 2223-2227.
Fujita, M, S Yamasaki, et al., 2016. Advanced maritime adaptation in the western Pacific coastal region extends back to 35,000-30,000 years before present. *PNAS* 113 (40): 11184-11189.
García-Diez M, M Vaquero, 2015. Looking at the Camp: Paleolithic Depiction of a Hunter-Gatherer Campsite. *PLoS One* 2015 Dec 2;10 (12): e0143002.
Gathorne-Hardy, FJ, WE H Harcourt-Smith, 2003. The super-eruption of Toba, did it cause a human bottleneck? *Journal of Human Evolution* 45: 227-230.
Germonpré, M, M Sablin, R Stevens, E Hedges, M Hofreiter, M Stiller, V Després, 2009. Fossil dogs and wolves from Palaeolithic sites in Belgium, the Ukraine and Russia: osteometry, ancient DNA and stable isotopes. *Journal of Archaeological Science* 36 (2): 473-490. doi: 10.1016/j.jas.2008.09.033.
Gibbons, A, 2020. Oldest *Homo sapiens* bones found in Europe. *Science* 368 (6492): 697.
Gómez, J, M Verdú, A González-Megías, et al., 2016. The phylogenetic roots of human lethal violence. *Nature* 538, 233-237.
Gomez Coutouly, YA, 2018. The emergence of pressure knapping microblade technology in northeast Asia. *Radiocarbon* 60 (3): 821-855.
Goodman, MJ, P Bion Griffin, AA Estioko-Griffin, JS Grove, 1985. The Compatibility of Hunting and Mothering among the Agta Hunter-Gatherers of the Philippines. *Sex Roles* 12: 1199-1209.
Gould, SJ, RC Lewontin, 1979. The spandrels of San Marco and the Panglossian paradigm: a critique of the adaptationist programme. *Proceedings of the Royal Society B* 205: 581-598.
Gurven, M, H Kaplan, 2007. Longevity among hunter-gatherers: a cross-cultural examination. *Population and Development Review* 33 (2): 321-365.
Gramsch, B, J Beran, S Hamick, R Sommer, 2011. A Palaeolithic fishhook made of ivory and the earliest fishhook tradition in Europe. *Journal of Archaeological Science* 40 (5): 2458-2463.
Grayson, DK, 1988. Perspectives on the Archaeology of the First Americans. In *Americans before Columbus: Ice Age Origins*, RC. Carlisle, ed.s, pp. 107-123. *Ethnology Monographs* 12, Univ. of Pittsburgh.
Grayson, DK, 1993. *The Desert's Past: A natural prehistory of the Great Basin*. Smithsonian Institution Press.
Grayson, DK, F Delpech, 2002. Specialized early Upper Palaeolithic hunters in southwestern France? *Journal of Archaeological Science* 29: 1439-1449.

Grayson DK, DJ Meltzer, 2003. Requiem for North American overkill. *Journal of Archaeological Science* 30: 585-593.

Grayson, DK, DJ Meltzer, 2015. Revisiting Paleoindian exploitation of extinct North American mammals. *Journal of Archaeological Science* 56: 177-193.

Green, RE, et al., 2010. A draft sequence of the neanderthal genome. *Science* 328 (5979): 710-722.

Guan, Y, DM Pearsall, X Gao, F Chen, S Pei, Z Zhou, 2014. Plant use activities during the Upper Paleolithic in East Eurasia: Evidence from the Shuidonggou Site, Northwest China. *Quaternary International* 347: 74-83.

Guillaud, E, P Béarea, C Daujeard, A Defleur, E Descalux, E Roselló-Izquierdo, A Morales-Muñiz, M-H Moncel, 2021. Neanderthal foraging in freshwater ecosystems: a reappraisal of Middle Paleolithic archaeological fish record from continental western Europe. *Quaternary Science Reviews* 252, 106731.

Gurven, M, H Kaplan, 2007. Longevity among hunter-gathererss: a cross-cultural examination. *Population and Development Review* 33 (2): 321-365.

Haas, R, J Watson, T Buonasera, J Southon, J Chen, S Noe, K Smith, C Llave, J Eerkens, G Parker, 2020. Female hunters of the early Americas. *Science Advances* 6, eabd0310.

Hajdinjak, M, et al., 2021. Initial Upper Paleolithic humans in Europe had recent Neanderthal ancestry. *Nature* 592, pp. 253-257.

Hall, CM, D York, 1978. K-Ar and 40Ar39 Ar Age of the Laschamp geomagnetic polarity reversal. *Nature* 274: 462-464.

Hanebuth, T, K Stattegger, PM Grootes, 2000. Rapid flooding of the Sunda Shelf: a Late-Glacial sea-level record. *Science* 288 (5468): 1033-1035.

Hardy, K, 2017. Paleomedicine and the use of plant secondary compounds in the Paleolithic and Early Neolithic. *Evolutionary Anthropology* 28: 60-71.

Hardy, K, 2019. Paleomedicine and the use of plant secondary compounds in the Paleolithic and Early Neolithic. *Evolutionary Anthropology* 28 (2): 60-71.

Harpending, HC, MA Batzer, M Gurven, LB Jorde, AR Rogers, ST Sherry, 1998, Genetic traces of ancient demography. *PNAS* 95: 1961-1967.

Haury, EW., E Antevs, JF Lance, 1953. Artifacts with mammoth remains, Naco, Arizona. *American Antiquity* 19 (1): 1-24.

Hawks, JD, 2016. The Latest on Homo naledi. *American Scientist* 104 (4): 198. doi: 10.1511/2016.121.198.

Hawkes, K, 1990. Why do men hunt? Benefits for risky choices. In *Risk and Uncertainty*. EA Cashdan, ed., pp. 145-166. Westview Press, Boulder, CO.

Hawkes, K, 1991. Showing off: tests of an hypothesis about men's foraging goals. *Ethological Sociobiology* 12: 29-54.

Hawkes, K, 2003. Grandmothers and the evolution of human longevity. *American Journal of Human Biology* 15: 380-400.

Hayden, B, 2021. Did secret societies create inequalities in the Upper Palaeolithic? In *Social inequality before farming?*, L Moreau, ed., pp. 117-129. McDonald Institute for Archaeological Research.

Hayden, B, 2022. *The Eyes of the Leopard*. Granville Island Publishing.

Henrich, J, 2004. Demography and cultural evolution: how adaptive cultural processes can produce maladaptive losses: the Tasmanian case. *American Antiquity* 69: 197-214.

Henrich, J, 2012. Hunter-gatherer cooperation. *Nature* 481: 449-450.

Henrich, J, 2018. Human cooperation: the hunter-gatherer puzzle. *Current Biology* 28, R1143-R1163.

Henshilwood, C, F d'Errico, eds., 2010. *Homo Symbolicus: The dawn of language, imagination and spirituality*. John Benjamins Publishing Company.

Henshilwood, CS, 2007. Fully symbolic sapiens behaviour: innovation in the Middle Stone Age at Blombos Cave, South Africa. In *Rethinking Human Revolution*, Mellars, Boyle, Bar-Yosef, Stringer, eds., pp. 123-132. Cambridge: McDonald Institute for Archaeological Research.

Henshilwood, CS, 2009. The origins of symbolism, spirituality, and shamans: exploring Middle Stone Age material culture in South Africa, In *Becoming Human: Innovation in Prehistorical Material and Spiritual Culture*, Renfrew, C, I Morley, eds., pp. 29-49. Cambridge: Cambridge University Press.

Henshilwood, CS, F d'Errico, R Yate, Z Jacobs, C Tribolo, GAT Duller, N Mercier, JC Sealy, H Vallada, I Watts, AG Wintle, 2002. Emergence of modern human behaviour: Middle Stone Age engravings from South Africa. *Science* 295: 1278-1280.

Henshilwood, CS, CW Marean, 2003. The origin of modern human behavior: critique of the models and their test implications. *Current Anthropology* 44 (5): 627-651.

Higham, T, L Basell, R Jacobic, R Wood, C Bronk Ramsey, NJ Conard, 2012. Testing models for the beginnings of the Aurignacian and the advent of figurative art and music: The radiocarbon chronology of Geißenklösterle. *Journal of Human Evolution* 62 (6): 664-676.

Higham, T, et al., 2014. The timing and spatiotemporal patterning of Neanderthal disappearance. *Nature* 512 (7514): 306-309. doi: 10.1038/nature13621.

Hill, K, 1982. Hunting and human evolution. *Journal of Human Evolution* 11 (6): 521-544.

Hill, K, 1988. Macronutrient modifications of optimal foraging theory: an approach using indifference curves applied to some modern foragers. *Human Ecology* 16 (2): 157-197.

Hill, K, R Walker, M Bozicević, J Eder, T Headland, B Hewlett, A Hurtado, F Marlowe, P Wiessner, B Wood, 2011. Co-residence patterns in hunter-gatherer societies show unique human social structure. *Science* 331 (6022): 1286-1289.

Hill KR, Wood BM, Baggio J, Hurtado AM, Boyd RT, 2014. Hunter-gatherer inter-band interaction rates: implications for cumulative culture. *PLoS ONE* 9 (7): e102806. doi: 10.1371/journal.pone.0102806.

Hill, K, M Barton, AM Hurtado, 2009. The emergence of human uniqueness: characters underlying behavioral modernity. *Evolutionary Anthropology* 18: 187-200.

Hill, K, R Walker, M Bozicević, J Eder, T Headland, B Hewlett, A Hurtado, F Marlowe, P Wiessner, B Wood, 2011. Co-residence patterns in hunter-gatherer societies show unique human social structure. *Science* 331 (6022): 1286-1289.

Hillman, G, R Hedges, A Moore, S Colledge, P Pettitt, 2001. New evidence of Lateglacial cereal cultivation at Abu Hureyra on the Euphrates. *The Holocene* 11 (4): 383-393.

Hoffecker, JF, 2005. Innovation and Technological Knowledge in the Upper Paleolithic of Northern Eurasia. *Evolutionary Anthropology* 14: 186-198.

Hoffmann, D, et al., 2018. U-Th dating of carbonate crusts reveals Neandertal origin of Iberian cave art. *Science* 359 (6378): 912-915. DOI: 10.1126/science.aap7778.

Hoffecker, JF, W Powers, T Goebel, 1993. The Colonization of Beringia and the Peopling of the New World. *Science* 259 (1): 46-53.

Holt, BM, V Formicola, 2008. Hunters of the Ice Age: the biology of Upper Paleolithic people. *American Journal of Physical Anthropology* 137 (7): 70-99.

Holt, BM, 2003. Mobility in Upper Paleolithic and Mesolithic Europe: Evidence from the lower limb. *American Journal of Physical Anthropology* 122 (3): 200-215.

Hublin, J-J, A Ben-Ncer, SE Bailey, et al., 2017. New fossils from Jebel Irhoud, Morocco and the pan-African origin of *Homo sapiens*. *Nature* 546 (7657): 289-292.

Huang, CY, MX Zhao, CC Wang, GJ Wei, 2001. Cooling of the South China Sea by the Toba eruption and correlation with other climate proxies z71,000 years ago. *Geophys. Res. Letts* 28: 3915-3918.

https://www.southampton.ac.uk/news/2018/02/neanderthals-art.page

https://globalhealth.duke.edu/news/what-can-hunter-gatherers-teach-us-about-staying-healthy

https://edition.cnn.com/2015/04/02/health/surgery-scalpels-obsidian/index.html

Iacovino, K, et al., 2016. Quantifying gas emissions from the "Millennium Eruption" of Paektu volcano, Democratic People's Republic of Korea/China. *Sciences Advances* 2 (11). doi.org/10.1126/sciadv.1600913.

Iizuka, F, 2019. The Timing and Behavioral Context of the Late-Pleistocene Adoption of Ceramics in Greater East and Northeast Asia and the First People (Without Pottery) in the Americas. *PaleoAmerica*. doi: 10.1080/20555563.2018.1563406.

Ikawa-Smith, F, 2007. Conclusions: in search of the origins of microblades and the microblade technology. In *Origin and Spread of Microblades in Northeast*

Asia and North America, Kuzmin, Y, S Keates, S Chen, eds., pp. 189-198. Archaeology Press.

Ingman, M, H Kaessmann, S Pääbo, U Gyllensten, 2000. Mitochondrial genome variation and the origin of modern humans. *Nature* 408: 708-713.

Jacobs, Z, et al., 2008. Ages for the Middle Stone Age of southern Africa: implications for human behavior and dispersal. *Science* 322 (5902): 733-735.

Janssens, L, L Giemsch, R Schmitz, M Street, S Van Dongen, P Crombé, 2018. A new look at an old dog: Bonn-Oberkassel reconsidered. *Journal of Archaeological Science* 92: 126-138. doi: 10.1016/j.jas.2018.01.004. hdl: 1854/LU-8550758.

Jennings, TA, AM Smallwood, 2019. The Clovis record. *The SAA Archaeological Record* 45-50.

Jones, E, G Gonzalez-Fortes, S Connell, et al., 2015. Upper Palaeolithic genomes reveal deep roots of modern Eurasians. *Nature Communications* 6, 8912.

Jones, M, 2009. Moving North: Archaeobotanical Evidence for Plant Diet in Middle and Upper Paleolithic Europe. In *The Evolution of Hominin Diets: Integrating Approaches to the Study of Palaeolithic Subsistence*, Hublin, J, MP Richards, eds., pp. 171-180. Springer.

Jordan, P, 2008. Hunter-Gatherers, In *Handbook of Archaeological Theories*, Bentley, R, H Machner, C Chippindale, eds., pp. 447-466. Altamira.

Jordan, P, V Cummings, 2014. Introduction, In *The Oxford Handbook of the Archaeology and Anthropology of Hunter-Gatherers*, Cummings, V, P Jordan, M Zvelebil, eds., pp. 1-32. Oxford: Oxford U Press.

Kaplan, HS, K Hill, JB Lancaster, AM Hurtado, 2000. A theory of human life history evolution: Diet, intelligence, and longevity. *Evolutionary Anthropology* 9: 156-185.

Keeley, L, 1996. *War Before Civilization*. Knopf.

Keeley, L, 2014. War before civilization-15 years on. In *The Evolution of Violence*, Shackelford, T, R Hansen, eds., pp. 23-31. NY: Springer.

Kenyon-Flatt, B, 2021. https://www.sapiens.org/biology/race-scientific-taxonomy/

Kerstetter, TM, 2015. *Inspiration and Innovation: Religion in the American West*, Willey and Blackwell.

Kelly, RL, L Todd, 1988. Coming into the country: early Paleoindian hunting and mobility. *American Antiquity* 53: 231-244.

Kim, J, Seong, C, 2022. Final Pleistocene and early Holocene population dynamics and the emergence of pottery on the Korean Peninsula. *Quaternary International* 508-609: 203-221.

Kind, CJ, N Ebinger-Rist, S Wolf, T. Beutelspacher, K. Wehrberger, 2019. The Smile of the Lion Man. Recent Excavations in Stadel Cave and the Restoration of the Famous Upper Palaeolithic Figurine. *Quartär* 61 (2014): 129-145. Retrieved December 22, 2019.

Kissel, M, N Kim, 2019. The emergence of human warfare: Current perspectives.

Am. J. Phys. Anthropol. 168 (S67), 141-163.
Klein, RG, 2002. *The Dawn of Human Culture*, New York: John Willey and Sons.
Klein, RG, 2008. Out of Africa and the evolution of human behavior. *Evolutionary Anthropology* 17: 267-281.
Klein, RG, 2009. *The Human Career: Human Biological and Cultural Origins*. 3rd ed. Chicago: University of Chicago Press.
Klein, RG, TE Steele, 2013. Archaeological shellfish size and later human evolution in Africa. *PNAS* 110: 10910-10915.
Krause, J, et al. 2007. The Derived FOXP2 Variant of Modern Humans Was Shared with Neandertals. *Current Biology* 17: 1908-1912.
Krause, J, Q Fu, J Good, B Viola, MV Shunkov, A Derevianko, S Pääbo, 2010. The complete mitochondrial DNA genome of an unknown hominin from southern Siberia. *Nature* 464 (7290): 894-897.
Krings, M, A Stone, R Schmitz, H Krainitzki, M Stoneking, MS Pääbo, 1997. Neandertal DNA Sequences and the Origin of Modern Humans. *Cell* 90 (1): 19-30.
Kuhlwilm, M, et al., 2016. Ancient gene flow from early modern humans into eastern Neanderthals. *Nature* 530: 426-433.
Kuhn, S, 1995. *Mousterian Lithic Technology: An Ecological Perspective*. Princeton: Princeton Univ. Press.
Kuhn, S, M Stiner, 2006. What's a mother to do? *Current Anthropology* 47: 953-981.
Kuhn, SL, MC Stiner, 2001. The antiquity of hunter-gatherers, In *Hunter-Gatherers: An interdisciplinary perspective*, Paner-Brick, C, RH Layton, P Roley-Conwy, eds., pp. 99-142. Cambridge: Cambridge University Press.
Kuhn, SL, MC Stiner, 2006. What's a Mother to Do? The Division of Labor among Neandertals and Modern Humans in Eurasia. *Current Anthropology* 47 (6): 953-981. doi: 10.1086/507197.
Kuijt, I, A. Marciniak, 2024. How many people lived in the world's earliest villages? Reconsidering community size and population pressure at Neolithic Çatalhöyük, *J. Anthropol. Archaeology* 74: 101573.
Kunz, ML, RE Reanier, 1994. Paleoindians in Beringia: Evidence from Arctic Alaska. *Science* 263 (4): 660-662.
Lahr, M, F Rivera, R Power, et al., 2016. Inter-group violence among early Holocene hunter-gatherers of West Turkana, Kenya. *Nature* 529: 394-398.
Lambeck, K, Y Yokoyama, T Purcell, 2002. Into and out of the Last Glacial Maximum: sea-level change during Oxygen Isotope Stages 3 and 2. *Quaternary Science Reviews* 21: 343-360.
Lambeck, L, H Rouby, A Purcella, Y Sun, M Sambridgea, 2014. Sea level and global ice volumes from the Last Glacial Maximum to the Holocene. *PNAS* 111 (43): 15296-15303.
Lane, CS, TB Chorn, TC Johnson, 2013. Ash from the Toba supereruption in Lake

Malawi shows no volcanic winter in East Africa at 75 ka. *PNAS* 110 (20): 8025-8029. doi: 10.1073/pnas.1301474110.

Langley, MC, N Amano, O Wedage, S Deraniyagala, MM Pathmalal, N Perera, N Boivin, MD Petraglia, P Roberts, 2020. Bows and arrows and complex symbolic displays 48,000 years ago in the South Asian tropics. *Science Advances* 6, eaba3831.

Laure F, 2017. The four seasons of reindeer: Non-migrating reindeer in the Dordogne region (France) between 30 and 18k? Data from the Middle and Upper Magdalenian at La Madeleine and methods of seasonality determination. *Journal of Archaeological Science: Reports* 12: 346-362.

Lazaridis, I, et al., 2014. Ancient human genomes suggest three ancestral populations for present-day Europeans. *Nature* 513: 409-413.

Leakey, M, 1984. *Disclosing the Past*. Doubleday.

Lee, RB, 1969. Eating Christmas in the Kalahari. *Natural History* 78 (10).

Leroi-Gourhan, A, 1968. The evolution of Paleolithic art. *Scientific American* 218 (2): 58-73.

Lev, E, ME Kislev, O Bar-Yosef, 2005. Mousterian vegetal food in Kebara cave, Mt. Carmel *Journal of Archaeological Science* 32: 475-484.

Lewis, HM, L Vinicius, J Strods, R Mace, A Bamberg Migliano, 2014. High mobility explains demand sharing and enforced cooperation in egalitarian hunter-gatherers. *Nature Communications* 5: 5789.

Lewis-Williams, DJ, 2002. *The Mind in the Cave: Consciousness and the Origins Of Art*. London: Thames & Hudson.

Lieberman, P, 2007. The evolution of human speech: its anatomical and neural base. *Current Anthropology* 48 (1): 39-65.

Lieberman, P, 2013. *The Unpredictable Species: What Makes Humans Unique*. Princeton, N.J.: Princeton University Press.

Lim, J, S Hong, M Han, S Yi, S Kim, 2021. First finding of impact cratering in the Korean Peninsula. *Gondwana Research* 91: 121-128.

Lister, AM, AJ Stuart, 2019. "The extinction of the giant deer *Megaloceros giganteus*(Blumenbach): New radiocarbon evidence". *Quaternary International* 500: 185-203.

Liu, L, S Bestel, J Shi, Y Song, X Chen, 2013. Paleolithic human exploitation of plant foods during the last glacial maximum in North China. *PNAS* 110 (14): 5380-5385.

Liu, L, et al., 2012. *The Archaeology of China: From the Late Paleolithic to the Early Bronze Age*. Cambridge University Press.

Lobell, JA, 2012. New life for the Lion Man. *Archaeology* 65 (2).

Lombard, M, L Phillipson, 2010. Indications of bow and stone-tipped arrow use 64,000 years ago in KwaZulu-Natal, South Africa. *Antiquity* 84 (2010): 635-648.

Lombard, M, 2011. Quartz-tipped arrows older than 60 ka: further use-trace evidence from Sibudu, KwaZulu-Natal, South Africa. *Journal of Archaeological Science* 38: 1918-1930.

Lupo, KD, 2017. When and where do dogs improve hunting productivity? The empirical record and some implications for early Upper Paleolithic prey acquisition. *Journal of Anthropological Archaeology* 47: 139-151.

MacCord, HA, 1958. The Able site, Kapyong, Korea. *Asian Perspectives* 2 (1): 128-138.

Marlowe, FW, 2005. Hunter-gatherers and human evolution. *Evolutionary Anthropology* 14 (2): 54-67.

Marlowe, FW, 2010. *The Hadza: Hunter-Gatherers of Tanzania*. Univ. of California Press.

Martin, PS, 1973. The Discovery of America The first Americans may have swept the Western Hemisphere and decimated its fauna within 1000 years. *Science* 179: 969-974.

Martin, PS, 1990. Who or What Destroyed Our Mammoths? *Megafauna and Man: Discovery of America's Heartland*, Agenbroad, LD, JI Mead, LW Nelson, eds., pp. 109-117. The Mammoth site of Hot Springs, South Dacota,, Inc., Scientific Papers 1.

Marean, CW, et al., 2007. Early human use of marine resources and pigment in South Africa during the Middle Pleistocene. *Nature* 449, 905-908. doi: 10.1038/nature06204.

Marean, C, 2015. An evolutionary anthropological perspective on modern human origins. *Annual Review of Anthropology* 44: 533-556.

Martin, PS, 2005. Chapter 8. "Kill Sites, Sacred Sites", In *Twilight of the Mammoths: Ice Age Extinctions and the Rewilding of America*. University of California Press.

Max Planck Society, 2017. Scientists discover the oldest Homo sapiens fossils at Jebel Irhoud, Morocco. *Phys.org*. 7 June 2017.

Mellars, P, 1995. *The Neanderthal Legacy*. Princeton: Princeton Univ. Press.

Mellars, P, 2004. Reindeer specialization in the early Upper Paleolithic: the evidence from southwest France. *Journal of Archaeological Science* 31: 613-617.

McBrearty, S, A Brooks, 2000. The revolution that wasn't: a new interpretation of the origin of modern human behavior. *J. Hum. Evol*. 39, 453-563. doi: 10.1006/jhev.2000.0435.

Mellars, P, 2006. Going east: new genetic and archaeological perspectives on the modern human colonization of Eurasia. *Science* 313: 796-800.

Mellars, P, 2006. *The Singing Neanderthals: The Origins of Music, Language, Mind and Body*. Cambridge, MA: Harvard University Press.

Mellars, P, K Boyle, O Bar-Yosef, C Stringer, eds., 2007. *Rethinking the Human Revolution*. McDonald Institute for Archaeological Research, Cambridge, UK.

Mellars, P, C Stringer, eds., 1989. *The Human Revolution: Behavioural and Biological*

Perspectives on the Origins of Modern Humans. Edinburgh: Edinburgh University Press.
Mellars, P, B Gravina, C Brok Ramsey, 2007. Confirmation of Neanderthal/modern human interstratification at the Chatelperronian type-site. *PNAS* 104 (9): 3657-3662.
Meltzer, D, 2015. Pleistocene overkill and North American mammalian extinctions. *Annual Review of Anthropology* 44: 33-53.
Miller, JM, Y Wang, 2022. Ostrich eggshell beads reveal 50,000-year-old social network in Africa. *Nature* 601, 234-239.
Mithen, S, 2003. *After the Ice: A Global Human History, 20.000-5.000 BC*. Harvard Univ. Press.
Mithen, S, 2006. *The Singing Neanderthals: The Origins of Music, Language, Mind and Body*. Cambridge, MA: Harvard University Press.
Munro, ND, 2004. Zooarchaeological measures of hunting pressure and occupation intensity in the Natufian. *Current Anthropology* 45: S5-S33.
Morgan, C, 2015. Is it intensification yet? Current archaeological perspectives on the evolution of hunter-gatherer economies. *Journal of Archaeological Research* 23: 163-213.
Morgan, C, L Barton, RL Bettinger, 2019. Looking for behavioral modernity in Pleistocene northwestern China. *Archaeological Research in Asia* 17: 7-78.
Morlan, RE, 1988. Pre-Clovis People: Early discoveries of America? In *Americans before Columbus: Ice Age Origins*, edited by Ronald C. Carlisle, pp. 31-43. Ethnology Monographs 12, Univ. of Pittsburgh.
Moore, AM, 2015. Pot-Glacial transformations among hunter-gatherer societies in the Mediterranean and western Asia. In *The Oxford Handbook of the Archaeology and Anthropology of Hunter-Gatherers*, Cummings, V, P Jordan, M Zbelebil, eds., pp. 456-78. Oxford: Oxford Univ. Press.
Morisaki, K, K Sano, M Izuho, 2019. Early Upper Paleolithic blade technology in the Japanese Archipelago. *Archaeological Research in Asia* 17: 79-97.
Morwood, MJ, et al., 2004. Archaeology and age of a new hominin from Flores in eastern Indonesia. *Nature* 431 (7012): 1087-1091.
Naudinot, N, J Jacquier, 2014. Socio-economic organization of Final Paleolithic societies: New perspectives from an aggregation site in Western France. *Journal of Anthropological Archaeology* 35: 177-189.
Nestle, M, 2000. Paleolithic diets: a sceptical view. British Nutrition Foundation *Nutrition Bulletin*, 25: 43-47.
Neubauer, S, J-J Hublin, P Gunz, 2018. The evolution of modern human brain shape. *Science Advances* 4: eaao5961.
Noone, HVV, 1934. A classification of flint burins or gravers. *Journal of Royal Anthropological Institute* 64: 81-92.

O'Brien, MJ, TD Holland, RJ Hoard, GL Fox, 1994. Evolutionary implications of design and performance characteristics of prehistoric pottery. *Journal of Archaeological Method and Theory* 1: 259-304.

O'Connell, JF, 2006. How did modern humans displace Neanderthals?: insights from hunger-gatherer ethnography and archaeology, In *Neanderthals and Modern Humans Meet?*, N. Conard, ed., pp. 43-64. Tubingen: Kerns Verlag.

O'Connor, S, R Ono, C Clarkson, 2011. Pelagic fishing at 42,000 years before the present and the maritime skills of modern humans. *Science* 334: 1117-1121.

Oppenheimer, S, 2012. A single southern exit of modern humans from Africa: Before or after Toba? *Quaternary International* 258: 88e99.

Oppenheimer, C, et al., 2017. Multi-proxy dating the 'Millennium Eruption'of Changbaishan to late 946 CE. *Quaternary Science Reviews* 158: 164. doi: 10.1016/j.quascirev.2016.12.024.

Park, J, H Lim, J Lim, Y Park, 2014. High-resolution multi-proxy evidence for millennial- and centennial scale climate oscillations during the last deglaciation in Jeju Island, South Korea. *Quaternary Science Reviews* 105: 112-125.

Pearson, OM, 2008. Statistical and biological definitions of "anatomically modern" humans: suggestions for a unified approach to modern morphology. *Evolutionary Anthropology* 17: 38-48.

Pei, S, X Gao, H Wang, K Kuman, C Bae, F Chen, Y Guan, X Zhang, F Peng, X Li, 2012. The Shuidonggou site complex: new excavations and implications for the earliest Late Paleolithic in North China. *Journal of Archaeological Science* 39 (12): 3610-3626.

Perego, UA, et al., 2009. Distinctive Paleo-Indian Migration routes from Beringia Marked by Two rare mtDNA Haplograoups. *Current Biology* 19: 1-8.

Petru, S, 2018. Identity and fear-burials in the Upper Paleolithic. *Documenta Praehitorica* 45: 6-13.

Petraglia, M, et al., 2007. Middle Paleolithic assemblages from the Indian subcontinent before and after the Toba super-eruption. *Science* 317: 114-116.

Posth, C, H Yu, A Ghalichi, et al., 2023. Palaeogenomics of Upper Palaeolithic to Neolithic European hunter-gatherers. *Nature* 615: 117-126.

Powell, A, S Shennan, M Thomas, 2009. Late Pleistocene demography and appearance of modern human behavior. *Science* 324: 1298-1301.

Power, RC, FL Williams, 2018. Evidence of Increasing Intensity of Food Processing During the Upper Paleolithic of Western Eurasia. *Journal of Paleolithic Archaeology* 1: 281-301.

Price, D, O Bar-Yosef, 2010. Traces of Inequality at the Origins of Agriculture in the Ancient Near East, In *Pathways to Power. Fundamental Issues in Archaeology*, Feinman and Price, eds. pp. 147-168. Springer, New York.

Price, D, G Feinman, 1997. *Images of the Past*. Mayfield.

Price, D, G Feinman, 2013. *Images of the Past*. 7th ed. McGraw-Hill.
Prüfer, K, et al., 2014. The complete genome sequence of a Neanderthal from the Altai Mountains. *Nature* 505: 43-49.
Pruvost, M, et al., 2011. Genotypes of predomestic horses match phenotypes painted in Paleolithic works of cave art. *PNAS* 108 (46): 18626-18630.
Quiles, A, H Valladas, H Bocherens, et al., 2016. A high-precision chronological model for the decorated Upper Paleolithic cave of Chauvet-Pont d'Arc, Ardèche, France. *PNAS* 113 (17): 4670-4675. doi: 10.1073/pnas.1523158113.
Rasmussen, M, et al., 2011. An Aboriginal Australian Genome Reveals Separate Human Dispersals into Asia. *Science* 334: 94-97.
Rasmussen M, SL Anzick, MR Waters, et al., 2014. The genome of a Late Pleistocene human from a Clovis burial site in western Montana. *Nature* 506: 225-229.
Reich, D, 2018. *Who We Are and How We Got Here*, p. 53. Oxford University Press.
Reich, D, RE Green, et al., 2010. Genetic history of an archaic hominin group from Denisova Cave in Siberia. *Nature* 468 (7327): 1053-1060.
Renfrew, C, 1998. Mind and matter: cognitive archaeology and external symbolic storage. *Cognition and material culture: the archaeology of symbolic storage*, Renfrew, C, C Scarre, eds., pp. 1-6. McDonald Institute for Archaeological Research.
Revedin, A, B Aranguren, R Becattini, 2010. Thirty thousand-year-old evidence of plant food processing. *PNAS* 107 (44): 18815-18819.
Rigaud S, Manen C, García-Martínez de Lagrán I, 2018. Symbols in motion: Flexible cultural boundaries and the fast spread of the Neolithic in the western Mediterranean. *PLoS ONE* 13 (5): e0196488. https://doi.org/10.1371/journal.pone.0196488
Rigaud, S, EP Rybin, AM Khatsenovich, et al., 2023. Symbolic innovation at the onset of the Upper Paleolithic in Eurasia shown by the personal ornaments from Tolbor-21 (Mongolia). Sci Rep 13, 9545. https://doi.org/10.1038/s41598-023-36140-1
Rindos, D, 1980. Symbiosis, instability, and the origins and spread of agriculture: a new model. *Current Anthropology* 21: 751-772.
Rindos, D, 1984. The Evolution of the Capacity for Culture: Sociobiology, Structuralism, and Cultural Selectionism. *Current Anthropology* 27 (4): 315-332.
Rindos, D, 1984. *The Origin of Agriculture: An evolutionary perspective*. Academic Press.
Rybin, E, 2014. Tools, beads, and migrations: Specific cultural traits in the Initial Upper Paleolithic of Southern Siberia and Central Asia. *Quaternary International* 347: 39-52.
Rybin, EP, AM Khatsenovich, B Gunchinsuren, JW Olsen, N Zwyns, 2016. The

impact of the LGM on the development of the Upper Paleolithic in Mongolia. *Quaternary International* 425: 69-87.

Sala, N, JL Arsuaga, A Pantoja-Pérez, A Pablos, I Martínez, RM Quam, et al., 2015. Lethal interpersonal violence in the middle Pleistocene. *PLoS One* 10: e0126589.

Sanderson, K, 2007. Super-eruption: no problem? *Nature*. doi: 10.1038/news070702-15.

Sankararaman, S, et al., 2014. The genomic landscape of Neanderthal ancestry in present-day humans. *Nature* 507: 354-357.

Schnorr, S, 2015. The Diverse Microbiome of the Hunter-Gatherer. *Nature* 518: S14-S15.

Schmidt, I, A Zimmermann, 2019. Population dynamics and socio-spatial organization of the Aurignacian: Scalable quantitative demographic data for western and central Europe. *PLOS One* 14 (2): e0211562.

Scerri, EML, M Will, 2023. The revolution that still isn't: The origins of behavioral complexity in *Homo sapiens*. *Journal of Human Evolution* 179: 103358.

Schulting, R, 2015. Hunter-Gatherer Diet, Subsistence, and Foodways. In *The Oxford Handbook of the Archaeology and Anthropology of Hunter-Gatherers*, Cummings, V, P Jordan, M Zvelebil, eds., pp. 1266-1288.

Serre, D, et al., 2006. No evidence of Neandertal mtDNA contribution to early Modern Humans. In *Early Modern Humans at the Moravian Gate*, Teschler-Nicola M, eds. Springer, Vienna.

Seong, C, 1998. Microblade technology in Korea and adjacent northeast Asia. *Asian Perspectives* 37 (2): 245-278.

Seong, C, 2007. Late Pleistocene microlithic assemblages in Korea. In *Origin and Spread of Microblades in Northeast Asia and North America*, Kuzmin, Y, S Keates, S Chen, eds., pp. 103-114. Archaeology Press.

Seong, C, 2008. Tanged points, microblades and Late Palaeolithic hunting in Korea. *Antiquity* 82: 871-883.

Seong, C, 2011. Evaluating radiocarbon dates and Late Paleolithic chronology in Korea. *Arctic Anthropology* 48 (1): 56-67.

Seong, C, J Kim, 2022. Moving in and moving out: explaining final Pleistocene-early Holocene hunter-gatherer population dynamics on the Korean Peninsula. *Journal of Anthropological Archaeology* 66: 101407.

Seong, C, D Chong, 2025a. The early Upper Paleolithic of Korea. *Radiocarbon* 67(2): 347-364.

Seong, C, D Chong, 2025b. Obsidian and the emergence of the microlithic technology in Korea. *Journal of Archaeological Science: Reports*.

Shipman, P, 2011. *The Animal Connection: A New Perspective on What Makes Us Human*. Norton & Company.

Shipman, P, 2017. *The Invaders: How Humans and Their Dogs Drove Neanderthals to*

Extinction. Harvard University Press.
Shoda, S, et al., 2020. Late Glacial hunter-gatherer pottery in the Russian Far East: Indications of diversity in origins and use. *Quaternary Science Reviews* 229 (2020): 106124.
Siberian Times, 2016 (2023. 8.), World's oldest needle found in Siberian cave that stitches together human history.
Sikora, M, et al., 2017. Ancient genomes show social and reproductive behavior of early Upper Paleolithic foragers. *Science* 358 (6363): 659-662.
Slon, V, et al., 2018. The genome of the offspring of a Neanderthal mother and a Denisovan father. *Nature* 561: 113-116.
Smith, EA, R Bliege Bird, D Bird, 2003. The benefits of constly signaling: Meriam turtle hunters. *Behavioral Ecology* 14: 116-126.
Smith, VC, et al., 2006. Project Members1, 2013. Identification and correlation of visible tephras in the Lake Suigetsu SG06 sedimentary archive, Japan. *Quaternary Science Reviews* 67: 121-137.
Smith, E, et al., 2018. Humans thrived in South Afrcan through the Toba eruption about 74,000 years ago. *Nature* 555 (7697): 511-515.
Smith, K, T Larroucau, IA Mabulla, CL Apicella, 2018. Hunter-gatherers maintain assortativity in cooperation despite high levels of residential change and mixing. *Current Biology* 28: 3152-3157.
Smith, D, et al., 2016. Camp stability predicts patterns of hunter-gatherer cooperation. *The Royal Society Open Science* 3160131160131.
Smith, EA, 1991. *InujjuamiutForaging Strategies: evolutionary ecology of an Arctic hunting economy*. Aldine de Gruyter, New York.
Snir, A, D Nadel, E Weiss, 2015. Plant-food preparation on two consecutive floors at Upper Paleolithic Ohalo II, Israel. *Journal of Archaeological Science* 53: 61-71.
Soffer, O, 2004. Recovering perishable technologies through use wear on tools: preliminary evidence for Upper Paleolithic weaving and net making. *Current Anthropology* 45: 407-414.
Soffer, O, JM Adovasio, DC Hyland, 2000. The "Venus" figurines: textiles, basketry, gender, and status in the Upper Paleolithic. *Current Anthropology* 41 (4): 511-537.
Song, B, S Yi, S Yu, W Nahm, H Lee, J Lim, 2018. Holocene relative sea-level changes inferred from multiple proxies on the west coast of South Korea. *Palaeogeography, Palaeoclimatology, Palaeoecology* 496: 268-281.
Speth, J, 2012. *The Paleoanthropology and Archaeology of Big-Game Hunting: Protein, Fat, or Politics?*. Springer.
Stanford, JD, R Hemingway, EJ Rohling, PG Challenor, M Medina-Elizalde, AJ Lester, 2011. Sea-level probability for the last deglaciation: A statistical analysis of far-field records. *Global Planetary Change* 79: 193-203.

Staubwasser, M, V Drăgușin, et al., 2018. Impact of climate change on the transition of Neanderthals to modern humans in Europe. *PNAS* 115 (37): 9116-9121.

Stiner, M, 1994. *Honor among Thieves: A Zooarchaeological Study of Neanderthal Ecology*. Princeton: Prniceton Univ. Press.

Stiner, MC., ND Munro, TA Surrovell, E Tchernov, O Bar-Yosef, 1999. Paleolithic population growth pulses evidenced by small animal exploitation. *Science* 283 (5399): 190-194.

Stiner, MC, ND Munro, 2002. Approaches to prehistoric diet breadth, demography, and prey ranking systems in time and space. *Journal of Archaeological Method and Theory* 9: 181-214.

Stiner, MC, ND Munro, H Buitenhuis, G Duru, M Ozbasaran, 2022. An endemic pathway to sheep and goat domestication at Aşıklı Höyük (Central Anatolia, Turkey). *PNAS* 119 (4): e2110930119.

Straus, LG, 1993. Upper Paleolithic Hunting Tactics and Weapons in Western Europe. In *Hunting and Animal Exploitation in Later Paleolithic and Mesolithic of Eurasia*, pp. 83-93. Archaeological Papers of American Anthropological Association.

Stringer, C, 2012. What makes a modern human. *Nature* 485: 33-35.

Stringer, C, 2016. The origin and evolution of *Homo sapiens*. *Philosophical Transactions of the Royal Society of London. Series B, Biological Sciences* 371 (1698): 20150237. doi: 10.1098/rstb.2015.0237.

Sutikna, T, et al., 2016. Revised stratigraphy and chronology for *Homo floresiensis* at Liang Bua in Indonesia. *Nature* 532 (7599): 366-369.

Svoboda, J, et al., 2011. Paleolithic hunting in a southern Moravian landscape: The case of Milovice IV, Czech Republic. *Geoarcheology: An International Journal* 26 (6): 838-866.

Tabarev AV, 2011. Blessing the Salmon: Archaeological Evidences of the Transition to Intensive Fishing in the Final Paleolithic, Maritime Region, Russian Far East. In *Trekking the Shore*, Bicho, N, J Haws, L Davis, eds. New York: Springer.

Tattersall, I, JH Schwartz, 2008. The morphological distinctiveness of *Homo sapiens* and its recognition in the fossil record: clarifying the problem. *Evolutionary Anthropology* 17: 49-54.

Thalmann, O, et al., 2013. Complete Mitochondrial Genomes of Ancient Canids Suggest a European Origin of Domestic Dogs. *Science* 342 (6160): 871-874. doi: 10.1126/science.1243650. hdl: 10261/88173. PMID 24233726.

The Gurdian, 2021 (2월 19일) 보도, End of Neanderthals linked to flip of Earth's magnetic poles, study suggests.

Timmreck, C, H-F Graf, D Zanchettin, S Hagemann, T Kleinen, K Krüger, 2012. Climate response to the Toba super-eruption: Regional changes. *Quaternary International* 258: 30e44.

Tomasso, A, V Rots, et al., 2018. Gravettian weaponry: 23,500-year-old evidence of a composite barbed point from Les Prés de Laure (France). *Journal of Archaeological Science* 100: 158-175.

Tomasso, A, V Rots, 2021. Looking into Upper Paleolithic gear: The potential of an integrated techno-economic approach. *Journal of Anthropological Archaeology* 61: 101240.

Tomášková, S, 2005. What is a Burin? Typology, Technology, and Interregional Comparison. *Journal of Archaeological Method and Theory* 12: 79-115.

Trinkaus, E, AP Buzhilova, 2018. Diversity and fifferential disposal of the dead at Sunghiur. *Antiquity* 92 (361): 7-21.

Trinkaus, E, A Buzhilova, 2018, Diversity and differential disposal of the dead at Sunghir. *Antiquity* 92 (361): 7-21.

United Nations, 2022. World Population Prospects 2022.

Vandiver, PB, O Soffer, K Bohuslav, J Svoboda, 1989. The Origins of Ceramic Technology at Dolni Věstonice, Czechoslovakia. *Science* 246 (4933): 1002-1008.

Vanhaeren, M, F d'Errico, 2005. Grave goods from the Saint-Germain-la-Rivière burial: Evidence for social inequality in the Upper Palaeolithic. *Journal of Anthropological Archaeology* 24 (2): 117-134.

Voosen, P, 2021. Kauri trees mark magnetic flip 42,000 years ago. *Science* 371 (6531): 766.

Waguespack, NM, 2002. Caribou sharing and storage: refitting the Palangana site. *Journal of Anthropological Archaeology* 21 (3): 396-417.

Waters, MR, et al., 2018. Pre-Clovis projectile points at the Debra L. Friedkin site, Texas-Implications for the Late Pleistocene peopling of the Americas. *Science Advances* 4(10). doi: 10.1126/sciadv.aat4505.

Waters, MR, TW Stafford Jr., 2007. Redefining the Age of Clovis: Implications for the Peopling of the Americas. *Science* 315: 1122-1126.

Waters, MR, et al., 2011. Pre-Clovis mastodon hunting 13,800 years ago at the Manis site, Washington. *Science* 334: 351-353.

Waters, MR, TW Stafford, DL Carlson, 2020. The age of Clovis: 13,050-12,750 cal yr BP. *Science Advances* 6(43). doi: 10.1126/sciadv.aaz04.

Weaver, TD, CC Roseman, 2008. New developments in the genetic evidence for modern human origins. *Evolutionary Anthropology* 17: 69-80.

Wenke, RJ, 1990. *The Patterns in Prehistory: Humankind's first three million years.* Oxford Univ. Press.

Weinstock, J, 2000. Osteometry as a Source of Refined Demographic Information: Sex-Ratios of Reindeer, Hunting Strategies, and Herd Control in the Late Glacial site of Stellmoor, Northern Germany. *Journal of Archaeological Science* 27: 1187-1195.

Weiss E, W Wetterstrom, D Nadel, O Bar-Yosef, 2004. The broad spectrum revisited:

Evidence from plant remains. *PNAS* 101 (26): 9551-9555.
Weiss, E, ME Kislev, O Simchoni, D Nadel, H Tschauner, 2008. Plant-food preparation area on an Upper Paleolithic brush hut floor at Ohalo II, Israel. *Journal of Archaeological Science* 35: 2400-2414.
Wells, JC, JT Stock, 2020. Life history transitions at the origins of agriculture: a model for understanding how niche construction impacts human growth, demography and health. *Frontiers in Endocrinology* 11. doi: 10.3389/fendo.2020.00325.
Wengrow, D, D Graeber, 2015. Farewell to the 'childhood of man': ritual, seasonality, and the origins of inequality. *Journal of the Royal Anthropological Institute* 21(3): 597-619.
Wenke, RJ, 1990. *The Patterns in Prehistory: Humankind's first three million years*. Oxford Univ. Press.
Wiessner, P, 2002. Hunting, healing, and hxaro exchange: a long-term perspective on !Kung (Ju/'hoansi) large-game hunting. *Evolution and Human Behavior* 23: 407-436.
Whallon, R, 2006. Social networks and information: Non-"utilitarian" mobility among hunter-gatherers. *Journal of Anthropological Archaeology* 25: 259-270.
White, R, 2006. The women of Brassempouy: A century of research and interpretation. *Journal of Archaeological Method and Theory* 13(4): 251-304.
White, TD, B Asfaw, D DeGusta, H Gilbert, GD Richards, G Suwa, FC Howell, 2003. Pleistocene *Homo sapiens* from Middle Awash, Ethiopia. *Nature* 423 (6491): 742-747.
White, R, G Bosinski, J Clottes, et al., 2020. Still no archaeological evidence that Neanderthals created Iberian cave art. *Journal of Human Evolution* 144: 102640.
Whiltely, DS, 2015. Hunter-Gatherer Religion and Ritual. In *The Oxford Handbook of the Archaeology and Anthropology of Hunter-Gatherers*, Cummings, V, P Jordan, M Zvelebil, eds. Oxford Univ. Press.
Wiessner, P, 1977. Hxaro: a regional system of reciprocity for reducing risk among the !Kung San. Ph.D. Dissertation. University of Michigan.
Wiessner, P, 1982. Risk, reciprocity and social influences on !Kung San economics. In *Politics and history in band societies*, Leacock, E, R Lee, eds., pp. 61-84. Cambridge, UK: Cambridge University Press.
Williams, M, 2012. The ~73 ka Toba super-eruption and its impact: History of a debate. *Quatenary International* 258: 19-29.
Williams, MAJ, SH Ambrose, S van der Kaars, C Ruehlemann, U Chattopadhyaya, J Pal, PR Chauhan, 2009. Environmental impact of the 73 ka Toba super-eruption in South Asia. *Palaeogeography, Palaeoclimatology, Palaeoecology* 284 (3-4): 295-314.
Wilson, ML, et al., 2014. Lethal aggression in Pan is better explained by adaptive

strategies than human impacts. *Nature* 513: 414-417.

Wissner, P, 2002. Hunting, healing, and hxaro exchange A long-term perspective on !Kung (Ju/'hoansi) large-game hunting. *Evolution and Human Behavior* 23: 407-436.

Wobst, HM, 1974, Boundary conditions for Palaeolithic social systems: a simulation approach. *American Antiquity* 39: 147-178.

Wobst, HM, 1976. Locational relationships in Paleolithic society. *Journal of Human Evolution* 5 (1): 49-58.

Wobst, HM, 1979. The Archaeo-ethnology of hunter-gatherers or the tyranny of the ethnographic record in archaeology. *American Antiquity* 43: 303-339.

Wojtal, P, J Svoboda, M Robličkova, J Wilczyński, 2020. Carnivores in the everyday life of Gravettian hunters-gatherers in Central Europe. *Journal of Anthropological Archaeology* 59: 101171.

Wu, X, L Schepartz, W Liu, E Trinkaus, 2011. Antemortem trauma and survival in the late middle Pleistocene human cranium from Maba, South China. *PNAS* 108: 19558-19562.

Wu, X, C Zhang, P Goldberg, D Cohen, Y Pan, T Arpin, O Bar-Yosef, 2012. Early Pottery at 20,000 Years Ago in Xianrendong Cave, China. *Science* 336 (6089): 1696-1700.

Yang, X, Z Ma, T Wang, L Perry, Q Li, X Huan, J Yu, 2014. Starch grain evidence reveals early pottery function cooking plant foods in North China. *Chinese Science Bulletin* 59: 4352-4358.

Yost, CL, LJ Jackson, JR Stone, AS Cohen, 2018. Subdecadal phytolith and charcoal records from Lake Malawi, East Africa imply minimal effects on human evolution from the ~74 ka Toba supereruption. *Journal of Human Evolution* 116: 75-94.

Zeder, MA, 2012. The Broad Spectrum Revolution at 40: Resource diversity, intensification, and an alternative to optimal foraging explanations. *Journal of Anthropological Archaeology* 31 (3): 241-264.

Zhang, J, W Huang, B Yuan, R Fu, L Zhou, 2010. Optically stimulated luminescence dating of cave deposits at the Xiaogushan prehistoric site, northeastern China. *Journal of Human Evolution* 59 (5): 514-524.

Zhou, WX, D Sornette, RA Hill, RIM Dunbar, 2005. Discrete hierarchical organization of social group sizes. *Proceedings of the Royal Society B* 272: 439-444.

Zilhao, J, et al., 2006. Analysis of Aurignacian interstratification at the Chatelperronian-type site and implications for the behavioral modernity of Neandertals. *PNAS* 103 (33): 12643-12648.

Zohar, I, T Dayan, M Goren, D Nadel, I Hershkovitz, 2018. Opportunism or aquatic specialization? Evidence of freshwater fish exploitation at Ohalo II- A waterlogged Upper Paleolithic site. *PLoS ONE* 13 (6): e0198747.

Zwyns, N, EP Rybin, J-J Hublin, AP Derevianko, 2012. Burin-core technology and laminar reduction sequences in the initial Upper Paleolithic from Kara-Bom (Gorny-Altai, Siberia). *Quaternary International* 259: 33-47.

Zwyns, N, et al., 2019. The northern route for Human dispersal in Central and Northeast Asia: New evidence from the site of Tolbor-16, Mongolia. *Scientific Reports* 9: 11759.

* 공저자의 수가 많은 문헌은 임의로 주저자만을 표기했습니다.

그림 출처

Cave of Altamira

https://en.wikipedia.org/wiki/Cave_of_Altamira#/media/File:Altamira-1880.jpg

Cave of El Castillo

https://en.wikipedia.org/wiki/Cave_of_El_Castillo#/media/File:Cueva_del_Castillo_interior.jpg

Columbian mammoth

https://en.wikipedia.org/wiki/Columbian_mammoth#/media/File:Mammuthus_jeffersonii.jpg

Early human migrations

https://en.wikipedia.org/wiki/Early_human_migrations#/media/File:Early_migrations_mercator.svg

Ohalo II

https://en.wikipedia.org/wiki/Ohalo_II#/media/File:Location_map_of_23,000-Years-Old_Ohalo_II,_Israel.jpg

Venus of Willendorf

https://en.wikipedia.org/wiki/Venus_of_Willendorf#/media/File:Venus_of_Willendorf_-_All_sides.jpg

찾아보기

ㅇ

ㅈ

ㅊ

ㅋ

ㅌ

ㅍ

ㅎ

인명